当代世界学术名著

文化与组织

心理软件的力量

（第三版）（修订版）

Software of the Mind

Intercultural Cooperation and Its Importance for Survival

(THIRD EDITION)

Cultures and Organizations

著

[荷兰]
吉尔特·霍夫斯泰德
Geert Hofstede

[荷兰]
格特·扬·霍夫斯泰德
Gert Jan Hofstede

[保加利亚]
迈克尔·明科夫
Michael Minkov

张炜　王烁◎译

電子工業出版社
Publishing House of Electronics Industry
北京·BEIJING

版权贸易合同登记号　图字：01-2019-0540

图书在版编目（CIP）数据

文化与组织：心理软件的力量：第三版（修订版）/（荷）吉尔特•霍夫斯泰德，（荷）格特•扬•霍夫斯泰德，（保加利亚）迈克尔•明科夫著；张炜，王烁译．—北京：电子工业出版社，2019.3

书名原文：Cultures and Organizations：Software of the Mind：Intercultural Cooperation and Its Importance for Survival,Third Edition

ISBN 978-7-121-36038-1

Ⅰ．①文…　Ⅱ．①吉…　②格…　③迈…　④张…　⑤王…　Ⅲ．①比较文化－研究　Ⅳ．①G04

中国版本图书馆CIP数据核字(2019)第025911号

策划编辑：刘淑丽
责任编辑：杨振英
印　　刷：河北迅捷佳彩印刷有限公司
装　　订：河北迅捷佳彩印刷有限公司
出版发行：电子工业出版社
　　　　　北京市海淀区万寿路173信箱　邮编 100036
开　　本：720×1000　1/16　印张：21.5　字数：385千字
版　　次：2019年3月第1版（原书第3版）
印　　次：2024年6月第8次印刷
定　　价：118.00元

凡所购买电子工业出版社图书有缺损问题，请向购买书店调换。若书店售缺，请与本社发行部联系，联系及邮购电话：（010）88254888，88258888。

质量投诉请发邮件至zlts@phei.com.cn，盗版侵权举报请发邮件至dbqq@phei.com.cn。

本书咨询联系方式：（010）88254199，sjb@phei.com.cn。

序

本书“历史悠久”，始于1980年我的革命性学术著作《文化的效应》（*Culture's Consequences*）出版后，再到1985年我被祖国荷兰马斯特里赫特大学提名为国际管理学教授。很快我便发现那本学术著作对于以实践为导向的管理系学生们来说太过复杂了，于是写了一本更通俗的读物——《文化与组织：心理软件的力量》（*Cultures and Organizations: Software of the Mind*），于1991年出版。第二版与我的儿子格特·扬·霍夫斯泰德（Gert Jan Hofstede）合著，于2005年出版。第三版，来自保加利亚的迈克尔·明科夫（Michael Minkov）加入了我们的写作，于2010年出版。

迄今为止，这本通俗读物的不同版本已由英语翻译成了其他20种语言，第一版汉语译本由陈龙教授翻译并于1996年出版。2014年，我们通过精简2010年的版本对其进行了改进，提高了其可读性。本版本尚未以英语出版，但为新的意大利语、德语和荷兰语版本提供了基础，现在也翻译成了汉语。

翻译版本数量的增加表明本书出现在正确的时间点：经济的全球化导致人们对各国文化差异的兴趣与日俱增。意识到这种文化差异已经成为未来一代人在科学、政治和商业领域的关键需求。

译者张炜教授（翻译前言、第1章、第8章、第12章及术语表）和王烁博士（翻译第2~7章、第9~11章）在弥合文化差异方面有着丰富的经验，为这个新汉语版本的出版发挥了重要作用。我非常感谢她们。

吉尔特·霍夫斯泰德（Geert Hofstede）

前言

20 世纪 60 年代末，吉尔特 · 霍夫斯泰德偶然间对国家（地区）文化差异产生了兴趣，并获得了大量数据来进行研究。他的研究成果《文化的效应》于 1980 年出版。这部著作面向学术界读者，盖因此书对心理学、组织社会学和管理学既定理论的普适性提出了质疑，故此罗列了所用的理论推理、基础数据以及统计处理方法。

吉尔特 · 霍夫斯泰德向许多不同受众讲授这个主题，并通过各种读者提供助益，检验了他的文章，然后于 1991 年出版了另一本主要面向普通读者群的著作：《文化与组织：心理软件的力量》。当然，对文化差异这一主题感兴趣的不仅是，甚至主要不是社会科学家和国际商科研究者。它与实务人员有关，即一切与自己所处小圈子之外的人打交道的人，而在现代社会，几乎人人如此。这本新书尽可能避免使用社会科学术语，并在必要时予以解释，还为此增加了术语表。

与此同时，政界、商界和思想界不断推陈出新，日新月异。2001 年，吉尔特·霍夫斯泰德出版了《文化的效应（增订版）》，其中评述了 1980 年以来其他研究人员对其研究的应用和反响。想做研究或者学术审查的人都可以查阅这个资料。

随后，作者重修了面向普通读者群的《文化与组织：心理软件的力量》一书。格特 · 扬 · 霍夫斯泰德以合著者身份参与著述。格特 · 扬主修生物学，在瓦赫宁根大学讲授信息系统，之后开始在他的教学和研究中引入他父亲的著作。2002 年，他出版了《探索文化：练习、故事与合成文化》（*Exploring Culture: Exercises, Stories and Synthetic Cultures*），书中吸纳了保罗 · B. 佩德森（Paul B. Pedersen）和吉尔特 · 霍夫斯泰德的某些理念。格特 · 扬利用教授国际课程的心得、关于文化的生物学起源及文化在电子信息时代的作用的洞见，为本书做出了贡献。

1980 年版《文化的效应》中的跨文化信息，主要源自一个关于态度和价值观的调查问卷项目评分数据库，是从IBM公司分布在50多个国家和地区的子公司的员工那里收集的。当时，这是同类数据库中最大也是最可靠的。在过去30年里，关于价值观自我评分的可用跨文化数据量大幅增加。如果霍夫斯泰德从现在开始他的研究，他一定会利用这些新的数据库。20世纪90年代末，他与保加利亚索菲亚的一名研究人员通过电子邮件建立了联系，后者似乎正是这样做的：梳理可用的数据库并在其综合结果中寻找结构性。这位研究者名叫迈克尔·明科夫，我们也叫他米绍（Misho）。

2007年，米绍在一本名为《我们何以异同：对世界价值观调查和其他跨文化数据的新解释》（*What Makes Us Different and Similar: A New Interpretation of the World Values Survey and Other Cross-Cultural Data*）的书中，将他的分析公之于众，带来了我们期盼已久的思想进展。此外，作为东欧人的米绍带来了霍夫斯泰德原始数据库中阙如的一些民族的内部知识，这些知识对我们这个大陆的未来具有重要意义。为撰写这本《文化与组织：心理软件的力量（第三版）（修订版）》，米绍作为第三作者加入。

在专业方面，我们尤其感谢马瑞克·德·穆伊（Marieke de Mooij），她在在文化中扮演着决定性角色的市场营销、广告和消费者行为等领域为我们提供了指导。书中多处参考了她的著述。

在本书的更新过程中，跨文化信息来源、从事信息分析的研究人员以及相关文献涵盖的问题，数量都在不断增加。本书第二版，尤其是第三版的部分新增内容，主要与学术人员相关，和第一版所针对的普遍读者群关系不大。此外，本书的篇幅越来越多。为此，我们推出了第三版的修订版，为实务人员去芜存精，将文本缩减到了第一版的篇幅。

到目前为止，本书陆续以21种语言出版：原著为英语，译本有保加利亚语、汉语、捷克语、丹麦语、荷兰语、芬兰语、法语、格鲁吉亚语、德语、匈牙利语、意大利语、日语、韩语、挪威语、波兰语、葡萄牙语、罗马尼亚语、西班牙语、瑞典语和越南语。本书是为多种文化读者群撰写的，也的确呈现在了他们面前。

吉尔特·霍夫斯泰德
格特·扬·霍夫斯泰德
迈克尔·明科夫
2017年夏于费尔普/埃德/索菲亚

目录

第1部分　文化的内涵

第 2 部分　国家（地区）文化的维度

第 4 部分　启示

PART

第1部分

文化的内涵

第1章

社会游戏规则

第十一号陪审员（站起来并有礼貌地说）："对不起，请重复一下，关于……"

第十号陪审员（打断并学着第十一号陪审员的腔调）："对不起，请重复一下，该死的，干吗要这么斯文？"

第十一号陪审员（眼盯着第十号陪审员）："同样，你不斯文的原因也是如此——我从小就是这样被抚养大的。"

——雷金纳德 • 罗斯（Reginald Rose），《十二怒汉》（*Twelve Angry Men*）

《十二怒汉》是美国的一部戏剧，后改编成著名影片，由亨利 • 方达（Henry Fonda）主演。该剧于 1955 年上演，描写的场景发生在纽约法庭的陪审团室。12 位之前从未见过彼此的陪审团成员，要对一个来自贫民窟的男孩被指控谋杀是有罪还是无辜进行裁决和达成一致意见。前面对话的引述来自该剧的第二幕，也是最后一幕戏，当时陪审员们的情绪达到了白热化。这一幕描写了第十号陪审员——一位修车厂老板，和第十一号陪审员——一位出生在欧洲也可能是澳大利亚的钟表匠之间的矛盾冲突。第十号陪审员这位老板被对方第十一号陪审员钟表匠所表现出的极端礼节激怒了。但是钟表匠确实改变不了他的行为方式，他在新的国家生活了这么多年之后，他的举止依然按照自幼养成的方式。他所拥有的生活方式一直伴随着他，根深蒂固、难以改变。

不同的心理，共同的问题

世界上的个体、群体及国家（地区）之间，因为各自拥有不同的思维、感受和行为方式，所以充满了各种冲突和对抗。同时，就像我们上面提到的《十二怒汉》一样,他们都面对着这些共同的问题,需要相互间的合作成为解决之道。生态、经济、政治、军事、卫生、气象的发展不会因为国家（地区）或地域的边界而止步。应对核战争、全球变暖、有组织的犯罪、贫穷、恐怖主义、海洋污染、动物灭绝、艾滋病或全球性经济衰退等威胁，需要来自很多国家（地区）的意见领袖的合作。而领袖们需要广泛的追随者的支持，他们的建议才能得到实施。

因此，理解这些意见领袖和他们的追随者在思维、感觉和行为方式等方面存在的差异，是提出有效的全球性解决方案的前提。人们一般认为，经济、科技、医疗或生物上的合作问题是单纯的技术上的问题。而众多解决方案没有达到效果或无法实施的原因之一是合作伙伴之间的思维方式的差异被忽视了。

本书的目的在于帮助来自世界各地的人们应对他们在思维、感觉和行为方式的差异。它会展示给人们，即使在心理上人们存在巨大差异，但在差异上还是存在着某种结构，这种结构成为人们互相理解的基础。

作为心理编程的文化

每个人都有自己的思维、感受和潜在行为的模式，这是他们在一生中通过学习得到的。其中，大部分的模式在童年的早期获得，因为在这个时期一个人对学习和吸收非常敏感。一旦一个人的思维、感受和行为的特定模式在头脑中形成，那么要想学习一些不同的东西就必须放弃这些特定模式，而放弃已有的特定模式比第一次学习更加困难。

本书用计算机编程的方式做类比，将思维、感觉和行为的模式称为心理程序（mental programs），或者像本书的副标题一样，称为心理软件（software of the mind）。当然这并不意味着人们可以用计算机一样的方式被编程。个体的行为举止只有一部分被他们的心理程序事先决定了：人们还具备一种基本能力来偏离这些心理程序，以一种全新的、创意性的、破坏性的或出乎意料的方式做出反应。本书中的心理软件只是为了说明，考虑到一个人的过去，有些行为反应是可能发生的，并且是可以被理解的。

个体的心理程序来源于其成长并积累生活经验的社会环境。这种编程过程始于家庭，并在邻里、学校、伙伴群体、工作场所及生活的社区环境中得以继续。本章开篇提及的那位欧洲钟表匠来自至今都十分重视文明礼貌举止的国家和社会阶层。在那种环境中，人们大多数都会有他那样的行为反应。而那位美国的修车厂老板在贫民窟中长大，获得了截然不同的心理程序。心理程序会随着人们赖以生存的不同社会环境发生相应的改变。

我们习惯上将文化这种术语称作心理软件。“文化”一词具有多种含义，但都源自它的拉丁语词源，意为“耕种土地”。在大部分西方语言中，文化通常指的是“文明”或“思想的提炼”，尤其是这些提炼的成果，诸如教育、艺术和文学。这是对文化的狭义理解。然而，当我们将文化作为一种心理软件时，它的词义是广泛的。这种广泛含义得到了社会学家尤其是人类学家的普遍使用。[1] 本书也自始至终采用这种广泛含义。

社会（或文化）人类学是关于人类社会的一门科学，尤其关注（尽管不是唯一关注）传统或“原始”的社会。在社会人类学中，文化是前文中提到的所有思维、感觉和行为模式的关键词。它不仅包括那些提炼思想的活动，也包括生活中的一些普通和琐碎的事情。例如，问候、吃东西、表达情感、与他人保持物理空间上的距离、做爱或保持个人卫生。

文化始终是一种集体现象，因为它至少部分被现在或过去生活在相同社会环境中的人们所共享，而这种环境正是人们习得文化的地方。文化是由社会游戏中不成文的规则构成的。正是这种集体的心理编程将一个社会群体或社会范畴中的成员与其他群体或范畴中的成员区分开来。[2]

文化是后天习得的，不是与生俱来的。它源于个体所处的社会环境，而不是个体的基因[3]。文化一方面应该与人性区别开来，另一方面也应该与一个人的人格区别开来（见图 1.1）。当然，人性和文化之间、文化和人格之间的严格边界是社会科学家们讨论的问题。[4]

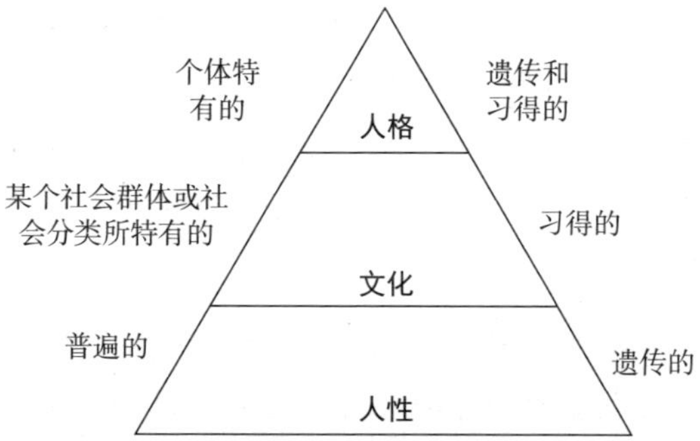

图 1.1　人类心理编程独特性的三个层次

人性是人类共有的，从俄罗斯教授到澳大利亚土著居民，人类的天性是一致的：它代表了心理软件的普遍层次。它遗传自我们的基因。用计算机作为类比的话，人性相当于决定我们生理和基本心理功能的"操作系统"。人类感觉到恐惧、愤怒、热爱、喜悦、悲伤、羞愧的能力，与他人交往、锻炼自己的需要，观察环境和与他人谈论环境的技能，都属于心理程序中的这个层次。然而，个体如何处理这些感受、如何表达恐惧和喜悦、如何进行观察等，都因为文化的不同而有所不同。

此外，个体的人格是特有的一整套心理程序，并不与任何其他个体共享。人格的基础是人格特质，它一部分通过个体内部的独特基因组合遗传下来，另一部分通过后天习得而来。习得是指受到集体程序（文化），以及独特的个人经历的影响而进行的塑造。

文化特征常常被归因于遗传，因为过去的哲学家和其他学者不知道如何解释人类群体中不同文化模式之间非常稳定的差异性。他们低估了从前辈那里学习及将所学内容传递给后人的影响。一些伪种族理论将遗传的作用夸大了，而第二次世界大战期间纳粹组织的大屠杀也是归罪于这些伪种族理论。种族冲突往往利用毫无根据的文化优劣论来进行辩解。

符号、英雄、仪式和价值观

文化差异有多种表现形式。在众多用来描述文化表现形式的术语中，以下四个词在一起简明扼要地概括了文化的整体概念：符号、英雄、仪式和价值观。在图 1.2 中，这些被描绘成洋葱的几层皮，符号代表着最外面的表层，价值观是文化最深层的表现，英雄和仪式介于两者之间。

符号是指那些带有特定含义的文字、手势、图片或物体，只有那些属于同一文化的人才会分享其中的含义。语言或行话中的词汇属于符号，还有服饰、发型、旗帜和地位象征也属于符号。新的符号很容易产生，旧的符号也在消失。来自一个文化群体的符号经常被其他群体复制。这就是为什么符号被放置在图 1.2 的最外层，也是最表层的原因。

英雄是一些人，不管他们是在世的还是故去的，是真实的还是虚构的，他们都拥有在文化中被高度赞扬的特征，因而成为人们行为的楷模。美国的芭比娃娃、蝙蝠侠、史努比和法国的阿斯特瑞克斯（Asterix），都被视为文化英雄。在这个电视时代，人们在选择英雄时外在形象变得比以前更加重要。

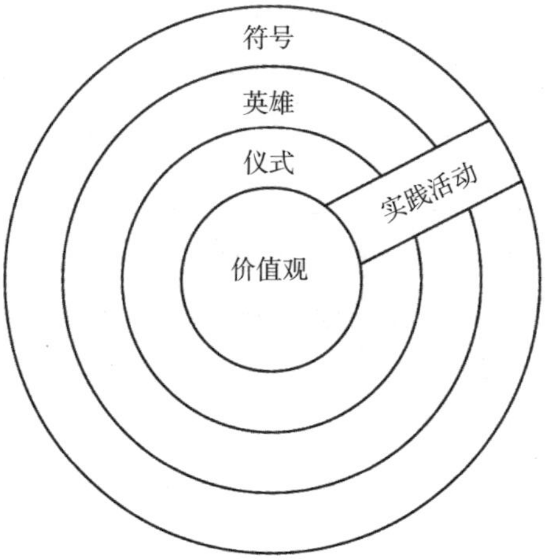

图 1.2　洋葱图：不同深度层次的文化表现

仪式是一些集体活动，从技术角度看，这些活动对于达到预期目的显得有点多余，但是从文化的角度来看，仪式是这个社会必不可少的。仪式的存在有其道理。例子包括问候他人的方式，向他人表示尊重的方式，以及社会和宗教庆典。以看似合理的理由组织起来的商业和政治会议往往都是出于仪式的考虑，如增强团队凝聚力的会议、允许领导们坚持己见的会议。仪式也包括话语，它是在日常互动和观念交流时使用语言的方式，包括书面文字和口头表达。[5]

在图 1.2 中，符号、英雄和仪式被纳入实践活动这个术语之下。因为它们对外部观察者是可见的。然而，它们的文化含义则是看不见的，只能由文化内的成员通过这些实践活动来诠释文化。

根据图 1.2，文化的核心是由价值观构成的。价值观是一种广义的倾向性，表现为更喜欢事物的某种状态而非其他状态。价值观是带有指向性的情感，包括正面和负面。它处理的内容如下：

- 邪恶与善良。
- 肮脏与干净。
- 危险与安全。
- 禁止与允许。
- 不雅与体面。
- 不道德与道德。
- 丑陋与美丽。

- 不自然与自然。
- 异常与正常。
- 矛盾与逻辑。
- 无理与合理。

图 1.3 展示了我们获取价值观和实践的时间和场所。我们的价值观是在生命的早期形成的。与其他大多数动物相比，人类并不能一出生就完全适应生存。幸运的是，人类的生理机能为我们提供了大约 10~12 年的接受期，在这段时间里，我们可以非常迅速地、很大程度上无意识地从我们的环境中吸收必要的信息，包括符号（如语言）、英雄（如我们的父母）和仪式（如上厕所训练），以及最重要的内容——基本价值观。在这一时期的末期，我们逐渐转向一种不同的、有意识的学习方式，主要集中在新的实践活动上。

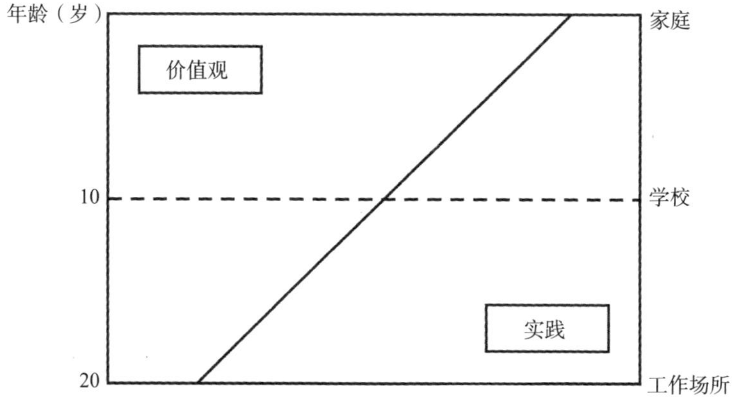

图 1.3　价值观和实践的学习

文化的自我复制

记得当你是一个小孩子时，你是如何形成你的价值观的吗？

出生后的最初几年不会给人留下什么记忆，但它们对人有很大的影响。你是否整天在你母亲的腿上或她的背上动来动去？你和她还是和你的兄弟姐妹睡在一起？你是待在自己的房间还是婴儿车里？你是被父母一起抚养长大的，还是被你的母亲或他人抚养长大的？你周围的环境是嘈杂的还是安静的？你见过的那些人是沉默的还是爱笑的？爱玩的还是忙工作的？温柔的还是暴力的？当你哭的时候，会有什么事情发生？

随后，你开始有了记忆。谁是你的榜样，以及你的人生目标是什么？也许你的父母或哥哥姐姐就是你的英雄，你试图模仿他们。你了解了哪些东西是肮脏的和不好的，也学会了如何变得干净和美好。例如，你学会了关于身体机能中的规则——什么是脏的、什么是干净的，包括吐痰、用左手吃饭、擤鼻涕、排便或在公共场合打嗝，或者了解了有关身体语言的规则，如触摸身体的某个部位，或者在坐下和站立时暴露身体的某些部位。你知道了违背规则有多糟糕；你知道了你应该采取几分的主动，应该与人们保持多远的距离；你认识到自己是男孩还是女孩，其他人是男孩还是女孩，这些都意味着什么。

当你还是一个6~12岁的孩子时，学校的老师和同学、运动员和电视偶像、民族或宗教英雄们以新的榜样走进了你的世界。你一个接着一个地模仿。父母、老师和他人对你的行为进行奖励或惩罚。你学会了对下面行为的评价：提问、大声说话、打架、哭泣、努力工作、撒谎、不礼貌。你学会了什么时候该骄傲，什么时候该羞愧。你还开始练习政治，尤其是当和同龄的朋友一起的时候：如何交朋友？有可能在等级社会中提升自己的地位吗？ 怎样提升？谁有权力将什么分给谁？

十几岁时，你的注意力转移到同龄人那里。你强烈关注你的性别标识并建立起同伴关系。根据你所生活的社会不同，绝大多数时间里你可能只与你的同性同伴在一起，也可能与两性同伴在一起，你还可能会十分羡慕一些同伴。

然后，你选择了一个伴侣，极有可能你的标准与你所在国家（地区）的其他年轻人相似。你可能还有了自己的孩子——然后循环又开始了。

在这个循环周期中存在一种强大的稳定力量，生物学家称为动态平衡。家长们倾向于复制他们曾经接受过的教育，不管他们是否想这样做。技术只能发挥适度的作用。在你的幼年时期，最主要的学习是有关自己的身体，以及与他人的关系的。并非巧合，这也是各种禁忌的来源。

由于在我们生命的早期阶段就已经“获得”了价值观，许多价值观可能并未被持有者们意识到。因此，它们无法被讨论，也无法被外人直接观察到。这些价值观只能通过人们在不同场合中的行为方式来进行推断。如果有人去问他们为什么要这么做，得到的回答可能是他们“知道”或“感到”这样做是对的，他们的心灵或意识告诉他们该如何去做。

价值观与道德圈

在第二次世界大战期间，德国从1940—1945年一直占领着荷兰。1945年4月，德国人从荷兰溃退时征用了很多荷兰民众的自行车。2009年4月，荷兰尼亚克镇的圣卡特琳娜教堂教区理事会收到了一名德国老兵寄来的一封信，这名老兵在加拿大军队进军时，逃回德国，他曾经拿走了一辆放在教堂前的自行车。写信的人希望教区理事会可以帮助寻找车主的后人，对受害方蒙受的损失给予赔偿。[6]

令人费解的是，人类在反思、同情和沟通方面拥有出色的技巧，但是也有能力为任何事情挑起大规模的内部冲突。内部冲突有如此明显的破坏性，为什么仍然发生在我们身边？看来，我们对待群体内部成员和对待他人时，没有使用同样的道德准则。但究竟谁是“群体内部”的人？这对于任何团体来说都是一个十分关键的问题。我们从童年时代就开始学习辨别谁是群体内部的人，谁不是，以及这所代表的意义。人们在心里有一个界限，以此圈定他们认为属于他们这个团体的人。只有在如此划定的道德圈内的人，才享有完全的权利和完全的义务。[7]

我们的故事中提到的德国老兵，也许曾年复一年回顾他的战争经历。在他的晚年，他开始认为他与64年前被拿走自行车的那个信徒同属一个道德圈，他认识到征用自行车之举是一种偷窃，希望为此改过。

我们的心理程序适应了道德圈内的生活。我们为自己的孩子取得的成就感到骄傲；我们最喜欢的球队获胜时，我们会感到高兴；我们中的很多人饱含感情地咏唱爱国歌曲和宗教歌曲，并且对着国旗宣誓效忠。我们为群体内部人的失败感到羞耻，我们对犯罪感到愧疚。不同的团体在这些情感的细微之处各有不同：在有的社会，一个女性可以因为通奸行为的流言而被家庭中的男性成员杀死；而在另一些社会，男性可能会因有偿性行为而受到法律惩处。尽管如此，道德和与群体相关的情绪仍是十分普遍的。我们甚至会对一些诸如体育、音乐节和电视竞赛等无关宏旨的事抱有这些情感。道德圈不仅影响我们的象征、英雄、仪式，也影响我们的价值观。

在评判社会群体内部谁是好人、谁是坏人时，也许会有争议，可以从政治上将这些分歧分门别类。在政治多元化社会中，右翼党派通常保护强势成员，而左翼党派则保护弱势成员；绿党保护环境；而民粹主义政党给一些人贴上坏人的标记。一些领导者试图通过树立敌人来加强群体内部凝聚力：他们像民粹主义者和独裁者经常做的那样，把道德圈缩小了。受到威胁的感觉会使民众紧紧团结在他们的现任领导者身后。而有些领导者像外交官和谈判者那样，努力结交朋友，扩大道德圈。然而，这样做就会面临现有的道德圈分裂的危险。埃及总统安瓦尔·埃尔-萨达特（Anwar el-Sadat，1918—1981年）和以色列首相伊扎克·拉宾（Yitzchak Rabin，1922—1995年）都是在与宿敌和解后，被自己人刺杀的。

道德圈形形色色，从个体的婚姻直到整个人类社会，有大有小，是我们社会生活的重要决定因素，既创造也承载我们的文化。

道德圈的边界：宗教和哲学

哲学、精神和宗教是厘清好坏的方法。2500年以来，东西方哲学家都宣扬这一黄金律：你希望别人如何对待你，你就要如何对待别人。这很像对道德圈表示肯定。[8] 一些类似“爱邻如己”的宗教训令，为同样的目的服务。各个教派倾向于把自己群落的人划在圈内。道德的权利和义务及来世的福报，只会授予信徒。不论特定宗教的具体信仰为何，究其根本，宗教在创造和划定道德圈方面扮演着重要角色。

当国家（地区）和宗教都试图在同一国家（地区）划定社会层面上的道德圈时，二者可能会互不相让。在历史上这样的情况屡见不鲜，至今时有发生。这些冲突的暴力性，证明了归属某个道德圈很重要。这也显示了划定道德圈的边界是一项多么巨大的特权。新领袖们通常会采取行动，通过访问和演讲等手段，重新划定他们所领导的道德圈的边界。

一些组织和宗教总是希望扩大他们的道德圈，认为所有人类都应该同属一个道德群体。因此产生了《世界人权宣言》（*Universal Declaration of Human Rights*）[9]，因此呼吁实施发展援助。事实上，连动物都可以被划在道德圈之内：人们会建立协会甚至政党来保护动物的权利，宠物可以获得郑重的葬礼。然而，在这样巨大的道德圈内，权利和义务就会被稀释。从历史上来看，那些对宗教多样性持容忍态度的宗教，往往不敌那些更自我封闭的宗教。大部分的帝国也是从内部瓦解的。

每个社会对待坏人和未来新成员的规则也有所不同，我们将在随后的章节看到例证。我们人类总是在不断地商定道德圈的边界，而不同的文化会采用不同的做法。文化关乎如何依托个人和公认的特性，在道德圈中成为一个好成员，关乎对坏人采取的行动，也关乎允许谁进入道德圈。

我们与他们

社会科学家使用术语“内部群体”和“外部群体”来表述。“内部群体”指的是我们用直觉感受到的“我们”，“外部群体”指的是“他们”。人类用这一简单的方法开展实际活动：我们有在两个群体中的任一个群体内划分他者的持久需求。内部群体的定义在一些社会里变动不居，但它总是引人注目。“我们”用于家人和姻亲（“家庭的阴面”）之间；“他们”用于我们的队和对手之间、长得像我们的人和其他种族之间。在一次实验中，美国研究人员测试了非裔美国参与者和欧裔美国参与者对他们自己族群成员和对方族群成员的照片产生的情感反应。[10] 非裔美国参与者和欧裔美国参与者看到他们自己族群的人的照片时，显示出了比看到其他族群成员时更强烈的情感和生理反应。他们与内部群体成员有更多的情感关联。实验佐证了他们对内部群体成员的同情，但是没有发现对外部群体的普遍反感。

性别在“我们—他们”的动态关系中也发挥作用，对于人类这个物种，我们可以有此预期：在这个物种中，性别在历史上跨越群体边界方面发挥的作用大不相同。例如，女性通常作为年轻的成年人，进入另一个群体，作为忠诚成员在新群体中生活。男性接近一个新群体，常常是为了控制这个群体或与之开战。男性和女性都能比较轻松地学会克服对陌生女性的恐惧，但是他们往往害怕与外部群体的男性见面。[11] 当然，这要取决于他们认为哪些面孔是外部群体的，这反过来又取决于他们幼儿期接触的人。

在“我们—他们”的实验中,对生理情况的测量可以与问卷并用,来测量恐惧。人们的身体可以揭示他们对忌讳的感受。这些结果证实了，广泛意义上的家族与人类社会生物学相关联，而且族群特征很重要，它能帮助人们快速确定谁属于该族群。人类是一种有“我们—他们”之分的生物。幼儿期他们能学会把任何人和任何一种面孔认作“我们”,但是几个月后他们的认识就固定了。在以后的生活中，人们很难改变对种族特性产生的区分“我们—他们”的直觉反应。对于某种有“我们—他们”之分的情形产生的生理反应，可基于群体之间的任何区别，甚至是大学不同院系的大学生之间的区别。[12]

文化层次

事实上，在我们的生活进程中，我们每个人都不得不在许多道德圈中找到自己的位置。每个社会群体或范畴内的成员都承载了一系列构成他们文化的共同心理程序。由于几乎每个人都同时属于许多不同的群体和范畴，所以我们不可避免地承载了多个层次的心理程序，它对应着文化的不同层次，具体包括：

- 国家（地区）层次，根据一个人所在的国家（地区）来界定（对于移居他国的人来说，可能是几个国家）。
- 地域的、种族的、宗教的、语系的层次。
- 性别层次，由这个人生来是男孩还是女孩而定。
- 代际层次，根据祖父母、父母和子女进行区分。
- 社会阶层，与受教育机会及个体从事的职业或专业相关。
- 对于受雇者来说，根据工作组织对员工社会化的方式，还包括组织、部门、公司层次。

这些来自不同层次的心理程序并不一定和谐一致。在现代社会中，它们通常会在某种程度上相互冲突。例如，宗教价值观可能与代际价值观相冲突，性别价值观可能与组织的实践相冲突。人们内部相互矛盾的心理程序使得我们很难在新的情况下预测他们的行为。

文化变迁：变化的实践活动，稳定的价值观

如果你能够踏入时光机器并回溯到你父母或祖父母生活的 50 年前，那么你会发现世界发生了很大的变化。那时没有电脑，人们也不会看电视。这些城市看起来很小，偶尔有汽车，找不到大的零售连锁店。再倒退 50 年，汽车也从街道上消失了，电话、洗衣机和吸尘器也从我们的房间里消失了，天空中飞机也消失了。

我们的世界在变化。人类发明的技术将我们包围。万维网使我们的世界变得更小，所以“地球村”的概念似乎是合适的。商业公司在全球运营。它们迅速创新，很多人不知道明天它们将制造和销售什么产品，或者 5 年后他们需要什么新型工作。企业并购和股市波动动摇了商业环境。

所以，变化看起来有非常强大的力量。但这些变化有多深？人类社会能够被比作漫无目的地在动荡的海洋上摇晃的船吗？或者说，每一次新浪潮都会覆盖沙

滩，但又会再次爆发，并且随着连续的浪潮而发生极其缓慢的变化？

一位法国作家在书中记述了他在美国旅行的经历：

> 美国福音传教士的牧师们并不试图勾画出或解决人类对未来生活的所有想法，他们愿意把自己心灵的一部分放在对当前的关心上……如果他们自己没有参与生产劳动，他们至少会对其过程感兴趣，并为其结果喝彩……

我们可能会以为这位作者谈论的是美国电视上的福音布道者。事实上，他是来自法国的访客阿列克西·德·托克维尔（Alexis de Tocqueville），他的著作出版于 1835 年。[13]

到其他国家（地区）参观的访问者记录下来的评论是一种极其丰富的信息资源，它有助于我们了解人们在过去所感受到的国家（地区）之间的文化差异。这些评论往往显得非常现代，即使它们的记录时间可以追溯到几个世纪之前。

社会上有许多东西是科技及其产品无法改变的。年轻的土耳其人喝可口可乐，但未必会影响到他们对于权力的态度。在某些方面，年轻的土耳其人和年老的土耳其人是不一样的，正如年轻的美国人与年老的美国人也不一样。在图 1.2 的“洋葱”模型中，这些差异大多存在于相对表面的符号层和英雄层，具有时尚和消费的特点。在价值观的层面上，即对待生活和他人的基本感觉，年青一代的土耳其人和美国人的差异同年老一代的土耳其人和美国人的差异一样大。没有证据表明，不同国家（地区）当代人的价值观正在趋同。

在“洋葱图”中，处在外层的文化变化得快，可以被标记为实践活动。实践活动是文化中的可见部分。我们在一生中不断学习新的实践活动。年过七旬的老人可以在他的第一台个人电脑上兴奋地学习网上冲浪，同时获得新的符号，遇到新的英雄，通过新的仪式进行沟通。但是核心部分代表的文化变化速度十分缓慢，可以被标记为价值观。正如前面已经讨论过的，我们在孩提时代就开始从父母那里学习价值观，它使得无论实践活动的变化如何迅速，社会的基本价值观都具有相当的稳定性。

这些基本价值观主要影响文化的性别层次和国家（地区）层次，可能还包括地域层次。千万别相信政治家、宗教领袖、企业首脑们声称的他们将改变国家（地区）价值观之类的话。这些价值观应该是事实一样，就像一个国家（地区）的地理位置或气候一样稳固。在生命较晚时期获得的文化层次更容易变化。组织文化就是这样一个例子，因为其成员在加入组织时已经是成年人了。当然，这并不意味着改变组织文化是件容易的事——这一点我们会在第 10 章中讲解，但至少它是可行的。

毫无疑问，那些令人眼花缭乱的技术革新正在发生，并且影响除了那些最贫困及生活在最遥远地区的人们。但是人们将这些新技术应用在我们熟悉的地方，大多数应用的领域其实是和我们祖父母过去所做的事情相同。去挣钱，去打动别人，去让生活变得更加轻松，去强求他人，去引诱潜在的合作者。这些活动都是社交游戏的一部分。我们留心他人是如何利用技术的，他们穿着什么样的衣服，开什么样的玩笑，吃什么样的食物，度过什么样的假期。我们拥有一种敏锐的触角，它告诉我们，要想成为某个社会圈子中的一员，应该做出怎样的选择。

社会游戏本身并没有因为今天社会的众多变化而发生深刻的变化，那些不成文的规则，如成功、失败、归属感及其他我们生活中的主要属性跟过去很相似。我们需要去适应，并以我们所归属的群体可以接受的方式去做事。大多数的变化只涉及我们在这场游戏中所使用的玩具而已。

国家（地区）文化的差异

国家的发明是指整个世界被划分成的政治单元，每个人都应属于其中之一——并以他们的护照来体现。国家是人类历史中近期才出现的现象。早期只有城邦，但并非每个人都属于一个城邦或被视为某个城邦的一员。直到 20 世纪中期国家体系才被全球采用，它沿用了此前 300 年来发展起来的殖民地制度。在殖民时期，西欧科技发达的国家把全球未被其他强势政权占领的领土划为己有。前殖民国家的边界至今可以反映出这种殖民地传统。尤其在非洲，大多数国家边界对应的是殖民权力的逻辑体系，而非当地人口的文化分界线。

因此，国家（地区）与社会不应等同，后者是社会组织在历史进程中有机地发展而来的形式。严格地说，共同文化这个概念适用于社会，而不是国家（地区）。不过，很多国家（地区）长期以来确实发展成为一个整体，即使它们由明显不同的群体构成，甚至其中还包含了融合程度不高的少数民族。

在那些已有了一段历史的国家（地区）中，有一些很强的力量促使其进行更进一步的融合，它包括：占主导地位的国家（地区）语言，共同的大众传媒，国民教育体系，国家（地区）军队，国家（地区）政治体制，参加有极强象征性和情绪感染力的体育赛事中的国家（地区）代表，技术、产品和服务的整个市场。虽然当今国家（地区）都达不到野外人类学家所研究的那些与世隔绝的、通常无文字的社会的内部同质性程度，但它们同样是其国民拥有的许多共同心理程序的源泉。[14]

此外，也存在如下倾向：有一些种族群体、语言群体和宗教群体，如果说不是为了国家独立而斗争，也是为了获得自己的身份标识而斗争。自 20 世纪后期，这种倾向非但没有减弱，反而一直在增强。这样的例子包括：阿尔斯特的罗马天主教徒，比利时的弗兰德斯人，西班牙和法国的巴斯克人，伊朗、伊拉克、叙利亚和土耳其的库尔德人，南斯拉夫的各个种族，卢旺达的胡图族和图西族，以及俄罗斯的车臣人。

在文化差异的研究中应该小心使用国籍（一个人护照上的身份）指标。然而，它又常常是唯一可行的划分指标。无论正确与否，各国的民众都被赋予了许多集体特征，人们称为“典型的美国人”“典型的德国人”“典型的日本人”的行为。使用国籍作为评价标准可以说是一种权宜之计，因为相比获得内部同质性社会的数据，不同国家（地区）的数据的获得要容易得多。作为政治实体的国家（地区）能提供各种人口统计资料。那些人们在有关文化的纸笔调查中给出的回答调查数据大多可以通过国家（地区）网络来收集。只要有可能根据宗教、种族或语言群体来划分数据结果，这么做就是有用的。

在国家（地区）层面上收集数据的一个重要原因在于，跨文化研究的目的之一就是要促进国家（地区）之间的合作。正如本章开篇所言，如今（200 多个）现存的国家占据着这个唯一的世界，我们要么一同生存，要么一同灭亡。可见，关注可以使国家分离或统一的文化因素具有现实意义。

国家（地区）标识、价值观和制度

各国（地区）的差异，不止于文化。图 1.4 区分了国家（地区）之间的三个方面的差异：标识、价值观和制度，这三者均植根于历史。标识回答的问题是：“我属于哪个群体？”它常常植根于语言和 / 或宗教信仰，对享有此种标识的人和不享有此种标识的环境，都历历可见可感。然而标识并非国家（地区）文化的核心内容。在图 1.2 的术语中，标识差异植根于实践（共同的符号、英雄和仪式），未必植根于价值观。

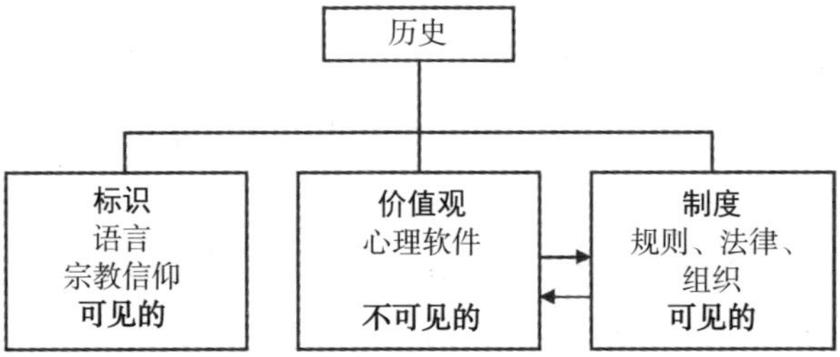

图 1.4　国家（地区）和群体差异的起源

在人的一生中，标识可能会发生改变，很多成功的移民就是如此。第二代移民的一个共同经验是，当生活在其父母的入籍国时，他们认同其父母的原籍国，可是当他们访问父母的原籍国时，却又觉得他们属于自己的新国家。究其原因，他们很可能生活在来自这两个社会的混杂的文化（隐性）规则之中，同时在感情上需要一个首要群体予以标识。毫不奇怪，他们常常彼此寻求慰藉。

标识是显性的：可以用言辞表达，如“一名妇女”“一个双文化个体”“一名美国公民”。事实上，这取决于你在何种背景下提问，同一个人有可能声称是这三者中的任意一个。标识在何种程度上具有多重性，依文化而定。它关乎个人主义—集体主义之别，我们将在第 4 章阐述这一点。诸如现代城市、学术界和现代企业之类盛行个人主义的环境，允许人们拥有多重标识，并易于改变他们的标识组合。世界上大多数人仍生活在集体主义社会中。在集体主义社会里，人人将自己视为首先属于一个群体，无论这个群体是种族的、区域的还是国家的，一个人的认同感主要来自这种群体从属关系。

价值观是隐性的：它们属于看不见的心理软件。谈论我们自己的价值观很难，因为它意味着质疑我们的动机、情感和禁忌。我们自己的文化对我们而言，犹如我们呼吸的空气，而另一种文化就像水——要同时在这两种要素中生存下来，需要有特殊技巧。不同文化的碰撞就与此有关，我们将在第 11 章专门予以阐述。

流行话语中和报刊常将标识和文化混为一谈。某些资料来源，用文化标识指称我们可称为群体标识的东西。国内和跨国集团基于它们不同的标识相互厮杀，却很可能拥有相同的基本文化价值观。在巴尔干很多地方，北爱尔兰的天主教徒和新教徒，以及比利时讲弗兰德斯语的人和讲法语的人，过去或现在都属于这种情况。而拥有不同文化背景的人，可能形成一个具有单一标识的单一群体，如在跨文化团队——企业、学术界或职业足球队中。

各国（地区）在历史上形成的制度截然不同，这些制度包括规则、法律、政府、处理家庭生活的组织、学校、医疗保健、企业、体育运动、媒体、艺术和科学。有些人，包括不少社会学家和经济学人，相信这些是造成各国（地区）思维、情感和行为差异的真正原因。如果能够根据明显可见的制度阐释这些差异，那我们还真有必要对文化这种不可见的心理程序妄加揣测吗？

针对这一问题，法国贵族查理•路易•孟德斯鸠（Charles-Louis de Montesquieu，1689—1755 年）200 多年前就在《论法的精神》（*De l'Esprit des lois*）中给出了答案。

孟德斯鸠辩称，存在一种类似于“国家（地区）精神”的东西（我们现在称为文化），“立法者应当遵循此种精神……因为我们最善做的，莫过于遵循天赋特质恣意所为之事”。[15] 因此，制度遵循心理程序，其运行方式与当地文化相适应。同样的法律在不同国家（地区）可能产生不同效果，欧盟有过不少这样的经历。反过来，制度从文化中来，又巩固了它们赖以为基础的心理程序。不考虑文化，就无以理解制度；理解了文化，则有望对制度洞幽烛微。顾此失彼的解释终将徒劳无功。

一国（地区）的价值观与其制度的结构和运行方式显著相关，与标识差异的关联则微弱得多。因此，图 1.4 中的横向箭头仅出现在“价值观”和“制度”区块之间。

这一事实造成的一个重要后果是，我们仅仅靠输入外来制度，无法改变一国（地区）人民的思维、感觉和行为方式。每个国家（地区）都必须历经艰难，才能完成与本国（地区）人民心理软件相适应的独树一帜的改革。跨国公司和世界银行之类超国家机构的全球化，遭遇当地的猛烈抵制，这是因为经济制度无法脱离文化而存在。

国家（地区）的管理文化

商业领域和商学院的文献中通常提及国家（地区）的“管理”或“领导”文化。然而，管理和领导不能独立于社会的其他部分。美国人类学家马文•哈里斯（Marvin Harris）曾警告说过：“人类学家一直强调的一点是，社会生活中似乎与他人无关的方面实际上是相关的。”[16]

管理者和领导者，以及与他们一起工作的人，都是国家（地区）社会的一部分。如果我们想了解他们的行为，我们就必须了解他们所在的社会。例如，什么类型的人格在他们的国家（地区）是普遍的；家庭如何运转，这对孩子的成长意味着什么；学校系统是如何运作的，谁去了什么样的学校；政府和政治制度如何影响公民的生活；他们这一代经历了哪些历史事件。我们也需要了解他们作为消费者的行为，以及他们对健康和疾病、犯罪和惩罚、宗教持有的信仰。我们可以从他们国家（地区）的文学作品、艺术和科学中了解很多东西。下面的章节将会对所有这些领域给予更多的关注，其中的大部分也将被证明与了解一个国家（地区）的管理相关。在文化方面，就商业世界来说没有捷径可走。

文化相对主义

日常交谈、政治话语及为之提供谈资的媒体，常常从道德方面描绘外来文化，或褒或贬。但是判断一个群体与另一个群体在思维、感觉和行为方式上的内在高下之别，并无科学标准。

研究群体和社会之间的文化差异时，应预设一个中立的有利位置——一种文化相对主义立场。伟大的法国社会学家克洛德•列维•施特劳斯（Claude Lévi-Strauss，1908—2009年）曾有如下表述：

> 文化相对主义申明，一种文化没有判断另一种文化之“高下”的绝对标准。但是，每一种文化都能够而且应当将此种判断施之于它自己的活动，因为其成员既是行为者，也是观察者[17]。

文化相对主义并不意味着自己或自己的社会缺少标准。它确实呼吁在处理不同于自己的群体或社会时，暂且不做判断。在将一个人、群体或社会的标准适用于另一个人、群体或社会之前，应当思之再三。在做出判断和行动之前，应当先了解社会间文化差异的性质及其根源和后果的有关信息。

即便已经获得了信息，外来观察者仍然可能为其他社会的某些方式痛心疾首。如果因职业原因介入其他社会，如作为一名外国经理人或发展合作专家，他或她可能很想促其改变。在殖民时期，外国人常常在其他社会中手握绝对权力，可以将自己的规则强加于他人。相形之下，在后殖民时代，外来者若想使另一个社会发生某种改变，就必须通过谈判议定他们的干预行动。当有关各方理解了引起观点差异的种种原因之后，谈判更有可能获得成功。

文化如凤凰涅槃

在人的一生中，身上的新细胞不断取代旧细胞。年届 20 的人，初生时的细胞全部被取代，无一留存。因此，在严格的身体意义上，可以说我们只是作为一系列细胞集合而存在。但我们变亦不变。这是因为，所有这些细胞都拥有共同的基因。

在社会层面，类似的现象时有发生。我们的社会拥有一种异乎寻常的能力，尽管承受类型多样、数目众多的变革之力，仍能保持独有的文化，由前仆后继的一代代成员薪火相传。当变革席卷表面时，深层保持稳定，文化如凤凰，浴火重生。

可是，深层是由什么构成的？虽然基因赋予我们创造和维护文化的能力，但迄今已有的证据表明，我们的经验对文化的影响，远胜于我们的基因的影响。文化是无字之书，承载的社会游戏规则由其成员传递给新来者，在他们心里栖居。在后面的章节中，我们将阐述这些不成文规则涵盖的主要议题。它们探讨人类社会生活的基本问题。

注释

[1] 英国社会学家 Anthony Giddens（生于 1938 年）将社会学定义为对人类生活、群体、社会的研究（Giddens, 2001, p.2），属于社会人类学的范畴。社会学家和人类学家的实际分工是前者关注社会内部的进程，后者关注社会整体。

[2] 群体指的是一些互相之间有联系和接触的人。种类指的是有某些共同特征的人。他们不一定有联系和接触，如所有的女性管理者、所有 1940 年以前出生的人。

[3] 文化作为思维的集体编程，类似于法国社会学家 Pierre Bourdieu（1930—2002 年）提出的“习惯”的概念，是指“特定条件下的生活可以产生习惯，这是一个由具有永久性和可传递性的配置构成的系统。习惯是实践和想象的基础，可以在没有实际指导的情况下进行集体编排”（Bourdieu, 1980, pp.88-89）。

[4] 在不同国家（地区）进行的同一种人格测试（大五人格测试）得到的结果表明：平均或者正态分布的人格特征随着文化的变化而发生变化（Hofstede &

McCrae, 2004)。见第 2 章。文化与人格的关系会在第 4~6 章提及。

[5] 话语是语言学家、心理学家和其他社会科学家共同研究的一个领域。概括的介绍见 van Dijk(1997a, 1997b)。

[6] http://www.destentor.nl/regio/veluwewest/4803075.

[7] 道德圈的概念在 19 世纪由爱尔兰历史学家 William Lecky 提出，并由澳大利亚哲学家 Peter Singer 进行推广。Peter Singer 在美国普林斯顿大学教生物伦理学。

[8] 见第 7 章中的孔子与苏格拉底学说。这个问题在德国哲学家 Immanuel Kant(1724—1804 年)的研究中占据核心地位。

[9] 1948 年 12 月 10 日由联合国大会通过。

[10] Brown, Bradley & Lang (2006).

[11] Navarrete et al. (2009).

[12] 在 Platow 等人(2006)于澳大利亚进行的实验中，一些正在进行一项艰难任务的理科生得到了一个假装为路人的实验者的帮助。当实验者假装自己也是理科生而不是艺术生时，学生们感到不那么痛苦了。

[13] De Tocqueville, 1956[1835], p.155.

[14] 一些国家(地区)的文化整合比其他国家(地区)的少。例如，一些前殖民地、多语种、多民族国家(地区)，如比利时、马来西亚或南斯拉夫。然而在这种情况下，与其他国家(地区)的人相比，这些国家(地区)的人认为自己彼此之间非常不同的民族和/或语言群体也可能具有共同的特征。我们已经证明了这在比利时和南斯拉夫适用(*Culture's Consequences*, 2001, p.501)。

[15] Montesquieu, 1979[1742], p.461.

[16] Harris, 1981, p.8.

[17] Lévi-Strauss & Éribon, 1988, p.229.

第2章

研究文化差异

一开始，新范式的候选人可能只有极少的支持者，有时支持者的动机可能会受到质疑。然而，如果他们能胜任的话，他们将会改进它，探索它的可能性，展示它所指导的社区将是什么样子。

这样下去的话，如果这个范式注定要赢得这场斗争，那么支持它的有说服力的证据的数量和强度将会增加。更多的科学家将会改变，新范式的探索将继续下去。逐渐地，基于范式的实验、仪器、文章和书籍的数量将会增加。更多的人相信新观点的丰硕成果，将采用实践常态科学的新模式，直到最后少数年纪大的人还在坚持抵抗。甚至对于他们，我们不能说，是错的。

托马斯 • 库恩（Thomas S. Kuhn），《科学革命的结构》（*The Structure of Scientific Revolution*），1970 年，第二版，第 159 页

托马斯 • 库恩（1922—1996 年）是一位美国的哲学家和科学史家。上述的引文选自他的著作，他从各个学科中找到案例来描述科学创新是如何产生的。在特定的时期里，某些假设被称作范式。这些范式统治了一个科学领域，并限制了该领域中科学家的思考。库恩把这种在范式下从事的工作称为常态科学。常态科学时常会陷入局限当中，它无法解释新的事物或面对新的挑战。随之范式开始改变，越来越多的人转向新的范式，最终成为新型常态科学的一分子。

本章我们将描述本书所依据的研究过程。它始于吉尔特在 1980 年版的《文化的效应》一书中提出的范式，这种范式从此获得了常态科学的地位。

衡量价值观

与实践活动相比，价值观是文化中的稳定因素，文化的比较研究始于价值观的衡量。研究者们开发出了各种调查问卷，让回答者在各种选项中指出自己的偏好。但是，也不要把这些回答太当真：在现实生活中，人们并不总是按照他们在问卷中填写的那样行事。尽管如此，调查问卷依然提供了有用的信息。它们展示了不同社会群体或部门的被调查者在回答上的差异。例如，假设有一道题问人们更倾向于休假还是多拿工资，一个回答说倾向于休假的员工，可能在实际抉择中选择了多拿工资。但是，如果与 B 组相比，A 组中更多的人声称更愿意休假，则表明两组在对待自由时间和金钱的相对价值上存在文化差异。

在解读人们对自身价值的陈述时，区分“理想的”和“想要的”十分重要，即人们认为这个世界应该是什么样的和人们自己想要得到什么。“理想的”问题泛指一般人对于对或错、应该或不应该、同意或不同意、重要或不重要等的判断。抽象地说，每一个人都赞成美德和反对罪恶。对于“理想的”回答表现了人们对什么代表美德和什么代表罪恶的观点。相反，“想要的”问题是关于你或我，也就是什么是我们自己想要的，包括自己不那么道德的愿望。“理想的”内容与人们的实际行为的相关度很低。尽管“想要的”更接近于实际行为，但它也未必与人们必须做出选择时的实际行为一致。

“理想的”和“想要的”差别在于所涉及的规范的本质。规范是一群人或一类人的行为标准。[1] 在“理想的”情况下，规范是不容置疑的，它关乎什么是正确的道德原则。在“想要的”情况下，规范是统计性的：它表明了大部分人做出的选择。“理想的”多与思想观念有关，“想要的”多与实际情况有关。

如果解读价值观研究的时候忽略了“理想的”和“想要的”差异，则可能出现自相矛盾的结果。我们在 IBM 的研究中发现了两个截然相反的答案，本章后面将要介绍。不同国家（地区）的雇员被问到是否同意“企业员工应该更多地参与管理决策”，这个陈述是“希望的”问题。在另一个问题中，雇员被问到是否更喜欢“在做出决策前经常与下属协商的管理者”，这个陈述是关于“想要的”问题。

这两个问题的对比揭示了在有些国家（地区）中，经常与下属协商的管理者受欢迎程度较低。但人们却更同意“企业员工应该更多地参与管理决策”这种泛泛陈述，反之亦然。思想观念是一面能够反映出员工与老板日常关系的镜子。[2]

国家（地区）文化的维度

20世纪上半叶，社会人类学的发展已经证明，所有的社会，无论是现代的还是传统的都面临着同样的基本问题，只是答案不同而已。美国人类学家，尤其是露丝•本尼迪克特（Ruth Benedict，1887—1948年）和玛格丽特•米德（Margaret Mead，1901—1978年），在向大众普及这一观点方面发挥了重要作用。

从逻辑的角度出发，下一步就是社会科学家通过概念推理、现场研究及统计分析来试图定义什么是所有社会共同面临的问题。1954年，两位美国人，社会学家亚力克斯•英格尔斯（Alex Inkeles）和心理学家丹尼尔•莱文森（Daniel Levinson），发表了他们对于英文文献中有关国家（地区）文化的大型调查结果。

他们暗示，以下这些基本议题决定了社会运行、社会中群体的运行，以及群体中个人活动的结果。

（1）与权威的关系。

（2）自我概念，尤其是个人与社会的关系和个人对于阳刚与阴柔气质的理解。

（3）处理冲突的方式，包括控制攻击性和表达情感。[3]

20年后，吉尔特有机会研究全世界50多个国家（地区）的国民价值观，他得到了大型调查数据。这些人都在同一家大型跨国公司——国际商务机器（IBM）的各地分公司工作。乍看起来，利用一家跨国公司的员工——非常特定的一群人来确定国家（地区）价值体系的差异似乎令人惊讶。不过，一个个国家（地区）看下来，你会发现他们代表了近乎完美匹配的样本：除了国籍，他们在其他所有方面都是相似的。这使得国家（地区）差异的影响在他们的答案中异常清晰地显示了出来。

这些来自不同国家（地区）却又相似的IBM员工，对有关价值观的问题进行了回答。对这些回答进行统计分析后[4]，可以发现不同国家（地区）对于共同问题的解决方案各不相同，具体包括以下方面。

（1）社会不平等，包括与权威的关系。

（2）个人与群体的关系。

（3）阳刚与阴柔气质的概念：身为男孩或女孩的社会及情感意义。

（4）处理不确定性和模糊性的方式，它与控制攻击性和表达情感有关。

这些实证研究结果与20年前英格尔斯和莱文森的预测极其吻合。这些预测为吉尔特实证研究结果的理论意义提供了强有力的支持。无论采取什么样的研究方法，人类社会面临的基本问题都应该在不同的研究中得到反映。英格尔斯和莱文森的研究惊人地预测了吉尔特 20 年后的发现。

这四个基本问题领域由英格尔斯和莱文森界定，并在 IBM 的实验数据中得以发现，它们代表了文化的维度。维度指的是一种文化相对于其他文化来说可以测量的部分。四个维度将会在本书的第 3~6 章讨论。它们是权力距离（从低到高）、个人主义—集体主义、阴柔气质—阳刚气质、不确定性规避（uncertainty avoidance）（从弱到强）。所有的这些名词在社会科学中的某个领域都已经存在，它们似乎很合理地适用于每个维度代表的基本问题。它们共同形成了国家（地区）文化差异的四维（4-D）模型。在模型中，各国（地区）在每个维度上都有一个得分来表现其特征。

维度的概念把社会中的许多现象组合在一起，在实证研究中它们是共同出现的，但这种组合并未考虑其逻辑上的必要性。社会本身的逻辑与个体看待社会时的逻辑并不相同。对维度中的不同方面进行组合往往是以统计关系为基础的。也就是说，基于这些现象联合发展的趋势，而不是牢固的关联。一些社会的某些方面可能与其他大多数社会的普遍趋势截然相反。由于需要借助统计方法才能找到维度，只有拥有了一定数量（至少 10 个）国家（地区）的比较信息，才能检测出这些维度。在 IBM 的研究中，吉尔特有幸获得了最初来自 40 个国家（地区）的基于文化价值观的比较数据，从这些差异中得到的数据都相当清晰。

另一种描述国家与地区（或其他社会系统）差异的方法是类型学。它描述了一系列理想类型，每一种都很容易想象。一种常见的类型学划分是：20 世纪后半叶，国家（地区）被划分为第一世界、第二世界和第三世界。尽管类型学比维度更容易掌握，但在实证研究中它们的问题颇多。现实状况很少完全符合某种理想类型，大多数情况是混合的，因而不得不制定硬性分类规则，将它们归入这种或那种类型之中。相反，在维度模型中，我们可以毫不犹豫地给研究对象打分。在得分的基础上，事后可以运用实证方法把相似的得分对象聚类到一起。这些聚类就构成了实证的类型。IBM 研究中超过 50 个国家（地区），都可以根据它们在四个维度上的得分，归入 12 个聚类。[5]

实践中，类型学和维度模型是互补的。维度模型更适用于研究，而类型学对教学更有用。本书将使用类型学的方法对每个维度进行解释。每个维度中用两个彼此对立的极端作为两种纯粹的类型。随后，对四个维度用 2 × 2 的方式做出散点图，每个散点图都有四种类型。从不同国家（地区）在各个维度上的得分可以看到，绝大多数国家（地区）在现实世界里都位于两个极点之间的某个位置。

使用相关分析

维度是建立在相关分析的基础上的。鉴于有些人不熟悉相关这个统计术语及相关系数的意思，下面做一个简要介绍。如果两个测量结果（也叫变量）共同变化，就可以说它们是相关的。例如，我们从大街上随机挑选 100 个人测量他们的身高和体重，会发现身高和体重的测量结果是相关的。越高的人通常也是越重的，较矮的人则往往较轻。不过，有一些人既高又瘦，而另一些人又矮又胖，所以这种相关关系并不完美。

相关系数[6] 表达的是这种关系的强度。如果相关关系十分完美，则一个测量结果会完全跟随另一个测量结果而改变，这时相关系数为 1.00。如果相关关系不存在——两种测量结果完全无关，那么相关系数为 0。如果测量结果相反，那么系数为负。例如，一个人的身高与他遇见比自己更高的人的次数成反比。相关系数最小的可能值为 –1.00，这种情况中两个测量结果也是完全相关的，只是一个结果为正，另一个为负。上面关于身高和体重的例子，如果样本只包括成人，则可以预计相关系数大约为 0.8。如果样本既包括儿童也包括成人，那么相关系数会更高。因为与成人相比，儿童会更矮和更瘦。

如果相关系数与 0 之间的差异（无论是正向还是负向）显著到足以排除这种可能性——两种测量结果之间的相似程度是由于纯粹的随机分布造成的，那么相关系数（在统计上）就是显著的。显著性水平通常为 0.05、0.01、0.001，它指的是两者之间的相关性仍然有随机分布的可能性。如果显著性水平是 0.05，那么两者之间有关联与二者之间纯粹是随机分布的比例是 19∶1；如果显著性水平是 0.001，则这个比例是 999∶1。[7]

如果两种测量结果的相关系数是 1 或 –1，那么当我们知道其中一方时，就可以完全预测另一方。如果相关系数是 0.90 或 –0.90，那么当我们知道其中一方时就可以预测另一方 81% 的变化（称为方差）。如果我们有大量的数据，那么 0.40 的相关系数仍然具有显著意义，尽管第一个测量结果仅仅预测了第二个结果 $0.40 \times 0.40 \times 100\% = 16\%$ 的变化。我们之所以对这些相对较弱的相关感兴趣，是因为社会上的许多现象是由于多种因素同时作用而形成的——它们是多个原因导致的结果。相关分析有助于我们将多种可能的原因逐一分离出来。

在三个或更多测量结果的情况下，我们可以选择一个作为因变量，并计算剩余的独立变量对这个因变量产生的组合效应。例如，我们不仅可以测量我们 100 位随机挑选测试人员的身高，还可以测量他们的肩宽。这两个独立变量合在一起将与我们因变量体重的测量结果相关，甚至比单独的身高更相关。称为回归分析的统计技术使我们能够分别测量每个独立变量的贡献。在分析中我们经常使用逐步回归——一种按自变量对因变量贡献的顺序逐个排序的方法。这种贡献通常以自变量的方差百分比表示。我们想象 100 人做了身体测试，结果用逐步回归分析。例如，我们可能发现身高对体重的差异贡献了 64%，而身高和肩宽一起贡献了 83%。

出于可读性，本书中的相关系数和回归结果将在末尾注释中给出。本书的结论从这些地方得出，甚至有时解释了方差比。对附加统计证据感兴趣的读者可参考吉尔特 2001 年出版的《文化的效应》一书。

基于IBM研究的重复性研究

1970 年，IBM 的调研数据还在不断增加。与此同时，吉尔特用其中的一些问题调查了不同国家（地区）的非 IBM 公司的管理者。这些管理者来自 15 个国家（地区）的不同公司，当时正在参加瑞士一家商学院的课程，而吉尔特恰巧是该商学院的访问学者。[8] 那时他对数据的维度还没有一个清晰的概念，但这次重复性研究显示，在一个关于权力的关键问题（后来我们称为权力距离维度）上，该研究中的国家（地区）排名与 IBM 研究中的排名几乎完全相同。其他表明国家（地区）差异的问题，后来我们称为个人主义—集体主义的维度，也与 IBM 的研究类似。它首次证明了 IBM 研究中发现的国家（地区）差异也在其他地方同样存在。

在以后的几年里，许多人向其他受访者群体采用 IBM 的调查问卷，或者用其中的一部分，或者用后来的修订版。[9] 修订版被称作价值观调查模块（Values Survey Module，VSM），涉及的国家（地区）越多，就越容易用统计测试来证实研究结果的相似程度。截至本书写完，除了很多小规模的研究，我们还找到了六项主要的重复性研究，每一项都覆盖了至少 14 个国家（地区），而且这些国家（地区）都包含在 IBM 的数据库中。表 2.1 列举了这六项研究。

表 2.1　基于 IBM 研究进行的六项重复性研究

作　者	发表年份	样本	国家（地区）数量	得到验证的维度			
				权力距离	个人主义	阳刚气质	不确定性规避
霍普	1990	精英 [1]	18	×	×	×	×
肖恩	1995	公司雇员 [2]	28	×	×		×
梅利特	1998	飞行员 [3]	19	×	×	×	×
马瑞克•德•穆伊	2001	消费者 [4]	15		×	×	×
莫里森	2002	市政公务员 [5]	14	×		×	×
范•尼文根	2002	银行雇员 [6]	19	×	×	×	

注：1. 样本包括政府成员、国会议员、劳工和雇主组织领袖、学者和艺术家。
2. 样本来自除 IBM 之外的 6 家跨国公司的雇员。
3. 样本来自商业航空公司的飞行员。
4. 样本来自欧洲国家的雇员。
5. 样本来自政府中的国际公务员。
6. 样本来自一家跨国银行的雇员。

从表 2.1 中可以看到，在六项重复性研究中，有四项仅仅确认了四个维度中的三个——每次遗漏的维度都不相同。例如，消费者群体获得的数据未显示出权力距离维度。我们假设这是因为被调查者中既包括了拥有不同工作和权力关系的人，也包括了根本没有薪水的人，如学生和家庭主妇。

大多数小型研究每次只比较两三个国家（地区）。期望在所有的研究中证实 IBM 研究的结果只不过是过于美好的愿望。不过，丹麦研究者迈克尔•桑德加德（Mikael Søndergaard）对 19 个小型的重复性研究进行了文献回顾，发现它们从统计角度进行结合可以证实所有四个维度。[10] 其中，个人主义得到了最强有力的证实。大多数小型重复性研究是从美国开始的，而在 IBM 的研究中，美国在个人主义上得分最高，任何国家（地区）与美国在这一点上相比都会有差异。

重复性研究的成功并不意味着这些国家（地区）的文化在 IBM 的研究之后没有发生变化，而是意味着如果它们发生变化，则发生的是共同变化，它们之间的相对位置仍然保持不变。[11]

表 2.2 列出了本书中所有国家（地区）的维度得分情况。本书的第 3~6 章展示了基于 IBM 研究及重复性研究中 76 个国家（地区）的得分情况。第 7~8 章基于其他数据来源（世界价值观调查问卷）展示了 93 个国家（地区）的得分情况。

表 2.2 可以计算出维度得分的国家（地区）

（**粗体**表示原始 IBM 数据的一部分）

东非地区[1]（包括埃塞俄比亚、肯尼亚、坦桑尼亚、赞比亚）	**以色列**[4]
	意大利
西非地区[1]（包括加纳、尼日利亚、塞拉利昂）	**牙买加**[1]
	日本
阿尔巴尼亚[2]	约旦[2]
阿尔及利亚[2]	**韩国**
安道尔[5]	吉尔吉斯[2]
阿拉伯语国家[1]（包括 埃及、伊拉克、科威特、黎巴嫩、利比亚、沙特阿拉伯、阿联酋）	拉脱维亚
	立陶宛
阿根廷	卢森堡
亚美尼亚[3]	马其顿[2]
澳大利亚	**马来西亚**
奥地利	马里[2]
阿塞拜疆[2]	马耳他
孟加拉国	**墨西哥**
白俄罗斯[2]	摩尔多瓦[2]
比利时弗拉芒[6]（荷兰语区）	黑山[2]
比利时瓦隆[6]（法语区）	摩洛哥
波斯尼亚[2]	**荷兰**
巴西	**新西兰**
保加利亚	尼日利亚[2]
布基纳法索[2]	**挪威**
加拿大魁北克省[1]（法语区）	**巴基斯坦**
加拿大全国	**巴拿马**[1]
智利	**秘鲁**
中国大陆	**菲律宾**
中国香港	波兰
中国台湾	**葡萄牙**
哥伦比亚	波多黎各（美国）[2]
哥斯达黎加[1]	罗马尼亚
克罗地亚	俄罗斯
塞浦路斯[5]	卢旺达[2]

续表

捷克	沙特阿拉伯[2]
丹麦	**塞尔维亚**
多米尼加共和国[2]	**新加坡**
厄瓜多尔[1]	斯洛伐克
埃及	**斯洛文尼亚**
萨尔瓦多	**南非**[7]
爱沙尼亚	**西班牙**
芬兰	苏里南[1]
法国	**瑞典**
格鲁吉亚[2]	**瑞士**[6]**（法语区）**
德国	**瑞士**[6]**（德语区）**
东德[2]	坦桑尼亚[2]
加纳[2]	**泰国**
英国	特立尼达和多巴哥共和国
希腊	**土耳其**
危地马拉[1]	乌干达[2]
匈牙利	乌克兰[2]
冰岛[2]	**美国**
印度	**乌拉圭**
印度尼西亚	**委内瑞拉**
伊朗	越南
伊拉克[2]	赞比亚[2]
爱尔兰	津巴布韦[2]

注：1. 仅包括前四个维度。
2. 仅包括最后两个维度。
3. 仅包括长期导向。
4. 缺少个人主义。
5. 仅包括个人主义。
6. 包括长期导向和个人主义。
7. 仅包括 IBM 中的白人。

增加第五个维度：华人价值观调查

1980 年年底，《文化的效应》一书刚刚出版不久，吉尔特遇到了来自中国香港中文大学的彭麦克（Michael Harris）。他和他的一些来自亚太地区的同事刚刚完成对心理系男女学生价值观的比较研究，这些学生来自亚太地区的 10 个国家（地区）的族群。[12] 他们使用的是罗克奇价值观调查（Rokeach Value Survey，RVS）的一个改编版本。罗克奇价值观调查是由美国心理学家米尔顿•罗克奇（Milton Rokeach）于 1970 年前后在美国社会价值观量表的基础上开发出来的。彭麦克采用吉尔特分析 IBM 数据的方法来分析罗克奇价值观调查中的数据，也发现了四个有意思的维度。在这两项研究都涵盖的 6 个国家（地区）中，每个 RVS 维度都与其中一个 IBM 维度显著相关。[13]

在完全不同的材料中发现相似的维度，有力地支持了我们所发现的本质。彭麦克利用另一份调查问卷，针对不同的调查者（是学生而不是 IBM 员工），在不同的时间里(数据收集时间是 1979 年而不是 1970 年),并且在一定数量的国家(地区）内进行研究，仍然发现了四个相似的维度。然而彭麦克和吉尔特既兴奋又迷惑不解。调查结果本身表明了人们的思维方式是受文化限制的。我们也是我们文化中的孩子。IBM 调查问卷和罗克奇价值观调查都是西方思维的产物。在以上两项研究中，来自非西方国家（地区）的被调查者回答的是来自西方的问题。这在多大程度上影响到两份研究结果的相关性？我们在多大程度上提出了无关的问题却忽略了相关的问题？

彭麦克，一位自 1971 年起就在远东地区生活和工作的加拿大人，为西方的偏见问题找到了一种创造性的解决方案。他邀请了一些来自中国香港和台湾地区的中国同事帮助他设计了一份中国人基本价值观的清单。新的问卷叫作华人价值观调查（Chinese Value Survey，CVS）。新问卷在 23 个国家（地区）进行了发放，各样本都包括 100 名学生——50 名男生、50 名女生。针对华人价值观调查的统计分析再次产生了四个维度。有 20 个国家（地区）既进行了华人价值观调查又进行了 IBM 研究，这些国家（地区）的数据中有三个维度重合，但华人价值观调查的第四个维度与 IBM 的第四个维度无关——华人价值观调查中没有不确定性规避维度,它的第四个维度融合了未来导向及其对立面——过去和现在导向。[14] 吉尔特称该维度为长期导向—短期导向，并把它作为第五个普遍维度。20 年后，迈克尔 • 明科夫从世界价值观问卷调查（下面将会叙述）中发现了一个维度与长期导向—短期导向维度高度相关，这个维度被允许重新定义并将其扩展到更多的国家（地区）。有关这个维度的全部内容将会在第 7 章中介绍。

用其他测量结果来检验国家（地区）文化得分

下一步将介绍各维度得分的实践意义，它是通过定量方法完成的。也就是说，将那些维度得分与其他可以在逻辑上预期能够反映同一文化差异的测量结果关联起来。作为对定量检验的补充，我们还会提供关于这些国家（地区）描述性的定性信息。这些定量的检查补充了各国（地区）定性和描述性的信息，整个过程被称为检验。

第3~8章会详细阐述这样的例子。例如，权力距离与国家（地区）政治中暴力的使用及一个国家（地区）收入的不平等息息相关；个人主义与国家（地区）财富（人均国民生产总值）及两代人之间社会阶层的流动性相关；阳刚气质与富国（地区）政府用于资助第三世界国家（地区）发展的国民生产总值的份额呈负相关；不确定性规避与罗马天主教义及发达国家（地区）要求其携带身份证明的法律义务相关；长期导向与国民储蓄率相关。

世界上可测量现象之间的关系非常复杂。以下的章节描述了国家（地区）文化维度，它能够帮助我们理解这个复杂的世界。在下面的章节中描述的国家（地区）文化维度是为了通过减少这种复杂性来增加我们对其的理解，但是它们不能被消除。每一个维度中我们都会描述出哪一种现象是最相关的。有的时候我们需要两种，少数情况会需要三种。总之，我们的目标是保持尽可能简单。

综上所述，2001年版的《文化的效应》列出了IBM维度得分与其他测量结果之间存在的400多种显著的相关关系。1/6的案例我们需要两个维度，1/50的情况我们需要三个。[15]一个惊人的事实是，在不同的检验中，这些相关关系并不随着时间的流逝而减弱。IBM研究中国家（地区）维度的分数（或者至少是其相对位置）在2010年仍然是有效的。如同它们在20世纪70年代那样，这表明它们刻画的是这些国家（地区）中一些相对持久的方面。

文化和人格得分：没有成见的理由

20世纪上半叶，美国社会人类学家发现文化与人格之间有密切的关系。我们现在被称为的国家（地区）文化，在当时被称为国家（地区）特征或人格模式。美国的先锋人类学家露丝·本尼迪克特把人类文化看作“个性大写”。[16]

对这类观点的批评导致了对个体的成见（stereotyping）。成见的字面意义是刻板印象，形象地说，它们是固定的概念，通常与他 / 她的背景无关。对个人成见的指责有时也反对国家（地区）文化维度范式。

由于有了更好的数据，20 世纪末，国家（地区）文化与人格的关系得到了新的关注。从文化方面来说，这些来自我们的价值观调查。从人格方面来说，来自人格测试的发展。在人格测试里，个人回答一系列关于他自己的问题。20 世纪中叶常常会有一些令人困惑且相互矛盾的人格测试。但是到了 20 世纪 90 年代，人们达成共识，大多数国家（地区）人格测试的共同特征是个性差异的五个维度（俗称“大五”，Big Five）：

① 对经验的开放性—僵化性。

② 尽责性—不可靠性。

③ 外向性—内向性。

④ 随和性—脾气暴躁性。

⑤ 神经质—情绪稳定性。

美国心理学家保罗 • 科斯塔（Paul T. Costa）和罗伯特 • 麦克雷（Robert R. McCrae）根据“大五”开发出了一个自我评价的人格测试，叫作 NEO 人格量表（NEO Personality Inventory）修订版。到 20 世纪末，这份测试已经从英语翻译成其他许多种语言，用于许多国家（地区）同类人士的测试。

麦克雷和霍夫斯泰德在一篇文章中探讨了人格维度和国家（地区）维度得分之间的关系。来自 33 个国家（地区）的比较样本在这五个维度上的平均分数，与 IBM 研究中的四个文化维度显著相关。[17] 我们将在下面的章节介绍这些相关性。我们的研究显示文化与人格并不孤立。与图 1.1 相比，虽然每个国家（地区）都有不同的个性，但这些个体在人格测试中形容自己的方式部分受到这个国家（地区）的文化所影响。

然而，人格与文化之间的关系是统计上的，不是绝对的。没有理由将国家（地区）文化得分用于解释来自这些国家（地区）的个人成见上。每个国家（地区）的人格范围太宽泛了。国家（地区）文化得分不是关于个人的，而是关于国家（地区）社会的。

国家（地区）文化的其他分类

1980 年出版的《文化的效应》，其核心的创新之处在于，根据一些维度来划分文化。自《文化的效应》出版之后，其他一些有关国家（地区）文化的理论开始使用这种方法，每种理论都提出了自己的方法来划分国家（地区）文化。

以色列心理学家谢洛姆•H. 施瓦茨（Shalom H. Schwartz）对维度范式进行了详尽和广为人知的运用。通过文献检索，他编写了一个由56种价值观组成的清单。施瓦茨的主要灵感来自美国心理学家米尔顿•罗克奇。罗克奇比较了美国人口不同群体的18种“最终价值”（一个描述理想的最终状态的名词，如平等）和18种“工具价值”（描述如何达到最终状态的形容词，如诚实）。回答者来评定该价值观在多大程度上是“我生活中的指导原则”，–1分代表“反对价值观”，0分代表“不重要”，7分代表“超级重要”。根据本章前面对价值观的描述，施瓦茨的价值观清单更接近于理想的（desirable），而不是想要的（desired）。[18]

通过同事们的社交网络，施瓦茨从60多个国家（地区）的大学生和小学教师构成的样本中收集数据。[19] 他最初比较的是个体之间的差异，然后通过统计（最小空间分析）把价值观划分成了十个维度。和他之前的吉尔特一样，施瓦茨在分析到国家（地区）层面时经历了一段学习——与他的期望相反，他发现这个层次需要一套完全不同的维度。他的7个国家（地区）层面的维度分别是：保守、等级、掌控性、情感自主性、智力自主性、对平等的承诺、和谐。施瓦茨的国家（地区）的得分与我们的得分有着显著的相关性，但主要与个人主义——集体主义相关。一个原因可能是施瓦茨的国家（地区）的分数（样本人群）不能控制国家（地区）财富（见第4章）。[20]

全球领导与组织行为的有效性（Global Leadership and Organizational Behavior Effectiveness，GLOBE）的研究课题可以说是这种范式的一次应用。美国管理学者罗伯特•J. 豪斯（Robert J. House）在1991年提出了该设想。起初，豪斯侧重于领导力的研究，然后这项研究很快就涉及了国家（地区）和组织文化的其他方面。在1994—1997年，大约170名自愿合作者从全世界大约60个社会的三个行业（食品加工、金融和电信服务）中的近千个当地（非跨国）组织中收集了大约17 000名管理者的数据。在书的前言[21]中，豪斯写道：“我们有一个非常充分的数据库来复制霍夫斯泰德（1980年）里程碑式的研究，并且我们扩大了这项研究，以测试有关社会水平变量、组织实践及领导者特质和行为之间的关系。”

出于概念上的原因，GLOBE将霍夫斯泰德的五个维度扩展成了九个。他们保留了权力距离和不确定性规避的名称。他们将集体主义拆分成制度集体主义和组内集体主义，将男性—女性气质变成自信和性别平等主义。长期导向变成未来导向。新增的两个维度也受到我们男性—女性气质维度的启发：人本导向和绩效导向。这九个维度涵盖了 78 个问题，一半受访者要求描述他们的文化（原样是什么），另一半则要求评估文化（应该是什么样的）。GLOBE 因此为每个国家（地区）产生了 $9 \times 2 = 18$ 项文化得分：九个维度是“原样”，九个维度是“应该”。此外，GLOBE 使用了调查问卷的两个版本：一半调查者被问及“这个社会”的文化，另一半则被问及“这个组织”的文化。

在对 GLOBE 项目进行评估时 [22]，吉尔特批评 GLOBE 用研究员的行话提出问题，这早就远离了管理人员（主要是一线）的实质。GLOBE 要求受访者对其同胞的特征和行为进行描述和评估，并对他们的国家（地区）文化进行概括性的描述和评价。这种方法只有当问题很简单的时候才能产生有意义的结果，如家庭关系。对于更抽象的问题，很难知道答案的意思。以下是 GLOBE 项目的例子：“在这个社会里，大部分人过着高度结构化的生活，很少有突发事件。”管理者该如何回答这样的问题？这样的问题连社会科学专家都觉得难以回答。

GLOBE 关于“原样”的问题应该是描述性的，但是它们当中的很多只能产生关于国家（地区）的成见。[23]GLOBE 关于“应该”的问题，就本章前面做的区分而言，指的是“希望的”。与霍夫斯泰德研究不一样的是，没有一个 GLOBE 问题涉及个人的希望。

在重新分析中，吉尔特发现 GLOBE 的 18 个维度可以根据他们的国家（地区）得分整理成五个聚类，仍然以模糊的方式再现了原霍夫斯泰德模型的结构。

与我们的结论相比较，GLOBE 的一个复杂的情况是，GLOBE 的报告常常多次使用相同的术语来表达含义完全不同的事物。由于制定问题的方式完全不同，我们甚至不能期待像权力距离和不确定性规避这样同名的 GLOBE 维度，与霍夫斯泰德测量的是同一种事物。另外，GLOBE 使用专业术语实践来回答文化“原样”的方面，价值观来回答文化“应该”的方面。在图 1.2 中，我们使用实践活动来表示外部观察者可以看到的符号、英雄和仪式。用价值观来表示什么是来访者所倾向的，通常是无意识的。

荷兰管理顾问冯斯 • 强皮纳斯（Fons Trompenaars）有时候被当作国家（地区）文化维度的研究者。他区分了七个维度：普遍主义与特殊主义、个人主义与集体主义、情感性与中立性、专一性与扩散性、成就地位与世袭地位、时间导向，以及人与自然的关系。[24] 然而，这些并不是基于实证的研究，而是借鉴了美国社会学家在 20 世纪五六十年代所做的概念区分 [25]，这些概念并不专门用来描述国家（地区）。强皮纳斯收集了一系列调查项目的数据，这些调查项目在美国 20 世纪中叶的社会学文献库 [26] 中可以找到，也在一些国家（地区）的受众和业务联系中找得到。强皮纳斯在网站上声称他的研究包含了 55 000 位管理者。遗憾的是，他没有经过同行评议的学术出版物的评审，没有在任何一个地方指明他的数据库究竟包含了什么，因此他对概念区分的贡献还不清楚究竟是什么。到目前为止，唯一经过同行审评的强皮纳斯数据统计分析是在 1990 年由英国心理学家彼得•史密斯（Peter Smith）和肖恩•度根（Shaun Dugan）完成的。在来自 43 个国家（地区）的约 9 000 名受访者（经理与非经理）的得分中，他们发现了两个独立的维度。一个与我们的个人主义—集体主义维度相关；另一个主要与权力距离维度相关，其次与个人主义—集体主义相关。[27] 强皮纳斯的问卷没有包含国家（地区）文化的其他方面。

霍夫斯泰德维度模型的第二次扩展：明科夫对世界价值观调查的探索

自 20 世纪 80 年代初，6 所欧洲大学的神学院关注大众对基督信仰的丧失，通过公民意见调查的方式，对他们国家的国民价值观进行了考察。在接下来的几年里，他们的“欧洲价值观调查”进行了扩大并改变了焦点：由美国社会学家罗纳德•英格尔哈特（Ronald Inglehart）领导并成长为一个定期的世界价值观调查（World Values Survey，WVS）。随后的数据收集轮隔几年进行，到了 2013 年，第 5 轮调查正在进行中。该调查现在覆盖全球 100 多个国家（地区），包含 360 多个选择题。覆盖的领域包括生态、经济、教育、情感、家庭、性别与性、政府与政治、健康、快乐、休闲与朋友、道德、宗教、社会与国家（地区）、工作。连续几轮调查使得研究随着时间而变化，这证明了文化的变迁几乎总是同时影响许多国家（地区），但是它们的相对位置保持不变。[28] 整个世界价值观数据库，包含前几轮调查及个人问卷得分，都可以在网上免费获取。[29]

除了世界价值观调查外，还有许多其他丰富并有价值的数据来源，可供任何有勇气进行网络搜索的人使用，如欧洲社会调查、亚洲及亚太经济和社会调查，以及主要是欧盟成员国的“欧洲晴雨表”。当吉尔特在 20 世纪 70 年代开始他的价值观研究时，IBM 员工数据库是当时世界上最大的跨国价值观比较研究数据库。如果吉尔特现在不得不重新开始做研究，他会从世界价值观调查和其他公开资料的数据库开始。

世界价值观调查的协调员罗纳德·英格尔哈特，在对其数据库进行分析的初步阶段，发现了两个关键的文化维度，他称为主观幸福—基本生存和世俗理性—传统权威。如下面章节所示，这些内容都与我们的维度相关。但从一开始就显而易见的是，世界价值观调查的庞大数据库将隐藏着更多的宝藏。

迈克尔·明科夫接受了这项挑战。在对众多世界价值观调查的勇敢考察中，他加入其他相关资料的最新数据，最终提取了三个维度：排他主义—普遍主义，放纵—约束，碑铭主义—柔韧谦卑。[30]

迈克尔·明科夫因此加入了我们的作者团队，我们整合了大家共同研究的成果。从迈克尔·明科夫的三个维度来看，排他主义—普遍主义和个人主义—集体主义密切相关，第 4 章会提到它。碑铭主义—柔韧谦卑与短期导向—长期导向高度相关。这导致了我们对世界价值观调查数据库的另一次搜索。该数据库对长期导向层面进行了新的测量，丰富了我们对其应用的理解，并大幅度增加了可靠得分的国家（地区）数量。所有的这些将会在第 7 章描述。放纵—约束在第 8 章被作为一个全新的第六维度加入。

从地区、种族、宗教、性别、代际和阶层角度来看待文化差异

地区文化可以解释国家内部的差异。网络上的各种数据库能够比较主流的地区价值观。一般的结论是，地区价值观存在差异，但是它们比国家的差异要小，少数情况除外。同一个国家临近地区之间的差异要比跨国界临近地区的差异要小。[31]

种族和宗教常常超越国家界限。这些群体处在国家的主导文化和他们自己传统文化的十字路口上。在主导价值观方面，大部分在一代到两代之间被同化为民族主流。[32] 少数人归为永久文化少数民族，如辛提人和罗姆人。

人们通常不用文化的术语来描述性别，其实这样做也有启迪意义。如果我们认识到在每个社会内部都存在不同的女性文化和男性文化时，会有助于解释为什么改变传统的性别角色如此艰难。人们之所以认为女性不适合从事传统上由男性来做的工作，不是因为她们在技术上难以胜任，而是因为女性不承载那种象征，

即她们与英雄形象不一致，她们没有参与那些仪式，或者她们没有在男性文化中占主导地位的价值观；反之亦然。人们对异性行为的感觉和恐惧与身处异国文化时产生的紧张是一样的。第 5 章将会再次讨论性别这一话题。

大多数人认为，代际在象征符号、英雄、仪式及价值观方面有着非常明显的差异。但这些差异被高估了。早在公元前 2000 年，在埃及用莎草纸抄写的古书上，就有了对年轻人不尊重长辈的价值观的抱怨。公元前 8 世纪末，希腊作家赫西奥德（Hesiod）的著作中也有着同样的抱怨。实践活动和价值观的许多代际差异都可以归因于年龄，它使得上下两代人之间的代际差异反复出现。当然，历史事件确实以某种方式影响了某代人。技术的发展也会导致代际差异。电视机的普及便是一例，人们通过电视可以看到世界上其他地方的人的生活，这在以前是难以想象的。

不同的社会阶层有不同的文化。社会阶层与受教育的机会及个体的职业或专业相关联。教育和职业本身就是学习发展的强大来源。世界各国（地区）对阶层没有一个标准的定义，不同国家（地区）的人划分阶层的类型和数量也不同。将人们划分到不同阶层的标准常常具有文化特点：象征符号起到了一个很大的作用（如礼节、说国语或方言时的口音、说话时带不带某些字眼）。在电影《十二怒汉》（参见第 1 章）中，那两个陪审员的冲突明显包含着阶层的成分。

性别、代际及社会阶层的文化只有一部分能被划分为国家（地区）文化的维度。这是因为它们是社会系统内部的不同类别，而不是完整的社会系统，像国家（地区）或种族群体那样。在讨论性别、代际及阶层文化时，应该基于这些文化的具体研究，从它们自身的角度加以描述。

组织文化

组织文化，或者说企业文化，自 20 世纪 80 年代初期已经成为管理学文献中一个时髦的话题。这些作者广泛宣扬这样的观点，即一个组织的优秀之处在于其成员思考、感觉和行动的共同方式。企业文化是一种柔性的、整体的概念，但被认为能够产生实实在在的结果。

半个世纪以来，组织社会学家们一直强调柔性因素在组织中的作用。把组织成员所共享的心理软件贴上“文化”这一标签，是再度推广这些社会学的简便方法。但是，组织文化在许多方面有别于国家（地区）文化。组织作为一个社会系统与国家（地区）有着本质的不同，其原因并不仅仅是组织成员通常并不是在组织内部长大的。相反，他们拥有相当大的决定权来决定是否加入某组织，而且他们只在工作时间才卷入该组织中，并会在某一天离开。

有关国家（地区）文化和维度的研究结果，对理解组织文化仅有一定程度的作用。本书中涉及的组织文化差异（第 10 章）并不是基于 IBM 的研究，而是基于 20 世纪 80 年代对丹麦和荷兰的 20 个组织进行的一项专门的课题研究。

阅读心理程序：给研究者的建议

近年来通过大量耐心的观察和实验，有了很多对动物学习方式的研究。我们所要研究的各种类型的问题都得到了不少结论，但是关于普遍性的原则还有许多争辩。我们可以更广泛地说：所有经过仔细研究的动物行为都验证了观察者在观察以前就相信的哲学。非但如此，动物的行为也展现出了观察者的国家（地区）性格。美国人研究的动物狂乱急行，四处冲撞，最后在偶然之中得到想要的结果。德国人研究的动物往往端坐沉思，最后得到他们内在意识中的解决方法。对于一个平常人来说，如作者本人，这种情况未免令人有些丧气。据我观察，一个人在动物身上想解决的问题往往取决于其自身的哲学，这大概就是他们有不同结论的原因。动物对于不同类型的问题会给出不同的答案，因此，不同的研究人员得出的结论尽管不同，也未必就是不相容的。但是我们应该记住：没有一个研究者能够在所有领域中进行统括性的研究。

——伯特兰•罗素（Bertrand Russell），《哲学大纲》（*An Outline of Philosophy*），1927 年，第 3 章[33]

伟大的英国哲学家写于三代之前的这段论述告诫我们：科学研究的结果受到研究者本人的影响，这种影响的方式可能连他本人都未曾意识到。在本章的开头我们提及的美国学者托马斯•库恩也以不同的方式论证了这一主题。科学家们陷入了他们同时代的范式。

在托马斯•库恩的理解中，跨文化比较研究属于新型的常态科学。常见的方法是一名博士或硕士生使用在某个国家（地区）开发的一项工具（多数是纸笔问卷）进行研究，这种工具通常是由美国学者开发的针对美国人进行测试的工具。遗憾的是，该工具只涉及工具设计者所在的社会中的相关问题，而把设计者认识不到的问题排除在外，因为在他 / 她的社会中并不存在这样的行为。从文化的角度看，此类问题显然是他们最感兴趣的内容。此类研究中隐藏的民族优越感使得其结果并无太大价值。

未来的跨文化研究者们，如果从本书得到了一些启发，并想在自己的研究中使用其中的一些方法，可以参照吉尔特•霍夫斯泰德 2001 年再版的学术著作《文化的效应》，特别是第 10 章内容。它会提醒人们注意那些仍然困扰着新手甚至是资深研究者的陷阱。

我们提供的一个强有力的建议是收集自己的文化得分之前要三思而后行。研究关乎于解释数据，而不是收集数据。搜索文献和互联网显示，几乎所有的应用程序、相关和专业的数据库在等待着被翻阅、解释、比较和应用。迈克尔•明科夫对于世界价值观调查的使用就是一个例子。单个研究员试图衡量文化通常是浪费时间，带来混乱，充其量也只是重新发明“轮子”。这也适用于使用从 IBM 研究发展而来的价值观调查模块[34]，除非在至少 10 个国家（地区）获得至少 50 个受访者的紧密匹配样本。最好的方法是熟悉文献，从可用的数据库中进行选择，并批判性地将其应用于你的特定主题。

注释

[1] 比较流行的是，人们通常不加区分地使用“规范”和“价值观”，抑或将二者看成不可分割的一对，如 Laurel 和 Hardy。在后一种情况下，两个单词中有一个是多余的。

[2] *Culture's Consequences*, 2001, p.91.

[3] Inkeles & Levinson, 1969[1954], pp.447 ff.

[4] 2001 年版 *Culture's Consequences* 第 2 章中详细地描述了该分析。

[5] *Culture's Consequences*, 2001, p.64.

[6] *Culture's Consequences* 中使用了乘积矩相关系数和等级相关系数。第一个是基于测量的绝对值，第二个是基于它们的相对等级。

[7] 本书中用于相关性的代码遵循一般的社会科学惯例。字母 r 代表乘积矩（零阶）相关系数。希腊字母 ρ 代表等级相关系数。大写字母 R 表示基于两个或更多个变量的多重相关系数。显著性水平用星号表示：* 表示超过 0.05 的显著性水平，** 表示超过 0.01 的显著性水平，*** 表示超过 0.001 的显著性水

平。其他显著性水平由字母 *p* 指定。字母 *n* 代表关系中的个案数量。

[8] IMEDE (now IMD), Lausanne, see *Culture's Consequences*, 2001, pp.91 and 219.

[9] VSM 是为希望将 Hofstede 的国家（地区）文化研究复制到自己项目中的研究员提供的一组标准问题。最新的版本是 VSM 2013，可以通过这个网站获得：www.geerthofstede.eu。更早的版本分别发表于 1982 年、1994 年和 2008 年。

[10] Søndergaard, 1994.

[11] Beugelsdijk, 2013.

[12] Ng et al, 1982.

[13] Hofstede & Bond, 1984.

[14] 发表于 1987 年一篇名为 *Chinese Culture Connection* 的文章中，该文章的名字是由 Michael Bond 为他的团队选择的。该团队由 24 名研究人员构成。见 Hofstede & Bond, 1988。

[15] *Culture's Consequences*, 2001, pp.503-520. 第 520 页的汇总表中，有 355 个显著的零阶相关、62 个显著的二阶相关和 9 个显著的三阶相关。

[16] Margaret Mead in her Preface to the 1959 edition of Benedict's book *Patterns of Culture*.

[17] 外向性和个人主义之间的最高相关系数为 0.64***（Hofstede & McCrae, 2004），见第 4 章。

[18] "在你的生活中"这种说法表明你要求的是你所期望的，但"指导原则"将其变成关于理想的抽象陈述。

[19] 随着时间的推移，研究中有关价值观问题的数量与国家（地区）的数量都在增长。2009 年，Schwartz 在互联网上的一项调查列出了 79 种价值观。Schwartz 与 Bardi（2001）报告了 56 个国家（地区）的 54 个学生和教师样本。

[20] Schwartz, 1994; Sagiv & Schwartz, 2000; *Culture's Consequences,* 2001, p.265. Smith、Peterson 与 Schwartz（2002）的研究中显示我们的指数与 Schwartz 数据计算的三个维度存在相关性，这三者与个人主义—集体主义最为相关。

[21] House, Hanges, Javidan, Dorfman & Gupta, 2004.

[22] Hofstede, 2006; 2010.

[23] 这是人格心理学家 McCrae、Terracciano、Realo 与 Allik 于 2008 年凭实证证明的。

[24] Trompenaars, 1993.

[25] 前五个来自 Parsons 和 Shils（1951），后两个来自 Kluckhohn 和 Strodtbeck（1961）。

[26] 其中包括 Stouffer & Toby，1951。

[27] Smith, Trompenaars & Dugan, 1995; Smith, Dugan & Trompenaars, 1995. 据我们所知，这是关于 Trompenaars 数据库的唯一学术出版物。报告中受访者的数量和类别与 Trompenaars（1993）声称的数量和类别不同。*Culture's Consequences*, 2001, p.274, notes 26 and 27.

[28] Beugelsdijk, 2013.

[29] www.worldvaluessurvey.com. Inglehart、Basañez 和 Moreno（1998）公布了当时可以使用的世界价值观调查数据的印刷版摘要。

[30] Minkov（2007）使用了拼写"flexumility"。我们添加了字母"h"以便能够使用形容词"flexhumble"。

[31] Hofstede et al., 2010; Minkov & Hofstede, 2012.

[32] Minkov & Hofstede, 2013.

[33] Russell, 1979[1927], pp.23-24.

[34] 见注释 9。

PART

02

第2部分

国家（地区）文化的维度

第3章

平等也有高低之分

在一次和平的革命——瑞典历史上最后一次革命中，瑞典贵族于1809年罢免了他们平庸无能的国王古斯塔夫四世（Gustav IV）。出人意料的是，贵族们邀请让·巴普蒂斯特·贝尔纳多特（Jean Baptiste Bernadotte）——一位曾服侍过他们的敌人拿破仑的法国将军——成为瑞典国王。巴尔纳多特接受了邀请，成为瑞典国王卡尔十四世（Charles XIV）。至今，他的后代仍继承着王位。新国王就任后，他用瑞典语向国会发表讲话。然而，他蹩脚的瑞典语却引得瑞典人哄堂大笑。因此，这位已经成为国王的法国人感到非常沮丧，从此再不尝试说瑞典语了。

贝尔纳多特是这次文化冲击的受害者：在法国的成长和军事生涯中，他从未经历过类似下属嘲笑上级的事件。历史学家告诉我们，在适应瑞典和挪威的平等主义（贝尔纳多特后来又成为挪威国王）及下属们的宪法权利时，他遭遇了更多的问题。尽管贝尔纳多特善于学习（语言除外），但直到1844年，他才成为一名备受尊敬的宪政君主。

社会中的不平等

瑞典与法国不同的一个方面在于它们的社会处理不平等的方式不同。任何社会都存在不平等，即使在最简单的狩猎部落中，也有人比其他人更高、更壮或更聪明。有些人比其他人拥有更多的权力——他们更有能力决定他人的行为；还有一些人比其他人获得了更多的财富；另一些人则比其他人获得了更高的地位和更多的尊重。

体力、智力、权力、财富和地位可能会并驾齐驱，也可能不会。成功的运动员、艺术家或科学家通常享有地位，但在某些社会中他们也同样拥有财富，却几乎不会拥有政治权力。一些国家（地区）的政治家拥有地位和权力，却不能享有财富；商人可以拥有财富和权力，却没有地位。不同领域之间的这种不一致往往被人们认为会产生矛盾。运动员成为职业选手来获取更多的财富；为了达到相同的目的，政治家也可能会利用自己的权力来进入企业高层；成功的商人进入政府机构来获得地位。这种趋势明显加剧了这些社会中的不平等现象。

在其他社会背景里，人们不仅不认为各领域之间的不一致是个麻烦，反而认为是件好事。一个领域的较高地位或多或少应该由另一个领域的较低地位交换而来，这一过程增加了中产阶层的数量，他们介于各面都处于顶端与毫无机遇的人群之间。许多国家（地区）的法律都为服务这种平等的理想而设计，即不论地位、财富或权力，人人平等，但几乎没有一个社会能实现这种理想。基督教《圣经》中对贫穷的称赞可以看作对平等的渴望。

衡量社会不平等的程度：权力距离指数

不仅仅是瑞典和法国，其他国家（地区）也可以根据人们对待不平等现象的方式来进行分类。对 IBM 职位相似但不同国籍的员工的研究让我们为每个国家（地区）设置了一个分数，用来表示权力距离水平。这是第 2 章介绍的国家（地区）文化维度之一，它反映了不同国家（地区）的人对于“怎样对待人与人之间的不平等”这一基本问题的回答。“权力距离”的名称来源于荷兰实验社会心理学家毛克·米尔德（Mauk Mulder）的研究，指的是上下级之间的情感距离。[1]

我们对 50 个国家（地区）及 3 个跨国地区处在同一职位上的 IBM 员工进行了调查，并根据得到的回答计算出权力距离得分。所有的问题都有预先编好的回答选项，因此答案可以用相应的得分来表示，通常是 1、2、3、4、5。标准样本由来自不同国家（地区）从事相同工作的答卷人构成。我们可以计算每个样本的平均分［例如，X 国（地区）样本的平均分是 2.53，Y 国（地区）样本的平均分是 3.43］，或者计算每项回答的百分比［例如，X 国（地区）的样本中有 45% 选择了答案 1 或 2，Y 国（地区）的样本中有 33% 选择了答案 1 或 2］。我们由此列出了一个包含了所有国家（地区）在每个问题上的平均分或百分比的表格。

统计程序（因子分析）可以用来对调查的问题进行分组，这些组称为因子或聚类，同一聚类中的每个问题的平均分或百分比同步变化。[2] 这意味着如果一个国家（地区）在某一聚类中某个问题上的得分高，则很可能该聚类中的其他问题的得分也高，或者在表达相反的问题上的得分低；如果一个国家（地区）在某一聚类的某个问题上的得分低，则很可能该聚类中的其他问题的得分也低，或者在表达相反的问题上的得分高；如果一个国家（地区）在某一聚类的某个问题上的得分处于中等水平，则很可能该聚类的所有问题的得分也处于中等水平。

我们发现其中一个聚类的所有问题似乎都与权力和是否平等相关。我们从这个聚类的所有问题中，选择了三个最密切相关的问题。[3]我们根据某个国家(地区)IBM员工的标准样本在这三个问题上的平均分，计算出该国（地区）的权力距离指数（Power Distance Index，PDI）。采用的计算公式是简单的数学运算（将三个得分分别乘以一个固定值后，进行加减运算，最后再加上一个固定值）。这种运算的目的在于：① 在得出最终指数之前，确保每一个问题被赋予了相同的权重；② 使得指数的变化范围大致在0~100分，其中0分代表权力距离低的国家(地区)，100分代表权力距离高的国家（地区）。有两个国家（地区）的得分超过100分，主要是因为这些国家（地区）在后期加入。

用来计算权力距离指数的三个问题如下。

（1）非管理岗位员工回答如下问题："以您的经验来说，下列情况发生的频繁程度如何：员工害怕向他们的经理表达自己的不同意见。"（从"非常频繁"到"很少"用1~5分衡量）

（2）下属对老板实际决策风格的感知（对专制型或家长式等4种决策风格的选择，此外还加上了一个"都不是"的备选项，由此计算百分比）。[4]

（3）下属对老板决策风格的偏好（倾向于专制型或家长式风格，或者相反：倾向于大多数表决，但不是协商，由此计算百分比）。

表3.1列出了不同国家（地区）的权力距离指数。其中57个国家（地区）的得分直接由IBM的数据资料计算而来（见表2.2）。其余的得分则在重复性研究的基础上计算得来，或者基于合理的估计。[5]由于计算方法的缘故，这些得分体现的是相对位置而非绝对位置——分数只是对差异的衡量。矛盾的是，IBM员工的回答并不包含任何与IBM企业文化有关的信息——这些得分只是显示了X国（地区）与Y国（地区）的子公司中相似职位的人在回答相同的问题时，会有多大程度的差异。而在IBM之外的人群之中（第2章描述了验证过程），我们也能发现同样的差异，这再次证明了分数差异确实能反映出国家(地区)文化的不同。

表 3.1 76 个国家（地区）的权力距离指数

排名	美洲（中 / 南部）	欧洲（南 / 东南部）	欧洲（北 / 西北部）/ 盎格鲁世界	欧洲（中 / 东部）/ 苏联	伊斯兰国家 / 中东 / 非洲	亚洲（东南部）	得分
1~2						马来西亚	104
1~2				斯洛伐克			104
3~4	危地马拉						95
3~4	巴拿马						95
5						菲律宾	94
6				俄罗斯			93
7				罗马尼亚			90
8				塞尔维亚			86
9	苏里南						85
10~11	墨西哥						81
10~11	委内瑞拉						81
12~14					阿拉伯国家		80
12~14						孟加拉国	80
12~14						中国大陆	80
15~16	厄瓜多尔						78
15~16						印度尼西亚	78
17~18						印度	77
17~18					西非		77
19						新加坡	74
20				克罗地亚			73
21				斯洛文尼亚			71
22~25				保加利亚			70
22~25					摩洛哥		70
22~25			瑞士（法语区）				70
22~25						越南	70
26	巴西						69
27~29		法国					68
27~29						中国香港	68
27~29				波兰			68
30~31			比利时（法语区）				67

续表

排名	美洲（中/南部）	欧洲（南/东南部）	欧洲（北/西北部）/盎格鲁世界	欧洲（中/东部）/苏联	伊斯兰国家/中东/非洲	亚洲（东南部）	得分
30~31	哥伦比亚						67
32~33	萨尔瓦多						66
32~33		土耳其					66
34~36					东非		64
34~36	秘鲁						64
34~36						泰国	64
37~38	智利						63
37~38		葡萄牙					63
39~40			比利时（荷兰语区）				61
39~40	乌拉圭						61
41~42		希腊					60
41~42						韩国	60
43~44					伊朗		58
43~44						中国台湾	58
45~46				捷克			57
45~46		西班牙					57
47		马耳他					56
48					巴基斯坦		55
49~50			加拿大（法语区）				54
49~50						日本	54
51		意大利					50
52~53	阿根廷						49
52~53					南非		49
54	特立尼达岛						47
55				匈牙利			46
56	牙买加						45
57				拉脱维亚			44
58				立陶宛			42
59~61				爱沙尼亚			40
59~61			卢森堡				40

续表

排名	美洲（中 / 南部）	欧洲（南 / 东南部）	欧洲（北 / 西北部）/ 盎格鲁世界	欧洲（中 / 东部）/ 苏联	伊斯兰国家 / 中东 / 非洲	亚洲（东南部）	得分
59~61			美国				40
62			加拿大				39
63			荷兰				38
64			澳大利亚				38
65-67	哥斯达黎加						35
65~67			德国				35
65~67			英国				35
68			芬兰				33
69~70			挪威				31
69~70			瑞典				31
71			爱尔兰				28
72			瑞士（德语区）				26
73			新西兰				22
74			丹麦				18
75					以色列		13
76			奥地利				11

对于多语种国家比利时和瑞士来说，表 3.1 给出了其最大两个语言区的得分。对于加拿大，IBM 给出了整个国家的得分，法语区的得分来自一项重复性研究。南斯拉夫的 IBM 样本被拆分成克罗地亚、塞尔维亚和斯洛文尼亚。表 3.1 中的其他国家（地区）都有一个单一的分数，但这并不意味着这些国家（地区）的文化是同质性的，只是现有的数据没法将这些国家（地区）的文化拆分成不同的亚文化。

通过表 3.1，我们可以发现大多数亚洲国家（如马来西亚和菲律宾）、东欧国家（如斯洛伐克和俄罗斯）、拉丁国家（拉美，如巴拿马和墨西哥；更小范畴内的欧洲拉丁区，如法国和比利时的法语区瓦隆）、阿拉伯语国家及非洲国家属于高权力距离。而德语系国家，如奥地利、瑞士的德语区和德国；以色列；北欧国家（如丹麦、芬兰、挪威和瑞典）及波罗的海国家（如爱沙尼亚、拉脱维亚和立陶宛）；美国、英国及其帝国时期的白人区（新西兰、爱尔兰、澳大利亚、加拿大）；荷兰则属于低权力距离。

由表格中的数据我们可以发现，瑞典的得分为 31 分，法国的得分为 68 分。

如果这种差异在 200 年前就已存在（稍后我们会对一个很好的案例进行讨论），则可以解释贝尔纳多特感受到的文化震荡。

权力距离的界定

回顾构成权力距离指数的三个问题，你可能会注意到一些令人惊讶的事实：问题①（员工害怕）和问题②（专制型或家长式的老板）指出的是受访者如何感知日常工作环境。然而，问题③则表明了受访者的偏好——他们希望在怎样的工作环境中工作。

这同一聚类的三个问题体现了，在任何国家（地区）中（无论任何国别），人们感知到的现实和他们所希望的现实之间有着非常密切的联系。[6] 在那些员工看起来并不害怕老板、老板也不经常采取专制型或者家长式行为的国家(地区)中，员工更喜欢协商式的决策风格，就像问卷中描述的那样："在做决定之前老板经常与他的下属协商"。

在权力距离量表中处于较高一端的国家（地区），员工常常害怕与老板持相反的意见，并且这些老板有着专制型或家长式的风格。从事类似工作的员工也不大可能喜欢一位协商型的老板，正好相反，他们中的大多数人偏好专制型或家长式的上级。但是，一些员工走向了另一个极端，他们倾向于老板通过多数表决的方式来管理，这意味着老板本人完全无法做决定。在实践中，多数表决的方法难以操作，事实上，我们几乎看不到老板使用这种决策风格（他们经常被指控为操纵结果，投票只不过是做做样子而已）。

总而言之：权力距离指数告诉了我们一个国家（地区）中人们的依赖关系。在权力距离低的国家（地区），下属对老板的依赖有限，他们偏好协商，老板与下属之间相互依赖。二者的情感距离相对较小：下属更容易接近老板，顶撞上司。在权力距离高的国家（地区），下属对老板有相当大的依赖性。下属要么偏爱这种依赖（专制型或家长式的老板），要么完全否定这种依赖。心理学将这种现象称为反依赖：这也是一种依赖，只不过以负面的形式表现出来。因此，权力距离高的国家（地区）呈现出依赖和反依赖的两极分化。

因此，权力距离可以被定义为一个国家（地区）的机构和组织中，弱势成员对权力分配不平等这一现象的期待和接纳程度。机构指的是社会中的最基本单位，如家庭、学校、社区等；组织指的是人们的工作场所。

对权力距离的描述也因此而建立在弱势成员的价值体系基础上。但权力分配的方式往往是由强势成员（领导者而非被领导者）来决定的。流行的管理学文献在领导力这一议题上常常忽略了“领导”一词通常与“下属”同时出现。只有存在服从，才会存在权威。贝尔纳多特的问题不在于他缺乏领导力，而在于瑞典人对服从统治者的理解与法国人不同——但贝尔纳多特是个法国人。

在多项针对各国（地区）领导者价值观的研究中，我们还可以发现，差异既存在于领导者的头脑中，也存在于被领导者的头脑中，但被领导者的陈述往往比领导者的陈述更能反映这些差异。这是因为与观察自己的行为相比，我们都更善于观察老板的行为。除了调查对老板领导风格的感知及自己偏好的领导风格外（权力距离指数中的问题②和③），IBM 还问了管理者如何评价自己的风格。看起来，管理者的自我评价与他们自己喜欢的领导风格非常类似，但并不是下属认为他们实际持有的风格。实际上，下属如何看待他们的老板就代表着老板如何看待他们的上司。对管理者的寓意是：如果你想知道你的下属如何看你，不要去看镜子——它只会照出你一厢情愿的想法。而你应该转个 180 度，去看你的老板。[7]

重复性研究中的权力距离

在第 2 章中，表 2.1 列出了 1990—2002 年发表的六项基于 IBM 问卷或其他修订版本的研究。它对多个国家（地区）进行了调查。其中有五项研究覆盖了 IBM 数据库中的 14~28 个国家（地区），这些研究计算出的权力距离指数得分与最初 IBM 研究的得分有着极为显著的相关关系。[8] 第四项研究的数据来源于消费者，但研究者并未基于权力关系来选择样本。这些样本从事各类工作，有的根本没有薪水，如学生和家庭主妇。

各国（地区）的权力距离差异：社会阶层、教育程度和职业

不同的阶层存在显示了社会中的不平等：上层、中层和下层，也有人想用其他方法区分，这因国家（地区）而异。不同阶层从社会中获益的途径和机会各不相同，其中一种机会就是教育。高等教育能使一个人自然而然地成为中产阶级或更高的阶层。反过来说，教育也是一个人职业追求的主要决定因素之一。因此，在大多数社会实践中，社会阶层、教育程度和职业密切相关。在第 1 章中，这三

个因素被列为心理软件的来源。在我们的文化中存在不同的社会阶层、教育程度和职业，而它们是相互关联的。

IBM 内部用来计算权力距离的数据来自不同职业的员工，因而也分属不同的教育和社会阶层。但是，在我们的研究中，各国（地区）的职业构成比例保持不变。国家（地区）的比较始终基于相同职业的人群。西班牙的工程师不应和瑞典的秘书进行比较。有两种职业可以对所有子公司进行比较，它们来自销售和服务中心：因为只有这些工作能够在所有国家（地区）中找到。

IBM 的销售和服务人员都拥有中等以上受教育程度，可以认为是中产阶级，重复性研究中的人也是如此。因此，表 3.1 中权力距离的得分能够真实地展示这些国家（地区）中产阶级的差异。与下等阶层相比，中产阶级的价值观更能够影响一个国家（地区）的制度，如政府和教育体系，因为制度的掌权者往往来自中产阶级。即使是那些下等阶层的代表，如工会领导等，他们要么受过良好的教育要么自学成才，因而也接受了一些中产阶级的价值观。处于下等阶层的父母往往也希望孩子能够进入中产阶层。

位于 3 个大国（法国、德国和英国）的 IBM 的子公司开展了大量的工业活动，因此我们可以为这些公司的所有岗位计算出权力距离得分，包括那些受教育水平较低的下级或工人阶级的数据。[9] 总而言之，这 3 个国家中的 38 种不同的职业可以相互比较。

用于计算各国（地区）权力距离指数的三个问题在不同的职业间也存在相关性。因此也可以计算不同职业的权力距离得分。[10]

表 3.2 总结了 38 种职业的比较结果。结果表明，地位和受教育水平最低的职业（不熟练和半熟练工人）的权力距离最高，而地位和受教育水平最高的职业（专业人员的管理者，如工程师和科学家）的权力距离最低。在职业方面，两个极端值之间的权力距离范围大约是 100 分。76 个国家（地区）的排序与表 3.1 中所列的排序是相同的［各国（地区）之间的差异是基于具有相同工作和受教育程度的样本进行比较的］。

表 3.2　六类职业的权力距离得分（基于法国、德国和英国的 IBM 数据）

职业类型	职业种类	权力距离的得分范围		
		最小值	最大值	平均值
不熟练和半熟练工人	3	85	97	90

续表

职业类型	职业种类	权力距离的得分范围		
		最小值	最大值	平均值
文职人员和非专业销售员	8	57	84	71
熟练工和技术人员	6	33	90	65
上述职业类型的管理者	8	22	62	42
专业人员	8	–22	36	22
专业人员的管理者	5	–19	21	8
合　计	38	–22	97	47

下一个问题是，各职业的权力距离差异在不同国家（地区）中是否同样明显。为了检验这一点，我们从权力距离相差很大的11个国家（地区）的子公司中，选出了4种地位差别很大的职业进行比较。结果显示，在低权力距离国家（地区）中各职业的权力距离差别最大，而在高权力距离国家（地区）中各职业的权力距离差别相对较小。[11] 换句话说，如果表3.1中的得分显示的是一个高权力距离国家（地区），那么不论地位的高低，这种状况适用于所有员工。如果得分显示的是一个低权力距离国家（地区），这种情况主要适用于中等以上地位的员工：对于地位和受教育程度较低的员工来说，其权力距离得分几乎与高权力距离国家（地区）的员工一样高。高地位员工对于不平等的价值判断似乎主要取决于他们的国籍，低地位员工对于不平等的价值判断则较少受到国籍的影响。[12]

社会学家们曾经描述过，西方各国受教育程度低、地位较低的员工比地位较高的同胞更主张“专制”的价值观。这些权威主义的价值观不仅表现在工作中，也表现在家庭里。20世纪60年代在美国和意大利进行的一项研究表明，工薪阶层的父母比中产阶级的父母更要求他们的子女顺从自己，这一点美国的差别比意大利明显得多。[13]

与权力距离相关的变量：本章和之后章节的结构

在本章的后半部，我们将把权力距离得分的差异与家庭、学校、工作场所、政府及各国（地区）内部主导的观念联系起来。第4~8章涉及的其他维度，我们也将以这种结构来编排。如第2章所述，大多数关联是基于统计分析的结果，国家（地区）得分与其他定量研究的结果相关。另外，我们还使用了不同国家（地区）在家庭、学校、工作场所等方面的定性信息。在本书中，统计依据将被省略，感兴趣的读者可以参考霍夫斯泰德的《文化的效应》一书。

各国（地区）权力距离差异：根植于家庭

这个世界上的大部分人都在家庭中出生。所有人在出生的那一刻起就获得了自己的心理软件，他们从陪伴着他们长大的长辈那里学习，以他们为榜样，并以此来塑造自己。

在高权力距离的环境中，孩子们会顺从自己的父母。有时候在孩子们中也会产生权威秩序，年幼的孩子要服从年长的孩子，人们不鼓励孩子的独立行为。尊重父母和长辈被视为基本美德，孩子们从他人的行为中学会了尊重。父母和年长的孩子对待年幼的孩子非常周到和热情，尤其是当这些孩子非常小的时候。大人们悉心照顾孩子，不鼓励孩子们进行自我探索。父母和年长的孩子尊重长辈的行为一直持续到成年期：只要父母健在，他们的权威就会在人们的生活中持续发挥作用。即使他们的孩子已经长大成人，父母和祖父母仍会受到尊敬和被顺从。这种对长辈的依赖模式渗透到了所有的人际关系中，他们的心理软件中包含了这种对依赖的强烈需求。当父母年老或身体虚弱时，孩子们应该在经济和实际生活中支持他们——祖父母常常和子女住在一起。

在低权力距离的环境中，孩子们一旦有能力行动后就会或多或少地受到平等对待，这反映在宝宝的洗澡方式上。[14] 父母教育的目标是让孩子尽快学会自理。父母鼓励孩子自我探索，孩子们可以不依从自己的父母，因此他们很早就学会了说“不”。对待他人的行为不取决于对方的年龄或地位，也很少表现出正式的尊重和顺从。来自其他社会的人往往对这种缺乏亲密感的家庭关系感到震惊。当孩子长大后，他们开始像朋友一样或至少平等地对待父母，成年人绝不会因为某个重要的决定而去征求父母的意见。在理想的家庭里，成年人是相互独立的。对独立性的需求是成年人心理软件的重要组成部分。当父母年事已高、身体衰弱时应该为自己做好准备，而不是指望得到孩子们的援助，他们也不会期望与孩子们一起生活。

我们有意在前两段进行了极端化的描述，现实往往处在权力序列的两极之间——国家（地区）得分处于该序列的某一个点上。我们看到，父母的社会阶层和教育水平，尤其在低权力距离国家（地区），发挥着重要作用。个别家庭所形成的文化可能与社会规范不一致，个别父母与孩子的个性可能会导致非典型行为。

由于家庭是我们心理程序形成的源头，其影响力是非常强的，并且在这个阶段所建立的心理程序很难改变。精神病医生和精神分析师意识到了一个人的家族史的重要性，但并不一定清楚其背后的文化背景。精神病医生试图帮助那些偏离社会规范的人。我们在本书中阐述，不同社会中其规范本身就是不同的。不同的社会规范意味着，试图帮助另一个社会或相同社会不同地区的人进行精神治疗是冒险的举措。它要求助人者了解自己和患者之间的文化差异及对患者的偏见。[15]

学校中的权力距离

在今天的多数社会里，孩子们至少要上几年学。在更富裕的社会，有些年轻人在学校的时间甚至超过了 20 年。在学校里，孩子们进一步发展了他们的心理软件。教师给学生们灌输额外的价值观，这些价值观被社会所推崇。教育系统究竟能在多大程度上改变社会？这至今还是个问号。学校能够创立出一个全新的价值系统，还是只是不知不觉地强化了社会中已有的价值观？无论如何，通过比较不同社会的学校，我们发现家庭内部的差异模式再现到了学校中。父母—孩子的角色配对被教师—学生的角色所替代，基本的价值观和行为从一个领域带到了另一个领域。当然，多数孩子的大部分时间将继续与家人一起度过。

在高权力距离的环境中，师生间的不平等是父母与孩子之间不平等的延续，这种不平等能够满足学生们心中对依赖的需求。老师受到尊重，学生甚至害怕他们（年长的老师比年轻的老师更受重视）。当老师走进教室时，学生们起立欢迎。教学的过程以老师为中心，老师制定教学大纲，学生遵从。教室有严格的纪律，老师主导双方的交流。学生只有在被批准的情况下才能发言，他们从来不会公开反对或批评他们的老师。即使在校外，老师也广受尊重。当一个孩子在学校行为不当时，老师会联系父母，并期待家长管好自己的孩子。教育是高度个人化的过程，特别在大学的高级科目中，老师传授的并不是“客观真理”，而是老师的个人智慧。老师被视为宗师（guru），这个术语源自梵文，意思是“重要的”或“光荣的”。在印度和印度尼西亚，人们这样称呼自己的老师。法语中有个术语叫“大师”，它指的是“思想老师”。在这样的体系中，学生学习的质量高度依赖于老师的优秀程度。

在低权力距离的环境中，老师对学生平等对待，并期望学生能够平等地对待他们。年轻的老师更加平等地对待学生，因而比年长的老师更受欢迎。教育过程以学生为中心，奖励首创性；学生们应该探索自己的学习方法。学生可以随意打断老师的课堂，当他们听不懂时，可以举手提问。学生可以与老师争辩，在老师面前表达不同意或提出批评意见，老师在校外并不受到特别的尊重。当一个孩子的行为表现不当时，父母经常站在孩子的一边来反对老师。教育过程相当客观，学校传授的是“真理”或“事实”，而不取决于某位老师。在这样的体系中，学习的有效性很大程度上取决于学生和老师之间是否建立了双向交流。整个系统是基于学生对独立性高度发展的需求，而学习的质量在很大程度上取决于学生们自己的优秀程度。

正如本章前面所述，如果一个职业需要接受高等教育的程度越高，那么它的权力距离得分就越低。这一点至少在得分相对较低的低权力国家（地区）中是成立的，它意味着学生在学习过程中会变得越来越独立，他们对依赖性的需求会不断减少。然而，在高权力距离的国家（地区）中，学生即使达到了高等教育的水平，仍然依赖于老师。

低权力距离国家（地区）将较多的教育预算花在了人人都能获得的中等教育上面，目的是发展社会中产阶层。高权力距离国家（地区）对高等教育的投入要比中等教育更多，目的是保持精英与未接受教育者的分化。

与前面讨论过的家庭的案例一样，现实往往介于两种极端之间。一个重要的调节因素在于学生的能力：在低权力距离的社会中，天赋不佳或残疾的孩子不会被培养出文化所期待的独立意识，人们会按照高权力距离的方式来对待他们。在低权力距离的社会中，工人家庭出生的孩子在进入像大学这样的低权力距离组织后将处于不利的地位：正如前面提过的，工人家庭出生的孩子往往属于高权力距离的亚文化。

权力距离与医疗

欧盟成员国医疗系统功能的比较研究表明，不出所料，社会的权力距离水平同样反映在医患关系中。在高权力距离文化的国家(地区),医患协商的时间更少，他们没有太多的空间进行额外的信息交流。[16]

这些差异也影响药物的使用。高权力距离文化国家（地区）中的医生更频繁地开抗生素，这被视为普遍的快速解决方案。在这些国家（地区）中，抗生素也更频繁地用于自我药物治疗。[17] 如果抗生素在自我药物治疗中过于频繁地使用，那么发现关于细菌对抗生素产生抗药性危险这一点来说是重要的。

另一项研究比较了25个欧洲国家的输血情况。血液制品的国际贸易很少，输血往往是一个国家（地区）内部的过程。权力距离较低的国家（地区）有更多的献血者、更多的血液采集，以及更多的血液供给医院。在后两者中，人口的平均受教育水平起了作用。这种差异是相当可观的：在所研究的国家中，2004年每千名居民就有2~51人献血。因为在任何情况下，献血是一种无偿的自愿行为，它与权力距离指数负相关。这种行为更有可能出现在人们对权威依赖更少的文化中，此外，他们还受到了更好的教育。国家财富对此行为没有任何影响。[18]

表3.3总结了迄今为止讨论的低权力距离社会和高权力距离社会在一般规范、家庭、学校和医疗方面的主要差异。

表3.3　低权力距离社会和高权力距离社会的主要差异：一般规范、家庭、学校和医疗

低权力距离社会	高权力距离社会
人与人之间的不平等应该最小化	人与人之间的不平等是符合期望和受欢迎的
应该通过关怀来连接社会关系	社会地位应该通过各种限制来达到平衡
强势和弱势群体应该互相依赖	弱势群体应该依赖于强势群体
弱势群体对于互相依赖感到情感上的舒适	弱势群体出现情感上的依赖和反依赖两极分化
父母平等对待子女	父母教育孩子服从
孩子平等地对待父母和长辈	尊重父母和长辈是美德
子女没有赡养老人的义务	子女有赡养老人的义务
学生平等地对待老师	学生尊重老师，甚至在课堂之外
老师期待学生在课堂上发挥主动性	老师在课堂上承担所有主动性
老师是传授非个人真理的专家	老师是传授个人智慧的导师
教学质量取决于双方的沟通及学生的优秀程度	教学质量取决于老师的优秀程度
与受教育程度极高的人相比，受教育程度低的人更接受权威价值观	无论受教育程度高低，人们都同样程度地接受权威价值观
教育政策侧重于中等教育	教育政策侧重于大学
病人平等地对待医生，积极提供信息	病人将医生视为上级，咨询时间缩短，并主要由医生控制

工作场所中的权力距离

大多数人在完成家庭和学校的学习体验后，以年轻人的身份开始工作。父母—孩子、教师—学生和医生—患者的角色由老板—下属所替代。作为心理软件的一部分，我们把对父母（尤其是父亲）和对老师的态度转移到了老板身上，这一点应该并不令人感到惊讶。

在高权力距离的环境中，上司和下属认为彼此之间存在先天不平等：等级制度就是建立在不平等基础之上的。组织中的权力集中在少数人的手上，他们期待下属的服从。管理人员很多，他们身处高层，接受下属的汇报。薪酬在组织的顶端和底部之间显示出很大的差距。工人受教育的程度相对较低，体力劳动者的地位远低于脑力劳动者。上司享有特权（字面意思是“私人法律”），上司是其与下属关系的主导者。下属眼中的理想老板，是他们觉得相处最舒服和最尊敬的那位，是仁慈的专制者或“慈父”。当下属与几位“恶父”打过交道后，他们在思想上可能会拒绝老板的权威，但在行为上仍然服从老板。

高权力距离组织中上司和下属的关系常常带有感情色彩。菲利普•迪里巴尔纳（Philippe d’Iribarne）是一家法国国际管理公共研究中心的主管，他的研究团队通过大量的访谈，对一家大型法国跨国组织在世界各地的制造工厂进行了比较：法国（权力距离指数为 68）、美国（权力距离指数为 40）和荷兰（权力距离指数为 38）。在介绍该研究项目的书中，迪里巴尔纳写道：

> 有趣的是，法国的等级关系的强烈感情色彩令人好奇。下级对上级有着两极分化的感受：他们要么极端崇拜上司，要么极端鄙视上司。这种情况并非普遍存在：我们在荷兰或美国都没有发现这种情况。[19]

这段话证实了法国在依赖和反权威之间的两极分化，这是高权力距离国家（地区）的一般特征。

高权力距离国家（地区）的显著地位象征有助于老板权威的增加，如果下属告诉邻居自己老板的座驾要比邻居老板的座驾宽敞，下属可能会因此而感到自豪。年长的上司通常比年轻的上司更受尊重。成为老板权力滥用的受害者往往是运气不佳，没有任何人会针对这种情况采取什么补救方法。如果事情变得更糟糕，人们可能会联合起来进行暴力反抗。美国人发明的打包式领导力，如目标管理[20]

起不了什么作用，因为目标管理的假设是下属和上司之间进行协商，而将其应用在高权力距离场合双方都不会感到满意。

在低权力距离的环境中，下属和上司认为彼此天生平等：等级制度只是角色分工不同而已，它只是为了方便而设立。角色可以互换，有些人今天还是下属可能明天就成了上司。组织相当分散，结构呈扁平状而不是金字塔式，监管人员数量有限。顶部和底部工作之间的薪酬差别相对较小；工人素质较高，熟练的体力劳动者比技能要求较低的文职工作更有地位。上级不应该享有特权，所有人都应该使用相同的停车场、厕所和自助餐厅。上级应该容易与人亲近，而人们理想的上司是一位足智多谋（因此受人尊敬）的开明人士。上司在做出影响下属工作的决定之前通常会与他们协商，下属们通常都接受老板最终的拍板。

低权力距离环境中的地位象征令人猜忌。如果老板把公司的钱花在了购买豪车上，下属可能会在邻居面前发表负面评论。年轻的老板通常比年长的老板更被员工欣赏。组织应该有一套结构化的处理方式来解决员工对老板滥用权力的投诉。一些打包式领导方法（如目标管理），如果给予足够的关注，可能会发挥作用。

英国萨赛克斯大学的彼得•史密斯通过同事们的关系网，于 20 世纪 90 年代收集了来自 47 个国家（地区）的 7 000 多位部门经理关于他们如何处理在组织中常见的八项工作的陈述。例如：“你部门中的某些设备或机器什么时候需要更换？”来自高权力距离国家（地区）的经理表示他们更依赖上级和正式的规则，而较少依赖他们自己的经验和下属。[21]

没有研究证据表明高权力与低权力距离国家（地区）组织之间在效率方面存在系统性的差异。他们可能擅长不同的任务：低权力距离的文化擅长处理对下属主动性要求更高的任务，高权力距离的文化擅长处理对纪律性要求更高的任务。对管理而言，重要的是要利用当地文化的优势。

本节再次描述了极端情况，而大多数工作环境介于两者之间，或者包含这两种文化的其中一些要素。管理理论很少认识到这些不同模型的存在，它们的发生是由文化决定的。第 9 章将会再次回到这个主题上，不同的管理和组织理论可以反映出作者的国籍差异。

表 3.4 总结了低权力距离社会和高权力距离社会在工作场所中的主要差异。

表 3.4　低权力距离社会和高权力距离社会的主要差异：工作场所

低权力距离社会	高权力距离社会
组织中的等级制度意味着角色不同，制度的建立仅仅为了工作方便	组织中的等级制度反映了高低阶层之间已存在的不平等
权力分散非常普遍	权力集中非常普遍
更少的监管人员	更多的监管人员
组织中的高层和基层之间工资差距较小	组织中的高层和基层之间工资差距很大
管理者依靠自己的经验和下属	管理者依靠上司和正式的制度
管理者征询下属的意见	管理者通知下属要做什么
理想的老板是足智多谋的开明人士	理想的老板是仁慈的专制者或“慈父”
上下级关系讲求实效	上下级关系带有感情色彩
不赞成特权和地位象征	特权和地位象征是普遍和流行的
体力劳动和脑力劳动者拥有相同的地位	白领的工作比蓝领更有价值

权力距离与政府

前面几节描述了各国（地区）在父母—子女、老师—学生、医生—患者、老板—下属这几种角色之间的权力距离的差异，政府—百姓之间的关系显然也受到权力距离的影响。对于长期阅读世界新闻的人来说，有一点是不言而喻的，即各国（地区）官民之间处理权力的方式大相径庭。虽然不那么明显，但对于我们理解至关重要的是，一个国家（地区）处理权力的方式往往植根于大部分人的信念，即什么是政府适当的行为方式。

在世界价值观调查数据中（参见第 2 章），美国政治学家罗纳德•英格尔哈特在世俗理性—传统权威这一维度上为不同国家（地区）进行了排序。相关分析表明，这个维度与我们所说的权力距离密切相关。[22] 在权力距离较高的社会中，政府往往是传统的，有时甚至植根于宗教。权力被视为基本的社会事实，优于善恶。权力的合法性无关紧要，可能甚至胜过正义。它反映在掌权者和普通人的行为差异上。大家都有一个不言而喻的共识：在这个世界上应该有一个不平等的秩序，每个人在这个不平等的秩序中都有自己的位置，这给当权者和普通人带来了安全感。

本章开头提到了在某些社会中有的人在权力、财富和地位方面可能可以兼得。对这种地位一致性的渴求是高权力距离文化的典型特征。在这种文化中，掌权者享有特权，人们认为他们会利用自己的权力增加财富。掌权者的地位通过象征性行为得到增强，使他们看起来尽可能强大。权力主要来源于家庭、朋友、个人魅力和武力实力，后者解释了为什么有些国家（地区）的军事独裁者频繁采用武力手段。掌权者的丑闻是可以预料到的，真相也会被掩盖起来。如果出现问题，掌权者将会把责任归咎于等级制度中地位较低的下属身上。如果事情进一步恶化，改变整个体制的方式是通过一场革命取代那些掌权的人。但是多数这样的革命即使旗开得胜，其实仍以失败收场。新任当权者在经过一段时间后，会重复前任的老路，不平等是支配新任当权者的主流价值观。

在高权力距离的国家（地区），人们很少谈论政治：政治分歧很快就会引发暴力冲突。该体制往往只允许一党执政，在允许多个政党加盟的情况下，也往往由同一个政党获得胜利。如果政府是透明的，它的特征是强大的右翼和左翼，中间派非常弱小，这是本章前面所描述的依赖和反依赖两极分化在政治中的体现。这些国家（地区）的收入分配非常不平均，有一小部分富人，大多数是穷人。此外，税收政策保护富人，税后的工资差距可能比税前更加不平等。工会往往由政府控制。即使不由政府控制，它们也以主流的意识形态为基础并与政治有所牵连。

英格尔哈特认为低权力距离社会的政府是世俗理性的：政府基于现实而非传统考虑问题。在这些社会中，主流的观点认为政治和宗教应该分离，权力的使用应基于法律和善与恶的判断。不平等被认为是不受欢迎的，尽管无法避免，但应通过政治手段尽量减少。法律应该保护每个人都拥有平等的权利，而无论地位高低。权力、财富和地位不需要兼得，这样的话甚至被认为是件好事。有权势的人的身份象征是可疑的，领导者可以通过放弃正式的地位象征来提高他们的非正式地位，如部长乘坐电车上班。大多数这个类别的国家（地区）都比较富裕，中产阶级数量庞大。丑闻通常意味着一个人政治生涯的结束。革命不太可能发生，因为这个系统的演变是缓慢渐进的，而不一定要废除掌权者。人们经常讨论政治问题，且政治中的暴力事件很少。根据选举结果，执政权可以从一个政党或联合政府和平过渡到另一个政党或联合政府的手中。政党由一个强大的中间政党和较弱的右翼和左翼组成。与高权力距离国家（地区）相比，低权力距离国家（地区）的收入分配的不平等程度较低。税收的作用是重新分配收入，减少贫富差距。工会是独立的，不以意识形态和政治为导向，而是致力于解决其成员的实际问题。

由于政治观念的传播，低权力距离国家（地区）的理念有时被复制到了高权力距离国家（地区）中去。在其他国家（地区）留学过的政治领导人可能会模仿这些国家（地区）的政治制度。在合作与发展的背景下，低权力距离国家（地区）的政府或管理人员往往热切地输出其体制安排。然而，如果这些理念深深地扎根在大部分人的心理软件中，仅仅通过一次选举还不足以改变一个国家（地区）的政治理念。在第 11 章中，我们会再次回到这个难题上来，并探求可能的解决办法。

权力距离与观念

父母、教师、管理者和统治者都是其所在文化的产物。在某种程度上，人们都追随着自己的追随者，而且只有当人们了解了他们的孩子、学生、下属、对象的心理软件时，才能理解他们自己的行为。在这个世界上，不仅是行动者，思考者也是其文化的产物。管理类书籍的作者和政治意识形态的创始人，他们的想法受他们成长背景的影响。

纵观世界历史，哲学家和宗教创始人都曾认真地研究过权力和不平等问题。出生在中国公元前 500 年的孔子认为，社会的稳定建立在人与人之间不平等关系的基础上。幼者应该尊重和服从长者，长者应该保护和照顾幼者。按照表 3.1 中的排列顺序，中国大陆、新加坡、中国香港、韩国、中国台湾和日本，它们占据了中等和中等以上的权力距离区域。这些国家（地区）中大多数是中国人，或者受到中国文化的影响，人们接受并认可不平等，但认为权力应该受到责任的约束。

在公元前 350 年左右的古希腊，柏拉图认识到了人们对平等的基本需求。同时，他也捍卫着作为社会守护者的精英阶层的领导权力。他试图通过“平等”（equality）一词的双层含义——数量上和质量上的平等——来解决这些不同趋势之间的冲突。但对我们来说，他的论点类似于乔治 • 奥威尔（George Orwell）《动物农场》（*Animal Farm*）的著名引文：“所有的动物都是平等的，但有些动物比其他动物更加平等。”当今的希腊在表 3.1 中的权力距离排名中处于中间的位置（排名第 41~42 位，得分 60 分）。

基督教的《新约全书》于公元 1 世纪形成，它宣扬了贫穷的美德。[23] 追求这种美德将带来社会平等，但只有教会成员们履行了实践活动。而且这种美德不仅在基督教领袖之间不受欢迎，在政府、企业甚至教会内部也不受欢迎。罗马天主教会一直保持罗马帝国的等级秩序，东正教教会也是如此。但新教教派们则没有等级制度。从传统上看，新教国家（地区）的权力距离指数往往低于天主教或东正教国家（地区）。

意大利的尼科洛·马基雅维利（Niccolò Machiavelli，1469—1527 年）是世界文学有关使用政治权力论述的最高权威之一。他定义了两种模型：狐狸和狮子。马基雅维利写道，精明的统治者在不同的时机会运用这两种不同的模型：狐狸的狡猾将会避开陷阱，而狮子的力量会吓倒狼群。[24] 将马基雅维利的理论与国家（地区）间权力距离联系起来，我们发现低权力距离国家（地区）习惯于运用狐狸模式，而高权力距离国家（地区）则适用于狮子模式。在 20 世纪的 IBM 研究数据中，意大利在权力距离排名中得分中等（第 51 位，得分为 50 分）。将意大利细分为不同区域进行研究，我们会发现北部可能会更像狐狸而南部更像狮子。虽然马基雅维利的理论中没有提到，但是政治制度与百姓心理软件之间的联系表明，统治者应该扮演哪种动物很大程度上取决于他的追随者是哪种类型的动物。

当思想传播到其他国家（地区）时，这些国家（地区）并未考虑到其思想产生的价值观背景就轻易地加以吸收，这种做法不仅限于政治，也发生在教育领域，特别是管理和组织方面。美国在第二次世界大战前后几十年的经济成就使得别国（地区）的人们认为，美国的管理理念必定是卓越的，因而值得复制。但他们却忘记弄清楚这些理念是在什么类型的社会中得以发展和应用的，是否真如书上所说的那样好。同样的情况发生在日本，自 20 世纪 60 年代末以来，日本的经验同样也被人们效仿。

美国在表 3.1 中的权力得分处于较低位置，但不是最低。美国的领导力理论往往以中等依赖需求的下属为基础：既不太高，也不太低。美国的一个关键的理念是参与式管理，即领导者让下属参与决策，但是选择权和主动权依然掌握在领导者手中。将美国的领导力理论与瑞典、丹麦（权力距离极低）的工业民主（industrial democracy）试验进行比较，会发现斯堪的纳维亚国家中往往是下属掌握参与的主动性。对此美国的管理者难以理解，因为这种做法是对他们“管理特权”的侵犯。然而在斯堪的纳维亚地区，管理特权并不是那么神圣不可侵犯。此外，美国的参与式管理理论也不太可能适用于权力距离较高的国家（地区）。一份研究报告表明，当美国上司问他的希腊下属做一件事需要多长时间时，下属会感到尴尬。他说：“他是老板，为什么他不告诉我呢？”[25]

表 3.5 总结了低权力距离社会和高权力距离社会在政府和观念方面的主要差异。它与表 3.3 和表 3.4 一起提供了本章所讨论的权力距离差异的本质在生活各个层面的表现。

表 3.5 低权力距离社会和高权力距离社会的主要差异：政府和观念

低权力距离社会	高权力距离社会
权力的使用合法化，并遵循善恶标准	权力凌驾于一切之上：掌权者总是正确和正义的
技能、财富、权力和地位不必同时拥有	技能、财富、权力和地位可以同时拥有
大多数是富裕国家（地区），并拥有庞大的中产阶层	大部分是贫困国家（地区），中产阶层人数很少
每个人都享有平等的权利	掌权者享有特权
权力以正式职位、专业技能及行使奖罚的能力为基础	权力以传统、家庭、个人魅力及使用武力的能力为基础
改变政治制度的方式是改变规则（渐进）	改变政治制度的方式是改变高层领导（革命）
政治更多采用对话方式，较少使用暴力	政治较少采用对话方式，更多使用暴力
以多数票选举为基础的多元政府	以合作为基础的独裁或寡头政府
政界中有一个实力强大的中间派，左翼和右翼力量较弱	政界当中（如果是透明的）中间派势力很弱，而左翼和右翼则实力强大
社会上的收入差距小，而且通过税收制度使其进一步减小	社会上的收入差距大，而且通过税收制度使其进一步加剧
丑闻往往会终结一个人的政治生命	掌权者的丑闻经常被掩盖
参与式管理理论	基于权力的管理实践
基督教新约、马克思	孔子、柏拉图、马基雅维利

权力距离差异的根源

母语属于拉丁语系的欧洲国家（法国、意大利、葡萄牙、罗马尼亚、西班牙）在权力距离尺度上的得分处于中等到高分（从意大利的 50 分到罗马尼亚的 90 分）。母语属于日耳曼语系的欧洲国家（丹麦、荷兰、英国、德国、挪威、瑞典）得分较低（从奥地利的 11 分到卢森堡的 40 分）。语言和有关权力距离的心理软件之间似乎存在某种联系。事实上，一个国家（地区）属于哪种语系植根于历史：拉丁语系都源于中古拉丁语，被曾经属于罗马帝国的国家（地区）采用。或者像拉丁美洲那样，被曾是罗马帝国殖民地的西班牙和葡萄牙这两个国家殖民过的国家（地区）采用。日耳曼语系被那些在罗马帝国时代仍处于“野蛮状态”的国家（地区）使用，有的则被那些曾经被罗马帝国统治但后来被野蛮人重新占领的国家（地区）使用。因此，这个称为权力距离的心理软件至少可以追溯到 2000 年以前的罗马时代。具有中国（儒家）文化传承的国家（地区），其权力距离得分也集中在中等到高分，它们至少拥有 4000 年的历史了。

文化的分化发生在我们出生之前，因此我们只能基于历史和史前资料推测这些差异出现的原因。欧洲的日耳曼地区则被分成许多小的部落，由当地领主统治，他们不接受任何人的指示。这似乎形成了一个合理的假设，即早期的国家（地区）发展经历有助于这些国家（地区）的人们形成一种共同的心理程序，这种心理程序对其政治和社会体制的生存是必要的。

当然问题依然存在，即为什么这些早期的国家（地区）的发展经历会出现偏差？为了支持我们的猜测，一种方法是查找与权力距离得分可能相关的定量数据。我们可以得到许多这样的变量。第 2 章中描述的逐步回归，能使我们从这些变量中挑选出最能解释表 3.1 中权力距离得分差异的变量。结果显示，一个国家(地区)的权力距离得分能够从以下变量中准确地预测出来：

（1）该国（地区）的地理纬度（更高的地理纬度通常与更低的权力距离有关）。

（2）该国（地区）的人口规模（更大的人口规模通常与更高的权力距离有关）。

（3）该国（地区）的财富［更富裕的国家（地区）通常与更低的权力距离有关］。[26]

在最初 IBM 研究涵盖的 50 个国家（地区）中，仅地理纬度（该国首都或地区行政管理中心到赤道的距离）一项就可以预测权力距离分数中 43% 的差异（变异）。地理位置和人口数量一起可以预测 51% 的差异。地理纬度、人口规模和国家（地区）财富（采用调查周期的中间年份即 1970 年的人均国民生产总值）三项变量综合起来可以预测 58% 的差异。即使你对这些国家（地区）的其他方面一无所知，只要有这三项确切的数据，就可以做出一份预测权力距离分数的表格，这份表格会与表 3.1 十分接近。平均起来，预测得到的数值与 IBM 研究的结果相差 11 分。

统计关系并不能指明因果关系：我们不知道什么是因什么是果，又或者这两个相关的因素是由第三个共同的原因导致的。但是，在知道一个国家（地区）地理位置的独特情况下，很难不把地理位置看作一种原因，甚至是一种主要原因。除非我们假设在史前时代人们已经迁移到符合他们的权力距离概念的气候区域中去了，但这太牵强了。

这种关系的逻辑得到了各种研究[27]的支持，如下所示：首先，这里所涉及的社会都已经发展到定居农业和城市工业的水平。更原始的狩猎—采集社会不包括在内，它们可以用另一套逻辑解释。在纬度更低（热带气候更多）的农业社会，自然资源总体上说更加丰富。在这些气候中成长的人们不需要对自然进行太多的干预就能生存下来：万物都能生长。在这种情况下，社会的主要威胁在于人与人之间为了争夺地盘和资源展开的竞争。那些以等级制度组织起来并依赖一个维持秩序和平衡的中央集权的社会，有着更好的生存机会。

在较高纬度的地区（温带和寒带气候的地区），自然资源不那么丰富。人们需要对自然进行更多的干预才能艰难地生存下来。除了农业之外，这些条件也支持工业的产生。自然，而不是其他人群，是人们对抗的首要敌人。这些社会中的成员学会的是如何保护自己，而不需要过分依赖权势者，与那些教育孩子要服从的社会相比，这种做法能使他们更好地延续下去。

国家（地区）财富本身就包含了很多其他因素，其中每一个因素都可能成为低权力距离的结果和原因。在这里，我们处理的因果关系几乎总是呈螺旋上升的趋势，就像鸡和蛋的因果关系。下面的一些因素与更多的国家（地区）财富及对权力的更少依赖有关：

（1）更少的传统农业。

（2）更多的现代科技。

（3）更多地在城市生活。

（4）更高的社会流动性。

（5）更完善的教育体系。

（6）一个庞大的中产阶级。

前殖民地比前殖民国家（地区）表现出更高的权力距离。但是一个国家（地区）是殖民地还是殖民者，在过去的 200 年里也与该国（地区）当时的财富有着密切的联系。我们收集到的数据并没有表明贫困、殖民化和高权力距离这三大因素之间有着单向的因果关系。有关这方面因果关系的假设通常取决于人们想证明什么。

人口规模是权力距离的第二个预测因素。一方面，人口规模促进人民对权威的依赖，因为在一个人口众多的国家（地区），人们往往不得不接受一种更疏远、更不易获得的政治权力。另一方面，我们可以用一个反例来证明这种因果关系，即依赖性越低的人越会奋起斗争，以避免被并入一个更大规模的国家（地区）当中。

权力距离差异的未来

到目前为止，关于各国（地区）权力距离差异的图景一直是静态的。上一节提到，一些差异的历史可以追溯到4000年前。过去的已经过去，那么未来又该如何呢？如今，我们生活在一个国际交流空前密集的时代：这种趋势是否能消除差异，并帮助我们朝着世界统一的标准迈进？如果可以消除差异，那么将会是什么程度的权力距离？是高、低还是中等呢？

世界价值观调查的后续报告表明，从上一代开始，我们世界大部分地区的人对于权威者的依赖程度已经降低了。我们中的大多数都假设自己的依赖性要低于我们的父母和祖父母。而且，独立是一个具有政治吸引力的话题，自由和解放运动比比皆是。许多国家（地区）的教育机会得到了改善，我们看到国家（地区）内部的权力距离分数随着教育水平的提高而下降。然而这并不意味着说，本章所形容的各国（地区）间的差异发生了改变。世界价值观调查问卷显示，所有国家（地区）都朝着更低的权力距离移动，但它们之间的排序却如同表3.1所展示的那样并未改变。

通过查看本章前面列出的基本因素，我们可以试图对权力距离的长期变化进行预测。与权力距离（纬度、人口规模和财富）最密切相关的因素中，第一个因素是不可变的。第二个因素是人口规模。在日益全球化的世界中，不止小国甚至包括大国都越来越难以在自己的国家层面上做出决定，所有的国家都将越来越依赖全球层面上的决策，这将导致全球范围内权力距离的整体提高。第三个因素是财富。有些国家（地区）增加了财富，有些没有，只有当全体人口都受益时，财富的增加才可能缩小权力距离。自20世纪最后10年以来，以美国为首的一些富裕国家（地区）的收入分配变得越来越不均衡——财富的增加使得那些本来就非常富裕的人更加富裕。这起到了相反的效果——社会不平等进一步加剧——不仅体现在经济方面，在法律方面也是如此。那些超级富豪可以游说立法者，向律师支付的薪酬高出法官工资的数倍，这种财富的增加也会扩大权力距离。在经济停滞或恶化的国家（地区），主要是一些贫穷国家（地区），权力距离究竟是进一步缩小还是扩大，则是无法预测的。

据我们所知，没有人能提供国家（地区）间权力距离差异缩小的证据。[28]我们相信，本章提出的民族多样性的图景，它具有古老的历史渊源，很可能会存活很长时间，至少几个世纪。在所谓的文化融合过程的影响下，关于权力和依赖、独立和相互依赖的心理程序在世界范围内的统一局面即使会发生的话也非常遥远。

1988 年 12 月，报纸上出现了以下新闻：

> 斯德哥尔摩，12 月 23 日。本周，瑞典国王卡尔•古斯塔夫为他的孩子们购买圣诞礼物时经历了相当长的时间。当时他想用支票付款，但无法出示他的支票保证卡。售货员拒绝接受这张没有经过确认的支票。只有当好心的旁观者在他们的口袋里掏出一枚显示国王面孔的硬币时，售货员才决定接受这张支票。但是，他还是彻底检查了支票的真实性，并将持有人的姓名和地址记录了下来。[29]

这位贝尔纳多特（那位法国将军的直系后裔）仍然遇到了与他的先辈相同的平等待遇。美国、俄罗斯或津巴布韦的百姓，需要多少时间才能以这种方式对待他们的总统呢？又或者瑞典人需要多长时间才能像泰国人一样崇敬他们的国王呢？

注释

[1] Mulder (1976,1977).

[2] 进行因子分析的矩阵由 32 个问题（变量）和 40 个国家（地区）的案例组成。因子分析手册不建议在少数情况下使用该技术，因为这些因素不太稳定：它们可能受到单个异常情况的过多影响。然而，这种限制不适用于生态因子分析，因为其中每个案例的得分是大量独立观察的平均值。在这种情况下，因子结构的稳定性取决于其答案计入平均分的个体数量。因此，即使案例数少于变量，生态因子分析也能得到稳定的结果。

[3] 统计术语：因子上的高负荷项。

[4] Geert 在分析中贴上了四种风格的标签：专制型、家长式、协商式和大多数。有关问卷中的描述，请参阅 *Culture's Consequences*, 2001, p.470。

[5] 更详细的信息请参考 *Culture's Consequences*, 2001, pp.501-502, Kolman, Noorderhaven, Hofstede & Dienes, 2003 and Huettinger, 2008。

[6] Pierre Bourdieu（见第 1 章，注释 3）将此视作习惯的关键特征之一。它代表了必然性转变为美德（nécessité faite vertu）。

[7] Sadler and Hofstede, 1976.

[8] 其中列出了该项研究中的人群的权力距离得分与 IBM 研究的得分的相关系数，精英为 0.67 ***（根据新的 VSM 公式则为 0.80 ***），其他 6 家跨国公司的雇员为 0.59 ***，航空公司的飞行员为 0.76 ***，市政公务员为 0.71 ***，银行雇员为 0.59 **。

[9] 当然，工人阶级（working class）这个词显得有些古怪。如果有的话，在许多国家（地区）它覆盖了更多的失业人群而不是中产阶级。

[10] 原因在于国家（地区）权力距离得分衡量的是社会中的不平等。社会地位的差异也是区分职业的主要标准。

[11] *Culture's Consequences*, 2001, p.89.

[12] 跨国（地区）比较所依据的 IBM 员工样本包括表 3.1 中除非熟练工人之外的所有类别。英国、法国和德国的跨国样本的平均得分为 46 分。

[13] Kohn, 1969.

[14] 加拿大国家电影局于 1959 年制作了经典电影 *Four Families*，由人类学家 Margaret Mead 提供专家建议，展示了印度、法国、日本和加拿大农民家庭中父母与小孩之间的关系。对于这部电影的观众，在告诉他们各国权力距离得分之前，他们就能够仅根据电影中所描绘的亲子关系在这个维度上正确地对这 4 个国家进行排名。

[15] 跨文化精神病学已成为处理移民问题的精神卫生专业人员的一个特殊子学科。

[16] Meeuwesen, van den Brink-Muinen & Hofstede, 2009. 该研究使用了 10 个欧洲国家（比利时、爱沙尼亚、德国、英国、荷兰、波兰、罗马尼亚、西班牙、瑞典和瑞士）的 307 名普通医生和 5 820 名患者之间的互动视频。

[17] Deschepper, Grigoryan, Lundborg, Hofstede, Cohen, Van der Kelen, Deliens & Haaijer-Ruskamp, 2008. 该研究总结了欧洲各国三项不同研究的结果：对 19 个国家的患者进行的一项关于处方药和自我药物治疗的调查、一项针对 24 个国家的抗生素分发或报销的研究，以及 15 个国家人口中有关药物使用的欧洲问卷调查数据。

[18] De Kort, Wagenmans, van Dongen, Slotboom, Hofstede & Veldhuizen. 在 25 个国家中，权力距离指数与每百名居民的献血者数量的相关系数为 –0.54 **，

与每千名居民的血液收集量的相关系数为 –0.77 ***，与供应给医院的血液量的相关系数为 –0.65 ***。

[19] D'Iribarne, 1989, p.77.

[20] 目标管理是上下级之间定期举行会议的一种系统，致力于实现某些目标。在会议中，对当前某一成就进行评估，并就未来一段时期的新目标达成一致。

[21] Smith, Peterson & Schwartz, 2002. 40 个重叠国家（地区）的垂直度指数与权力距离指数的相关系数为 0.60 ***。它与事件管理研究项目中发现的外部数据有最强的相关性。

[22] *Culture's Consequences*, 2001, p.93. 传统权威与权力距离指数在 27 个重叠国家（地区）之间的相关系数为 0.56 **。

[23] 你们不要为自己在地上积蓄财宝，地上有虫蛀，会锈蚀，也有盗贼钻进来偷窃。而要为自己在天上积蓄财宝：天上既没有虫蛀，也不会锈蚀，也没有盗贼钻进来偷窃。要知道，你的财宝在哪里，你的心也在哪里。St. Matthew 6: 19-21.

[24] Machiavelli, 1955, p.91.

[25] Triandis, 1973, pp.55-68.

[26] *Culture's Consequences*, 2001, pp.115-117.

[27] *Culture's Consequences*, 2001, p.118.

[28] IBM 研究项目允许我们对 1968 年和 1972 年的数据进行比较。在这 4 年的期限内，IBM 员工的独立愿望在全球范围内增加了，他们无疑受到了国际思想交流的影响。但是，这种渴望只能在权力距离已经很小的国家（地区）中发生改变。事实上，处于权力距离两端的国家（地区）变得更加分散。*Culture's Consequences*, 2001, p.136.

[29] 来自 1988 年 12 月 23 日荷兰报纸 *NRC/Handelsblad*。

第4章

我、我们和他们

瑞典一家中等规模的高科技企业接待了一位前来洽谈业务的同胞，这名瑞典商人在沙特阿拉伯有着广泛业务。该公司派了一位工程师，我们称他为约翰尼森（Johannesson），去利雅得出差，在那里，他被介绍给了沙特的一家小型的工程企业。这家企业由30岁左右的两个兄弟经营，他们都取得了英国大学的学位。这份工作的任务是协助沙特政府开发项目。可是，约翰尼森在后来的两年先后到沙特出了6次差，似乎什么也没有发生。约翰尼森与两兄弟的会面总有那位瑞典商人在场，这让他和他的上司感到恼火，因为他们不确定这位商人是否与他们的竞争对手也有瓜葛，但是两兄弟希望有这位中间人在场。他们讨论的话题经常与生意无关，如莎士比亚，这是两兄弟热衷的话题。

正当约翰尼森的上司开始质疑为这些昂贵的旅行支付费用是否明智时，一份来自利雅得的传真邀请他急赴沙特，一份价值上百万美元的合同正等着他来签署。仅过了一天，两兄弟的态度就发生了改变：作为中间人在场的瑞典商人似乎不再必要，约翰尼森第一次看到两兄弟露出了笑容，他们甚至还开起了玩笑。

到目前为止，一切进展顺利，但是故事还未结束。由于赢得了巨额合同，约翰尼森被提拔到了另一个部门的管理岗位。因此，他不再负责沙特的事宜。他的继任者被提名，是一名有着丰富国际经验的工程师，约翰尼森还亲自将他介绍给了沙特的两兄弟。随之几周后，利雅得又发来了一份传真，由于发货条款的细节问题，两兄弟威胁要取消合同，他们请求约翰尼森的协助。当约翰尼森赶到利雅得时发现矛盾只不过是小事一桩，实际上很容易解决。但是两兄弟觉得，只有约翰尼森作为公司代表在场时，事情才能得到解决。因此这家高科技企业进行了一种“拧麻花式”的结构调整，约翰尼森得以继续处理沙特的事宜，尽管他的主要责任已经在完全不同的领域了。

社会中的个人与集体

在这个真实的故事中，瑞典人和沙特人对于商务中人际关系的角色有着完全不同的理念。对于瑞典人来说，商务活动是与公司打交道；对于沙特人来说，商务活动是与了解和信任的人打交道。当双方并不十分了解对方时，最好有中间人在场，这个中间人被双方了解并信任。这些文化差异的根源都来自人类社会的一个基本问题：个人的角色和集体的角色。

我们世界上的大多数人都生活在一个集体利益高于个人利益的社会里。我们称这样的社会为集体主义社会，这个词可能会被某些读者误认为有政治上的含义，但在这里不带任何政治色彩。它并不是指政府对个人的权利，而是对集体的权利。我们生命中所处的第一个群体总是我们出生的家庭，但家庭结构在不同社会中各不相同。在大部分集体主义社会中，孩子们成长的家庭是由许多紧密生活在一起的人组成的：不仅仅是父母和孩子，还有如祖父母、叔伯、姑婶、佣人或其他人。文化人类学把它称为扩展家庭。在孩子们的成长过程中，他们学会了把自己看作"我们"这个群体的一部分，这种关系不是自愿形成的，而是与生俱来的。"我们"与社会中许许多多的"他们"群体不同。"我们"这个群体（或内群体）是确定身份的主要途径，也是抵御生活困难所依赖的唯一的安全保护。因此，人们应该终身忠于自己的群体，背叛是人们做得最糟糕的事情之一。在人与内群体之间，相互依赖的关系的形成既是现实生活中的，也是心理上的。

世界上还有一小部分人生活在个人利益大于集体利益的社会里，我们称这样的社会为个人主义社会。大部分孩子出生在由两位父母或有可能还有兄弟姐妹组成的家庭里，有些社会中单亲家庭的比例还在不断提高。亲属住在其他地方，彼此很少见面。这类家庭被称为核心家庭（来自拉丁语）。成长在这种家庭中的孩子会很快学会把自己作为"我"来考虑。这个"我"是他们的个人身份，与其他人的"我"截然不同。对于其他人的划分，不是根据他们的成员资格，而是个人的特征。例如，玩伴这个身份就是基于个人的喜好而定的。教育的目的是让孩子们能够自立。孩子们一旦学会了自立，就应该立刻离开自己的家庭。孩子往往在离家之后会尽可能地减少与父母的联系，有的甚至会切断这种联系。在这种类型的社会中，只要是健康人，无论在实际生活中还是心理上都不会依赖群体。

衡量社会中个人主义的程度

继第 3 章描述权力距离之后，极端的集体主义和个人主义可以作为国家（地区）文化中的第二个全球性维度的两极。IBM 研究中的所有国家（地区）都可以被赋予一个个人主义指数，低分代表集体主义社会，而高分则代表个人主义社会。

新维度定义是，个人主义社会指的是人与人之间联系松散的社会：每个人都应该照顾自己或核心家庭。与此相反，集体主义社会指的是这样的社会：人们从出生起就融入强大而团结的内群体当中，这个群体为人们提供终身保护以换取人们的绝对忠诚。

个人主义程度在各国（地区）和国家（地区）内部有着明显的差别。因此很重要的一点是，国家（地区）得分要在有可比性样本的基础上才能够相互比较，IBM 的样本提供了这种可比性。

衡量个人主义指数的调查问卷是一组包含了 14 个工作目标的问题。人们被问道：“对你来说，一份理想的工作包含哪些最重要的元素？你不必考虑当前的工作是否具备这些要素。”在这 14 个项目中，每个评分都是从 1 分（对我来说最重要）到 5 分（很少或不重要）。40 个国家（地区）的答题者的针对这 14 个问题的答案反映了两个基本维度：一个是个人主义—集体主义，另一个是阳刚气质——阴柔气质（见第 5 章）。

个人主义—集体主义维度与以下几个工作目标的重要性有关。

个人主义方面

（1）个人时间：拥有一份能够给自己和家庭生活留出足够时间的工作。

（2）自由：有相当大的自由度按照自己的方式完成工作。

（3）挑战：拥有挑战性的工作，能从中获得成就感。

集体主义方面

（4）培训：有培训机会（提高自己的技能或学习新的技能）。

（5）物质条件：有良好的工作条件（良好的通风和照明、宽敞的空间等）。

（6）技能的运用：在工作中最大限度地运用自己的技能。

如果某国（地区）的 IBM 员工将第 1 项工作目标评为相对重要，他们通常也会将第 2 和第 3 项评为重要，而认为第 4、第 5 和第 6 项不重要，这样的国家（地区）被认为是个人主义社会。如果员工将第 1 项评为相对不重要，第 2 和第 3 项同样如此，却将第 4、第 5 和第 6 项评为相对重要，这样的国家（地区）被认为是集体主义社会。

显然，IBM 调查问卷中的这些问题不能完全涵盖社会中个人主义和集体主义之间的区别。它们只代表了 IBM 研究中涉及这种区别的相关问题。IBM 研究中的国家（地区）的得分与非 IBM 研究中得到的其他社会特征的数据之间，存在相关关系。这些相关证实或验证了从 IBM 研究数据中得到的这个维度衡量的的确是个人主义。

个人主义指数的实际计算并不像权力距离那样，先乘以一个固定值再通过一些简单的加减运算得出最后的分数。计算个人主义指数的统计方法与第 5 章中阳刚气质指数的计算方法一样：对各国（地区）在这 14 项工作目标上的得分进行因子分析，并计算出各个因子的得分。与基于答题分数进行加减运算的方法相比，这种因子得分更精确地衡量了该国（地区）在这个维度上所处的位置。把个人主义的因子得分乘以 25，再加上常数 50，这一新分数的全距介于 0 分的极端集体主义到 100 分的极端个人主义之间。我们使用这一计算方法对 IBM 数据库里涵盖的各个国家（地区）进行了计算。在后续的各种研究中还运用了一种更简单的近似算法，即用其中 4 项工作目标的平均得分直接算出个人主义指数。[1]

我们可以从表 4.1 中读出个人主义指数的得分。正如第 3 章中的权力距离指数一样，分数代表国家（地区）的相对位置。表 4.1 证实了几乎所有富裕国家（地区）的个人主义指数的得分都很高，而几乎所有贫穷国家（地区）的得分都很低。国家（地区）财富与个人主义程度之间有着密切的关系，我们将在本章后半部分再次回到这一主题上来。

表 4.1　基于 IBM 和扩展数据库中的 14 个项目的因子得分的 76 个国家（地区）的个人主义指数

排名	美洲（中/南部）	欧洲（南/东南部）	欧洲（北/西北部）/盎格鲁世界	欧洲（中/东部）/苏联	伊斯兰国家/中东/非洲	亚洲（东南部）	得分
1			美国				91
2			澳大利亚				90
3			英国				89
4~6			加拿大				80

续表

排名	美洲（中/南部）	欧洲（南/东南部）	欧洲（北/西北部）/盎格鲁世界	欧洲（中/东部）/苏联	伊斯兰国家/中东/非洲	亚洲（东南部）	得分
4~6				匈牙利			80
4~6			荷兰				80
7			新西兰				79
8			比利时（荷兰语区）				78
9		意大利					76
10			丹麦				74
11			加拿大（法语区）				73
12			比利时（法语区）				72
13~14		法国					71
13~14			瑞典				71
15~16			爱尔兰				70
15~16				拉脱维亚			70
17~18			挪威				69
17~18			瑞士（德语区）				69
19			德国				67
20					南非		65
21			瑞士（法语区）				64
22			芬兰				63
23~26				爱沙尼亚			60
23~26				立陶宛			60
23~26			卢森堡				60
23~26				波兰			60
27		马耳他					59
28				捷克			58
29			奥地利				55
30					以色列		54
31				斯洛伐克			52
32		西班牙					51
33						印度	48

续表

排名	美洲（中/南部）	欧洲（南/东南部）	欧洲（北/西北部）/盎格鲁世界	欧洲（中/东部）/苏联	伊斯兰国家/中东/非洲	亚洲（东南部）	得分
34	苏里南						47
35~37	阿根廷						46
35~37						日本	46
35~37					摩洛哥		46
38					伊朗		41
39~40	牙买加						39
39~40				俄罗斯			39
41~42					阿拉伯国家		38
41~42	巴西						38
43		土耳其					37
44	乌拉圭						36
45		希腊					35
46				克罗地亚			33
47						菲律宾	32
48~50				保加利亚			30
48~50	墨西哥						30
48~50				罗马尼亚			30
51~53					东非		27
51~53		葡萄牙					27
51~53				斯洛文尼亚			27
54						马来西亚	26
55~56						中国香港	25
55~56				塞尔维亚			25
57	智利						23
58~63						孟加拉国	20
58~63						中国大陆	20
58~63						新加坡	20
58~63						泰国	20
58~63						越南	20
58~63					西非		20
64	萨尔瓦多						19
65						韩国	18
66						中国台湾	17

续表

排名	美洲（中/南部）	欧洲（南/东南部）	欧洲（北/西北部）/盎格鲁世界	欧洲（中/东部）/苏联	伊斯兰国家/中东/非洲	亚洲（东南部）	得分
67~68	秘鲁						16
67~68	特立尼达岛						16
69	哥斯达黎加						15
70~71						印度尼西亚	14
70~71					巴基斯坦		14
72	哥伦比亚						13
73	委内瑞拉						12
74	巴拿马						11
75	厄瓜多尔						8
76	危地马拉						6

瑞典在个人主义指数上得分为 71 分，包括沙特在内的阿拉伯国家平均得分为 38 分，由此你可以看出约翰尼森所面临困境的文化根源。在 76 个国家（地区）中，瑞典排名第 13~14 位，阿拉伯国家排名第 41~42 位，可见仍然有很多国家（地区）的集体主义的程度比阿拉伯国家的平均水平更高。正如我们前面所说的，集体主义是我们世界的主流，而个人主义则是个别现象。

世界价值观调查中的个人主义与集体主义：排他主义与普遍主义

英格尔哈特在对世界价值观调查数据进行了全面分析后（如第 2 章所述），提出了两项统计因子。一项是世俗理性—传统权威，它与低权力距离—高权力距离相关，我们在前一章已经遇到了。另一项是主观幸福—基本生存，它与个人主义—集体主义、阴柔气质（见第 5 章）和低权力距离依次相关。[2]

明科夫在他 2007 年出版的书中，更详细地分析了世界价值观调查数据库，包含最新增加的数据。[3] 他发现英格尔哈特的两个维度在概念上是扩散的。在因子分析中，它分为两个部分。其中一部分反映了幸福的差异，它将在第 8 章中作为享乐与约束的一部分进行介绍。另一部分包括处理群内和群外关系。

正极：

- 拒绝来自另一个人种的人成为邻居。

再加上一些关于家庭和性别问题的保守观点：

- 坚定地认为男人比女人能成为更好的领导者。
- 坚定地认为孩子必须永远爱他们的父母，尽管他们有缺点。
- 同意孩子需要父母两人才能幸福。
- 同意女人有了孩子才能完整。

负极：

- 容忍和尊重所有人。

明科夫总结的这个维度的正极反映了强烈的群体凝聚力和对其他群体的排斥。而负极则表示接受他人，无论他来自哪里。明科夫称之为排他主义—普遍主义。

排他主义可以被定义为人们根据自己的群体归属来对待他人的文化倾向。他们为自己的朋友、亲戚或认可的其他团体预留恩惠、服务、特权，甚至为他们牺牲，同时排除那些值得得到这种特权待遇的圈外人。排他主义文化力求在团体内部达到和谐良好的关系的同时，对圈外人会相当冷漠、毫不关心、粗鲁，甚至有敌意。

普遍主义是一种相反的文化倾向：对待他人首先以个体为基础，不论他属于哪个群体。霍夫斯泰德早些时候曾经把集体主义与群体内外的区别联系起来，明科夫的排他主义—普遍主义维度与个人主义呈强负相关。对于霍夫斯泰德最初研究的 IBM 数据集中的 41 个国家（地区）来说，个人主义预测了世界价值观调查中 59% 的普遍主义，35 年后，IBM 的数据得到了有效验证。[4]

普遍主义意味着尊重其他文化。欧洲民意调查问卷的研究员在 2008 年邀请了 26 个国家的代表样本选择“对你个人而言最重要的价值观”（12 个选项中选 3 个）。其中的一项价值观是“尊重其他文化”。回答者的答案的国家间差异的百分比与个人主义相关。[5]

个人主义与集体主义是一个维度还是两个维度

一个常被问到的问题是，把个人主义和集体主义看作同一维度的对立的两极是否正确？难道不应该看作两个不同的维度吗？答案取决于我们比较的是整个社会（本书的内容），还是社会中的个体，这是分析层次的问题。

测量结果表明，一个人可能在个人主义和集体主义价值观上都获得高分，也可能一个高一个低，或者两者都低。所以当我们比较个人的价值观时，个人主义和集体主义应当被看作两个单独的维度。[6] 当研究社会时，我们比较的是两种类型的数据：每个社会的个人价值观的平均得分，以及社会作为一个整体所具有的特征（包括它的制度）。在人们通常拥有更高程度的个人主义价值观的社会中，人们通常也持有更低程度的集体主义价值观。虽然有些人与这种价值观模式不符，但这类人少之又少。这些社会中的机构是为了适应个人主义的形成而产生的。

集体主义与权力距离

许多在权利距离指数上得分较高的国家（地区）（见表 3.1）在个人主义指数上得分较低（见表 4.1），反之亦然。换句话说，这两个维度往往呈负相关：高权利距离的国家（地区）可能集体主义程度更高，而低权利距离的国家（地区）则更加盛行个人主义。这两个指数之间的关系绘制在了图 4.1 中。

在图 4.1 中，各国（地区）分布在左下—右上的对角线周围，反映了权力距离与个人主义—集体主义之间的相互关系[7]。在依赖内群体的文化中，这些人通常也依赖权威人物。大多数扩展家庭都有父权制结构，家庭领袖有着强烈的道德权威。在人们相对独立于内群体的文化中，他们通常也较少依赖权威人物。

但是，也有例外。拉丁语系的欧洲国家，特别是法国和比利时，它们结合了中等程度的权力距离和较高程度的个人主义。法国社会学家米歇尔·克罗泽（Michel Crozier）这样形容本国文化：

> 面对面的依赖关系……在法国文化中被认为难以忍耐。然而盛行的权威观点仍然是……专制……这两种观点相互矛盾，却可以在同一个官僚体系内和解。因为非个人化的规则和集权使专制主义的权威概念成为可能，并消除了大部分直接的依赖关系。[8]

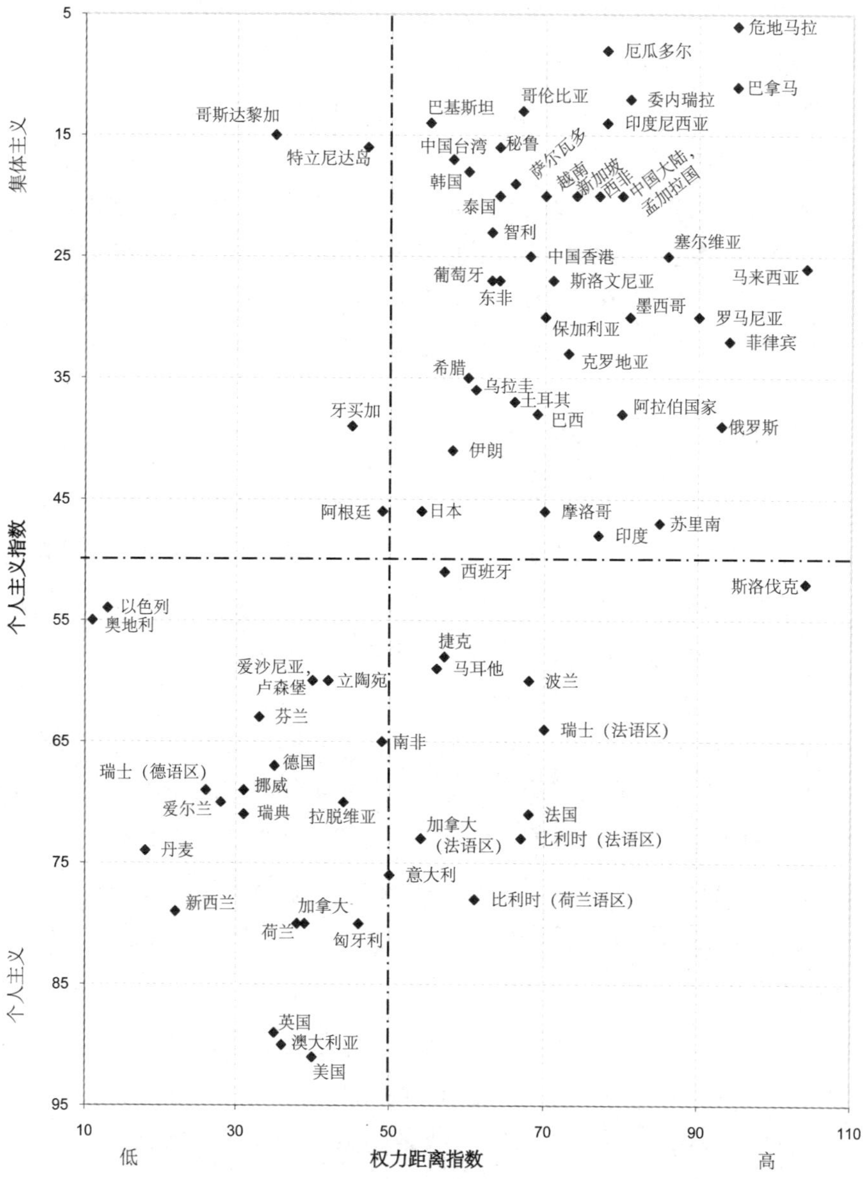

图 4.1　权力距离与个人主义的关系

克罗泽的同胞菲利普•迪里巴尔纳对法国、美国和荷兰的组织进行了比较研究。他将法国的组织原则形容为“荣誉原理”。这项原理，菲利普•迪里巴尔纳发现早在 18 世纪的法兰西王国（拿破仑之前）就已存在。它意味着每个人都有一个身份等级，但是属于这个等级的含义不是由群体强加的，而是由传统决定的。

亦即“奉献多于得到”。[9] 我们可以把它称为一种分层化的个人主义形式。

与上面的模式相反，奥地利和以色列是低权力距离和中等程度集体主义的结合。较低的权力距离和较强的集体主义出现在哥斯达黎加。法国和哥斯达黎加的例子证明，把权力距离和集体主义作为两个单独的维度来对待是正确的，尽管事实上对于大多数国家（地区）来说，这两者相辅相成。它们之间相互关联的一个原因是，两者都与第三个因素有关：国家（地区）财富。如果国家（地区）财富保持不变，即富国（地区）只与富国（地区）比较，穷国（地区）只与穷国（地区）比较，那么这种关系就会明显减弱。[10]

IBM 和其他研究结果之间的比较支持了权力距离和集体主义这两个维度的区分。另外，正如第 3 章所阐述的，权力距离指数不仅可以预测国家（地区），也可以预测职业，但个人主义指数只能适用于国家（地区）而非职业。在对比不同职业的人们如何回答 14 个与工作目标相关的问题时，他们的答案不能归类于个人主义或集体主义。[11]

家庭中的个人主义与集体主义

本章前半部分描述了个人主义与核心家庭的结构有关，集体主义与扩展家庭的结构有关，后者导致了内群体和外群体的区别。个人和群体的关系，就像人类文化的其他基本元素一样，首先在家庭中习得。表 4.1 中日本（排名第 35~37 位，个人主义指数得分为 46 分）处于中间位置的事实至少可以部分理解为在传统的日本家庭中，只有长子与父母一直生活，由此产生了一种介于核心家庭和扩展家庭之间的世袭结构。

在一群长辈、同龄人和后辈中长大的孩子会自然而然地认为自己是“我们”的一部分，这种感觉远远超过在核心家庭成长的孩子。一个在扩展家庭长大的孩子很少独处，无论是白天还是黑夜。一位到比利时上大学的非洲学生告诉我们，这是她人生中第一次独自待在房间里那么长时间。相反，从秘鲁或马来西亚实习归来的北欧学生抱怨说，他们的房东从来不让他们一个人待着。

在密切和持续的社会交往中，与个人所处环境保持和谐就成为一个人的重要美德，这种美德也延伸到家庭以外的其他领域。在大多数集体主义文化中，与别人发生正面冲突被认为是粗鲁和不受欢迎的。“不” 这个词很少使用,因为说 “不” 意味着对抗。“你可能是对的”或“我们会考虑一下”是拒绝请求的礼貌方式。同样，

“是”这个词也不一定是赞同，而是为了沟通继续下去。在日本，“是”意味着“是的，我听到了”。

而在个人主义文化中，说出自己的想法是一种美德。告诉别人你的真实感受表明你这个人真诚且诚实。冲突可以是有益的，人们相信观点的碰撞会进一步接近真相。与他人沟通时，可以考虑沟通效果对他人的影响，但不代表事实会因此而改变。成人应该能够积极地听取他人的直接反馈。在家庭中，孩子被告知应该始终说实话，即使这会带来伤害。应对冲突是一个家庭正常生活中的一部分。

一位在印度尼西亚（排名第 70~71 位，个人主义指数得分为 14 分）做过传教士的荷兰人谈到，他的教区居民对《圣经》中的故事有了另一种解读：“一个男人有两个儿子。他走向一个儿子说道：‘儿子，今天去葡萄园做工。’儿子答道：‘好的，先生。’但是他没有去。这个男人走向第二个儿子并对他说了同样的话，儿子答道：‘我不去。’但最终他改变了主意还是去了。哪个儿子遵照了父亲的意愿？”[12] 圣经的答案是第二个儿子，但这位传教士的印度尼西亚教区居民选择了第一个，因为这个儿子维护了和谐，没有反对他的父亲。而他是否真的去了位居其次。在格特•扬的课堂中，一位希腊学生问道：“其他人是否在场？”如果是的话，他认为第一个儿子是正确的，因为他没有公开地羞辱他父亲。希腊有着中等程度的集体主义文化。

在集体主义家庭中，孩子们会学会服从他人。他们的个人观点被忽略，因为一切都由群体预先确定好了。如果出现一个还没有集体决策的新问题，那么在做决定之前，需要先召开家庭会议。如果孩子反复强调自己与众不同的观点，就会被认为品行不端。相反，在个人主义家庭中，大人期待和鼓励孩子表达自己的观点，而一个只重复他人观点的孩子会被认为性格软弱。什么是合适的行为取决于所处的文化环境。

对集体的忠诚是集体主义家庭的基本要素，也意味着资源是共享的。如果一个 20 人的大家庭中只有一个成员有工作而其他人没有，那么该成员就应该分享他的收入，以此帮助全家人生活。根据这一原则，一个大家庭的所有成员可以共同支付其中的一名成员接受高等教育，并期望他日后找到高薪工作时，分享他的收入。

在个人主义文化中，如果孩子从小就能赚取自己的零用钱并自由支配，那么父母会感到自豪。大多数孩子都期望并且被期望在他们开始接受高等教育时离开父母并独立生活。在集体主义文化中，情况并非如此。一项横跨19个相对富裕的欧盟国家的欧洲民意调查表明，年轻人是否使用“负担不起搬出去做的费用”的说法与集体主义相关，和国家（地区）财富无关！价值观往往可以用经济的观点得到合理的解释。[13]

在集体主义社会中，对家庭的义务不仅表现在经济方面，也表现在仪式方面。像宗教洗礼、结婚，特别是葬礼等家庭活动非常重要，不可或缺。来自个人主义社会的外派管理者常常为集体主义社会的员工申请特殊假期的家庭理由感到惊讶，这些管理者认为他们被愚弄了，但理由极有可能是真实的。

在个人主义文化中，人们觉得见面时需要一些口头交流。沉默被认为是不正常的。社交对话可能敷衍老套，但它们是必需的。在集体主义文化中，人们只要聚在一起就能获得情感上的满足，不一定非要说些什么，除非信息需要传达。

欧洲民意调查显示,19个来自欧洲富裕国家的人们声称“每天去餐厅或酒吧”的程度有着惊人的差异:在集体主义氛围较浓的文化中,这种社交形式更为常见。[14]在个人主义文化中，人们更倾向于在家见面，如“我的家是我的城堡”是英国个人主义者的一种说法。

美国人类学家和著名作家爱德华•T. 霍尔（Edward T. Hall，1914—2009年）基于人们的沟通方式用一个从高情境到低情境的维度对不同文化进行了区分。[15]高情境的沟通环境中需要明确说出或写出的东西很少，因为绝大多数信息要么是关于客观环境的，要么是大家心照不宣的，需要直言相告的部分很少，这种沟通方式常见于集体主义文化中。在低情境的沟通中，大部分信息需要明确交代，这是个人主义文化的典型特征。许多在集体主义文化中无须赘述的事情，在个人主义文化中则必须交代清楚。所以，美国的商业合同要比日本的商业合同长得多。

除了和谐之外，与集体主义家庭有关的另一个重要概念是羞耻。个人主义社会被描述成一种罪感文化：违反社会规则的人往往会感到内疚，这种负罪感由个人独自发展起来的良知所掌控，它成为个人内在的导航系统。相反，集体主义社会是一种耻感文化:如果群体中的一员违反了社会规则，其他成员都会感到羞耻，这种感受是基于集体责任感发展起来的。羞耻的本质是社会性的，而负罪的本质则是个人的。是否感到羞耻取决于其违法行为是否已被他人知晓，这比违法本身更令人羞耻。而负罪感的情况并非如此，只要做了错事，无论其他人是否知晓，都会感到不安。

另一个与集体主义家庭有关的概念是面子。“丢面子”，是蒙受羞辱的意思，是从汉语渗入英语中的一种表达，英语中没有对应的说法。一位中国学者这样定义面子：“当一个人，无论通过他本人的行为还是与他密切相关的人的行为都不能基于他所占据的社会地位来满足他的基本要求时，就会失去面子。”[16] 中国人也会说“给某人面子”，指的是荣誉或威望。面子的本质是描述一个人与周围社会环境的恰当关系，对面子的看重是一个极其重视社会关系的社会所产生的结果。其他集体主义文化的语言也或多或少有相似的词语。在个人主义社会中，与之相对应的特征是自我尊重，但这是从个人的角度来定义的，而面子反映的是社会环境中的观点。

集体主义社会的人通常有办法与没有血缘或亲属关系却同属一个社会内群体的人建立类似家庭的关系。例如，在拉丁美洲，可以通过教父教母的方式来建立这种关系，使没有亲属关系的人视彼此为亲人。在早期的日本，年幼的儿子可以通过被收养的方式给手工师傅当学徒，中世纪的中欧也有类似的习俗。

由于集体主义社会中的人们必须尊重家人的意见，所以选择婚姻伴侣不仅对本人，而且对双方的家长而言，都是一件至关重要的大事。美国的大卫•巴斯（David Buss）主持了一项关于选择潜在结婚对象标准的调查研究。[17] 在集体主义国家（地区），婚姻不是两个人之间而是两个家庭之间达成的契约，新郎希望新娘年轻一些，同时很看重新娘的财富、勤勉和贞洁。新郎和新娘在择偶方面没有太多的发言权，但这并不意味着这样的婚姻是不幸福的。[18]

在一项针对全球 10 个国家（地区）的 15~17 岁的女孩进行的调查中，她们被问到谁最能影响她们的审美观念。在集体主义文化中，年轻的女士经常提及她的女性朋友，即她们的内群体；而在个人主义文化中，一般来说则是男孩。[19]

表 4.2 总结了目前为止所描述的集体主义社会和个人主义社会在一般规范和家庭方面的主要差异。

表 4.2　集体主义社会和个人主义社会的主要差异：一般规范和家庭

集体主义社会	个人主义社会
人们出生在扩展家庭或其他内群体，群体始终提供保护，成员以忠诚作为回报	成人之后只照顾自己及核心家庭
孩子们学会从“我们”的角度考虑问题	孩子们学会从“我”的角度考虑问题
内群体和外群体的价值观标准不一致：排他主义	相同的价值标准适用于所有人：普遍主义

续表

集体主义社会	个人主义社会
应该始终维持和谐，避免直接冲突	直言不讳是为人诚实的表现
朋友关系是事先确定的	友谊是自愿的，并且应该受到呵护
资源应与亲人共享	资源归个人所有，即使孩子也不共享
成人与父母同住	孩子成年后离开父母的家
高情境的沟通方式	低情境的沟通方式
公共场所高频率社交	“我的家就是我的城堡”
过失会导致自己和群体蒙羞和丢面子	过失会导致内疚和失去自尊
新娘应该年轻、勤劳和忠贞；新郎应该比新娘年龄大	婚姻伴侣的标准并不是事先设定的
最能影响女孩审美的人：女伴	最能影响女孩审美的人：通常是男孩

个人主义与集体主义文化中的语言、人格和行为

有一对日裔澳大利亚夫妇耀西（Yoshi）和鹿岛惠美子（Emiko Kashima），丈夫是一名心理学家，妻子是一名语言学家，他们研究文化与语言之间的关系。在语言的众多特征中，他们主要研究省略代词，即在一句话中省略第一人称单数“我”的情况。例如，在西班牙语中“我爱你”的表达方式是“爱你”（te quiero）而不是“我爱你”（yo te quiero）。[20] 在个人主义文化中，常常要求发言者在提及自己时使用“我”来表示；在集体主义文化中，允许或规定省略“我”这个代名词。从表 4.1 中可以看到，大部分个人主义国家（地区）都使用英语，据我们所知这种语言是唯一一个使用大写字母来表示“我”的语言。

语言会随着时间而改变，但非常缓慢。第一人称单数代词曾用于西欧语言中的中古诗歌。同一时期，也有一句阿拉伯谚语：“邪恶的‘我’将被谴责。”[21] 文化得分与语言特征之间的联系说明了文化差异有着久远的历史，认为现今的分歧应该在一个人的一生当中消失是天真的。

美籍华裔人类学家许烺光（Francis Hsu）认为，西方意义上的“personality”在汉语中找不到对等的词汇。“personality”在西方是一个单独的整体，与社会和文化不同——它是个体的一种属性。在汉语中，最接近“personality”的翻译是“人”这个词，但是“人”不仅包括了个体本身，也包括了使他的存在具有意义的社会和文化环境。[22] 许多亚洲文化都有个性的概念，但它指的是个体与个体之间的

基本联系。而在美国，个体则关注自我及其独特的内在特点。[23]我们的解释是，个人主义文化鼓励独立的自我，而集体主义文化则鼓励相互依赖的自我。

在第 2 章中，我们提到了人格与国家（地区）文化的关系。我们将 33 个国家（地区）在“大五”人格维度的得分与我们的文化维度分数联系起来，其中外向性与个人主义指数之间的相关程度最高。[24]外向性（与内向性相反）结合了以下一组人格特征：温暖、合群、自信、有活力，寻求刺激和积极情绪。一般来说，个人主义文化中的人们在这些个性方面对自己的打分要比集体主义文化中的人们高。“合群”的选择表明，当人与人之间的关系不是由内群体关系规定的时候，有意识的聚会决定变得更加重要。

美国心理学家大卫•松本（David Matsumoto）分析了许多对面部表情所传递的情感进行辨认的研究。学生将脸部照片中的情绪分为快乐、惊奇、悲伤、恐惧、厌恶和愤怒。我们对 IBM 数据库中的 15 个国家（地区）进行过同样的实验，个人主义指数与观察者正确辨认出快乐的比例之间存在正相关关系，而与正确辨认出难过的比例之间存在负相关关系。我们的解释是，个人主义文化鼓励表达快乐，但不鼓励分享悲伤，集体主义文化恰恰相反。[25]

美国教授罗伯特•莱文（Robert Levine）请他的国际学生去收集自己家乡有关生活节奏的数据。其中一项衡量指标是走路速度，其界定是：用秒表测得 70 位健康的成年人（男女比例各半），在所在城市的一个不拥挤的地点独立走完 20 米所用的时间。在所调查的 23 个国家（地区）中，走路速度与个人主义指数显著相关。个人主义文化中的人们往往走得更快。[26]我们将其解释为自我概念的生理表达：个人主义文化中的人们在尝试达到某个目标时更加积极。

有关各国（地区）行为差异的有力的信息可以从消费者调查中获得。荷兰营销学教授及咨询师马瑞克•德•穆伊对欧洲 15 个国家进行了比较，他发现消费者行为数据与个人主义指数之间存在着许多有意义的关联。[27]高程度个人主义国家（地区）的人比低程度个人主义国家（地区）的人更有可能居住在独立式住宅中，而不是住在公寓或单元房中。他们更有可能拥有一个私人花园，并拥有一辆房车以供休闲。他们经常把狗特别是猫作为宠物。猫是比狗更为个人主义的动物！他们更有可能拥有家庭和人寿保险，也更经常从事自己动手的活动：粉刷墙壁、做木工活、贴墙纸、改造电器和修理管道等。在所有的这些例子中，个人主义指数比国家（地区）财富更能解释国家（地区）之间的差异。这些活动都展示了这样一种生活方式，即人人试图自立而不依赖他人。

在信息方面，高程度个人主义国家（地区）的人们阅读更多的书籍，他们更有可能拥有个人电脑和语音留言电话。高程度个人主义国家（地区）的居民更普遍认为电视广告对新产品的宣传有用。他们更多地依靠媒体而不是他们的社交网络。

没有迹象表明个人主义国家（地区）的居民比集体主义国家（地区）的居民更健康或更不健康，但与低程度个人主义文化的人们相比，他们更关心自己的健康状况。如果我们将分析局限于高收入国家（地区），那里可以假定拥有完善的医疗系统，那么在高个人主义文化中生活的人会将更高比例的个人收入用于保持自己的健康。同样，这些国家（地区）的政府也将更多的公共预算用于医疗保健。[28]

澳大利亚卫生保健工作者的一项调查显示，不同移民社区的居民在对待残疾时的反应不同。在个人主义社区（如英国和德国），残疾人往往保持开朗和乐观的情绪，他们厌恶依赖别人和接受帮助，并尽可能像正常人一样规划未来生活。在集体主义社会（如希腊、阿拉伯国家），残疾人表达了更多的痛苦、羞耻和悲观主义，残疾儿童往往会被忽视。[29] 他们寻求家庭成员提供建议和协助，家人将做出关于残疾人未来的主要决定。意大利人则介于两者之间，北部的意大利人的个人主义更强一些，大部分的南部人则表现得更集体主义。

表 4.3 总结了本节中集体主义社会和个人主义社会在语言、人格和行为方面的主要差异。

表 4.3　集体主义社会和个人主义社会的主要差异：语言、人格和行为

集体主义社会	个人主义社会
避免使用第一人称“我”	鼓励使用第一人称“我”
互依自我	独立自我
人格测试中，人们的得分更偏内向	人格测试中，人们的得分更偏外向
表现伤心是受到鼓励的，不鼓励分享快乐	表现快乐是受到鼓励的，不鼓励分享悲伤
走路速度较慢	走路速度较快
消费模式表现出对他人的依赖	消费模式表现出自助的生活方式
社交网络是信息的主要来源	媒体是信息的主要来源
个人和公共收入中用于保持健康的比例较低	个人和公共收入中用于保持健康的比例较高
残疾人是家庭的耻辱，并不受家人关注	残疾人应该尽可能多地参与正常的日常生活

学校中的个人主义与集体主义

在孩子的童年早期，个人和群体的关系就已经在意识中形成，并在家庭中建立起来。然后，又在学校得到进一步的发展和加强，这种群己关系在课堂行为中非常明显。当一个来自个人主义文化的教师在集体主义文化中教课时，一个典型的抱怨是，当老师提问时，没有学生发言。对于将自己视为群体的一员的学生来说，在没有得到小组批准的情况下发言是不合逻辑的，除非老师亲自点名。

即使没有老师在场，集体主义文化的学生在人数较多的群体中发言也会显得迟疑不决，特别是有外群体人员在场的情况下，但他们在小组中发言会显得活跃些。在集体主义抑或文化差异特别明显的大课堂上，划分小组是提高学生参与度的一种方法。例如，可以要求学生分成 3~4 个小组，用 5 分钟讨论一个问题，每个小组任命一名发言人。通过这种方式，个人的答案将成为团体的答案，发言人代表群体发言。通常在随后的练习中，学生将自发地轮换发言人的角色。

在集体主义社会中，来自不同种族或家族背景的学生往往会在课堂上形成小群体。那些与学校教职工有着相同种族或家庭背景的学生会期望自己得到特殊照顾。在个人主义社会里，这样做会被认为搞裙带关系而且是非常不道德的。但在集体主义的环境中，不对自己人特殊照顾反倒是不道德的。

在集体主义课堂中，保持和谐与维护面子至高无上。应该避免对抗和冲突，或者至少以不伤害任何人的方式表达。如果可以避免对抗和冲突的发生，学生们就不会丢面子。羞耻（会影响集体荣誉）是纠正犯错的一种有效方式——他们会受群体其他成员的影响而回归传统。

相反，在个人主义课堂上，学生希望被视为个体并受到公正的对待，而不论其背景如何。学生中形成的小团体非常随意，有的根据任务，有的根据特殊的友谊，有的则根据技能。公开讨论冲突和矛盾被认为是有益的，人们的面子意识很淡薄，或者根本不存在。

在个人主义和集体主义社会之间，教育的目标是不同的。前者着重于了解如何去学习，而不是如何去做，基本的假设是人的一生学无止境。在集体主义社会中，学习往往被认为是一次性的，只为年轻人提供学习的机会，他们必须学习如何做事才能找到自己在社会中的位置，学校是通往这条道路的见证场所。

作为学业圆满结束的文凭或证书，其作用在集体主义和个人主义社会也有所不同。在个人主义社会中，文凭提高了持有者的经济价值和自尊程度，因为它提供了一种成就感。在集体主义社会中，文凭对持有者及他的内群体来说意味着一种荣誉，它使持有者有资格与高层群体建立联系。例如，他因此可以找到更有吸引力的结婚对象。在这种情况下，以不正当方式获得文凭的诱惑更为强烈，如黑市。

工作场所中的个人主义与集体主义

与个人主义社会相比，集体主义社会中的子女更容易继承父母的职业。[30] 我们注意到像霍夫斯泰德和格特·扬这样的父子组合在集体主义文化中更容易受到尊重，但有时在个人主义者中则被人轻视。在更奉行个人主义的社会中，如果父母从事手工业，子女通常会选择非手工行业，反之亦然。在更集体主义的社会中，职业流动性较低。

个人主义文化中的员工往往根据自己的兴趣从事工作。在集体主义文化中，员工将根据群体的利益工作，这也许与他们的个人兴趣不相符。例如，他们的收入往往需要与亲人共享。

集体主义社会中的招聘过程往往先考虑内群体。通常优先考虑聘用亲属，首先是雇主的亲属，其次是公司员工的亲属。亲属们会关心自己家庭的声誉，并帮助家庭成员纠正其不良行为。在个人主义社会中，工作中存在家庭关系是不被认同的，因为这可能导致裙带关系和利益冲突。一些公司有规定：如果一名员工与另一名员工结婚，那么其中一人必须离开。

在集体主义社会里，工作场所本身就可能在情感意义上成为一个内群体。这种情况在一些国家（地区）比另一些国家（地区）程度更高，但这种感觉几乎始终存在。雇主和员工之间的关系被视为一种道义，它与家庭关系类似，彼此间存在义务，雇主以提供保护来换取员工的忠诚。即使员工在这种关系中的表现不佳，也没有理由解雇他，因为一个人不会解雇自己的孩子。然而，一个人的绩效和技能决定了他能承担什么样的任务。在个人主义社会中，雇主和雇员之间的关系主要被认为是商业交易，是劳动力市场中买卖双方之间的计算关系。雇员表现不佳或另一家公司提供了更优惠的薪酬，都是终止工作关系和被社会公认的合法理由。

在实际生活中，个人主义和集体主义社会都存在着多种类型的雇主—雇员关系。有些集体主义国家（地区）的雇主不认同将员工视为自己人的社会规范，但是那些员工反过来不会以忠诚的方式回报他们。在这种情况下，工会可能会取代组织而成为情感上的内群体，并可能会存在工会与管理层之间的冲突，就像印度的部分地区一样。在个人主义社会中，也有一些雇主与员工建立了强大的团体凝聚力，形成了与集体主义社会一样的“保护与忠诚”的平衡关系。组织文化在某种程度上可以偏离社会的主流规范，并从其独特性中获得竞争优势。第 10 章将更深入地讨论这些问题。

个人主义社会中的管理是对个人的管理。通常下属可以单独调动，奖励与个人表现挂钩。集体主义社会的管理是对集体的管理。人们在情感上融入工作团队的程度因情况不同而有所差异。工作团队中的族群和其他群体的差异在整合过程中发挥作用，集体主义文化中的管理者会特别重视这些因素。把来自相同种族背景的人分在一起通常是很有道理的做法，尽管持个人主义观点的管理者通常认为这样做是危险的，并且想要往相反的方向处理。如果人们在情感上把工作团队视为一个内群体，那么奖金应该被整个团队所共享。

管理技巧和培训计划几乎完全是在奉行个人主义的国家（地区）中发展起来的，它们基于集体主义文化中可能并不存在的文化假设。在对一线管理人员的培训中，一个标准元素是如何进行评估面谈，即定期讨论下属的绩效，有时又被称为目标管理。在集体主义社会中，公开讨论一个人的表现可能会与维持和谐的社会规范相抵触，也可能让下属难以接受或丢面子。这样的社会有更加微妙的、间接的反馈方式。例如，取消一项福利，或者通过亲戚口头转达。

在集体主义文化中，内外有别这一模式不仅影响了商业关系，也对雇主和雇员的关系产生了深远的影响。这是本章开篇约翰尼森和他的上司在沙特遭遇的文化尴尬背后的原因。在集体主义社会中，应该先与另一个人建立信任关系，然后再做生意。通过这种关系，另一方被纳入自己人的群体中，从那时起就会享受优待。而且，这种关系是同约翰尼森个人而不是同他所在的公司建立起来的。总之，在集体主义社会中，人际关系胜过工作任务，因此应该首先建立人际关系。而在个人主义社会中，工作任务优先于人际关系。试图在集体主义文化中强迫当地人快速签订生意合约的天真的西方人往往不满自己被当成局外人，并因此受到歧视。

个人主义、集体主义与通信技术

关于使用现代通信技术的问卷调查和观察表明，各国（地区）之间存在显著差异。这些工具大部分起源于高程度个人主义的社会——美国。通信工具将个体联系在一起，它们在个人主义社会中更容易、更频繁和更热衷地被使用。在集体主义社会，人们有更直接的方式与他们的社会环境联系。欧洲民意调查显示，来自高程度个人主义欧洲国家的人们更倾向于上网和使用电子邮件。他们更频繁地使用电脑购物、网上银行，并向公共机构提供信息。[31] 来自低程度个人主义欧洲国家的人们强调不使用互联网以便有更多时间留给自己、家人和朋友。[32]

表 4.4 列出了集体主义社会和个人主义社会在学校、工作场所和通信技术方面的主要差异。

表 4.4　集体主义社会和个人主义社会的主要差异：学校、工作场所和通信技术

集体主义社会	个人主义社会
在课堂上，学生们只有被群体允许才回答问题	学生们在课堂上独立回答问题
教育的目的在于学会如何做事	教育的目的在于学习如何学习
文凭可以使个体进入更高社会地位的群体	文凭提高个人的经济价值和自尊程度
职业流动率更低	职业流动率更高
员工是自己人，他们追求的是内群体的利益	员工被视为经纪人，只有当雇主利益与个人利益一致时，员工才会追求雇主的利益
雇用和晋升考虑到内群体的因素	雇用和晋升决策只由技能和规则来决定
雇佣关系符合基本的道义，如同家庭纽带	雇佣关系基于双方在劳动力市场中签订的契约
对群体进行管理	对个人进行管理
对下属的直接评估会破坏和谐	管理培训传授的是诚实分享自己的感受
内群体的客户会受到优待（特殊主义）	对所有客户一视同仁（普遍主义）
人际关系重于工作任务	工作任务重于人际关系
网络和邮件的吸引力较小，较少使用	网络和邮件的吸引力较大，更频繁地使用网络和邮件来连接个体

个人主义、集体主义与政府

那些研究世界政治的天真观察家们往往只看到不同的政治体系，却没有意识到导致和维持这些不同体系的人群的不同思维方式。如果普遍持有的价值体系是集体利益高于个人利益，那么由此产生的政府类型将不同于个人利益高于集体利益的价值体系。

股份公司是资本主义的发明：公司由分散的股东共同拥有，股东们可以在证

券交易所交易其股票。这种公司形式是在个人主义的英国首先出现的，为了使这种形式发挥作用，就需要它的参与者们持有一种个人主义的意识。[33] 在现实生活中，它经常受到特殊利益的威胁，陷入自相矛盾的境地，因为它所谓的自由市场需要政府强有力的监管。

此外，集体主义社会的经济生活，如果不由政府支配，也必然以集体利益为基础。

隐私权是许多个人主义社会的一个中心议题。在集体主义社会中找不到这样的情况，个人所在的内群体可以在任何时候侵入个人的私生活，人们认为这是正常和正确的事情。

约翰尼森的案例阐述了普遍主义者与特殊主义者对待客户的区别，它也适用于整个政府的运作。在个人主义社会中，法律和权力对所有成员都应该是一样的，并不加区别地适用于每个人（能否始终满足这一标准是另一个问题）。在集体主义社会中，法律和权力可能因人而异，不同的人群会区分对待。即使不从理论上，人们在依法行事时也会采用这种方式，并且不认为这是错的。

如果各国（地区）政治制度植根于其百姓的心理软件，那么通过使用宣传、金钱或武器这些方式来影响政治制度的可能性就很有限。如果头脑不接受这些信息，对他们进行宣传和使用金钱也会毫无作用。即使最强大的外国（地区）政府也不能为别国（地区）全体百姓洗脑，以消除他们不易动摇的价值观。

国际政治中的一个主要话题是各国（地区）政府对人权的尊重。《世界人权宣言》于 1948 年在联合国通过。在 1992 年对 52 个国家（地区）进行的研究中，尊重人权的程度与国家（地区）财富（人均国民生产总值）密切相关，而与文化无关。然而，当我们单独考虑 25 个富裕国家（地区）的时候，情况发生了变化：唯一的解释变量成了个人主义指数，它可以解释 53% 的人权指数差异。对于较贫困的国家（地区）来说，与相对富裕（或贫困）的排他关系仍然存在，尽管它变弱了。[34] 我们从这项研究中得出的结论是，联合国呼吁的尊重人权是一项奢侈品，富裕国家（地区）比贫穷国家（地区）更容易承担。但是，这些富裕国家（地区）在多大程度上符合联合国提出的标准，取决于其文化中的个人主义程度。《世界人权宣言》和联合国的其他法案在制定时受到当时占主导地位的大国价值观的影响，这些都是富裕和个人主义程度高的国家。

个人主义、集体主义与观念

个人主义社会中的人们不仅在日常生活中践行个人主义，而且认为自己的心理软件优于其他形式的心理软件。大多数美国人认为个人主义是好的，这是他们国家之所以伟大的根源。也有人认为个人主义是邪恶的。个人主义和自由主义应该对自私自利和无组织无纪律负责。在表 4.1 中，以华人为主的国家（地区）在个人主义上的得分非常低（中国香港 25、中国大陆 20、新加坡 20、中国台湾 17）。

在世界价值观调查之前，1981 年进行了一项欧洲价值观调查。9 个欧洲国家的代表性样本被问到他们更偏爱“自由”还是“平等”。选择自由与选择平等的人之间的比率从西班牙的约 1 到英国的约 3（选择自由的人是选择平等的人的 3 倍）。在 9 个国家中，个人主义得分与其百姓对平等胜过自由的偏好有着密切关系。[35] 自由是个人主义者的理想，平等是集体主义者的理想。

个人主义和集体主义在社会层面上的选择对经济理论有相当大的影响。经济学作为一门独立的学科于 18 世纪在英国创建，在众多创始人中亚当 • 斯密（Adam Smith，1723—1790 年）脱颖而出。斯密假设，个体通过“看不见的手”追求个人利益会增加国家（地区）的财富。这是至今仍在个人主义得分很高的国家（地区）中产生的观点。迄今为止，经济学仍然是一门个人主义学科，其主要贡献者大多来自个人主义程度很高的国家（地区），如英国和美国。然而，由于基于个人主义的假设，西方发展起来的经济学理论不一定适用于集体利益高于个人利益的社会。这对经济全球化产生了深远的影响。[36]

社会中的个人主义或集体主义的程度会影响该社会所形成的有关人性的概念。在美国，亚伯拉罕 • 马斯洛（Abraham Maslow，1908—1970 年）关于人类动机的观点一直以来都颇具影响力，特别是对于那些管理学的学生和实践者来说。马斯洛著名的“人类需求层次结构”指出，人类需求可以按照从低到高的顺序排列，即生理、安全、归属感、自尊和自我实现。[37] 马斯洛的层次结构通常被描绘成一个金字塔，最高层次是自我实现，即最大限度地实现个人内部的创造潜力。这意味着做自己的事情。不言而喻，这只能是个人主义社会的最大动力。在一个集体主义社会中，要实现的是集体的利益和荣誉，这可能会要求很多集体成员自我牺牲。

自从《文化的效应》于 1980 年首次出版以来，个人主义与集体主义这一区分在心理学家，尤其是在那些来自经济新兴发展的亚洲国家（地区）的心理学家中广受欢迎。这一维度意味着传统心理学与传统经济学一样是一门缺乏普适性的学科：它是西方思想的产物，基于个人主义的假设。当这些假设被集体主义假设所取代时，另一种心理学便出现了，它会在许多重要方面有所不同。例如，正如我们在本章前面所讨论的那样，个人主义心理学是普遍主义的，它把“自我”与“他人”对立。在集体主义心理学中，自我与社会背景密不可分。集体主义社会中的人们实行特殊主义的划分：包括自我在内的内群体与外群体的对立。这意味着集体主义社会中心理学实验的结果取决于参与者是否属于同一个内群体。

表 4.5 是表 4.2、表 4.3 和表 4.4 的延续：它总结了集体主义社会和个人主义社会在政治和思想观念方面的主要差异。

表 4.5　集体主义社会和个人主义社会的主要差异：政治和思想观念

集体主义社会	个人主义社会
观点由群体成员预先确定	每个人都被认为有自己的观点
集体利益高于个人利益	个人利益高于集体利益
政府在经济体制中占主导地位	政府在经济体系中的作用是有限的
人均国民生产总值较低	人均国民生产总值较高
企业是家族或集体的	股份公司由个人投资者持有
群体可以干预个人生活	每个人都有隐私权
法律和权力因所属群体的不同而有所不同	法律和权力对每个人都一视同仁
人权指数低	人权指数高
平等意识优于个人自由意志	个人自由意志优于平等意识
引进的经济理论处理不了集体利益的问题和特殊主义的利益	本土的经济理论基于个人对自身利益的追求
和谐一致是社会的最终目标	个人的自我实现是最终目标
爱国主义是理想的目标	自治是理想的目标
心理学的实验结果依赖于内外群体的区分	心理学的实验结果取决于自我—他人的区分

个人主义与集体主义差异的根源

个人主义与集体主义差异的起源，就像权力距离的差异一样，都是我们的猜测。然而，地理、经济和历史变量的统计关系可以支持我们的猜测。

考古学家们普遍假设人类社会的发展始于狩猎—采集的游牧生活。随后，人们作为农民定居下来，农业社区随后发展成更大规模的定居点，城镇随之出现，并最终发展成现代化的大都市。文化人类学家比较了现今仍然存在的狩猎—采集部落、农业社会和城市社会这三种类型。他们发现，从最原始的社会到最现代化的社会，家庭结构也经历了先增加后减少的过程。狩猎—采集部落往往生活在核心家庭或小家庭中。定居的农业社团大多表现为扩展家庭或乡村社区。当农民迁入城市时,扩展家庭又开始变小,典型的城市再次演变为核心。在大多数国家（地区）中，人们今天只能看到农村和城市这两种亚文化。对于这两种亚文化来说，现代化对应着个人主义价值观。

有关狩猎—采集社会的信息来自澳大利亚研究人员瑞•西蒙森（Ray Simonsen）。他向澳大利亚北领地首府达尔文市的土著企业家及对照组——一群澳大利亚的白人发放了 VSM94 问卷（1994 年改进版的 IBM 调查问卷）。土著社会仍然主要依靠狩猎和收集。与澳大利亚白人不同的是，土著人在权力距离上得分很高，在阳刚气质上得分偏低，在不确定性规避上得分高，但在个人主义指数上与澳大利亚白人一样高。[38]

在表 4.1 中，我们发现拥有大量传统农业的社会基本属于集体主义社会，而现代工业社会是个人主义社会。也有一些例外，特别是在东亚，如日本、韩国、中国台湾、中国香港和新加坡，尽管工业化程度很高可仍然保留着相当程度的集体主义特点。

就像第 3 章中权利距离的情况一样，我们使用逐步回归的统计方法来判断哪些因素最能解释个人主义指数的差异。我们发现，一个国家（地区）的个人主义指数可以从以下方面进行相当准确的预测：

（1）该国（地区）财富［国家（地区）越富有，个人主义程度越高］。

（2）该国（地区）地理纬度（越接近赤道，个人主义程度越低）。

在最初 IBM 研究中的 50 个国家（地区）中，国家（地区）财富（人均国民生产总值）解释了不低于 71% 的个人主义指数差异。如果我们意识到这两项测量数据来自完全不同的出处，而且两者都相当不精确——都受到测量误差的影响，那这就太令人惊讶了。

相关性没有显示两个现象中的哪一个是原因，哪一个是结果，或者两者是否都由第三个因素导致。如果个人主义是影响国家（地区）财富的因素，那么我们应该发现个人主义指数不仅与国家（地区）财富本身有关，而且也与随后的经济增长有关。然而，1970 年前后收集到的个人主义指数与随后的经济增长之间的关系（如果有的话）却是负向的：与更低程度的个人主义相比，更高程度的个人主义国家（地区）表现出更慢的经济增长。

我们可以通过观察 1970 年的个人主义指数与随后几年国家（地区）财富的关系，得出同样的结论。1970 年的国家（地区）财富差异解释了 72% 的个人主义指数差异，1980 年的国家（地区）财富差异解释了 62% 的个人主义指数差异，到 1990 年能够解释 55%，而 2000 年为 52%。[39]

相反的因果关系，即国家（地区）财富导致了个人主义也因此而更加合理。[40]当一个国家（地区）的财富增加时，其百姓就可以获得资源，使他们能够做自己的事情。村里会讲故事的人被电视台所取代，最初每村有一台电视机，但不久后会更多。在富有的西方家庭中，每个家庭成员可能拥有自己的电视机。过去穿越沙漠的马队被公共汽车取代，后来又被更多的机动车取代，甚至发展到每个家庭成员都有一辆汽车。全家人挤在一起的乡村小屋被一间有许多小房间的大套间所取代。个人生活取代了集体生活。然而，富裕国家（地区）的个人主义与经济增长之间的负相关表明，这种发展可能导致其自身的解体。2008 年的经济危机便始于非常富裕的国家。

除了国家（地区）财富，另一个唯一与个人主义指数相关的指标是地理纬度——国家首都或地区行政管理中心与赤道的距离。它解释了另外 7% 的个人主义指数差异。在第 3 章中，地理纬度是权力距离指数的第一个预测因素。正如我们提到过的，在温带和寒带地区的国家（地区），人们的生存更多地取决于他们照顾自己的能力。这导致了对孩子的教育是鼓励他们独立于更有权势的人（更低的权力距离）。这似乎也导致了一定程度的个人主义。

一个国家（地区）的人口规模对权力距离的预测起着关键作用，但与集体主义无关。人口的增长（十年的平均增长率）确实与集体主义有关，但它最主要与国家（地区）财富相关——在贫穷国家（地区）的家庭中往往有更多的孩子。这有很多原因，其中最突出的是女性受教育程度低，以及人们对于养儿防老的期待。来自较大家庭的儿童显然更有可能获得集体主义而不是个人主义的价值观。

个人主义和集体主义差异的未来

自 20 世纪 90 年代以来，个人主义的增强导致西方国家放松管制和减少公共支出。即使像能源供应和公共交通这样的垄断行业，有时也会以牺牲绩效和可靠性为代价进行私有化，仅仅是出于意识形态而不是实际的原因——这显示了文化价值观的力量。

民族文化的深层根源使得个人主义—集体主义的差异，如权力距离差异一样，可能会长期存在。然而，如果各国（地区）文化渐趋一致，那么在这个维度上也会进一步趋同。国家（地区）财富和个人主义之间的显著关系不可否认，但因果关系的方向，前面提到过的，是从国家（地区）财富指向个人主义。经济快速发展的国家（地区）也经历了由集体主义向个人主义的转变。例如，家庭对老年人的照顾变得越来越不那么理所当然。

但是，即使在人均收入水平相同的情况下，各国（地区）还是保留了个人主义和集体主义的价值观。东亚社会如日本和韩国在家庭、学校和工作环境等领域仍然保持了其特有的集体主义元素。在像英国、瑞典和德国这样的西方国家，尽管在共同经济发展的影响下朝着个人主义融合，但个人和群体之间的关系仍然不同。各国（地区）文化发生了改变，但它们一起改变，所以它们的相对位置保持不变，并且没有理由相信它们之间的差异会消失。就世界贫穷国家（地区）而言，只要它们仍然贫穷，就不能期望它们变得更加个人主义。

注释

[1] 请参阅 www.geerthofstede.eu 上的 VSM 评分指南。

[2] 这两个因素也与人均国民生产总值密切相关。

[3] Minkov, 2007. 他的最新得分基于 1995—2004 年和 2005—2008 年的世界价值观调查的平均值。

[4] 个人主义与排他主义指数之间的相关系数为 0.77 ***（$n = 41$）。它们之间的相关性很强，但并不完美。对 IBM 个人主义和排他主义数据库中 41 个国家（地区）的排名进行比较后发现，6 个国家的个人主义得分比预期中的要高得多：哥伦比亚、委内瑞拉、秘鲁、斯洛文尼亚、芬兰和瑞典。根据它们的世界价值观调查数据，这些国家的文化对外群体成员比对预期中的更为开放。其他 5 个国家的排他主义得分高于其预期中的个人主义得分：印度、意大利、土

耳其、伊朗和菲律宾。它们的文化对外群成员比预期中的更具敌意。

[5] *Eurobarometer 69.1*, 2008. 12 项价值观是民主、平等、人权、个人自由、和平、宗教、尊重人的生命、尊重其他文化、法治、团结、自我实现、宽容。人们选择“尊重其他文化”的频率存在国家（地区）差异，个人主义指数解释了30%，（低）阳刚气质指数揭示了另外的 23%。（感谢 Marieke de Mooij）

[6] Oyserman、Coon 与 Kemmelmeier 于 2002 年发表了对个人主义和集体主义在个人层面测量的广泛回顾。

[7] 表 2.1 和表 4.1 中的 76 种文化中权力距离和个人主义指数之间的相关系数为 0.55 ***；在 IBM 数据库的 53 种文化中，它是 0.68 ***。

[8] Crozier, 1964, p.222.

[9] D'Iribarne, 1989, p.59.

[10] 保持人均国民生产总值不变，表 3.1 和表 4.1 中 69 个国家（地区）的权力距离和个人主义指数之间的相关性就会减弱。

[11] Triandis 介绍了水平和垂直个人主义和集体主义之间的区别。他主要在个人层面上应用了这种区别。在社会层面，水平与垂直的区别与低和高权力距离等同。

[12] St. Matthew 21: 28-31. 莫法特译本。

[13] 欧洲问卷对年轻人的调查显示，2007 年 19 个国家的人均国民生产总值超过 19 500 欧元。较低的个人主义指数解释了 24% 的国家在选择“负担不起搬出去住的费用”时的差异。（感谢 Marieke de Mooij）

[14] *Flash Eurobarometer 241*, 2008. 在人均国民生产总值超过 19 500 欧元的 19 个欧洲国家中，回答这个问题的差异中有 72% 是由低个人主义解释的。（感谢 Marieke de Mooij）

[15] Hall, 1976.

[16] Ho, 1976, p.867.

[17] Buss, 1989; Buss *et al.*, 1990; *Culture's Consequences*, 2001, pp.230-231.

[18] Yelsma & Athappilly, 1988; Dion & Dion, 1993; *Culture's Consequences*, 2001, p.230.

[19] Etcoff, Orbach, Scott & Agostino, 2006.

[20] 60 个国家（地区）的相关系数为 –0.75 ***，30 种语言的相关系数为 –0.64 ***。

Kashima & Kashima, 1998; *Culture's Consequences*, 2001, p.233.

[21] Habib, 1995, p.102.

[22] Hsu, 1971, pp.23-44. 在他的文章的标题中，这个概念被称作 jen，这是同一中文发音的旧的转录。

[23] Markus & Kitayama, 1991.

[24] 它们的相关系数为 0.64 ***。人格得分与文化维度之间的关系在 2004 年 Hofstede 和 McCrae 的文章中进行了分析。

[25] Matsumoto, 1989; *Culture's Consequences*, 2001, p.232.

[26] Levine & Norenzayan, 1999; *Culture's Consequences*, 2001, p.233.

[27] De Mooij, 2004; *Culture's Consequences*, 2001, pp.241-242.

[28] Humana, 1992; OECD, 1992; *Culture's Consequences*, 2001, pp.242-243.

[29] Westbrook & Legge, 1993; Westbrook, Legge & Pennay, 1993.

[30] *Culture's Consequences*, 2001, p.240.

[31] *Flash Eurobarometer 241*, 2008: *Information Society as Seen by EU Citizens*, 26 *Countries*. 其中统计了无论是在工作还是在家中（几乎）从不为了个人用途上网的百分比。

[32] *Flash Eurobarometer 241, 2008*: *Information Society as Seen by EU Citizens, 26 Countries*. 其中统计了那些强烈同意不使用互联网，而把更多时间留给自己、家人和朋友的人的百分比。

[33] 1997 年 Pedersen 和 Thomsen 凭经验证明了这一点。

[34] Humana, 1992; *Culture's Consequences*, 2001, pp.247-248.

[35] Stoetzel, 1983, p.78; *Culture's Consequences*, 2001, p.275, note 31. 自由和平等比例与个人主义指数之间的等级相关系数为 0.84 **；在自由与平等的比例和权力距离之间，它几乎为 0。

[36] Hofstede, 2009.

[37] Maslow, 1970.

[38] 锚定到澳大利亚白人的 IBM 得分水平，土著人的得分为：权力距离指数 = 80，个人主义指数 = 89，阳刚气质指数 = 22，不确定性规避指数 = 128，长期导向指数 =–10。*Culture's Consequences*, 2001, p.501.

[39] 对于来自 IBM 样本的国家（地区），个人主义指数与人均国民生产总值的

相关系数在 1970 年为 0.85 ***，1980 年为 0.79 ***，1990 年为 0.74 ***，2000 年为 0.72 ***。 表 4.1 中的国家（地区）在 2000 年为 0.59 ***。如果因果关系是从个人主义指数到随后的国民总收入，那么相关性应该随着时间的推移而变得更强。不同时期的财富差异之间的相关性则要强得多。在 91 个国家（地区）中，与 1970 年的人均国民生产总值和 1980 年的人均国民生产总值的相关系数均为 0.93 ***，1990 年为 0.89 ***，2000 年为 0.80 ***，2007 年为 0.76 ***。

[40] IBM 数据库可以测量 1968—1972 年这 4 年期间个人主义的变化。在接受调查的 20 个国家（地区）中，有 19 个国家（地区）变得更加富裕，这些国家（地区）都向更个人主义的方向转变。唯一一个变得更穷的国家——巴基斯坦略微转向集体主义一方。

第5章

他与她

作为一名年轻的荷兰工程师，霍夫斯泰德曾去过一家美国工程公司应聘初级管理岗位，这家公司刚在比利时的荷兰语区弗兰德斯落户。霍夫斯泰德觉得自己完全能胜任这个岗位：他拥有国家高等技术大学的学位、优异的成绩单、积极参与学生社团的记录，并在一家知名（虽然略显沉闷）的荷兰公司担任过3年的工程师。他写了一封简短的信件表明了他的兴趣，并附上了一些重要的个人资料。霍夫斯泰德获得了公司的面试邀请，坐上火车经过长途奔波后，他终于见到了这家美国公司的经理。霍夫斯泰德表现得谦虚有礼，他期待着面试官询问一些常见的问题，从而展示自己有多么优秀。出人意料的是，这位经理只问了几个问题，并没有像期望中的那样问一些应该讨论的问题。相反，他想了解霍夫斯泰德在工具设计方面的经验。经理还询问了一些十分具体的细节，使用了一些他不了解的英文单词。无奈之下，霍夫斯泰德只好对一些相关内容避而不谈。实际上，这些内容只要工作一周就能掌握。经过半小时的痛苦误解后，经理说道："对不起，我们需要的是一流人才。"霍夫斯泰德就这样与这家公司失之交臂。

自信与谦逊

多年以后，霍夫斯泰德作为面试官同时主持了荷兰人和美国人的面试。他开始明白以前的案例到底出了什么问题。对荷兰人来说，美国的求职者过分吹嘘自己。他们的简历用词华丽，事无巨细地把所有的功课、成绩、奖励、社团工作都一一列出，以展示自己的杰出才干。在面试期间，他们试图表现得信心十足，承诺那些不太可能实现的事情。例如，在几个月内掌握当地的语言。

在美国人眼里，荷兰的求职者不会推销自己。他们的简历用词谦逊且很简短，荷兰人指望面试官通过问问题来发掘他们有多么优秀。他们期待面试官会对他们在学习期间参与的社交和课外活动感兴趣。荷兰人处事谨慎，不希望被视为夸夸其谈者，他们对于没有把握的事情不会轻易做出承诺。

美国的面试官知道如何理解美国人的简历和面试，他们倾向于对其所提供的信息打些折扣。荷兰的面试官也习惯于荷兰的应聘者，他们倾向于对其信息进行增值。从以上这个跨文化相互误解的场景中可以清楚地看出：对于缺乏经验的美国面试官来说，外行的荷兰应聘者就像个智力障碍者。对于不知情的荷兰面试官来说，初来乍到的美国应聘者就像个吹牛大王。

荷兰和美国在前面描述的权力距离和个人主义维度上非常相似，但在第三个维度上差异很大，这个维度反应的是骄傲行为还是谦虚行为的受欢迎程度。我们把这个维度称为阳刚气质—阴柔气质。

性别和性别角色

男性和女性之间的唯一区别在于双方在繁衍方面的角色不同。在身体的其他方面，两性之间的差异不是绝对上的而是统计上的。平均来看，男性更高大和更强壮，但也有不少女性例外。普遍来说，女性手指的灵活度更高，新陈代谢速度更快，这使得她们更容易消除疲劳，但不排除有些男性在这些方面表现得更为出色。

男性和女性在社会中的角色只有一部分受到生理限制的影响。每个社会都会认为一些行为（并非直接与生育有关）更适合女性，或者更适合男性。但究竟哪一种行为更适合男性还是女性，因社会不同而异。人类学家研究过一些无文字记录的、相对孤立的社会，他们发现社会性别角色可能千差万别。[1] 本章中我们使用男性与女性这两个术语来区分生理上的差异，使用阳刚气质和阴柔气质这两个术语来探讨被社会和文化所决定的角色。后一组术语表达的是相对而不是绝对上的意义。一名男性可能带有阴柔气质，一名女性也可能具有阳刚气质的举止，这仅仅意味着他们的行为偏离了其所处的特定社会习俗。

至于哪些行为属于女性，哪些行为属于男性，不仅在传统社会中有所不同，在现代社会中也千差万别。从男女的职业分布上可以明显地看出这一点。苏联的医生、比利时的牙医、西非的零售店主多是女性。巴基斯坦的打字员多是男性，在荷兰有大量的男护士。在日本几乎找不到女性经理，但在菲律宾和泰国却很普遍。

尽管存在多样性，但无论是传统社会还是现代社会对于性别角色的划分却有着共同趋势。从现在起，本章将使用性别角色这一更具政治正确性的术语。男人应该关注家庭之外的成就——在传统社会中他们关注狩猎和战斗，在现代社会中相同的行为变成了经济方面的成就。简而言之，男性应该是自信的、有竞争力的和坚强的。女性应该更关注家庭、儿童和其他人，扮演温柔的角色。不难看出，这种角色模式发展如下：女性首先要生孩子，然后对孩子进行母乳喂养，至少在这段时间她们不能离开孩子。而男性可以自由行动，从某种程度上他们不需要为了免受其他人和动物的攻击而保护妇女和儿童。

男性的成就增加了男性的自信和竞争力，他们更具阳刚气质；女性的关爱加强了其阴柔气质，她们更加关注人际关系和生活环境。[2] 男人身强体壮和自由行动的特征使他们在家庭外的社会生活中往往占据主导地位。在家庭内部，两性之间的角色分配可能十分不同。父母（也可能是其他家庭成员）所表现出的角色模式对于孩子的心理软件有着一生的深远影响。因此，国家（地区）价值体系中的一个维度与父母提供的性别角色模型有关，这一点就不足为奇了。

作为社会文化维度的阳刚气质与阴柔气质

第 4 章提到，IBM 问卷中包含了一项对于 14 个工作目标的调查。调查的问题是：“对你来说，一份理想的工作包含哪些最重要的元素？你不必考虑当前的工作是否具备这些要素。”我们对答案进行分析后，得出两个潜在维度，第一个是个人主义—集体主义。属于个人主义的内容有个人时间、自由和挑战。属于集体主义的内容有培训、物质条件和技能的运用。

第二个维度是阳刚气质—阴柔气质。它们与以下几个工作目标的重要性有关。

阳刚气质方面

（1）收入：有机会取得高收入。

（2）赏识：做好工作时，能够得到肯定和认可。

（3）晋升：有机会晋升到更高的职位。

（4）挑战：拥有挑战性的工作，能从中获得成就感。

阴柔气质方面

（5）管理者：和直接上司有着良好的工作关系。

（6）合作：与善于合作的人一起共事。

（7）居住地区：居住在自己和家人喜欢的地方。

（8）雇佣保障：工作有保障，在这个企业中你愿意干多久都可以。

值得注意的是，工作目标中的挑战性同时与个人主义维度有关（第 4 章）。另外 7 个工作目标都只与阳刚气质—阴柔气质有关。

我们决定将第二个工作目标维度命名为阳刚气质—阴柔气质，原因在于这是唯一一个在 IBM 雇员中始终存在性别差异的维度[一些极端阴柔气质国家(地区)除外，我们会在后面解释这一点]。无论是权力距离、个人主义还是不确定性规避，都没有显示男女之间的答案存在系统性的差别。只有这一维度存在性别差异，男性更看重第 1 和第 3 项工作目标，女性更倾向第 5 和第 6 项工作目标。收入和晋升的重要性与阳刚气质中自信和竞争的社会角色相对应。与经理和同事关系的重要性相匹配的是，关爱和环境导向的阴柔气质角色。

就像个人主义—集体主义维度一样，IBM 问卷中的 8 个项目并没有涵盖阳刚气质和阴柔气质在文化上的所有区别。IBM 的研究问题仅仅代表了这一维度的部分内容。不过，IBM 数据中的国家（地区）分数和非 IBM 数据中有关其他社会的特征，使我们完整地了解了这一维度包含的具体内容。

不同社会的心理软件在这个维度上的差异性是社会性的，但更是情感性的。社会角色可以由外部因素强加，但人们在扮演角色时的感受来自内部。由此，我们对这个维度定义如下。

> 当情感性的性别角色明显不同时，这个社会称为阳刚气质社会：男性应该自信、坚强，关注物质上的成功；而女性则应该谦虚、温柔，关注生活的质量。
>
> 当情感性的性别角色相互重叠时，这个社会称为阴柔气质社会：男性和女性都应该是谦虚的、温柔的和关注生活质量的。

在 IBM 数据库中的国家（地区），阳刚气质指数的计算方式与个人主义指数类似（第 4 章）。首先，我们对 14 个工作目标进行因子分析，从而得出因子得分。然后，将因子得分乘以 20 再加上 50，得到的分数在 0~100 分。0 分代表阴柔气质程度最高，100 分代表阳刚气质程度最高。在后续的研究中，我们还采用了近似算法直接用 4 个工作目标的平均值来计算阳刚气质指数。

我们从表 5.1 中可以找到各国（地区）的阳刚气质分数。就像权力距离和个人主义得分一样，阳刚气质的得分代表了国家（地区）的相对位置，而非绝对位置。与个人主义不同，阳刚气质与一个国家（地区）的经济发展程度无关：我们找到了富有的阳刚气质国家（地区），也发现了贫穷的阳刚气质国家（地区），阴柔气质国家（地区）也是如此。

表 5.1 基于 IBM 和扩展数据库中的 14 个项目的因子得分的 76 个国家（地区）的阳刚气质指数

排名	美洲（中/南部）	欧洲（南/东南部）	欧洲（北/西北部）/盎格鲁世界	欧洲（中/东部）/苏联	伊斯兰国家/中东/非洲	亚洲（东南部）	得分
1				斯洛伐克			110
2						日本	95
3				匈牙利			88
4			奥地利				79
5	委内瑞拉						73
6			瑞士（德语区）				72
7		意大利					70
8	墨西哥						69
9~10			爱尔兰				68
9~10	牙买加						68
11~13						中国大陆	66
11~13			德国				66
11~13			英国				66
14~16	哥伦比亚						64
14~16						菲律宾	64
14~16				波兰			64
17~18					南非		63
17~18	厄瓜多尔						63
19			美国				62
20			澳大利亚				61
21			比利时（法语区）				60
22~24			新西兰				58
22~24			瑞士（法语区）				58

续表

排名	美洲（中/南部）	欧洲（南/东南部）	欧洲（北/西北部）/盎格鲁世界	欧洲（中/东部）/苏联	伊斯兰国家/中东/非洲	亚洲（东南部）	得分
22~24	特立尼达岛						58
25~27				捷克			57
25~27		希腊					57
25~27						中国香港	57
28~29	阿根廷						56
28~29						印度	56
30						孟加拉国	55
31~32					阿拉伯国家		53
31~32					摩洛哥		53
33			加拿大				52
34~36			卢森堡				50
34~36						马来西亚	50
34~36					巴基斯坦		50
37	巴西						49
38						新加坡	48
39~40					以色列		47
39~40		马耳他					47
41~42						印度尼西亚	46
41~42					西非		46
43~45			加拿大（法语区）				45
43~45						中国台湾	45
43~45		土耳其					45
46	巴拿马						44
47~50			比利时（荷兰语区）				43
47~50		法国					43
47~50					伊朗		43
47~50				塞尔维亚			43
51~53	秘鲁						42
51~53				罗马尼亚			42
51~53		西班牙					42
54					东非		41

续表

排名	美洲（中/南部）	欧洲（南/东南部）	欧洲（北/西北部）/盎格鲁世界	欧洲（中/东部）/苏联	伊斯兰国家/中东/非洲	亚洲（东南部）	得分
55~58				保加利亚			40
55~58				克罗地亚			40
55~58	萨尔瓦多						40
55~58						越南	40
59						韩国	39
60	乌拉圭						38
61~62	危地马拉						37
61~62	苏里南						37
63				俄罗斯			36
64						泰国	34
65		葡萄牙					31
66				爱沙尼亚			30
67	智利						28
68			芬兰				26
69	哥斯达黎加						21
70~71				立陶宛			19
70~71				斯洛文尼亚			19
72			丹麦				16
73			荷兰				14
74				拉脱维亚			9
75			挪威				8
76			瑞典				5

最具阴柔气质的国家（排名第76位到第72位）是瑞典、挪威、拉脱维亚、荷兰和丹麦；芬兰也很接近，排名第68位。表5.1中排名处于后1/3的国家（地区）主要包括一些拉丁语系的国家：哥斯达黎加、智利、葡萄牙、危地马拉、乌拉圭、萨尔瓦多、秘鲁、西班牙和法国。还有一些东欧国家：斯洛文尼亚、立陶宛、爱沙尼亚、俄罗斯、克罗地亚、保加利亚、罗马尼亚和塞尔维亚。亚洲国家包括泰国、韩国、越南和伊朗。其他一些阴柔气质特征的国家（地区）还包括荷兰在南美苏里南、弗拉芒（比利时的荷兰语区）及东非地区的前殖民地。

表 5.1 中得分位居前 1/3 的国家（地区）包括所有英语语系的国家（地区）：爱尔兰、牙买加、英国、南非、美国、澳大利亚、新西兰和特立尼达岛。来自欧洲的还有斯洛伐克（排名第一）、匈牙利、奥地利、瑞士（德语区）、意大利、德国、波兰、比利时（法语区）和瑞士。亚洲国家（地区）包括中国大陆和菲律宾。拉丁美洲包括一些环加勒比海的大国：委内瑞拉、墨西哥、哥伦比亚和厄瓜多尔。

美国的阳刚气质得分为 62 分（排名第 19 位），荷兰得分为 14 分（排名第 73 位），因此在本章开头的故事中，这两个国家在此维度上相去甚远。

其他跨文化研究中的阳刚气质与阴柔气质

阳刚气质—阴柔气质一直是国家（地区）文化中最具争议性的维度。这不仅仅是一个称谓问题（使用者可以根据自己的品位取名，如绩效—合作导向），更是不同价值观的问题。与此同时，自霍夫斯泰德于 20 世纪 70 年代首次发表该主题的文章以来，对该维度的验证无论是在数量上还是在范围上都在不断扩大。其中有几篇已经收录在 1998 年的《阳刚气质与阴柔气质：国家文化的禁忌维度》[3]（*Masculinity and Femininity: The Taboo Dimension of National Cultures*）一书中。有意思的是，这个维度在美国和英国这样阳刚气质的国家中被认为政治上的不正确，而在瑞典和荷兰这样阴柔气质的国家中并没有出现这种情况。禁忌是文化价值观的强烈表现。

阳刚气质—阴柔气质维度不被认可的一个原因是，它与国家（地区）财富完全无关。在一些研究项目中，只有财富的影响得到控制后，阳刚气质的影响才凸显出来。

第 2 章提到，表 2.1 列出了继 IBM 研究后进行的六项主要的重复性研究，其中有五项发现了与阳刚气质—阴柔气质类似的维度。肖恩等人关于 6 家跨国公司雇员的第六项研究中，由于阳刚气质的维度有冒犯性，所以他们排除了与阳刚气质指数相关的问题。没有问到的事物不可能被找到。我们在第 2 章还提到了迈克尔·桑德加德关于 19 个小型重复性研究的综述，她指出其中 14 项研究证实了阳刚气质指数的差异。这些证据都表明，该维度是一个具有统计显著性的重要结果。[4]

施瓦茨关于小学教师的价值观研究发现：国家（地区）层面的控制维度与阳

刚气质指数高度相关。[5] 罗伯特 • 豪斯在设计 GLOBE 研究时意在复制霍夫斯泰德的研究，但他没有使用禁忌术语“阳刚气质”和“阴柔气质”。GLOBE 研究中将自信这一维度分成“原本的”和“应该的”。这一维度与我们的阳刚气质指数显著相关。[6]

阳刚气质与个人主义

在研究文献中，我们发现国家（地区）层面上的阳刚气质—阴柔气质的差别很容易与个人主义—集体主义的差异混淆。来自美国的作者倾向于将阴柔气质的目标归类为集体主义；但来自韩国的一名学生在她的硕士论文中却将阳刚气质的目标归类为集体主义。

事实上，个人主义—集体主义维度和阳刚气质—阴柔气质维度是相互独立的。如图 5.1 所示，两个维度存在交叉，所有关联组合都以大约相同的频率出现。它们之间的区别是，个人主义—集体主义是关于“我”和“我们”的，关注的是个人独立于群体还是依赖于群体。阳刚气质—阴柔气质是关于重视“自我”和重视“与他人关系”的，它与群体无关。集体主义文化中的关系基本上由群体纽带所预先决定：群体是集体主义的，但不是阴柔气质的。圣经故事中善良的撒玛利亚人对患难中的犹太人（这个人来自另外的种族群体）的帮助，描述的是阴柔气质而不是集体主义的价值观。

阳刚气质与阴柔气质是一个维度还是两个维度

就像个人主义和集体主义一样，有些反对意见认为阳刚气质和阴柔气质应该被看作两个不同的维度。同样，这个问题的答案是：这取决于我们比较的是整个社会的文化（本书的内容）还是社会中的个人。一个人可以同时兼具阳刚气质和阴柔气质 [7]，但一个国家（地区）的文化则必须以一方为主导。一个国家（地区）拥有阳刚气质价值观的人越多，那么该国（地区）拥有阴柔气质价值观的人就越少。

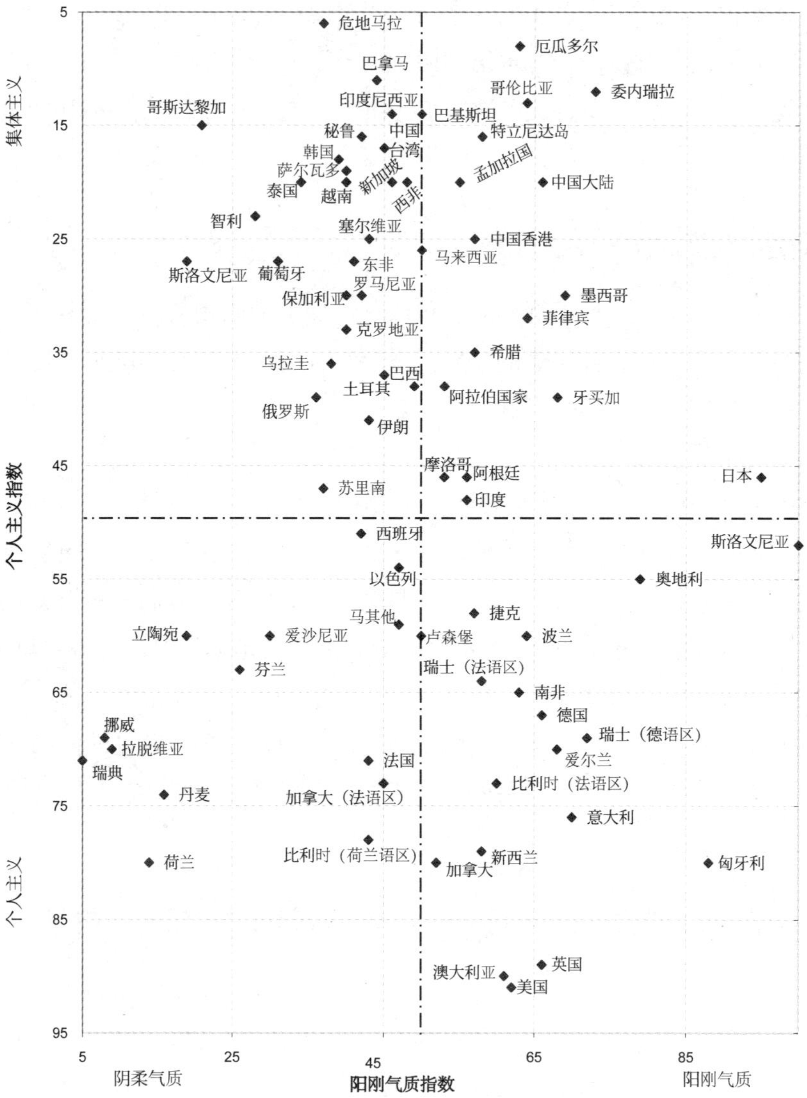

图 5.1　阳刚气质与个人主义的关系

国家（地区）阳刚气质指数得分的性别差异与年龄差异

国家（地区）阳刚气指数得分也可以分别用来计算男性和女性。[8] 图 5.2 以简化的形式表明了以性别划分的阳刚气质和以国家（地区）划分的阳刚气质之间的关系。可以看出，从最具阴柔气质（温柔）的国家（地区）到最具阳刚气质（强硬）的国家（地区），男性和女性的价值观都朝着更加强硬的方向转变，但是男性和女性之间的国家（地区）差异变得更大了。在最具阴柔气质的国家——瑞典和挪威，男性和女性的得分没有差异，两者都表现出同等温柔和贴心的价值观。在 IBM 数据库中最具阳刚气质的国家——日本和奥地利，男性表现得非常强硬，女性也同样强硬，但两种性别之间的差异最大。从最具阴柔气质的国家（地区）到最具阳刚气质的国家（地区），男性在阳刚气质指数上的得分范围要比女性宽50% 左右。与各国（地区）男性之间的价值观相比，各国（地区）女性之间的价值观差异较小。而且，一个国家（地区）的阴柔气质特征更清晰地体现在该国（地区）男性的价值观上，而不是该国（地区）女性的价值观上。可以预期，不同国家（地区）的女性更容易在重要的自我价值观上达成一致。美国有一本畅销书叫作《男人来自火星，女人来自金星》（*Men Are from Mars, Women Are from Venus*），但在阴柔气质的文化中，两种性别都来自金星。[9]

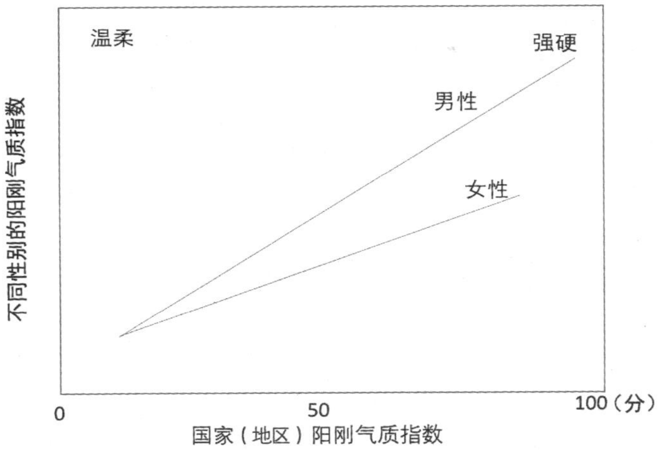

图 5.2　国家（地区）阳刚气质指数得分的性别差异

图 5.3 显示了年龄对阳刚气质价值观的影响。[10] 当人们变老时，往往变得更喜欢交际和更少的自我主导（阳刚气质指数变低）。与此同时，女性和男性在阳刚气质得分方面的差距变得越来越小，这一差距在 45 岁左右完全消失。在这个年龄，女性生儿育女的角色通常已经结束，没有任何生物学的理由使她们的价值观不同于男性。[11]

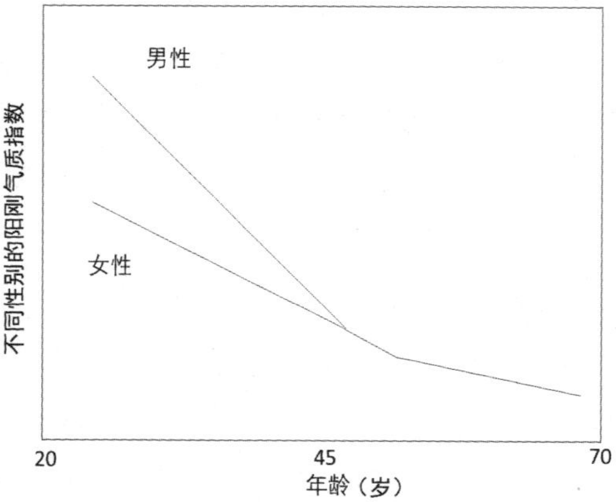

图 5.3　不同性别和年龄的阳刚气质指数得分

职业视角下的阳刚气质与阴柔气质

在 IBM 研究中，可以通过强硬与温柔这一维度对不同的职业进行排序。认为一些职业更阳刚而另一些职业更阴柔的说法不无道理。阳刚气质的职业大多由男性承担，而阴柔气质的职业主要由女性填补，这一点并不令人感到意外。然而，不同职业价值观方面的差异并不是由从业者的性别造成的。同时，阴柔气质职业中的男性比阳刚气质职业中的女性更具阴柔气质的价值观。

家庭中的阳刚气质与阴柔气质

由于只有一小部分的性别差异是由生物学决定的，因此性别角色的稳定性几乎完全取决于社会化。社会化意味着女性和男性都要了解自己在社会中的位置。一旦他们学会了这些内容，大多数人也会继续遵循下去。在男性主导的社会里，大部分女性也希望由男性来领导大家。

家庭是大多数人获得首次社会化实践的地方。家庭包含了两种不平等但互补的角色配对：父母—子女和丈夫—妻子。亲子关系中的平等程度所带来的影响与第 3 章中权力距离的维度有关。夫妻之间主导角色的分配反映了该社会在阳刚气质与阴柔气质量表中所处的位置。

图 5.4 表明了权力距离指数与阳刚气质指数的交叉关系。在该图的右半部分，权力距离指数得分很高，父母和孩子之间的不平等是社会规范，孩子应该接受父

母的管教并服从他们。在该图的左半部分，父母通过为孩子树立榜样来影响他们。在该图的下半部分，阳刚气质指数得分很高，父亲和母亲之间的不平等是社会规范（父亲强硬，母亲温和）。男性应该处理客观事实，女性应该处理情感。在该图的上半部分，男性和女性都被允许处理客观事物和生活中的“软性”情感。

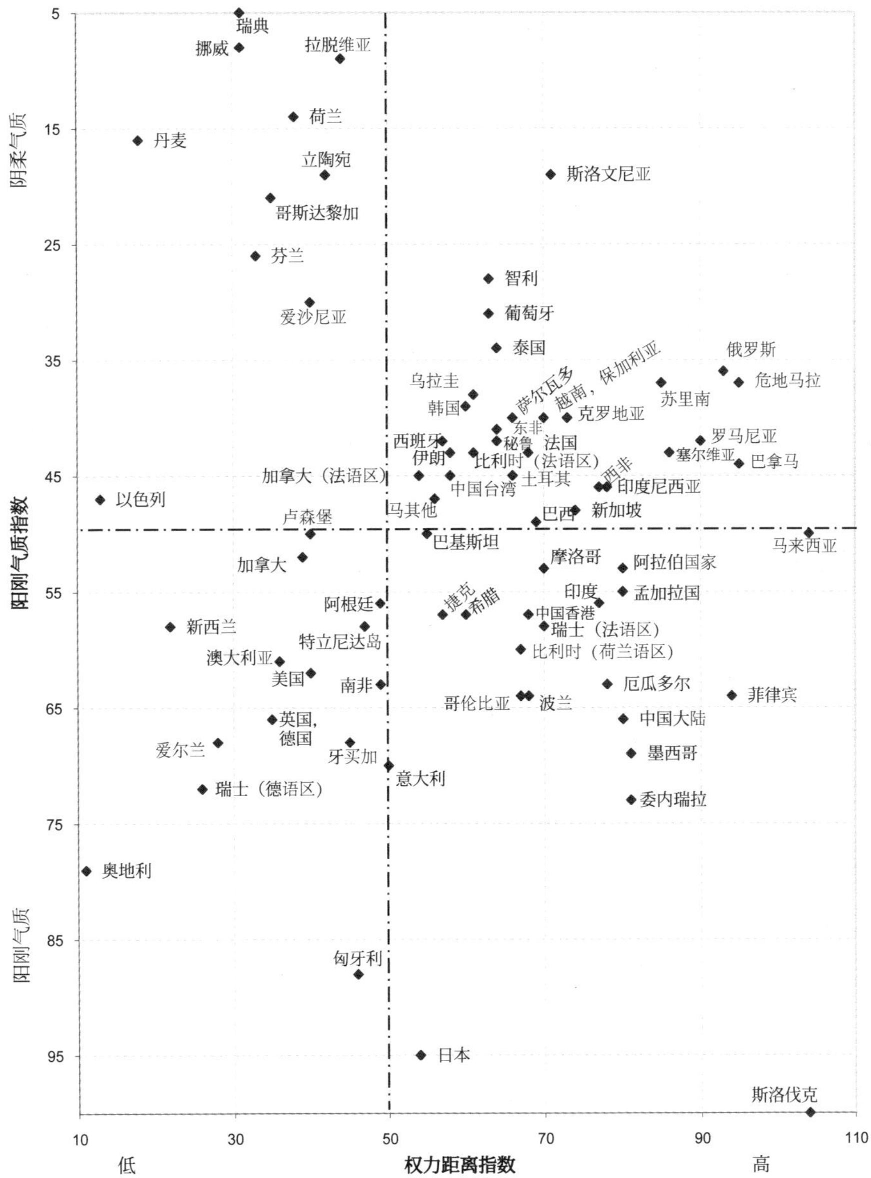

图 5.4　权力距离与阳刚气质的关系

我们在第 4 章提到过一项市场调查：谁最能影响 15~17 周岁女孩们的审美观念。来自阴柔气质文化的女孩们常常提到她们的父母；来自阳刚气质文化的女孩们更常提到媒体及明星。[12]

欧洲问卷调查的数据显示：在阳刚气质的文化中，父母之间普遍存在严格的角色分工，即父亲工作赚钱，母亲照顾家庭。在阴柔气质的文化中，共同的角色更为普遍。[13]

在美国有一项针对学校儿童的研究，他们询问了男孩和女孩为什么选择所玩的游戏。男孩们游戏的目的是互相竞争并获取胜利，女孩们游戏的目的是大家在一起共享乐趣，不让任何人掉队。在荷兰复制了这项研究，结果发现男孩和女孩之间的游戏目的没有显著差异。[14]

第 4 章中提到的对婚姻伴侣选择的研究表明：新娘和新郎对于伴侣的选择差异与阳刚气质指数有关。阳刚气质的文化往往表现出双重道德标准，只有男性重视伴侣的贞洁和勤勉。在阴柔气质的文化中，这些品质被新娘和新郎视为同样重要或同样不重要。[15]

1993 年，日本的市场研究机构华歌尔（Wacoal）对 8 个亚洲城市的年轻女职员进行了调研，这些女性被询问了选择丈夫或稳定男友的首要品质。在阳刚气质的文化中，这些女职员认为丈夫应该健康、富有和善解人意；而男友应该富有个性、充满激情，有智慧和幽默感。在更阴柔气质的文化中，女性对丈夫和男友的首要特征要求几乎没有区别。[16]

美国人类学家玛格丽特 • 米德曾经发现：在美国，男性由于事业失败就会成为缺乏魅力的伴侣，而女性则因为事业成功而失去对伴侣的吸引力。[17] 在日本，如果一个女性拥有自己的事业，那么她的结婚概率就会降低。

表 5.2 总结了迄今为止我们描述的阳刚气质社会和阴柔气质社会在一般规范和家庭方面的主要差异。

表 5.2　阳刚气质社会和阴柔气质社会的主要差异：一般规范和家庭

阳刚气质社会	阴柔气质社会
挑战、收入、认可和晋升很重要	人际关系和生活质量很重要
男性应该果断、坚强和雄心勃勃	男性和女性都应该谦逊
女性应该温柔和注重人际关系	男性和女性都应该温柔并注重人际关系
家庭中，父亲处理客观事实，母亲处理感情问题	在家庭中，父亲和母亲共同处理客观事实和感情问题

续表

阳刚气质社会	阴柔气质社会
女孩的审美主要受到媒体和明星的影响	女孩的审美主要受到父母的影响
标准的模式是父亲赚钱、母亲照顾家人	父母共同承担赚钱和照顾家人的角色
女孩可以哭泣，男孩不可以；男孩应该出手还击，女孩则不该	男孩和女孩都可以哭泣，但都不可以打架
男孩玩游戏是为了相互竞争，女孩是为了一起相处	男孩和女孩玩游戏的理由是一致的
新娘应该注重贞洁和勤勉，新郎则不必	对新郎和新娘的标准相同
丈夫应该健康、富有和善解人意；男友则应该风趣、幽默	丈夫应该像男友一样

性和性别角色中的阳刚气质与阴柔气质

华歌尔的调查还询问了 8 个亚洲城市的年轻女性们是否认为某些特征仅适用于男性，而另一些特征仅适用于女性。阳刚气质国家（地区）和阴柔气质国家（地区）在这个问题上的答案不同。在阳刚气质较强的国家（地区）中，责任感、果断性、充满活力和雄心壮志被视为仅限于男性的特征，而关怀和温柔则被视为仅适于女性的品质。在更阴柔的文化中，以上的这些描述同时适用于男性和女性。[18]

阴柔气质不应与女权主义混淆。女权主义是一种意识形态，无论是否筹备得当，她们都希望改变女性在社会中的角色。阳刚气质—阴柔气质维度与这种意识形态有关。我们在不同的国家（地区）中发现，既有更阳刚的女权主义也有更阴柔的女权主义。阳刚气质的女权主义公开表示女性应该拥有和男性一样的机会。从图 5.2 来看，这可以通过将代表女性的那条线向上朝代表男性的那条线移动，或者使整个社会向右移动来实现。阴柔气质的女权主义则想要改变社会，也包括改变男性。这样不仅女性能得到解放，男性也能获得解脱。从图 5.2 来看，这可以通过将代表男性的那条线向下朝代表女性的那条线移动，或者使整个社会向左移动来实现。

很显然，一个国家（地区）在阳刚气质—阴柔气质量表中所处的位置也影响该国（地区）有关性行为的规范。[19] 阳刚和阴柔气质文化在性规范方面的基本差异遵循图 5.2 的模式。阳刚气质的国家（地区）倾向于对两性持有不同标准：男性是主体，女性是受体。在家庭领域，我们在阳刚气质的文化中发现了对于新娘的双重道德标准：女性应该是纯洁的，男性则不用。在照片和电影里，我们也注意到了有关裸体形象的规范：对于男性裸体的展现禁止要比女性裸体的禁止严厉得多。阴柔气质的文化则倾向于对两性保持单一的标准——同样严格或同样宽松——裸体和性之间没有直接联系。

与阴柔气质的文化相比，性在阳刚气质的文化中是一个更禁忌的话题。这在预防艾滋病的宣传活动中表现得很明显。在阴柔气质的国家（地区）中，艾滋病的预防往往简单明了。而在阳刚气质的国家（地区）中，艾滋病有明确的限制：有些能说而有些不能说。自相矛盾的是，禁忌也使得这个主题变得更具吸引力。与阴柔气质的文化相比，阳刚气质文化中的电视节目和广告中的隐含色情象征也更多。

双重标准鼓励对性能力的强调：对男性奖励“得分”，对女性则是被开发和被利用。持单一标准的阴柔气质国家（地区），男性和女性的重点在于双方的关系。

20 世纪 90 年代，在 4 个国家进行的一项有关“性骚扰”的研究中，巴西学生的答案与澳大利亚、德国和美国的学生不同。巴西人不认为性骚扰是对权力的滥用，也不认为它与性别歧视有关，他们更多地把性骚扰看成无伤大雅的消遣。[20] 巴西在 IBM 研究中的阳刚气质的得分低于其他 3 个国家（49 对 61、66、62）。

对同性恋的态度也受到文化中阳刚气质的影响。通过对澳大利亚、芬兰、爱尔兰和瑞典的对比发现，年轻同性恋者在爱尔兰和澳大利亚较难接受自己的性倾向，在芬兰较为容易，在瑞典则最为容易。这个顺序也是这几个国家在阳刚气质指数上的排序。同性恋往往被视为对阳刚气质的威胁，在阳刚气质的文化中常遭到拒绝；同时，该文化往往对它的发生频率有着过高的估计。而在阴柔气质的文化中，同性恋则被认为只是生活中的一种事实而已。[21]

表 5.3 是表 5.2 的延续，我们对阳刚气质社会和阴柔气质社会在性别和性方面的主要差异进行了总结。

表 5.3　阳刚气质社会和阴柔气质社会的主要差异：性别和性

阳刚气质社会	阴柔气质社会
男性应该有责任、有抱负、果断；女性应该细心和温柔	男性和女性都应该有责任、有抱负、果断、细心和温柔
女性解放意味着允许女性进入迄今为止被男性占据的领域	女性解放意味着男性和女性共同分担家庭和工作中的活动
双重标准：男性是主体，女性是受体	单一标准：双方都是主体

续表

阳刚气质社会	阴柔气质社会
对展现男性裸体的禁忌要比女性裸体更加严厉	对展现男性或女性裸体持相同规范
禁止直接谈论性，但含蓄的性爱象征可以接受	直接讨论性，较少使用含蓄的象征
性对男性是能力的表现，对女性是被开发或被剥削的表现	性是关于两个人的事
性骚扰是个大问题	性骚扰是小事一桩
同性恋是对社会的威胁	同性恋是一种生活现实

教育中的阳刚气质与阴柔气质

多年来，霍夫斯泰德在一所荷兰大学为美国学生讲授长达一学期的欧洲研究课程。他给其中的一些美国学生分配了一项采访任务：询问荷兰学生的生活目标。令美国学生惊讶的是，荷兰学生对成绩的重视程度比他们预期的要低得多。对荷兰学生来说，能通过就足够了，优秀并不值得公开宣扬。格特•扬与自世界各地学生相处的经历也与此类似。来自阳刚气质国家（地区）的学生在得到一个中等成绩后可能会要求重考，荷兰学生几乎从不这样做。这些国家（地区）内外的教学经验和与各国（地区）教师讨论后的结果使我们得出以下结论：在阴柔气质更强的文化中，中等水平的学生被视为标准，而在阳刚气质更强的国家（地区）中，最好的学生是标准。这些国家（地区）的父母们希望他们的孩子努力达到最好。而在荷兰，“最好的男孩”是一个有点荒谬的形象。[22]

这种差异在课堂行为中表现得更为明显。在阳刚气质的文化中，学生努力让自己受到全班的瞩目，并公开与对方竞争（除非集体主义的规范对此加以限制，参见第 4 章）。

“优秀”是一个具有阳刚气质的词汇。在阴柔气质的国家（地区），表现得过于自信和追求卓越很容易遭人嘲笑。优秀并不值得炫耀，那很容易引起他人的嫉妒。格特•扬记得他在 14 岁的时候被一位荷兰同学告知：“我们知道你很聪明，但你不必总是表现出来。”第二年，当全家搬到瑞士的洛桑时，他因为聪明而受到人们的钦佩，而不是斥责。在阴柔气质的斯堪的纳维亚国家，人们将这种嫉妒称为“洋特定律”（Janteloven），这个名字来源于丹麦某个小镇的绰号，它出自 20 世纪 30 年代关于关系的一部畅销小说。[23]

学校考试不及格在阳刚气质的文化中是一场灾难。在像日本和德国这样阳刚气质较强的国家里，每年都会在报纸上看到那些在考试失败后自杀的学生。1973年，哈佛商学院的一名研究生报告了他在这个精英云集的美国机构中目睹的四起自杀事件：一名教师和三名学生。[24] 在阴柔气质的文化中，考试失败不是什么大不了的问题。当这些文化中的年轻人失去生命时，往往也与学校中的表现无关。

在英国和美国等国家的课程中，竞技体育发挥着重要的作用。美国体育教练乔治•艾伦（George Allen）有一句著名格言："赢并不是最重要的事——它是唯一要做的事。"[25] 这种文化并不鼓励体育竞赛中的友谊对抗。

在一项有关想象力的研究项目中，研究员向来自5个国家的10~15岁的孩子展示了一张图片——一个人坐在地上，另一个人站在他的旁边说："如果你能，就过来还击！"孩子们被要求从一张卡片中列出的8个答案中选择一个。[26]38%的日本儿童、26%的英国儿童、22%的韩国儿童、18%的法国儿童、17%的泰国儿童选择了攻击性的答案：这几乎完全符合各国的阳刚气质指数得分。[27] 一对夫妇（分别是英国和泰国人）写了一本有关泰国文化的书，书中写道："泰国人学习如何避免具有攻击性，而不是如何进行防卫。如果孩子们打架，即使出于防守，他们通常也会受到惩罚。避免麻烦的唯一方法就是逃离现场。"[28]

在美国和荷兰，由青少年和成年人构成的代表性样本参加了三种技能测试：阅读、写作和数字运用。在那些取得最佳成绩的人当中，79%的美国人将他们的表现评为"优秀"，但只有31%的荷兰人这样做。[29] 尽管事实表明，这两项测试显示出两组人员的表现并驾齐驱。美国人社交是为了提高自我——他们非常重视能力和存在的问题。[30] 而荷兰人的社交是为了消除他们的自我。

两种文化对于评估教师和学生的标准也不相同。在阳刚气质的文化中，教师的才华、学术声誉和学生的学业表现是主要因素。在阴柔气质的文化中，教师的友善度、社交能力和学生的社会适应能力扮演了更关键的角色。

与教师们的访谈表明：在阳刚气质的国家（地区）中，学生的工作选择受到感知到的职业机遇的强大影响；而在阴柔气质的国家（地区）中，学生对该科目的内在兴趣起着更大的作用。

在阴柔气质的国家（地区）中，男孩和女孩往往学习相同的课程，至少在富裕国家（地区）如此。在贫穷的国家（地区），男孩几乎总是在教育机会上获得优先权。[31]

消费中的阳刚气质与阴柔气质

荷兰营销专家马瑞克·德·穆伊在对欧洲消费者行为的调研中发现：在阴柔气质的国家（地区）中，家庭中的大部分购物由丈夫完成。在阳刚气质的国家（地区）中，购买新的家庭汽车往往由丈夫独自决定，其中汽车的发动机功率对决策有着重要影响。在阴柔气质的国家（地区）中，丈夫会让他的伴侣参与决策，而车主甚至不知道他们座驾的发动机功率。阳刚气质社会比阴柔气质社会拥有更多的双轿车家庭；而在后者中，更常见的是夫妻共用一辆车。[32]

在阳刚气质的文化中，更常见到人们购买彰显身份的物品。人们购买更昂贵的手表和更多的珍品珠宝；外国商品往往比本地产品更有吸引力。人们在休闲旅行中更频繁地乘坐商务舱。

在阴柔气质的文化中，人们更常把钱花在家庭用品的购置上。更多的人在度假中会带上他们的"家"（房车或拖车）。他们的钱更多地花在自己动手方面，如做木工或做衣服，吸烟者还会自己制作卷烟。

阴柔气质文化中的人们购买更多的小说类书籍；阳刚气质文化中的人们购买更多的非小说类作品。美国作家黛博拉·塔南（Deborah Tannen）指出了男性和女性话语之间的差异：男性更倾向于"报告式谈话"，即传递信息；女性更喜欢"友好式谈话"，即用谈话交流情感和建立关系。[33] 德·穆伊的消费者行为数据显示：在文化层面，阳刚气质的读者也更关注数据和事实；阴柔气质的读者更关注事实背后的故事。

第 4 章我们提到了通信技术使用的频率与个人主义指数有关。互联网基本上是个人化的工具。但是，私人（非工作）中互联网的使用与低阳刚气质指数更相关。互联网和邮件可以用作"建立良好关系"和"报告"的目的，前者在阴柔气质的社会中更为普遍。[34]

表 5.4 与表 5.2 和表 5.3 一脉相承，对阳刚气质社会和阴柔气质社会在教育和消费行为方面的主要差异进行了总结。

表 5.4　阳刚气质社会和阴柔气质社会的主要差异：教育和消费行为

阳刚气质社会	阴柔气质社会
优异学生是标准；表扬优秀的学生	普通学生是标准；表扬较差的学生
在班级中展开竞争；争取优异成绩	试图表现突出的学生让人嫉妒
在学校中考试不及格是重大灾难	在学校中考试不及格无伤大雅

续表

阳刚气质社会	阴柔气质社会
竞争性的体育运动是校内课程的一部分	竞争性的体育运动属于课外活动
孩子的攻击性被人们接受	孩子在社会化的过程中降低了攻击性
学生高估自己的表现：抬高自我	学生低估自己的表现：贬低自我
教师的聪明才智受到推崇	教师的友善受到推崇
工作的选择基于职业机会	工作的选择基于自身的兴趣
男性和女性学习不同的科目	男性和女性在一定程度上学习相同的科目
女性购买食物，男性购买轿车	男性和女性都会购买食物和轿车
夫妻需要两辆车	夫妻共用一辆轿车
销售更多的是彰显身份的物品	销售更多的是家庭用品
人们阅读更多的非小说类书籍（报告式谈话）	人们阅读更多的小说（友好式谈话）
互联网用于收集事实	互联网用于建立和谐的关系

工作场所中的阳刚气质与阴柔气质

从历史上看，管理是盎格鲁—撒克逊人提出的概念，它在英国和美国的阳刚气质文化中发展起来。英语（国际性语言）中的管理（management）一词出自拉丁语“manus”，指的是一只手；现代意大利语中的管理（maneggiare）指的是处理。但在法语中，这一拉丁词根有两种词源：manège（驯马场）和 ménage（家务）。前者是阳刚的管理，后者是阴柔的管理。美国人开发的经典的领导力研究区分了两个维度：建立结构—建立关怀与关注工作—关注员工。[35] 两者对企业的成功同样重要，但两者之间的最佳平衡点会因阳刚还是阴柔气质的文化而有所不同。

一位曾在美国著名咨询公司工作多年的荷兰人加入了祖国一家制造公司的高层管理团队。几个月后，他评论了目前的工作与他之前工作的区别：会议的功能不同。在荷兰，会议是讨论问题并寻求共同解决办法的地方，人们通过会议做出共同决定。[36] 在美国，据他了解，会议是人们坚持己见和自我表达的地方。决定是由其他人在别处做出的。

阳刚气质—阴柔气质的维度影响了劳资冲突的处理方式。在美国、英国和爱尔兰等阳刚气质的文化中，人们认为冲突应该通过正当的斗争来解决，即“强者获胜”。这些国家（地区）的劳资关系就是以斗争的方式解决的。如果可能的话，管理层会竭力避免与工会打交道，而工会的行为则证明了管理层的厌恶不无道理。在美国，工会与企业之间的关系是由双方签订的广泛和平条约来管理的。[37]

在荷兰、瑞典和丹麦等阴柔气质的文化中，人们倾向于通过妥协和谈判解决冲突。法国在阴柔气质方面得分中等，但在雇主和劳工之间、老板和下属之间，偶尔会产生大量对对方的口头侮辱。在这种表面冲突的背后，存在着一种典型的法国式“中庸”，它使各方在同意与不同意同时存在的情况下继续合作。[38]

阳刚气质社会中的组织强调结果，并试图在公平的基础上对员工进行奖励，即根据每个人的表现给予奖励。阴柔气质社会中的组织更有可能在平等而不是公平的基础上奖励员工，也就是根据每个人的需要进行奖励。

小即美的观念是阴柔气质的价值观。IBM 及 6 个欧洲国家的民意调查数据显示：人们对于在大型组织中工作的偏好与阳刚气质指数密切相关。[39]

工作在一个人生活中的位置因其文化属于阳刚气质还是阴柔气质的价值观而有所不同。在阳刚气质的社会中，工作伦理更多地倾向“生活是为了工作”。而在阴柔气质的社会中，工作伦理更符合“工作是为了生活”。欧盟的一项民意调查显示：在阴柔气质较强的国家（地区），人们偏好较短的工作时间；而阳刚气质较强的国家（地区）则偏好更高的工资。[40]

在阳刚气质的社会中，男孩在社会化的过程中努力追求职业发展，而事业对女孩来说可有可无。在阴柔气质的社会中，男孩和女孩都可以选择是否雄心勃勃地追求事业。

在全球范围内，一个社会的阳刚或阴柔气质与男女就业分布之间没有直接联系。后者主要取决于经济因素。在阴柔气质的富裕国家（地区）中，高级技术和专业岗位中的确有更多职业女性。[41]

许多工作都不需要太高的技能，这导致从业人员素质不高。在阳刚和阴柔气质的工业化国家（地区）中，都有对“人性化工作”的需求。但是什么是人性化的工作取决于该国（地区）的价值观模式。在阳刚气质的文化中，人性化的工作是给予员工更多的认可、进步和挑战的机会。[42] 在阴柔气质的文化中，人性化的工作应该给予员工更多的帮助和社交的机会。

基于各自的文化特征，阳刚和阴柔气质的国家（地区）在不同类型行业中的表现各有千秋。工业发达的阳刚气质文化在制造业方面具有竞争优势，特别针对大批量生产：工人能有效、快速地完成工作。阴柔气质的文化在服务行业如咨询、运输、销售、私人订制、高产农业和生物化学等生活领域更具相对优势。

表 5.5 是表 5.2、表 5.3 和表 5.4 的延续，总结了阳刚气质社会和阴柔气质社

会在工作场所中的主要差异。

表 5.5 阳刚气质社会和阴柔气质社会的主要差异：工作场所

阳刚气质社会	阴柔气质社会
管理就像驯马场：基于决断和进取	管理就像做家务：基于直觉和共识
通过强者获胜的方式来解决冲突	通过妥协和谈判来解决冲突
以公平为基础进行奖励	以平等为基础进行奖励
更偏爱大型组织	更偏爱小型组织
生活是为了工作	工作是为了生活
偏爱金钱胜于闲暇时间	偏爱闲暇时间胜于金钱
职业对男性来说是必需的，对女性来说则可有可无	职业对于男女来说都是可有可无的
从事专业技术工作的女性比例较低	从事专业技术工作的女性比例较高
通过工作内容的丰富性来实现人性化	通过交往与合作实现工作的人性化
制造业和大型工业更有优势	农业和服务业更有优势

阳刚气质、阴柔气质与政府

在政治领域，阳刚气质—阴柔气质维度影响着以下领域的优先排序：

- 团结弱者与奖励强者。
- 援助穷国（地区）与投资军备。
- 保护环境与经济增长。

阳刚气质的国家（地区）争取建设绩效社会，阴柔气质的国家（地区）努力建设福利社会。它们各自收获了努力的结果：统计显示，在工业国家（地区），阳刚气质指数得分与贫困人口所占比例及功能性文盲（已经完成学业但实际上不具备读写能力的人）之间存在显著的相关性。[43]

西北欧的福利政府并不是近期才有的发明：法国哲学家丹尼斯•狄德罗（Denis Diderot）于1773—1774年访问了荷兰，他提出福利支出、全民医疗和高标准的公共教育带来的结果就是高税收和贫困的消除。他描述道："医院里的穷人被照顾得很好，每个人都拥有一张单独的床位。"[44]

政府对穷人的态度也复制到了对违法者的态度上。1981年在9个欧洲国家进行的一项民意调查中，询问了人们对以下有争议行为的接受程度：违章驾驶、使用软性毒品、受贿、卖淫、离婚和自杀。答案可以被归结为容忍指数，各国（地区）的容忍指数与该国（地区）的阴柔气质密切相关。母亲不如父亲那么严格。[45]

阳刚气质—阴柔气质维度也与如何正确对待移民的观念有关。一般来说，我们能找到两个相反的观点：一个支持同化，即移民应该放弃他们的旧文化；另一个主张整合，即移民仅仅需要改变其文化和宗教中与新国家（地区）法律相冲突的部分。在 1997 年对 14 个欧盟国家进行的一项民意调查显示，公众对融合的偏好与阳刚气质指数呈显著负相关，与人均国民生产总值增加呈弱相关。[46] 在贫困的阳刚气质国家（地区）中，受访者支持同化。在富裕的阴柔气质国家（地区）中，受访者则倾向于融合。

富裕国家（地区）中奖励强者和支援弱者的价值观选择，也体现在国家（地区）预算用于贫穷国家（地区）发展援助的比例上。援助所花费的比例与捐助国（地区）的财富无关。与高额援助有关的是阴柔气质国家（地区）的价值体系。[47] 那些在援助贫困国家（地区）方面支出很少的国家（地区），很有可能在军队装备上花费了大量的钱财，尽管我们很难获得有关国防开支的可靠数据。[48] 阳刚气质的国家（地区）倾向于（试图）通过战争来解决国际冲突，阴柔气质的国家（地区）则是通过妥协和谈判（就像在工作中一样）。

1972 年，一个绰号为罗马俱乐部的全球科学家团队发表了一篇名为《增长极限》（*Limits to Growth*）的报告。这篇报告首次公开宣称持续的经济增长与环境保护，从根本上是两个相互冲突的目标。在阳刚气质的文化中，政府将持续发展放在首位，即使这意味着牺牲环境。而在阴柔气质的文化中，政府更多地持相反的优先顺序。[49] 由于环境问题横跨边界和海洋，我们需要全球外交来解决这个问题，迄今尚无令人信服的结果。

1990—1993 年的世界价值观调查请总人口的代表性样本在一个从“左”到“右”的量表中表明他们的政治观点。来自阳刚气质国家（地区）的选民大多数持中间立场；来自阴柔气质国家（地区）的选民，其政治立场略偏向左边，很少有人持右翼立场。[50]

民主政治中的阳刚或阴柔气质不仅反映在政策的优先次序上，也反映在政治博弈的非正式规则中。在像英国、德国和美国这样的阳刚气质文化中，政治话语的风格有着强烈的对抗性。这不是最近才出现的现象。1876 年，荷兰语报纸《旗帜报》（*De Standaard*）报道：“美国政党对他们的竞争对手大肆诽谤，这种方式让外国人感到厌恶。”[51] 这番描述至今仍然有效。在像北欧国家和荷兰这样的阴柔气质文化中，政府几乎总是在不同党派之间建立联盟，各政党也相对温和地对待彼此。

在民主国家（地区），文化上的阳刚和阴柔气质影响着女性成为当选代表和政府成员的可能性。2006 年，在 24 个已建立议会的民主国家中，英国、法国、希腊、爱尔兰、以色列、意大利、日本和美国的女性在议会中的比例低于 20%；而在奥地利、比利时、丹麦、芬兰、德国、冰岛、荷兰、新西兰、挪威、西班牙和瑞典等国，女性在议会中的比例超过了 30%。2005 年，女部长在法国、希腊、以色列、意大利、日本、卢森堡、葡萄牙、瑞士和美国的比例不到 20%；而在奥地利、丹麦、芬兰、德国、荷兰、挪威、西班牙和瑞典等国，女部长的比例超过了 30%。[52] 这主要是阳刚和阴柔气质之间的区别，尽管法国和葡萄牙的低比例与奥地利和德国的高比例表明，权力距离也发挥了一定的作用。不过，女性在政治领域比在工作场所中更容易得到晋升。选举过程对社会变化的反应比对商业领域的合作过程反应更快。商业组织中有能力的女性仍然需要等待上了年纪的绅士们退休或去世才有望得到晋升。作为公共物品的政治可能要比作为私人成就的商业更吸引女性。

阳刚气质、阴柔气质与宗教

与阳刚气质—阴柔气质维度相关的许多问题也是所有宗教的核心问题。阳刚气质的文化崇拜强硬的上帝或神，这些神向信徒们证明强硬的行为是正确的；阴柔气质的文化崇拜温柔的上帝或神，他们要求信徒们互相关爱。

基督教一直在强硬的阳刚气质和温柔的阴柔气质之间来回摇摆。在整部基督教圣经中，《旧约》反映了更强硬的价值观（以眼还眼，以牙还牙），而《新约》则表达了更温柔的价值观（转过另一边脸颊让人打）。《旧约》中的上帝是威严的，《新约》中的耶稣宁愿自己忍受痛苦也要帮助弱者。天主教产生了一些非常阳刚和强硬的角色（如圣殿骑士和耶稣会士），但同时产生了一些温柔的角色（如修道士）。除了天主教，我们也发现了具有强阳刚气质价值观的团体（如魔门教徒），以及拥有强阴柔气质的宗教团体（如贵格会和救世军）。平均而言，拥有天主教传统的国家（地区）倾向于保持阳刚气质，而具有新教传统的国家（地区）则趋于维持更加阴柔气质的价值观。[53]

在基督教的世界之外，也存在许多其他强硬或温柔的宗教。阳刚气质的日本佛教与阴柔气质的泰国佛教有着天壤之别。日本的一些年轻人遵循禅宗佛教训练，他们希望在一位强硬导师的指导下进行冥想来实现自我发展的目标。在 20 世纪

70 年代，泰国所有年轻男子中有一半以上会花些时间出家做僧侣，从事服务和化缘活动。[54] 在伊斯兰教中，逊尼派的信仰要比什叶派更加阳刚，因为什叶派强调承受苦难的重要性。

在 20 世纪 90 年代，荷兰社会科学家约翰・弗韦（Johan Verweij）在攻读博士学位时致力于解释西方基督教世界在世俗化（丧失宗教信仰）上的差异。令他惊讶的是，他发现一个国家（地区）的世俗化程度的最佳预测指标是其文化的阴柔气质程度，尽管事实上女性往往比男性更具宗教信仰。在阳刚气质的基督教国家（地区），人们认为自己更虔诚，更重视上帝、基督教仪式、正教和基督教世界观，它们在这些人的生活中占据着重要的位置。阴柔气质国家（地区）的世俗化程度要快于高阳刚气质的国家（地区）。[55]

基督教的《福音书》提供了阳刚气质—阴柔气质量表中的不同位置的价值观选择。一位法利赛人问耶稣："律法上的诫命，哪一条是最大的呢？" 耶稣回答："你要尽心、尽性、尽意，爱主——你的神。这是诫命中的第一，且是最大的。其次也相仿，就是要爱人如己。这两条诫命，是律法和先知一切道理的总纲。" [56]

对阳刚气质国家（地区）和阴柔气质国家（地区）中的基督教信仰进行比较，可以发现这两种命令之间很难实现平衡。文化因素必然导致其中一些国家（地区）的基督教徒强调第一条要求，另一些国家（地区）则看中第二条命令。

有人可能会说，很显然在基督教国家（地区）中，阳刚气质程度高的社会更强烈地认可上帝的重要性，以及源自他的其他价值。基督教中的上帝是父亲——他具有阳刚气质。在欧洲价值观调查中，受访者对于上帝重要性的评价及 IBM 研究中的阳刚气质指数，都与对《摩西十诫》的遵守程度有关，但与纯粹的宗教戒律最为相关（这一戒律是指没有其他上帝，不能滥用上帝的名字，遵守安息日）。阳刚气质与遵守关于性的戒律（不能通奸，不能对邻居的妻子存有非分之想）存在较弱的相关性；与遵守道德戒律（尊重父母，不能杀生，不能偷盗，不能做假证，不能对邻居的财产有非分之想）存在最弱的相关性。在阳刚气质的文化中，主要强调的是上帝的情感和象征意义。[57] 上帝的圣父之名对阳刚气质社会中的人们具有强烈的吸引力，包括在社会化过程中接受性别不平等价值观的女性。在阴柔气质的社会中，则更加强调与他人的关系，其次才是与上帝的关系。

阴柔气质国家（地区）的世俗化并不意味着公民道德的丧失。恰恰相反，阴柔气质与公民道德息息相关。1996 年，《读者文摘》（*Reader's Digest*）杂志发表了一项实验结果：有大约 200 个装有约 50 美元现金、家庭合照和可以确认失主身份联系电话的钱包，被“无意”丢在美国和 14 个欧洲国家的大小城市的公共地点。每个城市丢下 10 个钱包。在挪威的奥斯陆和丹麦的欧登塞，这 10 个钱包全部被返还。只返还了 2 个钱包的城市是瑞士的洛桑（其中一个钱包还是由阿尔巴尼亚人发现的）、意大利的拉文纳和德国的魏玛。钱包被返还的数量与该国的阴柔气质显著相关，另外低权利距离也起了一定的作用。[58]

所有的宗教都为男性和女性明确规定了不同的宗教角色。在基督教中，许多新教教会如今在领导层和神职人员之间实行男女平等，而罗马天主教会仍然强烈地维护着男性优先成为牧师的特权。与此同时，在所有的基督教教会中，女性比男性更加虔诚。“上帝显然不是一位提供平等机会的雇主：他对女性有偏见。”[59]

不足为奇的是，阳刚气质—阴柔气质与性和宗教行为都有联系。宗教是人类影响超自然的一种方式：它为生存中各种不可预测的风险提供了确定性。出生、婚姻和死亡是最难预测的事件。所有宗教都强调并庆祝和繁衍有关的事件：出生、婚礼和死亡。自史前史以来，在几乎所有人类文明中，都存在着有关生育的仪式。这些礼仪延续至今，如婚礼仪式和专门为怀孕祈祷的圣所。在犹太教和大部分伊斯兰教的教派中，男性器官的割礼是加入宗教团体的一个条件。在印度教中，寺庙的建筑模仿了阴茎和外阴。中国的哲学和宗教活动都高度重视阴和阳两方面的互补性，即女性元素和男性元素。

绝大多数宗教，甚至可以说所有宗教，都包含有关爱和性的准则和禁忌。人类的性行为包含生育及娱乐这两个层面，也就是繁衍和愉悦。不同的宗教，以及宗教内的不同派别对性的愉悦层面持不同立场。大致的趋势是，阳刚气质文化中的宗教强调繁衍，而阴柔气质文化中的宗教还重视愉悦。阳刚气质的罗马天主教抵制性的愉悦层面，规定牧师必须保持单身，敬奉圣母马利亚，婚姻是以繁衍下一代为目的的圣洁仪式，禁止离婚、避孕和堕胎。当新教脱离罗马天主教时，阳刚气质较弱的新教教会废除了牧师单身的制度，也不把婚姻视为一种盟誓，并且接纳了离婚。正统的伊斯兰教接受男性享受性的愉悦，而将女性的性愉悦视为一种危险。印度教的各个派别都对性愉悦持肯定态度，这在印度的《爱经》（*Kamasutra*）及克久拉霍和科纳拉克的性爱寺庙中得到了体现。在阴柔气质的佛教国家泰国，妓女被污名化的程度要轻于西方。在阴柔气质的瑞典，女性卖淫是被禁止的，但处罚的是嫖客而不是卖淫者。

关于性的科学理论领域，值得一提的是西格蒙德·弗洛伊德（Sigmund Freud，1856—1939 年）。弗洛伊德来自奥地利，在 IBM 的研究中，奥地利是阳刚气质得分最高的国家（地区）之一（得分为 79 分）。作为精神分析的创始人，弗洛伊德指出，性对人格发展起着至关重要的作用。他将许多精神病的问题归咎于性欲的压抑。他认为所有的女性都存在阴茎嫉妒，即嫉妒自己没有阴茎。我们猜想，如果一位作者来自不太阳刚的社会，他是否也能做出如此的想象。每位作者或科学家都成长在自己的社会中，弗洛伊德的研究成果直接源于奥地利的阳刚气质环境，他在这样的背景下长大。

表 5.6 是对表 5.2、表 5.3、表 5.4 和表 5.5 的补充，它总结了最后两节中阳刚气质社会和阴柔气质社会在政治和宗教方面的主要差异。

表 5.6　阳刚气质社会和阴柔气质社会的主要差异：政治和宗教

阳刚气质社会	阴柔气质社会
绩效社会理念；支持强者	福利社会理念；帮助有需要的人
严厉的社会	宽容的社会
对待移民持同化观念	对待移民持整合观念
贫困国家（地区）应该自救	政府援助贫困国家（地区）
经济应该持续增长：大即美	环境应该获得保护：小即美
通过武力或战争解决国际纷争	通过妥协和谈判解决国际纷争
更多投票者认为自己持中间立场	更多投票者认为自己持“左倾”立场
对抗性的政治博弈，时常相互中伤	基于政党联盟的政治，温和的政治方式
很少有女性在政治领域当选	许多女性在政治领域当选
强硬的宗教	温柔的宗教
在基督教世界中，较低程度的世俗化，强调信仰上帝	在基督教世界中，更高程度的世俗化，强调爱自己的邻居
主流的宗教强调男性的特权	主流的宗教强调两种性别的互补
宗教认为性是为了繁衍而不是消遣	宗教对性愉悦持肯定或中立态度

阳刚气质与阴柔气质差异的起源

在人类思想发展的历史长河中，两性之间的平等问题就如同与宗教、伦理和哲学一样源远流长。《创世纪》是犹太教和基督教共用的《旧约全书》（*Judaeo-Christian Old Testament*，编撰于公元前 5 世纪）的开篇。它包含了有关两性是如何创造出来的两个相互冲突的版本。第一个版本在《创世纪》第 1 章第 27~28 节中，叙述如下：

神就照着自己的形象造人，乃是照着他的形象造男造女。神就赐福给他们，又对他们说，要生养众多，遍满地面，治理这地。[60]

这一段表明了两性之间的平等关系。第二个版本在《创世纪》第 2 章第 8 节描述了伊甸园的故事（一些《旧约全书》的专家推测第 8 节来源于不同的材料）：上帝首先单独造出了男人。接着，在《创世纪》第 2 章第 18 节中是这样写的：

耶和华神说，那人独居不好，我要为他造一个配偶帮助他。

故事接着讲述上帝用亚当的一根肋骨创造了一位女性。这段话为男性提供了清晰的优先权，并且把女性定义为男性的"帮手"，它证明了社会上男性的主导地位。

在古希腊，柏拉图（公元前 4 世纪）认为两性在原则上是平等的。除了在繁衍过程中角色不同，二者只存在统计上的差异。在《理想国》（*The Republic*）中，柏拉图提供了这样一种设计，理想的国度由两性共同组成的精英群体来统治。当然，在现实中，古希腊是一个由男性主导的社会。古罗马也同样如此。但是至少有一位罗马作家，C. 穆索尼乌斯 • 卢福思（C. Musonius Rufus）捍卫了男女平等，尤其是男性和女性学习哲学的权利。

阴柔气质的文化集中在西北欧国家（丹麦、芬兰、荷兰、挪威、瑞典），这源于它们共同的历史因素。这些国家的精英阶层在很大程度上由商人和海员组成。在贸易和航行过程中，保持良好的人际关系、照顾船只和商品是必不可少的美德。在维京时期（800—1000 年）的斯堪的纳维亚国家，当男人们长途跋涉时，妇女们必须管理村庄。汉萨同盟（Hanseatic League，1200—1500 年）涵盖了所有的西北欧国家，包括德国北部的自由城市汉堡、不来梅、吕贝克和波罗的海地区。汉萨同盟是一个商业城镇的自由联盟组织，根据历史记录，女性在其中扮演着重要的角色。

来自鹿特丹的伊拉斯谟（Erasmus）于 1522 年出版了《对话集》（*Colloquia*），他以亲身经历对比了法国和德国的旅馆服务。伊拉斯谟提到了法国旅馆老板的妻子和女儿的迷人魅力、食物的质量，以及法国人的良好教养。他不赞成德国人的严格、刻板，以及礼仪的缺乏。实际上，他使用了"阳刚气质"这个词把德国风格和法国风格区分开来。同时，他也认识到了德国人更公平地对待所有客人。[61]

在比较英国和荷兰时，英国政治家弗朗西斯•沃尔辛海姆（Francis Walsingham）在1585年的一本政治小册子中写道，英格兰和低地国家“被共同的语言联系起来，就像丈夫和妻子的关系”。半个世纪以后，一些英国人将荷兰人在商业上的成功归结于如下事实：“与英格兰人相比，在学习几何和代数上他们为男女青年提供更多的教育。”在其他方面，值得一提的是荷兰商人和他们的妻子比英国人更熟悉贸易。[62]虽然在17世纪的荷兰，女性被排除在政府部门之外，“但在不越矩的情况下，她们设法在公共生活中表达自己的权利与主张，无论是个人层面还是集体层面”。在这个时期的绘画中，“父亲有时会参与照顾孩子的活动”。而且，“军事上的荣誉……在荷兰很可能被认为取决于细致和缜密，而不是热情……虽然职业军人……在17世纪荷兰的共和国保卫战中发挥了至关重要的作用，但在当时的爱国主义文化中，他们并未获得应有的尊重”。[63]军事英雄属于英国和美国等阳刚气质国家（地区）的历史。

代表19世纪和20世纪西方国家的象征性人物，显然是根据该国的阳刚或阴柔气质来安排的：约翰牛代表英国，山姆大叔代表美国，玛丽安[64]代表法国，荷兰少女（在德语中为“安杰夫人”）代表荷兰。

拉丁美洲国家在阳刚气质—阴柔气质的量表上差异很大。中美洲的小国如秘鲁和智利都属于阴柔气质；墨西哥、委内瑞拉、哥伦比亚和厄瓜多尔具有强烈的阳刚气质。一种推测是，这些差异反映了西班牙人统治美洲之前占主导地位的印第安文明的不同传统。墨西哥的大部分地区继承了强硬的阿兹台克文化，但是墨西哥南部的尤卡坦半岛和邻近的中美洲共和政体继承了好胜心较弱、相对平和的玛雅文化。秘鲁及智利北部继承了类似于玛雅文化的印加文化。

美国人类学家玛格丽特•米德在新几内亚发现了在相邻的部落之间，性别角色的划分十分不同。她向我们展示了历史和传统可以使多种多样的性别角色延续至今。

我们没有发现可以解释为什么有些国家（地区）的主导文化是阳刚气质而有些是阴柔气质的外部因素。寒冷的气候更有可能产生阴柔气质的文化，在这种条件下，男女之间的平等关系可以增加人口生存和增长的机会。

所有这些历史事例都表明：不同国家（地区）在阳刚气质—阴柔气质维度上的差异早在几个世纪之前就被人们注意和描述过了。一个国家（地区）对待性别角色的方式深深根植在民众的心中。

阳刚气质与阴柔气质差异的未来

目前，世界较富裕地区的生育率不断降低，这意味着人口呈现老龄化的趋势。图 5.3 显示了阳刚气质指数得分会随着年龄的增长而降低，年龄较大的人群也因此向更阴柔的价值观迈进。出生率下降，也意味着工作领域不仅将面向更多的女性开放，而且也需要更多女性的加入（因为年轻的男性会越来越少）。这也预示着，富裕国家（地区）将向阴柔气质的价值观转变。

技术改变了人们的工作。在较富裕的国家（地区）中，信息革命正在进行，旧的工作不断消失，新的工作不断被创造出来。可以实施结构化的工作岗位将被自动化所取代，剩下的是那些在本质上无法被自动化的工作。首先，这样的工作致力于设置人类和社会的目标，并为个人和社会定义生活目标。这些工作包括所有政治领导层和组织中最高领导的职能。其次，这些工作是创造性的，属于那些关注发明新事物并使它们符合使用标准、审美和道德标准的人。再次，这些工作是无法被自动化的工作，处理的是不可预测的活动，它包括很多类型，如安全、保障、防御和维护等。最后，还有一大类工作，它的本质是人与人之间的交往，如监督、娱乐、陪伴、倾听、在物质和精神上帮助他人、激励他人学习等。在这些工作中，计算机可以作为辅助资源，但它永远无法接管工作本身。无论从事这项工作的是男性还是女性，对于所有这些非自动化的工作来说，阳刚气质和阴柔气质的价值观都是必不可少的。对于最后一类，任务的核心是人与人的交往，阴柔气质的价值观甚至更占优势。与成就相关的任务比关怀性质的任务更容易被自动化。总之，技术发展也可能支持工业社会从阳刚气质的价值观向阴柔气质的价值观迈进。

对于世界上较贫穷的地区，只要这个地区仍然贫困，就不太可能转向阴柔气质的价值观。对于亚洲的大多数国家（地区）来说，阳刚与阴柔气质之间的差异对于预防或抑制女婴的出生有着重要影响。2000 年前后，亚洲女性的数量比正常出生率的结果少了约 1 亿人。原因是父母希望生儿子而不是女儿。人们通过超声波扫描胎儿的性别，继而实施选择性堕胎。另外，这些地方也有杀死女婴的传统。男性多于女性的结果可能导致这些国家（地区）的阳刚气质进一步增强。

保护全球环境需要全球视角的关怀心态。贫困与阳刚气质之间的恶性循环，又会反过来影响全人类的生存问题。这是争取世界人口资源公平分配的另一个很好的理由。

注释

[1] 例如，Mead。

[2] 我们比较了 26 种文化中女性和男性大五性格测试的平均得分，发现了不同文化中性别差异的一致性。女性在神经质和随和性方面都得分较高。从性格的其他方面来看，女性在某些方面得分较高：温暖、社交、积极情绪和对美学的开放。男性在自我主张、寻求刺激和开放思想方面的得分更高。

[3] Hofstede et al., 1998.

[4] 根据符号测试，这为 0.05 水平的单侧维度提供了重要支持。

[5] *Culture's Consequences*, 2001, p.265. 23 个国家（地区）的相关系数为 0.53**。

[6] 在 48 个普通国家（地区）中，这一维度与阳刚气质指数的相关系数为 0.30 *，其中“原本的”自信与其的多重相关系数为 0.43 ***。“原本的”自信和“应该的”自信也和阳刚气质指数相关。这是非常值得注意的，因为“原本的”和“应该的”自信二者之间呈显著负相关，相关系数为 –0.33 *。

[7] Bem, 1975, p.636.

[8] IBM 调查人群中女性的百分比从巴基斯坦的 4.0 到芬兰的 16.2 不等。在 2001 年版 *Culture's Consequences* 的第 286 页中，我们重新计算了阳刚气质得分，所有国家（地区）女性的百分比保持不变。这对分数的影响很小，因为女性本身的百分比与阴柔气质有关。

[9] Gray, 1993. 我们把这个发现归功于 Marieke de Mooij。

[10] *Culture's Consequences*, 2001, pp.289-291.

[11] 这种发展符合这样的观点，年轻男性和女性倾向于培养更多技术方面的兴趣（可被视为阳刚气质），以及年长男性和女性倾向于培养更多社会方面的兴趣。在价值观方面（但不一定在能量和活力方面），老年人更适合成为人事管理者，年轻人更适合成为技术管理者。

[12] Etcoff, Orbach, Scott & Agostino, 2006. 阳刚气质指数与选择“父亲”的相关系数为 –0.79 **；与选择“母亲”的相关系数为 –0.75 **（$n = 10$）。在逐步回归中，阳刚气质指数解释了 57% 的选择“母亲”方差；阳刚气质指数加上权力距离指数解释了 76% 的方差。阳刚气质指数与选择“媒体”的相关

系数为 0.88 *** ；与选择“名人”的相关系数为 –0.62 *（n = 10）。信息由 Marieke de Mooij 提供，见第 4 章和第 7 章。

[13] *Flash Eurobarometer 247*, 2008. 在 2007 年人均国民生产总值超过 19 000 欧元的 18 个国家中，高阳刚气质指数解释了 24% 的家庭中一方工作和一方全职照顾孩子的百分比差异。（信息由 Marieke de Mooij 提供，在此表示感谢）

[14] Van Rossum, 1998; *Culture's Consequences*, 2001, p.300.

[15] *Culture's Consequences*, 2001, p.302.

[16] Hofstede, 1996b; *Culture's Consequences*, 2001, p.302.

[17] Mead, 1962[1950], pp.271ff.

[18] *Culture's Consequences*, 2001, p.309.

[19] 本书主要借鉴 Hofstede et al. 书中第 10 章“性行为的比较研究”的内容。

[20] Pryor, Desouza, Fitness, Hutz, Kumpf, Lubbert, Pesonen & Erber, 1997, p.526.

[21] *Culture's Consequences*, 2001, p.325; Ross, 1989.

[22] 两种社会思潮类型之间的差异并不是最近才有的现象。Lord Robert Baden Powell（1857—1941 年）是国际童子军运动的创始人，他为罗孚童子军（16 岁以上的男孩）写了一本名为 *Rovering to Success* 的书。它翻译成荷兰语的时间可以追溯到 20 世纪 20 年代，被称为：*Zwervend op de weg naar levensgeluk*（《在快乐的道路上徜徉》）。对荷兰翻译版本来说，“成功”并不是一个可以吸引年轻人的目标。荷兰语中的这个词有一种肤浅的味道。任何青年领袖都不会将其作为人生的主要目的进行辩护。

[23] Sandemose, 1938.

[24] Cohen, 1973.

[25] Lasch, 1980, p.117.

[26] Hastings and Hastings, 1980; *Culture's Consequences*, 2001, p.303. 样本非常大，每个国家约 1 500 个。Hastings 没有提供有关受访者性别分布的信息，但我们假设 5 个国家都为 1∶1。照片中，表演者显然是男孩。

[27] 它清楚地表明了儿童在侵略性方面的不同。另一项研究在 6 个国家的大学生中进行，包含了自己国家的儿童是否被允许表达侵略性的问题。“是”的百分比从美国的 61 变为泰国的 5，并且再次与阳刚气质指数显著相关。Ryback, Sanders, Lorentz & Koestenblatt, 1980; *Culture's Consequences*, 2001,

p.301.

[28] Cooper & Cooper, 1982, p.80.

[29] OECD, 1995; Hofstede et al., 1998, Table 5.2; *Culture's Consequences*, 2001, p.304. 在 7 个国家和语言组中，评价自身为“优秀”的百分比与阳刚气质指数排名相关，相关系数为 0.71 *。

[30] Verhulst, Achenbach, Ferdinand & Kasius, 1993; *Culture's Consequences*, 2001, pp.303-304. 美国作家 Christopher Lasch 将这种自我主义称为“自恋文化”（Lasch，1980）。

[31] *Culture's Consequences*, 2001, p.304.

[32] *Culture's Consequences*, 2001, pp 310-311; de Mooij & Hofstede, 2002; de Mooij, 2004.

[33] Tannen, 1992.

[34] *Flash Eurobarometer 241, 2008*: *Information Society as Seen by EU Citizens*.（过去 3 个月）每天多次访问互联网：在 26 个国家中，低阳刚气质指数解释了 20% 的差异，高个人主义指数增加了 17% 的差异。在 19 个较富裕的国家中，只有低阳刚气质指数显著，且解释了 36% 的国家差异。（感谢 Marieke de Mooij）

[35] Fleishman, Harris & Burtt, 1955; Blake & Mouton, 1964.

[36] *Philippe d'Iribarne* 认为，他所研究的荷兰制造工厂里的有关管理的关键特征需要达成共识。D'Iribarne, 1989, pp.234 ff.

[37] D'Iribarne 将这些合同描述为美国劳资关系领域的一个独特特征。

[38] 文章阐述了关于法国的中庸感。D'Iribarne, 1989, pp.31 and 60-61.

[39] *Culture's Consequences*, 2001, pp.290, 317.

[40] *Culture's Consequences*, 2001, p.317.

[41] *Culture's Consequences*, 2001, pp.307-308.

[42] Herzberg, 1966.

[43] *Human Development Report 2006*, Table 4. 与功能性文盲百分比的相关系数为 0.93 ***，与贫困人口百分比的相关系数为 0.72 **，与收入低于中位数一半的人口的百分比的相关系数为 0.64 **。

[44] Diderot, 1982[1780], pp.124-125.

[45] *European Values Study*: *Stoetzel*, 1983, p.37. 其中，有容忍指数与阳刚气质指数之间的相关系数排名。

[46] 1997 年的欧洲问卷调查报告了欧洲的种族主义和排外心理，与阳刚气质指数的相关系数为 –0.72 **。

[47] 在 20 个捐助国（地区）中，阳刚气质指数与 2000 年援助占国民总收入的百分比之间的相关系数为 –0.75 ***。

[48] *Culture's Consequences*, 2001, p.271.

[49] 1973 年，Schumacher 是一名雄辩的捍卫者，他表示需要限制增长。

[50] *Culture's Consequences*, 2001, p.321. 26 个国家（地区）的阳刚气质指数的排名相关系数 :“中间”为 0.59 **，“左”为 –0.36 *。

[51] Lammers, 1989, p.43.

[52] *Human Development Report 2006,* Tables 25 and 29.

[53] 与天主教或新教教徒比例相关的第一个维度是不确定性规避，见第 5 章和 2001 年版 *Culture's Consequences* 的第 20 页。

[54] Cooper & Cooper, 1982, p.97.

[55] Verweij, 1998; Verweij, Ester & Nauta, 1997; *Culture's Consequences*, 2001, p.327.

[56] St. Matthew 22:37-40. 莫法特译本。

[57] Stoetzel, 1983, pp.98-101.

[58] 1996 年 6 月 22 日在 *The Economist* 杂志进行了报道。与阳刚气质指数的相关系数为 –0.60 **。低阳刚气质指数解释了 36% 的方差，低阳刚气质指数和低权力距离一起解释了 57% 的方差。

[59] Walter, 1990, p.87; Stoetzel, 1983, p.92.

[60] 引文来自 *The Authorized Version of the British and Foreign Bible Society (1954)*。

[61] Erasmus, 2001[1524], pp.174-181.

[62] Haley, 1988, pp.39 and 110-111.

[63] Schama, 1987, pp.404, 541 and 240.

[64] 由 Michaud 于 1978 年编辑的 *A French Reader on Collective Identities* 提到了“法国女性形象”。

第6章

不同的东西是危险的

20世纪60年代，阿恩特·佐尔格（Arndt Sorge）在德国的军队服役。周末是自由活动时间，他经常到家乡附近的号称“莱茵河上的军队”的这个英国营房消遣。佐尔格热衷于观看该军营放映的英国原声电影。第一次去的时候，他走到哨兵面前，询问作为德国士兵是否可以进去看电影。哨兵让他去找警卫，而警卫打电话向军营的二把手请示，然后从笔记本上撕下一页纸写道，“允许阿恩特·佐尔格先生观看电影。”警卫在上面签了名，并补充说明这个权限是由二把手赋予的。

佐尔格不仅在这个场合使用了该特权，后来又多次使用了此项特权。从笔记本上私下的那页纸，连同他的德国军人证，二者总能让他进入英国军营。复员后，他询问英国哨兵，现在作为一名平民是否可以继续进来看电影。哨兵看了看那页纸，说：“这是给你个人的。”然后，就放他进去了。

阿恩特·佐尔格后来成为一名组织社会学家，他时常想起这段经历，并把它作为例子来说明英国人和德国人在处理计划之外事件时的差异。倘若是德国人办这件事，他们会花更长的时间，需要请示级别更高的长官，询问更多的问题，并且授予更正式的文件。最后，文件还将注明：他现在是军队的一员，复员后还能继续使用。[1]

不确定性规避

德国和英国有很多相似之处：二者都是西欧国家，都属于日耳曼语系，人口大致相当，甚至连英国王室也有着德国血统。然而，即使一位有经验的旅行家也无法注意到这两国在文化上的巨大差异。

英国社会学家彼得·劳伦斯（Peter Lawrence）这样描写德国人：

> 守时，而不是天气，是列车车厢内陌生人谈论的典型话题。在德国的长途列车上，每节车厢中都有一本列车时刻表，其中列出了所有列车到达和离开的时间及可能的连接路线。这在德国非常普遍，当列车驶入车站时，人们可以随时取出列车时刻表，用手上戴的电子手表来核对列车是否准时。[2]

佐尔格对英国哨兵的随意做法感到惊讶，而劳伦斯则对德国旅行者的守时感到诧异。两人的表现表明了两国在对模糊和不可预测的事情的容忍度上存在差异。在 IBM 研究中，英国和德国在权力距离（两者都是 35 分）和阳刚气质（两者都是 66 分）这两个维度上的得分完全相同。在个人主义方面，英国人的得分明显高于德国（89 分比 67 分）。然而，这两个国家之间最大的区别在于第四个维度，我们称作不确定性规避。

不确定性规避这一术语来自美国的组织社会学，特别是詹姆斯•G. 马其（James G. March）的著作。[3] 马其和他的同事在美国组织中发现了这一概念。然而，对于不确定性的处理方式却是每个国家（地区）的制度的重要组成部分。所有的人都必须面对这样一个事实，即我们不知道明天会发生什么——未来是不确定的，但我们必须与之共处。

极端的不确定性会造成无法容忍的焦虑。每个人类社会时期都发展出了缓解这种焦虑的方法，包括科技、法律和宗教领域的方法。从最原始到最先进的科技，都旨在避免大自然带来的不确定性。法律和规则试图防止他人行为的不确定性。宗教是一种与超自然力量连接的方式，这种超自然力量假定能够控制个人的未来。宗教有助于使人们接受无法抵御的不确定性，一些宗教还宣扬“死后轮回”或“战胜对手”的终极确定性。

研究传统社会的人类学家花费了大量精力关注科技、法律和宗教领域，以此表明人类社会在处理不确定性时所采用的不同方法。在这方面，现代社会与传统社会没有本质区别。尽管世界各地都能获得相同的信息，但各地的科技、法律和宗教仍然大不相同，而且也没有任何自发的趋同迹象。

不确定性的本质是一种主观体验，一种感觉。这种感觉不仅仅是个人的，而且可以与社会中的其他成员分享。像前 3 章所讨论的价值观一样，不确定性的感觉也是经过学习获得的。这些感受和应对的方式属于社会文化遗产。它们通过家庭、学校和国家（地区）等基本组织传承和强化，能在一个特定社会的普遍价值观中得到反映。不确定性的根基是非理性的。它们会导致一个社会的集体行为模式，这些模式在其他社会成员的眼中很可能极其反常和难以理解。

对社会中不确定性容忍度的测量：不确定性规避指数

在权力距离、个人主义—集体主义和阳刚气质—阴柔气质维度之后，不确定性规避（从强到弱）是 IBM 研究项目中所发现的第四个维度。这个项目中的每个国家（地区）都被赋予了一个不确定性规避指数（Uncertainty Avoidance Index，UAI）。

不同国家（地区）在不确定性规避上的差异最初是作为权力距离的“副产品”被发现的。它始于一个关于工作压力的问题。这个问题是：“工作中你感到紧张的频率有多高？”答案从“①我常常有这种感觉”到“⑤我从来没有这种感觉”。霍夫斯泰德对不同国家（地区）在这个问题上回答模式的规律性感到震惊。例如，与德国员工相比，英国员工更少表现出紧张的情绪，无论他们是经理、工程师、秘书还是非熟练的工厂工人。可是，IBM 数据库中的所有国家（地区）在压力方面的差异都与权力距离无关。

对所有导致稳定的国家（地区）差异的问题进行仔细审查后发现，以下三个问题的国家（地区）平均得分显著相关。

（1）工作压力，正如刚刚所描述的问题（从 1 ~ 5 的分数等级中计算平均得分）。

（2）对以下陈述的认可程度：“公司规则不应该被破坏——即使员工认为这样做符合公司的最大利益（从 1 ~ 5 的分数等级中计算平均得分）。”这个问题被称为规则导向。

（3）员工表示有意留在本公司从事长期工作的比例。问题：“你认为你会继续为 IBM 工作多久？”答案如下：① 最多 2 年；② 2~5 年；③ 超过 5 年（但我可能会在退休前离开）；④ 直到我退休。一个国家（地区）中选择③或④的员工比例与这个国家（地区）在问题（1）和（2）中的平均得分相关。

起初，把这三个问题结合起来似乎毫无意义。为什么感到有压力的员工也希望遵守规则并长期在公司工作？但这是一个错误的解释，数据不支持个人同时持有这三种态度。当我们单独看某个人的答案时，这三个问题的答案是不相关的。但是从国家（地区）的角度来看这三个回答的总体差异时，它们就变得相关了。因此，如果一个国家（地区）在工作中感到有压力的人越多，那么这个国家（地区）中希望遵守规则和服务年限较长的人也越多。但同一个人未必拥有这三种态度。一个人可能会这样反应（如感觉更紧张），另一个人可能会那样反应（如希望遵守规则）。这些反应不必在同一个人身上出现，只要统计显示在同一个社会中出现得更为频繁就可以了。

在社会层面对这三个问题之间的关系进行解释是有意义的。我们假设这三个问题都表达了某个特定社会在面对不确定的未来面前存在的焦虑水平。这种焦虑水平是该社会在家庭、学校和成人生活中共同心理程序的重要组成部分。由于处于这种焦虑水平，会有较高比例的个人在工作时感到紧张［问题（1）］；破坏公司规则的想法，无论出于何种原因，会被更多人拒绝［问题（2）］。因为它带来了不确定性：如果每个人都开始按自己的喜好行动那该怎么办？最后，在这样的国家（地区）变换雇主不太流行［问题（3）］，因为它意味着冒险进入未知领域。

因此，不确定性规避可以被定义为：某种文化中的成员在面对不确定或未知情况时感受到的威胁的程度。除此之外，这种感觉通过紧张感和对可预测性的需要来表达——对成文和不成文规定的需求。

表6.1列出了76个国家（地区）的不确定性规避指数。类似于权力距离指数（第3章）的计算方式，各国（地区）的分值由问题（1）和（2）的平均分数及问题（3）的百分比值计算得出。所使用的公式基于简单的运算知识：三个分数分别乘以一个固定系数后再做一定的加减运算，最后加上一个固定值。设计这样的公式是为了：①三个问题中的每一个问题对于最终的指数都贡献同样的权重；②使指数值位于0分（不确定性规避倾向最弱）到100分（不确定性规避倾向最强）。后一个目标还没有完全达到，因为在确定了公式之后又增加了一些国家（地区），这些国家（地区）的分数超过了100。

表6.1　基于IBM数据库和扩展研究的76个国家（地区）的不确定性规避指数

排名	美洲（中/南部）	欧洲（南/东南部）	欧洲（北/西北部）/盎格鲁世界	欧洲（中/东部）/苏联	伊斯兰国家/中东/非洲	亚洲（东南部）	得分
1		希腊					112
2		葡萄牙					104
3	危地马拉						101
4	乌拉圭						100
5			比利时（荷兰语区）				97

续表

排名	美洲（中 / 南部）	欧洲（南 / 东南部）	欧洲（北 / 西北部）/ 盎格鲁世界	欧洲（中 / 东部）/ 苏联	伊斯兰国家 / 中东 / 非洲	亚洲（东南部）	得分
6		马耳他					96
7				俄罗斯			95
8	萨尔瓦多						94
9~10			比利时（法语区）				93
9~10				波兰			93
11~13						日本	92
11~13				塞尔维亚			92
11~13	苏里南						92
14				罗马尼亚			90
15				斯洛文尼亚			88
16	秘鲁						87
17~22	阿根廷						86
17~22	智利						86
17~22	哥斯达黎加						86
17~22		法国					86
17~22	巴拿马						86
17~22		西班牙					86
23~25				保加利亚			85
23~25						韩国	85
23~25		土耳其					85
26~27				匈牙利			82
26~27	墨西哥						82
28					以色列		81
29~30	哥伦比亚						80
29~30				克罗地亚			80
31~32	巴西						76
31~32	委内瑞拉						76
33		意大利					75
34				捷克			74
35~38			奥地利				70
35~38			卢森堡				70
35~38					巴基斯坦		70

续表

排名	美洲（中/南部）	欧洲（南/东南部）	欧洲（北/西北部）/盎格鲁世界	欧洲（中/东部）/苏联	伊斯兰国家/中东/非洲	亚洲（东南部）	得分
35~38			瑞士（法语区）				70
39						中国台湾	69
40~41					阿拉伯国家		68
40~41					摩洛哥		68
42	厄瓜多尔						67
43~44			德国				65
43~44				立陶宛			65
45						泰国	64
46				拉脱维亚			63
47~49						孟加拉国	60
47~49			加拿大（法语区）				60
47~49				爱沙尼亚			60
50~51			芬兰				59
50~51					伊朗		59
52			瑞士（德语区）				56
53	特立尼达岛						55
54					西非		54
55			荷兰				53
56					东非		52
57~58			澳大利亚				51
57~58				斯洛伐克			51
59			挪威				50
60~61			新西兰				49
60~61					南非		49
62~62			加拿大				48
62~63						印度尼西亚	48
64			美国				46
65						菲律宾	44
66						印度	40
67						马来西亚	36

续表

排名	美洲（中/南部）	欧洲（南/东南部）	欧洲（北/西北部）/盎格鲁世界	欧洲（中/东部）/苏联	伊斯兰国家/中东/非洲	亚洲（东南部）	得分
68~69			英国				35
68~69			爱尔兰	`			35
70~71						中国大陆	30
70~71						越南	30
72~73						中国香港	29
72~73			瑞典				29
74			丹麦				23
75	牙买加						13
76						新加坡	8

表 6.1 展示了一种新的国家（地区）归类方法，它不同于前三个维度中的任何一个维度的归类法。即使在同一地区内我们也发现了巨大的差异，这表明除权力距离和个人主义外，还有别的原因引起了这些差异。得分很高的地区是拉丁美洲、拉丁语系的欧洲和地中海国家（从希腊的 112 分到厄瓜多尔的 67 分）。日本和韩国的得分也很高（分别为 92 分和 85 分）。中等偏高的地区包括德语国家奥地利、德国和瑞士（分别为 70 分、65 分和 58 分）。得分中等到低分的国家（地区）包括除日本和韩国外的所有亚洲国家及地区（从中国台湾的 69 分到新加坡的 8 分）、非洲国家、北欧国家（从芬兰的 59 分到丹麦的 23 分）及荷兰。德国得分 65 分（排名第 43~44 位），英国得分 35 分（排名第 68~69 位）。这一点证实了这两个在其他方面非常类似的国家在不确定性规避这一点上存在着文化差异，正如本章开篇的故事所示。

不确定性规避与焦虑

焦虑是一个来自心理学和精神病学的术语，它表达了“对于可能发生的事情感到不安或担心的一种弥散状态”。[4] 关于焦虑水平存在国家（地区）差异的观点可以追溯到法国社会学家埃米尔•涂尔干（Emile Durkheim，1858—1917 年），他早在 1897 年就发表了关于自杀现象的研究。他指出，不同国家（地区）的自杀率每年都表现出了惊人的稳定性。他用这种稳定性作为证据来说明像自杀这种高度个人化的行动仍然受到各种社会力量的影响，这些社会力量在不同的国家（地区）各不相同，并且随着时间的推移基本保持不变。

高自杀率是社会中的焦虑水平导致的一种可能后果。20 世纪 70 年代，爱尔兰心理学家理查德 • 林恩（Richard Lynn）在 18 个发达国家发表了一项与焦虑相关的大型研究结果。林恩使用了来自官方的卫生数据和相关的统计数据，结果显示在各国之间有一些指标是相关的：自杀死亡率、酒精中毒率（通过肝硬化死亡率测得）、事故死亡率和每百万人中的服刑人数。所有这些项目综合在一起形成了焦虑因子。其他一些指标与焦虑因子呈负相关：咖啡因（存在于咖啡和茶中）的摄入量、从食物中平均每日摄入的卡路里数量、冠心病引起的死亡率及慢性精神病的发病率（通过每千人中的患者人数测得）。林恩根据 1960 年的数据计算出他所研究的 18 个国家的焦虑因子得分。他发现奥地利、日本和法国的得分最高，新西兰、英国和爱尔兰的得分最低。林恩得出的国家焦虑分数与表 6.1 中 IBM 研究中发现的不确定性规避指数之间有着很强的相关性。[5] 由于这两项研究采用了完全不同的数据来源，其结果之间的一致性有力地支持了两个研究结论的可靠性：各国（地区）的焦虑水平各不相同，有些文化比另一些文化更加焦虑。

焦虑型文化往往是富有表现力的文化。人们说话时常常夹带着手势。提高嗓门、表达自己的情绪、敲桌子等行为都是被社会所接受的。日本在这方面似乎是个例外。在西方人的眼里，日本人和其他亚洲人一向总体不倾向于流露情感。然而在日本，在某种程度上还包括韩国和中国台湾地区，同事们下班之后喝得醉醺醺的也是常有的事。在这些派对中，男同事释放出被压抑的情绪，甚至对上级也照说不误，不过第二天又回到正轨。这样的饮酒场合是人们释放焦虑的主要方式。

在弱不确定性规避的国家（地区），焦虑水平相对较低。根据林恩的研究，这些国家（地区）有更多的人死于冠心病。这一点可以用更低的表现欲来解释。侵略性和情感不应该被表现出来：展现出情绪化或喧闹不被社会所接受。这也意味着压力不能在活动中得到释放，只能憋在心里。如果这种压抑行为不断地发生，就可能引发心血管疾病。

林恩解释了低焦虑水平的国家（地区）慢性精神疾病患者人数较多，原因是在这些社会中缺乏精神刺激，从而产生一定的忧郁或无聊。咖啡和茶是刺激性饮品，这些社会对含咖啡因的饮品保持着较高的消耗量。酒精具有相反的效果，即释放压力。弱不确定性规避的社会往往对酒精的消费量保持着较低水平，这从其较低的肝硬化死亡率中也可以看出来。斯堪的纳维亚国家的许多人都表现出周期性过度饮酒的特定模式——在这种情况下，酒确实起到了刺激作用，但仅在短时间内——随后是较长时间的节制，斯堪的纳维亚国家的平均酒精消费量很低。[6]

我们对 33 个国家（地区）的不确定性规避指数和大五人格测试中的国家（地区）标准进行比较后发现，在强不确定性规避的文化中，受访者在神经质方面的得分更高，在随和性方面的得分更低。如果该文化具有阳刚气质，则神经质评分会进一步提高。[7] 神经质（与情绪稳定性相反）结合了以下一系列可以自我评分的人格特质：焦虑、愤怒的敌意、抑郁、自我意识、冲动和脆弱。随和性结合了信任、直率、利他主义、顺从、谦虚和温柔。

这些相关性解释了为什么来自强不确定性规避文化的人们显得更匆忙、不沉着、情绪化、富于侵略性和多疑；而来自弱不确定性规避文化的人们给他人的印象是无趣、安静、随和、懒惰、克制。这些都是旁观者的印象——它们取决于观察者自己所处的文化与这些文化之间的差异。

GLOBE 项目（见第 2 章）也用了不确定性规避这一术语，但提出问题的方式产生了“原样”这一维度，它与不确定性规避指数呈负相关。在我们的研究背景下，GLOBE 研究的这一维度只徒增了人们的疑惑。

不确定性规避不等同于风险规避

我们不应把不确定性规避与风险规避混淆。不确定性与风险的关系就如同焦虑与恐惧的关系。恐惧和风险都集中在具体的事务上：有恐惧的对象和冒险的事件。风险通常表现为某个特定事件发生的概率。焦虑和不确定性都是泛泛的感觉。就如前面提到的，焦虑没有对象，不确定性也没有概率。在这种情况下任何事情都有可能发生，而我们对此一无所知。一旦不确定性表现为风险，它就不再成为焦虑的来源。它可能成为恐惧的源泉，但也可能被视为常规事件，如开车或从事体育运动存在的风险。

规避不确定性不会降低风险，而是会带来不明确情况的减少。不确定性规避的文化尽力避开模棱两可的情况。这些文化中的人们会在他们的组织、机构和关系中寻找一种结构，从而使事件更加清晰和可以预测。矛盾的是，为了降低不确定性，他们常常准备从事冒险行为。例如，与潜在的对手展开斗争，而不是坐在那里静观其变。

针对 IBM 的数据的分析显示，（发达）国家（地区）不确定性规避的强度与该国（地区）高速公路所允许的最高速度之间存在相关性。这是一种正相关：强不确定性规避的国家（地区）意味着更高的驾驶速度。在其他条件相同的情况下，更高的驾驶速度会引发更多的死亡事故，从而带来更多的风险。然而，这是一种常见的风险，不确定性规避的文化并不介意如此。人们的情绪化使他们有一种紧张和紧迫感，从而导致他们希望提高驾驶的速度。事实上，不确定性规避程度越高的国家（地区），限定的最高时速也更高，这说明人们珍惜时间甚于珍惜生命。[8]

在不确定性规避较弱的国家（地区），紧迫感不太普遍，因此公众也更能够接受较低的速度限制。无论是常见还是不常见的风险都能被公众所接受。例如，工作变更或参与没有规则限制的活动。

不同职业、性别与年龄的不确定性规避

我们很容易想象不确定性规避程度高和低的职业（如银行职员和记者）。尽管如此，对 IBM 数据中 38 种职业的分析并不支持我们使用不确定性规避指数来划分职业。原因在于，用于计算一个国家（地区）不确定性规避指数的三个问题（压力、规则导向和留在公司的意向）对不同职业有不同的含义，因此从职业层面来说这三个问题并不相关。如果有人想测量职业中不确定性规避的程度，则必须使用其他问题。

性别差异也同样如此。同一国家（地区）和同一职业的男性和女性有着相同程度的压力和规则导向，只是愿意留在公司的意向不同（男性平均上更愿意留在公司更长时间）。不过这并没有表明他们的不确定性规避程度更强：这只是表明，IBM 的员工中有一小部分年轻女性计划在她们有小孩时停止工作一段时间。

除了国籍之外，平均年龄是 IBM 员工中唯一与不确定性规避指数有着密切联系的变量。我们发现在 IBM 员工年龄偏大的国家（地区）中，人们有着更大的压力、更多的规则导向及更强的留在公司的意愿。不确定性规避和年龄之间存在逻辑循环关系：在不确定性规避程度较强的国家（地区），人们不仅不倾向于而且在实际行动中也不经常更换雇主。因此，这些国家（地区）的 IBM 员工较平均水平而言，在公司工作更久，年龄也更大。[9]

家庭中的不确定性规避

一对已是祖父母的美国夫妇在意大利的一个小镇上度过了两周，他们过来照顾自己的孙子。孩子的美国父母暂时待在意大利，俩人离开孩子旅行去了。孩子喜欢在公共广场上玩耍，广场上还有许多跟随妈妈或保姆出来的意大利小孩。美国的孩子可以跑来跑去，他们跌倒然后再爬起来，爷爷奶奶并不觉得有什么危险。然而，意大利人的反应却完全不同。他们很少让孩子离开自己的视线，当孩子摔倒时，大人们会立刻扶他起来，然后安抚他。[10]

孩子们学到的第一件事情就是弄清干净和肮脏以及安全和危险之间的区别。什么被认为是干净、安全或肮脏和危险的事物，在不同社会之间，甚至同一个社会的不同家庭之间也千差万别。孩子们必须学习区分干净和肮脏以及安全和危险。意大利的母亲和保姆（不确定性规避指数为 75 分）在广场上看到了肮脏和危险，而美国的祖父母（不确定性规避指数为 46 分）则什么也没有看到。

肮脏和危险不仅限于物质，人们也会产生肮脏和危险的感觉。[11] 种族主义起源于家庭，孩子们可能认为某些特定社会、种族、宗教或政治派别的人群是危险的，他们避免和来自该群体的同伴们玩耍。

甚至观念也可以被认为是肮脏和危险的。孩子们在家庭中学到，一些观念是好的，而另一些则是禁忌。善与恶的观念泾渭分明。人们用大写字母“T”来表示对真理的追寻。与真理不同的观念是危险的。怀疑或相对主义在这里没有容身之地。

在强不确定性规避的社会，强大的规范体系常使孩子们感到内疚和罪恶。事实上，在强不确定性规避的社会中，教育过程使孩子们形成更强烈的超我（这一概念由弗洛伊德提出，他来自强不确定性规避的国家奥地利）。他们的世界是一个充满敌意的地方，因此必须避免未知的情况。

不确定性规避程度较弱的文化更可能认为未知情况、人员和观念会带来好处。他们的规则更加灵活，人们的超我观念更弱，世界被认为基本上是仁慈的，新的环境值得探索。

在强不确定性规避的文化中，对孩子们更为严格的规则和规范体系也反映在语言中。我们在第 4 章提到过鹿岛夫妇的著作，他们关于语言结构的数据表明：强不确定性规避文化中的语言会更频繁地采用不同的方式来称呼不同的人，如意大利语中的你（tu），您们（voi）和您（lei）。根据严格的文化规则，孩子们在学习这些语言时需要掌握更多的法则。而在不确定性规避较弱的文化中，他们语言中的规则往往较少。[12]

强不确定性规避的观念可以通过排外者的信条概括："差异是危险的。"相反，弱不确定性规避的观念是："差异令人好奇。"

强不确定性规避社会中的家庭生活天生比弱不确定性规避社会中的家庭生活更加紧张。人们的情绪更加强烈，无论是积极的还是消极的，父母和孩子都更情绪化地表达他们的感情。来自世界价值观调查的数据显示，在平衡状态下，对家庭生活的满意度与不确定性规避指数呈负相关，至少在较富裕的国家（地区）是这样。当把相对贫穷的国家（地区）包括在内时，对家庭生活的满意度更多地与个人主义和阴柔气质有关。[13]

表 6.2 总结了前文所述的弱不确定性规避社会和强不确定性规避社会在一般规范和家庭方面的主要差异。显然，这些描述指的是该维度的两个极端，而大多数国家（地区）实际处于两者之间，各国（地区）内部也有相当大的差异。

表 6.2　弱不确定性规避社会和强不确定性规避社会的主要差异：一般规范和家庭

弱不确定性规避社会	强不确定性规避社会
不确定性是生活的常态，顺其自然地接受每一天的到来	生活中存在不确定性是一种持续的威胁，我们必须与之抗争
较弱的压力和焦虑感	较强的压力和焦虑感
侵略性和情感不应该展现出来	侵略性和情感应该在合适的时间和场合展现
人格测验中，随和性得分较高	人格测验中，神经质得分较高
坦然面对模糊的情况和不常见的风险	接受常规风险；害怕模糊的情况和不常见的风险
对于什么是肮脏和禁忌，给孩子们做出宽松的规定	对于什么是肮脏和禁忌，给孩子们做出严格的规定
发展出较弱的超我意识	发展出强烈的超我意识
以相似的称谓来称呼不同的人	以不同的称谓来称呼不同的人
差异令人好奇	差异是危险的
家庭生活较为放松	家庭生活较为紧张

不确定性规避、健康与（不）幸福

各国（地区）健康状况的自我评估常常与不确定性规避存在负相关关系。尽管没有医疗统计数据证明这些国家（地区）存在客观的健康差别，但在弱不确定性规避的国家（地区），人们感觉自己更健康。人们的健康水平与他们的感受是一致的。[14]

任何在他国（地区）有过就医体验的游客都可以证实：各国（地区）的医疗保健活动差别迥异。医学的理论和实践与文化传统紧密交织，其中不确定性规避扮演着重要角色。医务记者林恩·帕耶（Lynn Payer）描述了自己作为病人在英国、法国、德国和美国的就医经历。

其中一个例子就是低血压在英国和美国被认为是长寿的原因（也许因此会得到较低的人寿保险费）。但在德国（不确定性规避指数较高）它被视为一种失调，市场上有好几种药物是治疗这种病的。[15] 一项在欧洲 10 个国家进行的医患互动比较研究表明，来自弱不确定性规避国家的医生较平均水平与患者有更多的目光接触，并更注重建立和谐的关系。[16]

在容忍不确定性的国家（地区），医生通常不开具任何处方，安慰患者几句就将他们送走了。而来自规避不确定性国家（地区）的医生通常会开具几种药物，患者也期待他们这么做。据说在法国，村庄的人口正在慢慢减少，当地的药房比酒馆生存得还要久。在爱尔兰（不确定性规避指数较低）肯定不是这种情况。

一个国家（地区）不确定性规避的规范也反映在该国（地区）医疗保健资源的使用方式上。联合国发展计划署列出了每 10 万居民拥有的医生和护士的数量。用护士的数量除以医生的数量便得到每名医生配备护士数量的指数，这个指数与医疗预算［国家（地区）财富］的绝对数额无关。每名医生配备的护士数量与不确定性规避之间存在负相关，这意味着规避不确定性的国家（地区）倾向于对医生投入更多的资金，而接受不确定性的国家（地区）对护士投入更多。在强不确定性规避的文化中，更多的工作任务由医生本人亲自完成，他们被视为不可或缺的专家。[17]

在规避不确定性的文化中更低的自我健康评估反映在更低的主观幸福评估上。荷兰社会学家鲁特·范荷文（Ruut Veenhoven）汇总了 50 多年来有关各国（地区）幸福感（主观幸福感）的数据。对于 1990 年之前的所有国家（地区），平均幸福感得分主要与财富［更富裕的国家（地区）更加幸福］相关。对于富裕国家（地区）和 1990 年以后的所有国家（地区），我们发现不确定性规避指数与平均幸福感的相关性最强。[18] 然而，平均幸福感可能不是最有意义的衡量标准。范荷文的数据库包含了各国（地区）幸福分数分布（离散程度）的测量。这些分数的离散程度与不确定性规避正相关。[19] 无论在不确定性规避强还是弱的国家（地区）都可以找到非常幸福的人，但是在强不确定性规避的国家（地区）中非常不幸福的人更多。这意味着不确定性规避往往与不幸福相关，而不是与幸福相关。规避不确定性往往解释了为什么某些国家（地区）不幸福的人比例更高。[20] 我们新的国家（地区）维度“放纵与克制”（第 8 章）将解释为什么某些国家（地区）非常幸福的人比例更高。

学校中的不确定性规避

1980 年前后，国际教师计划（International Teachers Program，ITP）为管理学教师提供了一个夏季进修课程。班里的 50 名教师来自 20 多个国家（地区）。霍夫斯泰德在 ITP 教学时遇到了一个难题，他必须选择合适的结构，以便安排到不同的活动中去。例如，大多数德国人偏好结构化的学习环境：具有精确目标、详细任务和严格时间表。他们喜欢只有一个正确答案的问题，而他们可以找到那个答案。他们期望由于回答准确而获得奖励。这些偏好是较强的不确定性规避国家（地区）的典型表现。与之相反，大多数的英国参与者鄙视太多的结构。他们喜欢开放式的学习环境：模糊的目标、粗线条的任务，甚至根本没有时间表。那些只有一个正确答案的问题是他们的禁忌。他们期望获得原创性的奖励。他们的反应是不确定性规避较弱的国家（地区）的典型表现。

来自强不确定性规避国家（地区）的学生期待他们的教师是某一领域无所不知的专家，而且使用高深莫测的专业术语授课的教师也会受到尊重。这些国家（地区）的大学问家也经常撰写一些高深的文章，以至于普通人需要别人解释后才能理解这些大学者的真正含义。“德国学生从小被灌输这样一种信条：如果很容易理解的话，那么这种知识要么是值得怀疑的，要么就是不科学的。”[21] 在法国的学术书籍中，一句话长达半页毫不稀奇。这些国家（地区）的学生不会与他们的教师在学术上有任何分歧，这是一条不成文的规矩。博士生如果发现自己的学术观点与导师不同时，只能改变自己的想法或另找导师。学术上的分歧往往被看作对教师不忠。

来自弱不确定性规避国家（地区）的学生能够坦然接受教师承认“我不知道”。他们尊崇那些使用简单语言解释复杂术语的教师，喜欢那些用普通术语解释难题的书籍。在这些文化中，学术上的分歧被看作师生互相激发新想法的练习。我们认识一些博士生导师，学生与教授持不同观点的次数越多，他们对于该博士生的评价也往往越高。

在类似的情况下，弱不确定性规避国家（地区）的学生更喜欢将自己的成就归结于个人能力，而强不确定性规避国家（地区）的学生更倾向于归结于环境或运气。在两项不同的研究中，每项研究都涵盖来自 5 个国家（地区）的学生，把成功归因于自己能力的倾向与不确定性规避有显著的负相关关系。[22]

以上使用的例子都来自大学或大学以上水平的教学活动，但在这些例子中，无论是学生还是教师所表现出的行为和期望都是从早期的学校教育中培养形成的。另一种与不确定性规避相关的差异在小学和初中阶段尤为显著，即人们预期的父母和教师的角色。在强不确定性规避的文化中，父母有时会作为听众被教师请到学校，但教师很少和他们商量。因为父母在这方面是外行，而教师是专家。在弱不确定性规避的国家（地区），教师常常设法让父母参与孩子的学习过程，他们也会积极征求家长的想法。

消费中的不确定性规避

荷兰营销专家穆伊发现，在购买食品和饮料时，强不确定性规避意味着喜欢纯净和基础产品。人们饮用矿泉水而不是自来水，即使自来水同样拥有良好品质。他们购买更多的新鲜水果和纯度较高的糖。接受不确定性的文化重视产品的方便度胜过纯净度——人们购买更多的成品，如冰激凌、冷冻食品、糖果和咸味小吃。

规避不确定性的文化更信任干净的东西——人们使用更多的洗衣粉。此外，接受不确定性的文化更偏好外观而不是干净度——人们使用更多的美容产品，如化妆品、唇膏、润肤露、除臭剂、护发素、面霜和面部清洁剂。

来自规避不确定性文化的人们更喜欢购买新车而不是旧车。接受不确定性文化的人们更经常在家中自己动手干活，如刷墙漆和贴墙纸。在强不确定性规避的国家（地区），人们更偏好安全的工作，他们将刷墙漆一类的活动留给专业人士去完成。[23]

来自接受不确定性文化的人们阅读更多的书籍和报纸。他们更多地声称道德因素影响了自己的购买决策。[24]

来自规避不确定性文化的顾客在接受新产品和信息时往往犹豫不决。他们在使用电子通信工具（移动电话[25]、电子邮件、互联网）方面总是慢半拍。[26]来自较弱不确定性规避文化中的顾客更经常地使用互联网来比较服务供应商。[27]

在规避不确定性的文化中，报刊和电视广告中经常可以看到专家，如身穿白大褂的医生推荐某产品。而在接受不确定性的文化中，人们在广告中更频繁地使用幽默。他们更经常播出来自其他欧盟国家的广告。[28]

在财务方面,来自强不确定性规避国家（地区）的人们愿意承担更小的风险：他们往往在股市中投资较少，在稀有金属和宝石上投资更多。他们支付账单的速度也较慢，在与接受不确定性的国家（地区）进行交易时，这一点往往会造成难题。[29]

表 6.3 继表 6.2 后描述了弱不确定性规避社会和强不确定性规避社会在健康、教育和消费方面的主要差异。同样，这里描述的是极端情形，大多数国家（地区）实际上处于两者之间，而且各国（地区）也都存在相当大的差异。

表 6.3　弱不确定性规避社会和强不确定性规避社会的主要差异：健康、教育和消费

弱不确定性规避社会	强不确定性规避社会
较少担心健康	较多担心健康
护士多，医生少	医生多，护士少
更少的人感到不幸福	更多的人感到不幸福
学生喜欢开放式的学习环境，关注良好的讨论	学生喜欢结构化的学习方式，关注正确答案
教师能说“我不知道”	教师应该知道所有的答案
结果取决于个人能力	结果取决于环境或运气
教师和家长共同参与	教师只是通知家长
购物时注重便利条件	购物时注重产品的纯净和干净程度
开旧车，在家自己动手劳动	开新车，家庭维修交给专业人士
更经常宣称购物时进行道德上的考量	阅读较少的书籍和报纸
接受新技术和新产品	对新技术和产品接受较慢
广告中更多使用幽默	广告中更多使用专家
进行风险投资	投资保守

工作场所中的不确定性规避

2008 年的欧洲调查问卷包含了一个关于平衡工作与生活的问题。在强不确定性规避的文化中，欧洲人在这方面表现出了更多的困难。[30] 就业稳定性是不确定性规避指数所基于的指标之一。其重要性的一个显著表现是法国电信员工在 2009 年夏天发生的一波自杀事件。这是法国最大的电信公司，拥有超过 10 万名员工。在短短 18 个月的时间里，24 名员工自杀身亡。在私有化之后，该公司（一家前政府垄断公司）进行了大规模的重组，之后发生了自杀式爆炸事件。以前被视为公务员的员工被重新安置，工作任务也因管理条例被调整，员工的个人情绪几乎不被关心。在表 6.1 中，法国是一个强不确定性规避的国家（得分为 86 分，排名第 17~22 位）。重组的压力对受害者的容忍度来说太大了。

强不确定性规避文化的社会有着更多的正式法律，但也有更多的内部规则来控制工作流程。这种对规则的需求是情感性的。人们——雇主和雇员、公务员、政府成员——自儿童时代就被心理编程，以便在结构化的环境中感到舒适。这可能导致规则或行为纯粹是仪式。来自弱不确定性规避国家（地区）的批评者并没有意识到，即使无效的规则也能满足人们对正式结构的情感需求。至于现实中起不起作用并不重要。菲利普 • 迪里巴尔纳在对法国、美国和荷兰的制造工厂的比较研究中发现：在法国的制造工厂，员工们在形式上遵守规章制度，现实中却抛弃了它们的实际意义。他将这种现象与法国大革命前（18 世纪，前拿破仑王朝）的法律执行情况相提并论："严格的规则，宽松的执法。"[31]

弱不确定性规避的国家（地区）可能会出现相反的情况，对正式规则表现出深深的厌恶。人们认为只有在绝对必要的情况下才应该建立规则，如决定车辆是左转还是右转。他们相信即使没有正式规则，许多问题也照样能得到解决。来自强不确定性规避文化的德国人，对英国人在公共汽车站和商店排成整齐队伍的公共纪律印象深刻。英国没有法律规定排队行为，它基于不断强化的公共习惯。矛盾的是，尽管弱不确定性规避国家（地区）的法律法规不那么神圣，但它们往往能被更好地遵守。

在工作场所，不确定性规避中的焦虑成分导致强弱不确定性规避这两种社会之间存在显著的差异。在强不确定性规避的社会中，人们喜欢努力工作，或者至少忙个不停，生活节奏飞快，认为时间就是金钱。在弱不确定性规避的社会中，如果工作需要的话，人们可以努力工作，但并非受到内在动力的驱使，因为他们喜欢放松的生活。时间只是生活的一个参照，不必经常看表。

20 世纪 70 年代，在法国枫丹白露的 INSEAD 商学院的课程中，安德烈 • 劳伦特(André Laurent)教授对来自 10 个工业化国家(地区)的管理人员进行了调查，了解他们对组织的看法。他发现，下列问题的平均得分与不确定性规避有关：

- 如果冲突可以永久消除，大多数组织会变得更好。
- 对于经理来说，及时准确地回答下属提出的绝大多数与工作相关的问题非常重要。
- 如果你希望有能力的员工正确地完成工作，最好向他提供详尽的工作指示。
- 当部门成员的职责不清时，详细的工作描述是澄清问题、分清职责的有效方式。[32]

以上所有问题都显示出强不确定性规避国家（地区）中的组织对模糊性的不满，以及对精确性和正规化的需求。在弱不确定性规避的国家（地区）中，模糊和混乱有时被看作迸发创造力的条件。

在规避不确定性的文化中，人们在工作上更加信任专家，他们的组织中拥有更多的专业人士。在接受不确定性的文化中，人们同样信任常识和通用人才。与接受不确定性文化中的同事相比，来自规避不确定性文化中的高层更多地参与日常运营，而接受不确定性文化中的同事则主要考虑战略问题。[33]

美国研究者斯科特 • 肖恩(Scott Shane)发现，在 33 个国家(地区)中，国家(地区）批准的新商标数量与该国（地区）的不确定性规避指数呈负相关。由此得出的结论是，规避不确定性的文化在创新方面比较缓慢。[34]

不过，法国研究人员迪里巴尔纳给我们讲述了另外一个故事。在 20 世纪 90 年代早期，两家欧洲汽车制造商——法国雷诺(强不确定性规避)和瑞典沃尔沃(弱不确定性规避）创建了一家合资企业。来自两国的工程师和技术人员组成了联合团队致力于新模型的设计。几年后，合资企业解散了。法国和瑞典的社会科学家们采访了当时的员工，试图找出到底哪里出了问题，以便从中学习。迪里巴尔纳发现法国人比瑞典人做出了更多具有创新性的设计。一方面，法国的团队成员只要能感受到经理的支持，他们就会毫不犹豫地尝试每一个新的想法并积极捍卫这些想法。而另一方面，瑞典人则不断寻求共识。对共识的需求限制了他们提出的观点，甚至是能够想到的观点。对瑞典人来说，思想的表达需要人们之间达成协议；对法国人来说，表达思想只是为了寻求技术上的真理。[35]

这种情况表明，较强的不确定性规避不一定会限制创造力，较弱的不确定性规避也不能保证创造力的自由流动。比较肖恩和迪里巴尔纳的结论后我们可以发现，社会研究的结果与研究者的国籍有很大的关系。

IBM 的问卷调查发现，人们对大型公司的偏好不仅与阳刚气质存在正相关，而且与不确定性规避指数也有正相关的关系。在有关组织的文献中，研究者通常认为大型公司不如小型公司具有创新性，除非它们愿意奖励那些敢于打破规则的内部创业者（intrapreneurs）。根据奥地利裔美籍经济学家约瑟夫•熊彼特（Joseph Schumpeter，1883—1950 年）的说法，这个词由“创业者”（entrepreneurs）一词演化而来，指的是那些独立的、做事主动的人，他们是社会创新的主要来源。

熊彼特的思想对霍夫斯泰德和其他许多荷兰同事共同参与的一个研究项目产生了影响。该项目寻找 21 个工业化国家（地区）中哪些经济和文化因素影响了人们的自主创业水平。将人们的自主创业水平与该国（地区）的不确定性规避指数进行比较时，不免让人大吃一惊。你可能会认为，在强不确定性规避的文化中，选择冒险自主创业的人会较少，但事实恰恰相反：自主创业率与不确定性规避指数存在正相关关系。进一步的研究还表明，与强不确定性规避相关的一个方面——较低的主观幸福感可以解释这种关系。也就是说，在人们对自己的生活不满意的国家（地区）中，而不是在对未知的容忍度较高的国家（地区）中，人们往往选择自主创业。[36]

如果熊彼特的观点是正确的，企业家比非企业家更具创新性，那么我们就有理由期待强不确定性规避国家（地区）的创新会更多，而不是更少。然而，创新并不只有一种“面孔”。弱不确定性规避的文化在基础创新方面更胜一筹，却不擅长将这些创新转化为产品或服务。英国拥有的诺贝尔奖获得者多于日本，但日本却将更多的新产品投入了世界市场。这个例子强有力地表明创新和实施文化可以互补：第一种文化提供创意，第二种文化使它们得到实施。

不确定性规避、阳刚气质与激励

员工的激励问题是管理学的经典话题，管理培训师和管理书籍的作者甚至更关注该话题。不确定性规避的差异意味着激励模式的差异，但如果我们同时把第 5 章中描述的阳刚气质—阴柔气质维度考虑进来，画面会变得更加清晰。图 6.1

展示了以不确定性规避指数作为纵轴和以阳刚气质指数作为横轴的二维散点图。

通过比较 IBM 的调查与哈佛大学心理学家大卫 • 麦克利兰（David McClelland，1917—1998 年）的研究，我们发现将不确定性规避和阳刚气质结合起来用于研究激励模式是有意义的。麦克利兰在 1961 年出版了一本经典著作《成就社会》（*The Achieving Society*）。在这本书中，他试图研究不同国家（地区）的主导动机模式，并区分了三种类型的需求：成就需求、归属需求（与他人的联系）和权力需求。他用内容分析的方法研究不同国家（地区）儿童读物中的故事，以此来测量各国（地区）每种动机的强度。麦克利兰的团队分析了自 1925 年和 1950 年以来许多国家（地区）的儿童读物，对于每个国家（地区）的每个时期，都通过 21 个故事加以研究。每个故事和每个国家（地区）都在成就需求、归属需求和权力需求这三方面获得一个分数。麦克利兰的假设是，儿童读物中的成就需求可以预测这些孩子长大时这个国家（地区）的经济增长率。后来的结果并没有证明他的假设是正确的。然而，麦克利兰的国家（地区）得分与 IBM 维度得分的比较表明，自 1925 年起的儿童读物（更传统的读物）测得的成就需求与弱不确定性规避显著相关。而如果将弱不确定性规避与强阳刚气质结合起来考虑，那么成就需求与这种组合的相关尤为显著。[37]

这意味着麦克利兰根据成就需求对各国（地区）1925 年的情况进行的排序，与图 6.1 中的一条对角线相吻合：从右上角（强烈的成就需求）到左下角（微弱的成就需求）。弱不确定性规避意味着愿意承担不熟悉的风险，高阳刚气质则表示重视看得见的结果。两者都是美国传统中的创业活动的组成部分。因此，美国和其他盎格鲁国家位于图 6.1 的右上象限就不足为奇了。这些国家都具备较低的不确定性规避、较高的阳刚气质和对成就的强烈需求。在选择成就动机时，美国人麦克利兰将这种典型的盎格鲁价值观推广为经济成功的一种普适性处方。法国人、瑞典人或日本人不太可能去构想一种全球性的成就动机。甚至成就（achievement）这个单词也难以翻译成除英语之外的大多数语言。[38]

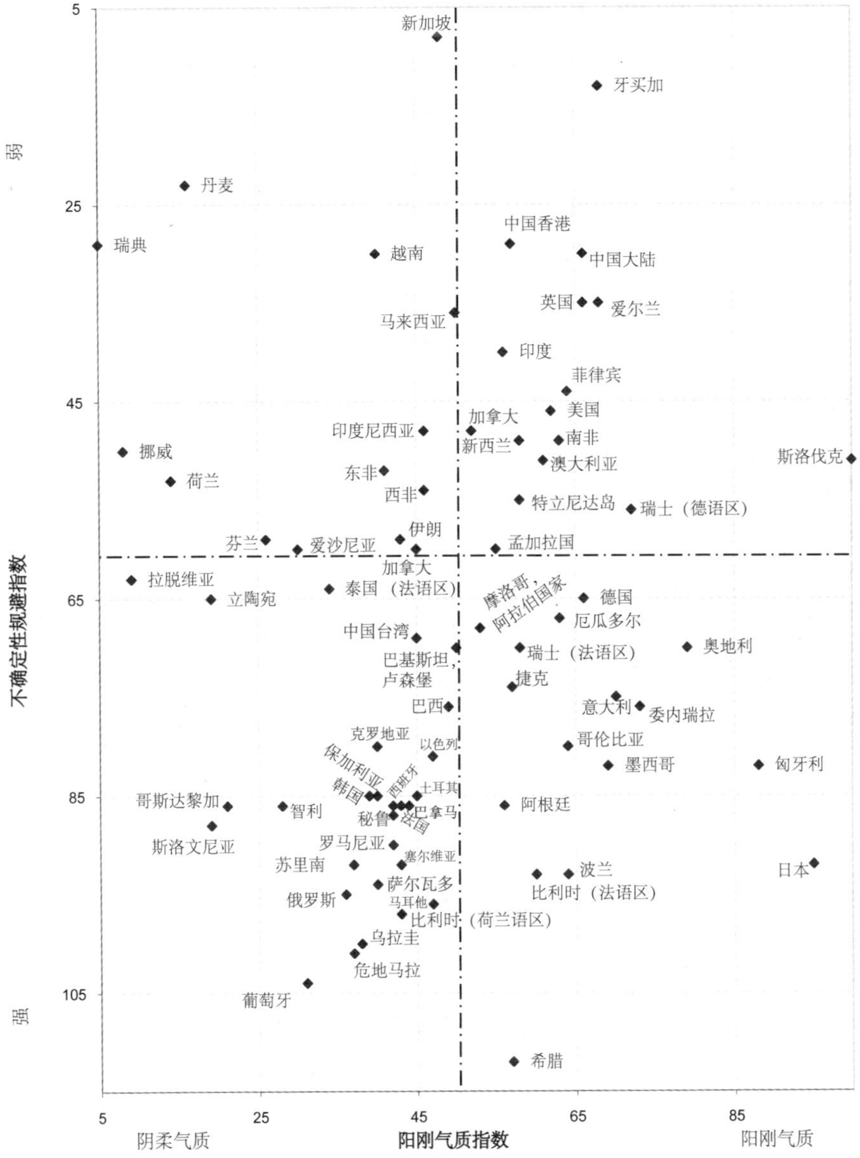

图 6.1　阳刚气质与不确定性规避的关系

将麦克利兰的研究放在一边，我们来看看图 6.1 中的内容。不确定性规避和阳刚气质—阴柔气质的组合强调了不同国家（地区）的不同动机模式。美国心理学家亚伯拉罕 • 马斯洛（见第 4 章）区分了从低到高的不同需求：生理需求、安全和保障需求、归属需求、尊重需求和自我实现需求。在第 4 章中，我们将自我实现与个人主义联系起来。在图 6.1 中，当不确定性规避很强的时候，对安全的需求可能优先于其他需求。在阴柔气质的文化中，对归属的需求（人际关系）将凌驾于尊重需求之上。在阳刚气质的文化中，尊重需求凌驾于归属需求之上。对于马斯洛模型中缺少的需求，也许应该增加进来。因为在 20 世纪中叶的美国中产阶级文化环境中，这些需求并未得到承认。前几章中已经确定的几种候选需求包括尊敬、和谐、面子和责任。

表 6.4 总结了弱不确定性规避社会和强不确定性规避社会在工作场所、组织和激励方面的主要差异。大多数真实的情况将介于两者之间。

表 6.4　弱不确定性规避社会和强不确定性规避社会的主要差异：工作场所、组织和激励

弱不确定性规避社会	强不确定性规避社会
更频繁地更换雇主，服务期限较短	较少更换雇主，服务期限较长，平衡工作与生活更难
如无必要，就不需要制定规章制度	情感上需要规章制度，即使它不起作用
只在需要时才努力工作	忙碌是情感上的需求，努力工作是内在动力
时间是定位的框架	时间就是金钱
对模糊和混乱的容忍	对精确和正规化的需求
信任通用人才和常识	信任专家和技术解决方案
高层关注战略	高层关注日常运营
新商标较多	新商标较少
侧重决策过程	侧重决策内容
内部创业者相对较不受制度约束	内部创业者受现有制度的严格约束
自主创业的人较少	自主创业的人较多
善于创新，不擅长执行	不擅长发明，擅长执行
动机来自成就、尊重或归属需求	动机来自安全、尊重和归属需求

不确定性规避、百姓与政府

与弱不确定性规避的国家（地区）相比，强不确定性规避的国家（地区）往往有着更多及更精确的法律。例如，德国甚至制定了在其他所有法律条款都不适用时的条款，而英国甚至没有成文的宪法。德国制定了详细的劳资关系法，而英国试图多次通过工业关系法案，却从未获得成功。

在弱不确定性规避的国家（地区）中，一种主流观点是：如果法律不发挥作用，它就该被取消或被修改。在强不确定性规避国家（地区）中，法律能满足人们对于安全的需求，即使它们未被遵守——这与宗教戒律很像。

制定法律是一回事，遵守又是另外一回事。来自世界银行的法律专家曾经和100多个国家（地区）的法律事务所合作过，他们在每个国家（地区）都收集了两个相对简单的民事程序——收回被银行退回的支票和驱逐不付租金的租户的实际执行时间。在可以获得文化指数的67个国家（地区）中，这个数字从40天到3年不等。每个程序的执行期限都与该国（地区）的不确定性规避存在显著的相关关系，而与其他维度或国家（地区）财富无关。[39] 很多强不确定性规避的文化都拥有完备的法律，但是对于百姓来说，要让这两个简单的民事程序发挥法律作用需要太长的时间，以至于老百姓根本就不会尝试使用这些程序。

规避不确定性对社会立法的影响还取决于该社会的个人主义或集体主义程度。图6.2勾勒了这两个维度，在强不确定性规避的个人主义国家（地区），法规往往是明确和成文的（低语境沟通，见第4章）。在弱不确定性规避的个人主义国家（地区）中，规则通常不明确且根植于传统（高语境沟通）。日本就是一个典型的例子，在西方国家与日本就向西方国家的产品开放市场进行谈判时的一系列争论中，日本人振振有词：他们并没有正式的规则阻止外国产品进入日本市场，但是西方的出口商都会遭遇到日本物流系统中的许多隐形规定。这些隐形规定是出口商们无法理解的。

如第3章所述，不确定性规避对政府—百姓之间的影响与权力距离的影响不同。强不确定性规避的国家（地区）比弱不确定性规避的国家（地区）拥有更多的专家。不平等并不体现在权力上，而是体现在政府官员相对于其他公民的能力上。[40]

2007年的欧洲调查数据显示，来自19个繁荣国家的年轻欧洲人更有可能签署请愿书（如果所在国的不确定性规避指数较低）。然而，参与公众示威的趋势则恰好相反（如果有的话）。[41]

强不确定性规避的国家（地区）的百姓不仅更加依赖政府的权威意见，而且把它视作理所当然。在强不确定性规避的国家（地区），拥有法律学位的高级公务员人数比弱不确定性规避的国家（地区）多得多。[42] 该国（地区）的百姓对政治不那么感兴趣，也不那么相信他们国家（地区）的法律系统。[43] 在弱不确定性规避的国家（地区），百姓更经常参与志愿团体或活动以此造福社会。

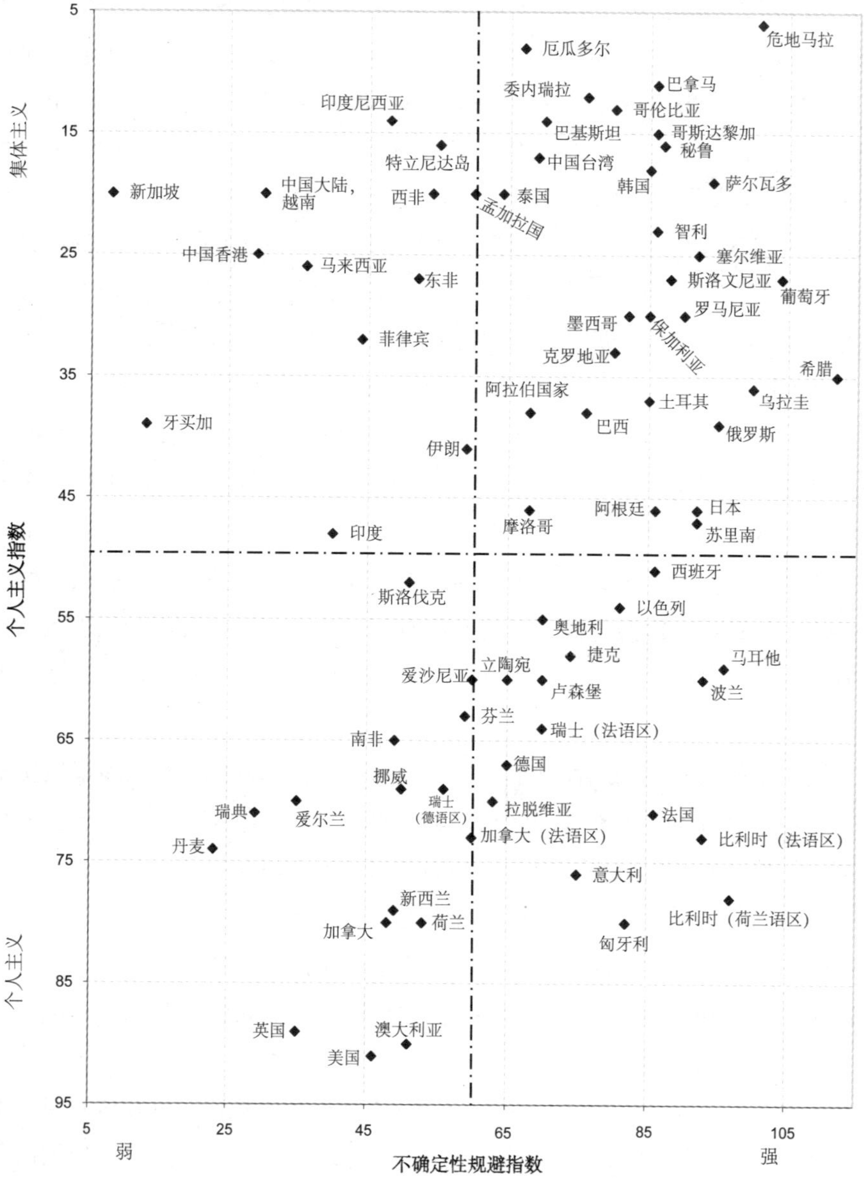

图 6.2　不确定性规避与个人主义的关系

不确定性规避与腐败

一个影响到政府甚至私人组织正常运作的现象就是腐败。在世界各地，都存在官方和非官方的边际支付。什么是腐败在某种程度上与对它的界定有关。当公民为了私人的目的“购买”与权威机构的合作时，我们称作腐败。但是，对于一些国家（地区）在游说活动方面花费大笔款项，虽然正式合法，但它们的动机与腐败类似，我们该如何评价呢？在私有化的公共服务领域，行政层面的过度自我补偿和丰厚的离职金又该如何评价呢？

自 1995 年以来，位于德国柏林的非政府反腐国际组织每年都在互联网上发布众多国家（地区）的腐败指数（Corruption Perception Index，CPI）。该指数综合了来自商业、媒体和外事工作等 13 个不同来源的信息。腐败指数的范围从 10（表示极其廉洁）到 1（表示极端腐败）。我们对 2008 年的腐败指数进行分析后可以看出，在全球范围内，这个指数主要取决于财富：对于 73 个我们掌握了全部所需数据的国家（地区），较富裕的国家（地区）也更廉洁，反之亦然。只有 4 个较贫穷国家（地区）的廉洁度高于平均水准，5 个较富裕国家（地区）的腐败程度高于平均水平。[44]

在贫困的情况下，以非正规方式获取资金不仅仅是贪婪，更可能是维持生存的一种方式。贫穷国家（地区）的官员、警察和教师往往薪酬很低。如果没有边际支付，他们就无法养家糊口，获取额外收入的风气遍及整个社会。

在富裕国家（地区）中，财富差异不能解释腐败指数上的差异。相反，在我们数据库中的 30 个最富裕的国家（地区）中，2008 年腐败指数中 50% 以上的差异可以由不确定性规避指数来解释。[45] 公民对权威人士越不进行监督，后者越容易从非法行为中脱身。

腐败毫无疑问会产生行贿者。除腐败指数之外，反腐国际组织还定期发布行贿指数（Bribe Payers Index，BPI）。在 22 个出口国（地区）中，2008 年的行贿指数与不确定性规避指数无关，但与出口国（地区）的人均国民生产总值成反比——来自较贫穷国家（地区）的出口商更多地行贿。出口国（地区）的权力距离也产生了相当大的影响，来自较高权力距离国家（地区）的出口商支付了更多的贿赂。[46]

表 6.5 总结了弱不确定性规避社会和强不确定性规避社会在百姓和政府方面的主要差异。

表 6.5　弱不确定性规避社会和强不确定性规避社会的主要差异：百姓和政府

弱不确定性规避社会	强不确定性规避社会
法律或不成文规则较少，且更模糊	法律或不成文规则较多，且更精确
如果法律没有得到遵守，则应该被修改	法律是必要的，即使它们没有被遵守
诉诸法律时能较快获得结果	诉诸法律时需较长时间才能获得结果
与政府相比公民素质较高	与政府相比公民素质较低
百姓的抗议行为是可以接受的	百姓的抗议行为应该被压制
公务员基本上没有法律学位	公务员基本上都有法律学位
公务员对政治程序持肯定态度	公务员对政治程序持否定态度
百姓对政治感兴趣	百姓对政治不感兴趣
百姓相信政客、公务员和司法系统	百姓不相信政客、公务员和司法系统
参加志愿者团体和活动的人较多	参加志愿者团体和活动的人较少
外部观察者认为腐败较少	外部观察者认为腐败较多

不确定性规避、排外心理与民族主义

1983 年，一位来自鹿特丹的 16 岁高中生，我们叫她安妮克，参加了荷兰和奥地利之间的青年交流项目。她住在奥地利一个中等城镇的一名高中老师家里，家里有里德尔博士、他的妻子、他们的女儿希尔德（和安妮克同龄），以及希尔德的两个弟弟。

安妮克和希尔德一起上下学，她的德语进步很快。星期天，她和里德尔家族一起去教堂，他们是虔诚的天主教徒。安妮克是新教徒，但她并不介意，她喜欢教堂里的这种体验和歌声。她带来了小提琴，放学后和希尔德一起演奏小提琴和钢琴。

在安妮克在里德尔家住了两个多月后的一天，晚餐的谈话不知何故转向了犹太人。里德尔似乎对这个问题颇有偏见，安妮克对此感到失望。她问里德尔太太是否认识什么犹太人。“当然不，”里德尔太太答道。

安妮克顿时觉得血液上涌。“嗯，你现在就认识一个，”她说，“我是犹太人。至少，我的母亲来自犹太家庭，根据犹太传统，只要是犹太母亲生的孩子就是犹太人。”

晚餐在沉默中结束。第二天早上，里德尔博士把安妮克带到一边告诉她，她再也不能和里德尔全家一起吃饭了。他们会单独给她找张桌子。她也不能和他们一起去教堂了，她应该早些告诉他们自己是犹太人。几天后，安妮克就回到了荷兰。[47]

在欧盟成员国中，奥地利和其他中欧国家在 IBM 研究及重复性研究中在不确定性规避方面得分相对较高。在欧洲的这一地区，种族偏见包括反犹太主义，已经猖獗了好几个世纪。直到 20 世纪 30 年代，维也纳才出现了一个庞大的犹太人社区。其实,许多奥地利的著名学者都是犹太人,其中包括西格蒙德·弗洛伊德。1936 年，纳粹德国入侵奥地利。大量的犹太裔奥地利人逃亡国外，其中很多人去了美国。那些没有逃亡的人大多在纳粹大屠杀中丧生。自 1945 年以来，奥地利国内的犹太人就所剩无几了。[48] 刚才的那个真实故事表明，即使被排斥的对象已经消失了很久，偏见仍然存在，甚至根深蒂固。

我们故事中的里德尔夫妇从小就被灌输这种思想：不同的东西是危险的。他们将这种思想又传递给他们的孩子。我们不知道里德尔家的孩子是如何经历这一事件的，以及他们是否变得与父母一样存在偏见。少数民族（甚至过去的少数民族）、移民和难民及其他国家（地区）的公民都可能被认为是危险群体。欧洲委员会在 1997 年的《欧洲种族主义和排外心理》(*Racism and Xenophobia in Europe*) 报告中的数据表明，移民应该被遣返的观点与不确定性规避密切相关。在 IBM 的研究中早就发现了强不确定性规避的国家(地区)不太接受外来管理者。[49]

不确定性规避、宗教与观念

我们在本章前面提到，宗教是人类规避焦虑的方式之一。宗教信仰和仪式帮助我们接受那些无法抵抗的不确定性,有些宗教还宣扬“死后轮回”的终极确定性。

表 6.1 中我们根据不确定性规避指数对国家（地区）进行分组后发现，它与主流宗教有一定的关联。除了菲律宾和爱尔兰，大多数东正教和罗马天主教国家（地区）的得分很高。伊斯兰国家（地区）往往得分中等；新教国家（地区）低于平均水平；除了日本以外，佛教和印度教国家（地区）的得分处于中低水平。

以宗教信仰对国家（地区）进行划分存在的问题是，世界上的主要的宗教都是因国家（地区）而异的。波兰、秘鲁、意大利和荷兰这几个国家的罗马天主教就各不相同。对印度尼西亚、伊朗、沙特和巴尔干的信徒来说，伊斯兰教意味着完全不同的东西。泰国、新加坡和日本的佛教有着截然不同的情感和现实影响。

在建立不确定性规避与宗教信仰之间的关系时，区分西方和东方的宗教是非常重要的。西方宗教（犹太教、基督教和伊斯兰教）都基于神的启示，而且这三种宗教都发源于现在的中东地区。西方与东方宗教之间的区别在于它们对真理的关注，并且用大写字母“T”来代表真理。西方宗教都有一种假设，即存在一种绝对的真理，人们只能信奉它，其他所有的真理都被排除在外。在西方国家中，不确定性规避较弱的文化也相信真理，但他们不那么相信只有自己才持有真理。

东方宗教对真理的关注较少。在他们的思想中不存在人类只拥有一个真理的假设。除了不确定性规避之外，还有更多内容我们将在第 7 章进一步讨论。

在基督徒占多数的国家（地区）中，人口中天主教徒所占的比例（与大多数新教徒相反）与该国（地区）的不确定性规避指数相关。在伊斯兰教和犹太教内部，不确定性规避程度不同的教派也存在明显的冲突，强不确定性规避的教派是教条的、不宽容的、狂热的和宗教激进主义的（“只有一种真理而我们拥有它”），弱不确定性规避的教派务实、宽容、自由并对现代世界开放。近年来，所有三种启示宗教中的狂热派都异常活跃，并持续发声。历史上，狂热派总会导致其自身的毁灭。因而所幸的是，这些狂热行为很可能不会持久。

对人权的尊重意味着容忍持不同政治观念的人们。

在哲学和科学领域[50]，与弱不确定性规避的文化相比，强不确定性规避的文化更有可能孕育出宏观理论。对真理的追求是哲学家们最本质的驱动力。在欧洲，德国和法国就比英国和瑞典产生了更多伟大的哲学家（如笛卡尔、康德、黑格尔、马克思、尼采和萨特）。弱不确定性规避的文化产生了更多卓越的实证科学家，人们从观察和实验而不是纯粹的反省中得出结论（如牛顿、林奈和达尔文）。

马瑞克·德·穆伊指出，文化价值观可以从一个国家（地区）的文学小说的主题和风格上辨认出来。有关强不确定性规避的国家（地区）创作出来的世界文学作品的例子，她提到了来自捷克的弗兰兹·卡夫卡，他创作了《城堡》；来自德国的歌德，他写出了《浮士德》。在前者的故事中，主角由于非人情味的规则而长期陷于苦闷之中。在后者中，英雄为了获得真理而出售自己的灵魂。弱不确定性规避的英国产生了在世界高度受欢迎的作品，它们描述的都是最不真实的故事——如刘易斯·卡罗尔的《爱丽丝梦游仙境》、托尔金的《指环王》和 J.K. 罗琳的《哈利·波特》[51]。

从表 6.2 开始，我们已经概括了弱不确定性规避社会和强不确定性规避社会之间的主要差异，表 6.6 增加了过去两节中没有涉及的容忍、宗教和观念方面的差异。

表 6.6　弱不确定性规避社会和强不确定性规避社会的主要差异：容忍、宗教和观念

弱不确定性规避社会	强不确定性规避社会
更强的种族宽容	更强的种族偏见
对外国人持肯定或中立的态度	有排外倾向
难民应该获得承认	外国移民应当被遣送回国
防御性的民族主义	攻击性的民族主义
较少引发激烈的内部冲突	容易引发激烈的内部冲突
一种宗教的真理不应强加给别人	在宗教中，有且只有一种真理，且被我们拥有
如果戒律得不到遵守，则其内容应该改变	如果戒律得不到遵守，那么我们就是罪人，应该忏悔
人权：没有人因为其信仰而受到迫害	宗教、政治及意识形态较不宽容，宗教激进主义
在哲学和科学领域，流行相对主义和百家争鸣	在哲学和科学领域，喜欢追求宏大理论
文学作品大多关于虚幻世界	文学作品探求制度和真理

不确定性规避差异的起源

第 3 章中我们发现权力距离的差异与地理纬度、人口规模和国家（地区）财富存在统计相关性。对于不确定性规避来说，没有发现这样的广泛联系。

历史的影响是显而易见的。罗马帝国的属国都位于强不确定性规避这一端。讲汉语的国家与地区，如中国台湾、中国香港和新加坡都位于弱不确定性规避这一端；国（地区）内拥有许多具有华裔血统的少数民族国家（地区），如泰国、印度尼西亚、菲律宾和马来西亚也是如此。

不确定性规避差异的未来

2013 年，我们对 30 年间世界价值观调查中与不确定性规避指数相关的问题进行分析后发现：没有总体增加或减少的趋势。[52] 在较早的时期，理查德 • 林恩公布了 18 个国家（地区）在 1935—1970 年的国家（地区）焦虑水平得分（与不确定性规避相关）。[53] 国家（地区）焦虑水平是波动的，并与各国（地区）参与第二次世界大战密切相关。一个合理的假设似乎是：伴随着第一次世界大战及之前的许多战争，都会出现类似的焦虑水平波动。这个过程可能是这样的：当一个国家（地区）的焦虑水平提高时，不确定性规避程度就会增加。这种增加可以表

现为不容忍、排他主义、宗教和政治极端主义。领导权落入狂热分子手中，他们发动战争。在经历战争的国家（地区），焦虑情绪进一步加剧。战争结束后，压力才得到了释放。首先是没有直接参与战争的国家（地区）得到缓和，然后才是其他国家（地区），它们在几年后开始重建。防止重复这一过程需要国际社会的协同行动。欧盟就是一个例子，它的成员国在历史上曾是死对头。最终的资源是联合国，因为在为世界和平而采取合法行动方面，联合国的作用无可替代。

注释

[1] 私人沟通。

[2] Lawrence, 1980, p.133.

[3] 这个术语第一次在 1963 年 Cyert 和 March 的书中第 118 页出现。

[4] *Webster's New World Dictionary of the American Language*, College Edition 1964.

[5] 它们的等级相关系数为 0.73***。Lynn, 1971; *Culture's Consequences*, 2001, pp.155-156 and 188.

[6] Wikipedia, 2008.

[7] Costa & McCrae's *NEO-PI-R*. 不确定性规避指数与神经质的相关系数为 0.58 **；不确定性规避加上阳刚气质指数与神经质的多重相关系数为 0.74 ***；不确定性规避和随和性的相关系数为 –0.55 **。Hofstede & McCrae, 2004.

[8] *Culture's Consequences*, 2001, p.199.

[9] 控制年龄后国家（地区）差异与表 5.1 中的差异非常相似。*Culture's Consequences*, 2001, pp.184-185.

[10] 私人沟通。

[11] Douglas, 1966.

[12] Kashima & Kashima, 1998. 在 52 个国家（地区）中，不确定性规避指数与拥有一个以上第二人称代词之间的相关系数为 0.43 **。

[13] *Culture's Consequences*, 2001, pp.157 and 191. 19 个较富裕国家（地区）的多重相关系数为 –0.71 ***。

[14] *World Values Survey 1995-2004* 中，在 47 个国家（地区）中：不确定性规避指数和感觉“非常健康”的相关系数为 0.60***。

[15] Payer, 1989.

[16] Meeuwesen, van den Brink-Muinen & Hofstede, 2009. 该研究使用了来自比利时、爱沙尼亚、德国、英国、荷兰、波兰、罗马尼亚、西班牙、瑞典和瑞士的 307 名普通医生和 5 820 名患者之间的互动视频。

[17] *Human Development Report 1999*, Table 9. 护士和医生的数量与不确定性规避指数的等级相关系数为 –0.54***。

[18] 基于 1993 年 Veenhoven 的观点。21 个国家（地区）的相关系数为 –0.64**。*Culture's Consequences*, 2001, p.158.

[19] 不确定性规避指数与 26 个国家（地区）幸福感的相关系数为 0.50 **。在 2001 年版 *Culture's Consequences* 第 158 页上错误地指出是负相关，但对它的解释却是正确的。

[20] *World Values Survey, 1995-2004*. 在 50 个国家（地区）中，不确定性规避指数和感觉"非常不幸福"的百分比的相关系数为 0.47***；不确定性规避指数和感觉"非常幸福"的百分比的相关系数为 –0.30*。

[21] Stroebe, 1976, pp.509-511.

[22] *Culture's Consequences*, 2001, p.163.

[23] De Mooij, 2004, 2010; *Culture's Consequences*, 2001, p.170; de Mooij & Hofstede, 2002.

[24] *Special Eurobarometer 298*: *Consumer protection in the internet market*, 2008. 在 19 个富裕国家中，不确定性规避指数解释了 48% 的差异。（感谢 Marieke de Mooij）

[25] 随着手机在所有国家（地区）的普及，手机使用与不确定性规避之间的关系随着时间的推移而减弱。G.J.Hofstede, 2001.

[26] *Flash Eurobarometer 241*: *Information Society as Seen by EU Citizens*, 2008. 19 个富裕的欧盟国家无法访问互联网的百分比：不确定性规避指数解释了 61% 的国家差异。（感谢 Marieke de Mooij）

[27] *Flash Eurobarometer 243*: *Consumers' view on Switching Service Providers*, 2009. 19 个富裕的欧盟国家之间存在差异：低不确定性规避指数解释了 46% 的差异，低阳刚气质指数解释了 19% 的差异，高个人主义指数解释了 10% 的差异，三者合起来解释了 75% 的差异。（感谢 Marieke de Mooij）

[28] *Special Eurobarometer 298*: *Consumer Protection in the Internet Market*, 2008. 在 19 个富裕国家中，不确定性规避指数解释了 36% 的差异，个人主义指数解释了 22% 的差异。（感谢 Marieke de Mooij）

[29] De Mooij, 2004, p.154.

[30] *Flash Eurobarometer 247*, 2008. 其中统计了非常或相当“难以找到合适的工作与生活平衡”的百分比。在超过 25 个国家中，强不确定性规避指数解释了42%的差异。在18个富裕国家中，强不确定性规避指数解释了53%的差异。财富的汇聚使作为解释变量的文化更加重要！（感谢 Marieke de Mooij）

[31] D’Iribarne, 1989, pp.26 and 76.

[32] *Culture's Consequences*, 2001, pp.190 and 192.

[33] Horovitz 基于他 1980 年自身对法国、德国和英国的比较。

[34] Shane (1993). 他的团队还调查了跨国公司员工在创新过程中的作用。在不确定性规避较强的国家（地区），员工往往会受到规则的限制。Shane, Venkataraman & Macmillan, 1995; *Culture's Consequences*, 2001, p.166.

[35] D’Iribarne, 1998.

[36] Wildeman, Hofstede, Noorderhaven, Thurik, Verhoeven & Wennekers ,1999; *Culture's Consequences*, 2001, p.165. 对于英国，一项追踪研究证明，为自己工作的人的确比被他人所雇用的人更满意自己的生活。对于这些人来说，他们从自营职业中得到了回报。Blanchflower & Oswald, 1998.

[37] *Culture's Consequences*, 2001, pp.163-165 and 192. 不确定性规避指数和 McClelland 在 1925 年的成就需求得分之间的等级相关系数为 0.64 ***；不确定性规避指数和阳刚气质指数与成就需求得分之间的多重相关系数为 0.73 ***。1950 年的国家（地区）排名与 IBM 指数没有任何关联，也不与同一国家（地区）的 1925 年的排名相关。一个似是而非的解释是，只有 1925 年的故事像 McClelland 寻求匹配的人类学家的民间故事一样。1950 年，第二次世界大战后，国际交流急剧增加，这一时期的儿童书籍更有可能揭示创新教育者的观念，而不是旧的传统。

[38] McClelland 1925 年的研究中，关联需求分数与个人主义指数的排名正相关（r=0.48 **），这表明如果社会结构没有预先确定关系，那么从属关系就更为重要。1925 年的权力需求得分和 1950 年所有三项需求的得分与 IBM 指

数或人均国民生产总值没有产生任何显著的相关性。*Culture's Consequences*, 2001, p.192.

[39] 数据来自 2003 年 Djankov，La Porta，Lopez de Silanes 和 Shleifer 的研究，并在阿姆斯特丹自由大学的 Erhard Blankenburg 教授的帮助下获得。我们在 67 个国家（地区）中发现，与收回支票的实际时间的等级相关系数为 0.42，与租户驱逐的实际时间的等级相关系数为 0.40，两个程序的平均持续时间的等级相关系数为 0.47（均超过 0.001 水平）。

[40] 美国政治学家 Gabriel Almond 和 Sidney Verba（1963）在一项经典研究中创造了公民能力这一术语：他们发现普通公民与政府之间的权限因国家（地区）而异。公民能力得分与我们的不确定性规避指数呈强负相关。

[41] *Eurobarometer Young Europeans 2007*. 你做过以下任何一件事吗？在 19 个国家中，不确定性规避与“签署请愿书”的相关系数为 –0.54 **，“参与公众示威”为 0.41 *（感谢 Marieke de Mooij）。*Culture's Consequences*, 2001, p.172.

[42] 1997 年 Aberbach 和 Putnam 公布了德国的高级公务员中拥有法律学位的比例为 65%，而英国则为 3%。*Culture's Consequences*, 2001, p.173.

[43] 基于 *The 1990-1993 World Values Survey* 与 *The 1994 Eurobarometer* 的数据。*Culture's Consequences*, 2001, pp.171 and 174.

[44] 国家（地区）财富与腐败指数之间的相关系数为 0.85 ***。其中，较富裕的国家（地区）是指 2005 年人均购买力平价超过 13 300 美元的国家（地区）；较廉洁的国家（地区）是指 2008 年腐败指数为 5.0 或更高的国家（地区）。更贫穷但比平均水平更廉洁的国家是智利、乌拉圭、马来西亚和哥斯达黎加。更富裕但比平均水平更腐败的国家是意大利、希腊、立陶宛、波兰和阿根廷。

[45] 2005 年人均购买力平价超过 18 000 美元的国家（地区），相关系数为 0.73 ***。

[46] 由于富国（地区）和穷国（地区）之间的财富差距很大，我们使用了等级相关性。在 22 个国家（地区）中，2008 年的行贿指数与 2005 年的人均购买力平价的等级相关系数为 0.79 ***；与权力距离指数的等级相关系数为 –0.72 ***。国家（地区）财富解释了 64% 的行贿指数差异，国家（地区）财富加上权力距离指数解释了 76% 的差异。

[47] 来自 Anneke 和父母的私人沟通。

[48] 其中一个例外是主流社会党领袖 Bruno Kreisky，他多年来担任总理。相互矛盾的是，Kreisky 在奥地利的主流人群中非常受欢迎。

[49] *Culture's Consequences*, 2001, pp.175 and 196.

[50] 根据美国神话学家 Joseph Campbell 的说法，宗教植根于科学。当前的世界宗教反映了数千年前它们成立时的科学状态。Campbell, 1988[1972], p.90.

[51] Marieke de Mooij 在 2000 年 9 月的会议论文 *The Reflection of Values of National Culture in Literature*（未发表）中的评论。

[52] Beugelsdijk, 2013.

[53] Lynn, 1975 and *Culture's Consequences*, 2001, p.182. Lynn 计算了 1935 年、1950 年、1955 年、1960 年、1965 年和 1970 年的分数。由于第二次世界大战，1940 年和 1945 年的数据丢失。

第7章

过去、现在或将来

《红楼梦》是中国的一部著名小说。作者曹雪芹描写了金陵近郊贵族两大家庭分支的兴衰起伏。在两大家庭的住所之间，他们为自己的年轻人（大多数是女性）建造了一处拥有诸多楼阁的大观园。对这样一个大观园的维护引发了许多问题，直到一位年轻女性探春的出现。她宣布了这样一个新的商业计划：

不如在园子里所有的老妈妈中，拣出几个老实本分、能知园圃的，派他们收拾料理。也不必要他们交租纳税,只问他们一年可以孝敬些什么。一则园子有专人修理，花木自然一年好似一年的，也不用临时忙乱；二则也不至作践，白辜负了东西；三则老妈妈们也可借此小补，不枉年日在园中辛苦；四则亦可以省了这些花儿匠、山子匠、打扫人等的工费。将此有余，以补不足。[1]

随着故事的发展，探春的私有化承包制得以成功实施。曹雪芹描述了这样一个社会：创业精神被视作理所当然，在老年妇女中也是如此，这种精神蕴含在她们的心理软件中。

国家（地区）价值观和儒家学说

第 2 章我们描述了彭麦克让他的中国同事开展华人价值观调查的原因及做法。1985 年，他的同事将问卷发放到了全球 23 个国家（地区）的学生手中。[2] 彭麦克对华人价值观调查数据库进行的分析显示，20 个国家（地区）中有三个维度与霍夫斯泰德的 IBM 调查维度显著相关。但华人价值观调查的第四个维度与 IBM 的第四个维度无关：华人价值观调查中没有不确定性规避的维度，即华人价值观调查中的第四个维度与 IBM 没有任何联系。然而，让我们兴奋的是，这个维度与近期的经济增长密切相关，后来发现，它预测了未来的经济增长。[3] IBM 维度中的个人主义指数和某种程度上的权力距离指数与国家（地区）财富相关，但是它们都与财富的增长无关，我们也不知道其他与增长有关的非经济指数。这个发现足以使我们的模型增加新的第五个维度。

华人价值观调查中的第四个维度，其中一端包括的价值观有：

（1）坚持不懈。

（2）节俭。

（3）尊卑有序。

（4）知廉耻。

相反一端包含了以下价值观：

（1）礼尚往来。

（2）尊重传统。

（3）维护面子。

（4）稳重。

正如我们在第 3 章和第 4 章中提到的，了解中国文化的学生能够辨认出儒家学说的这些价值元素。

中国的孔子生于公元前 500 年左右，是一名出身卑微的知识分子。他试图为当时分裂的中国的各地区统治者服务，但并未成功。然而，他以出众的智慧和谋略赢得了极高的声誉。在孔子生命的最后阶段，他被许多记录他思想的门徒所追随。孔子在中国的地位正如苏格拉底在古希腊的地位，而且他们还是同一时代的人（孔子比苏格拉底早出生 80 年左右）。

儒家学说是实践中产生的道德伦理，但不包含宗教的内容。儒家思想不是宗教，而是从中国历史总结出的一套日常生活的实用规则。以下是儒家学说的基本原理：

（1）社会的稳定基于人们之间的不平等关系。第 3 章中我们已经讨论过这部分内容。孔子区分了五种基本关系（五伦）：君臣、父子、兄弟、夫妻、朋友。这些关系基于相互和互补的义务。例如，晚辈应当尊敬和服从长辈，而长辈应该保护和体谅晚辈。价值观“尊卑有序”符合这个原理。

（2）家庭是所有组织的原型。一个人并不是一个独立的个体，而是家庭的一位成员。第 4 章我们已经强调了，在集体主义文化的家庭中耻辱（而不是内疚）的重要性。价值观“知廉耻”是儒家基于家庭的社会的核心。

（3）对待他人的德行包括“己所不欲，勿施于人”。这在西方哲学中被奉为黄金法则，只不过不是以这种双重否定的形式来表达的。孔子制定了一套对待他人的基本仁爱法则，但还远远没有达到基督教中的要求：去爱自己的敌人。霍夫斯泰德听说儒家学说有这样的评论：如果一个人要去爱他的敌人，那他还能给自己的朋友留下多少爱?

（4）对于人生中的任务而言，美德还包括尝试获得技能和教育，努力工作，节俭，耐心和坚忍不拔。炫耀性消费是一种禁忌，正如发脾气一样，一切都应该以适度的方式完成。苏格拉底也制定了同样的规则。价值观“坚持不懈”和“节俭”非常符合这条原则。

从与华人价值观调查的第四个维度相关的八项价值观中，处于前一端的四个价值观与儒家学说直接产生了共鸣。后四项价值观包括“礼尚往来”和“维护面子”。这些行为在华人社会中能够很快识别出来，但并不只属于儒家学说。像“尊重传统”和“稳重”这样的概念甚至不仅仅属于中国人。

华人价值观调查的第四个维度毫无疑问并不等同于儒家学说。一些典型的儒家价值观与该维度无关——例如，“孝道”在华人价值观调查中是与集体主义文化相关的。像印度这样一个非儒家思想的国家在该维度上也有相当高的得分。

在 IBM 研究中没有找到这个维度是因为它没有涉及相关的问题，IBM 问卷的西方设计者没有考虑到它们是重要的。而设计华人价值观调查问卷的中国学者把它们包括在内，却没有包括一些西方人设计的与 IBM 维度相关的问题，尤其是与不确定性规避这个维度相关的问题。这并不意味着它们在中国就没有意义。例如，不确定性规避这一维度形成了中日两国文化的显著差异。

新维度的独特之处在于它与经济增长相关，而 IBM 的四个维度都没有这个特征。这就是为什么霍夫斯泰德认为这是全球测量工具的一个重要补充。由于“坚持不懈”和“节俭”反映的是面向未来的导向，而“稳重”和“尊重传统”代表的是一种静态的、面向过去和当前的导向，因此霍夫斯泰德在他 1991 年版的书里把这个维度称为“长期导向—短期导向”。[4] 第五个维度的定义如下：长期导向意味着培育和鼓励以追求未来回报为导向的品德，尤其是“坚持不懈”和“节俭”；与之相反的另一端——短期导向——意味着培育和鼓励过去和当前的品德，尤其是“尊重传统”“维护面子”和“履行社会义务”。

表 7.1 列出了华人价值观调查中 23 个国家（地区）长期导向的指数得分。得分最高的是中国大陆 [5] 和其他东亚国家（地区）。这些东亚国家（地区）由于

高速的经济发展，在 20 世纪后半叶被称为“龙”或“虎”。欧洲国家处于中等水平。英国及它的盎格鲁伙伴澳大利亚、新西兰、美国和加拿大的得分处于短期导向一端。非洲国家津巴布韦和尼日利亚的得分也处于短期导向这一端，亚洲国家菲律宾和巴基斯坦同样如此。

表 7.1 基于华人价值观调查的 23 个国家（地区）的长期导向指数

排名	国家（地区）	得分（分）
1	中国大陆	118
2	中国香港	96
3	中国台湾	87
4	日本	80
5	韩国	75
6	巴西	65
7	印度	61
8	泰国	56
9	新加坡	48
10	荷兰	44
11	孟加拉国	40
12	瑞典	33
13	波兰	32
14	澳大利亚	31
15	德国	31
16	新西兰	30
17	美国	29
18	英国	25
19	津巴布韦	25
20	加拿大	23
21	菲律宾	19
22	尼日利亚	16
23	巴基斯坦	0

新维度的问题在于长期导向指数得分仅限于 23 个国家（地区），比 IBM 数据库中的一半还要少，而我们在其他国家（地区）收集的同等数据却产生了令人怀疑的结果。然而，明科夫发现，世界价值观调查中的某些项目可以形成一个维

度。这个维度与基于华人价值观调查的长期导向得分高度相关，可以作为长期导向的替代指标。这个基于世界价值观调查的维度在 93 个国家(地区)中可以找到。但是在我们展示新分数及其含义之前，我们将首先回顾基于华人价值观调查的主要结论，尤其是亚洲和西方文化的差异。

长期导向、短期导向对家庭的影响

在所有的人类社会中，儿童必须学会自我约束和延迟满足感，从而以一个文明人被接纳。德国社会学家诺贝特•埃利亚斯（Norbert Elias，1897—1990 年）将自我控制和以一种长远的视角看人生视为文明进程中的关键步骤。[6] 在不同社会之间，延迟满足感的时间长短会随着长期导向的变化而改变。

在长期导向程度高的国家（地区）中，婚姻是一种实用的、以目标为导向的安排。在 1990—1993 年的世界价值观调查中关于“成功婚姻的要素”的问题表明，在长期导向程度高的家庭中，与姻亲生活在一起被认为是正常的，配偶之间的口味和兴趣差异并不重要。在另一项研究中，来自长期导向程度高的国家（地区）的学生最赞同这样的说法：“如果爱情完全从婚姻中消失了，那么夫妻俩最好能彻底分开并开始新的生活。”与此同时，这些长期导向程度高的国家（地区）的实际离婚率却较低。[7]

第 5 章引用了日本市场调查公司华歌尔的一项研究，它调查了 8 个亚洲城市的年轻职业女性的择偶偏好。在长期导向程度最高和最低的国家（地区）之间，差异最大的特征是爱情。在长期导向程度高的国家（地区）中，爱情与丈夫相连。而在长期导向程度低的国家（地区）中，爱情与男朋友相连。在华歌尔处理有关性别的刻板印象的内容时，长期导向程度最高和最低国家（地区）之间差异最显著的特征是谦卑。在长期导向程度高的国家（地区）中，谦卑被认为是一种基本的人类美德；在长期导向程度低的国家（地区）中，谦卑则被视为女性化。

另一项研究调查了学生们对老龄化的看法。一个人什么时候被称为“老龄”(男性平均为 60 岁，女性为 62 岁）与长期导向指数呈负相关。在长期导向程度高的文化中，老年较早就开始了。但同样的调查显示，来自这些文化中的学生期待着当自己变老时会对生活更加满意。[8]

前面提到过的 1990—1993 年的世界价值观调查的有关“成功婚姻的要素”的问题中提出：与长期导向有关的另一个问题是学龄前儿童是否会因为母亲不在

家而遭罪。来自长期导向国家（地区）的被调查者认为孩子会遭罪。

在澳大利亚进行的一项研究询问了来自两个不同种族的母亲，在为孩子选择礼物时想到了什么。澳大利亚白人母亲提到让孩子们感觉良好并获得他们的爱，第一代华裔越南移民的母亲提到了对子女的教育和经济状况有所帮助，这些母亲完全没有提到她们自己的利益。第一组属于短期导向，而第二组追求长期利益。[9]

总之，在长期导向程度高的文化中，家庭生活是一种注重实效的安排，但应该以真正的爱和对小孩的关注为基础。孩子们学会节俭，不异想天开地认为自己的愿望能够立刻实现，在追逐理想的过程中坚忍不拔并谦卑，而他们的自我主张不受到鼓励。[10]

在长期导向程度低的文化中成长的孩子们要经历两套价值规范。一套是尊重“必须”：传统、面子、稳重、礼尚往来，即使爱情不再也要维持婚姻。另一套价值观是即刻的满足和消费，以及对流行的敏感（相互攀比）。这两套价值观规范之间存在潜在的矛盾，这导致了林林总总的个体行为。

表 7.2 总结了迄今为止我们讨论过的基于华人价值观调查的短期导向社会和长期导向社会在一般规范和家庭方面的差异。

表 7.2　基于华人价值观调查的短期导向社会和长期导向社会的主要差异：一般规范和家庭

短期导向社会	长期导向社会
倾向消费	节俭，节约资源
付出的努力应该迅速见效	坚韧，愿意为长远回报而不断努力
重视社会和身份赋予的责任	愿意为最终目标奉献自己
重视面子	知廉耻
尊重传统	尊重环境
关注个人的稳定性	关注个人的适应性
婚姻是一种道德上的安排	婚姻是一种注重实用的安排
与姻亲一起生活是引起麻烦的原因	与姻亲一起生活是正常现象
年轻女性将爱情和男朋友联系在一起	年轻女性将爱情与丈夫联系在一起
谦卑仅适用于女性	谦卑是所有人的美德
老年是不快乐的时期，但是老年来得较晚	老年是快乐的时期，而且来得较早
学龄前的儿童可以由别人来照顾	母亲应该有时间来照顾学龄前的儿童
孩子获得礼物是为了开心和爱	孩子获得礼物是为了教育和发展

长期导向、短期导向对商业的影响

> 1921 年，U.T. Qing 在他 20 岁的时候只身来到新加坡，并开始沿街出售刺绣纺织品，他的客户主要是外国人。1932 年，他开设了自己的店铺。第二次世界大战后，他的儿子和侄子加入了他的业务，生意不断扩张，渐渐地成长为一家举足轻重的高档百货商场。
>
> 商店的结构是家族式的，文化也很简单。创始人是专制式的，并受到他顺从且温和的下属们的尊敬。Qing 领导并进行决策，工人们服从，工作氛围和谐一致。所有人分享共同的价值观：节俭、对等级制的尊敬、坚韧、专注及利润最大化。老员工们说他们“没有多想”，这意味着他们没有太多的雄心壮志。他们只是尽其所能地工作，希望自己的表现被认可。[11]

对于海外华人来说，家庭与工作密不可分，这在家族企业十分正常。长期导向的价值观支持创业行为。对于初创企业家来说，坚持不懈（有毅力）地追求目标是一笔重要财富。尊卑有序反映了儒家对不平等关系的强调，和谐稳定的等级关系及各司其职使得企业家角色更容易发挥作用。节俭导致储蓄，从而使自己或亲属有资本进行投资。知廉耻的价值观支持了人们要重视人际关系并信守诺言。这些都是长期导向处于正极的价值观。

亚洲商业中“关系”这一关键概念现在在世界范围内广为人知。它指的是横向网络：它将家庭领域与商业领域连接起来。在长期导向程度高的社会中，拥有自己的熟人网络对成功至关重要。这是集体主义的明显结果（关系优于任务），但也需要一个长期导向的视角。一个人的关系是贯穿一生的资本，人们不会为了短期的利益而破坏关系。[12]

Qing 的故事里没有提到长期导向的负极，没有提到维护自己的面子，即使事实上在东亚面临很多面子的问题。长期导向的分数表明，当被调查的学生回答相关问题时，往往会有意识地弱化这一价值观。Qing 的故事里没有提到尊重传统，“亚洲五小龙”经济成功的秘诀之一就是它们能大胆引进西方的技术创新。[13]

商业上的灵活性加上关系网的重要性所导致的一种结果就是长期导向程度高的出口国家（地区）在行贿指数方面平均来说要高于长期导向程度低的国家（地区）（参见第 6 章中关于腐败的一节）。长期导向国家（地区）的企业更容易向海外客户提供边际支付和服务，而这些行为被国际反腐组织认为是行贿。[14]

研究者要求两组人群对 17 种可能的工作价值观进行排序：一组由“亚洲五小龙”和泰国的 60 名高管构成，另一组来自美国的同质群体。亚洲高管首选的排在前 7 的价值观分别是勤奋、好学、诚实、思想开放、有责任心、自律和自立。而美国的高管则选择了言论自由、个体自由、自立、个人权利、勤奋、个人成就和为自己考虑。[15]

以牺牲结果为代价，为占据有利的市场地位而进行投资，被认为是长期导向的亚洲公司的一个特征。在短期导向的文化中，盈亏（月度、季度或年度的结果）是一个主要的考虑事项，监控系统时刻关注着它，对管理者的评价也是基于它做出的。[16] 通过同事们的帮助，霍夫斯泰德在研究了 17 个国家（地区）的在职 MBA 学生后认为：国家（地区）的企业领导者持有的目标——“未来 10 年利润”是重要的还是“当年利润”是重要的——这两者的结合与长期导向存在显著的相关性。[17]

长期导向、短期导向对思维方式的影响

拉金德拉 • 普拉丹（Rajendra Pradhan）博士是尼泊尔的一位人类学家。他在 1987—1988 年在荷兰的乡村斯洪勒武德（Schoonrewoerd）进行了一项为期 10 个月的田野调查，他因此而扭转了以往西方人类学家对东方乡村调研的常见模式。在做完礼拜之后普拉丹博士经常被邀请到村民家里喝咖啡，而话题通常是宗教。他的荷兰房东们总是想知道他信仰什么，对于这个带有异国情调的问题他从来没有直接回答过。“这里的每一个人都在谈论信仰、信仰。”他接着说，“在我的国家，真正重要的是仪式，并且只有牧师和家长才能参加这些仪式，其他的人只是观看和提供祭品。在这里，有如此多的事情是强制性的。印度教徒从来不会询问‘你是否信仰神灵’。一个人当然应该信仰神灵，但重要的是他做了些什么。”[18]

华人价值观调查揭示了东西方思维方式的重要区别。这份问卷由东方思维设计，并没有探测到不确定性规避这一维度。IBM 和罗克奇价值观调查由西方思维设计，也没有探测到长期导向—短期导向这一维度。第 6 章所描述的不确定性规避，与社会对真理的探求有关。不确定性规避强的文化鼓励人们信仰绝对的真理，而接受不确定性的文化则采取更加相对主义的立场。在西方思维中，这是一个关键的选择，反映在价值观上。东方人认为真理是次要的，关键是寻求美德；而在西方的思维中，美德次于真理。

根据1990—1993年的世界价值观调查，来自高长期导向国家（地区）的受访者不那么相信存在普遍的善恶标准，而更相信善恶是根据实际情况而定的。[19]这也反映了一个国家（地区）的监禁率。如果善与恶是截然分开的，那么邪恶的人应该被监禁；如果善与恶取决于环境，那么作恶的人应该学会变成善良的人。[20]

西方对真理的关注可以用西方逻辑的一条公理加以佐证，即用一个陈述句排除了它的对立面：如果A是真的，那么与A相反的B必然是假的。东方的逻辑没有这样的公理。如果A是真的，它的对立B也可能是真的，它们结合起来可能会产生一种优于A或B的智慧。在这种哲学体系下，人类的真理总是片面的。东亚和东南亚国家（地区）的人们对采用不同宗教的要素或同时信奉多种宗教没有任何问题，在具有这种哲学背景的国家（地区），像儒家这样的非宗教的实用伦理体系可以成为社会的基石。在西方，伦理规范往往源自宗教，因为"美德源于真理"。

根据丹麦社会学家弗纳•沃姆（Verner Worm）的看法，中国人认为常识比理性更重要。理性是抽象的、分析性的，是倾向于走向逻辑极端的理想主义的，而常识是更人性化的，与现实生活联系更加紧密。[21]

西方心理学假设人们倾向于寻求认知的一致性，这意味着他们会避免互相冲突的信息。而这种情况似乎较少出现在东亚和东南亚国家（地区）。[22]与北美人相比，中国人认为受到伤害或感到失望要比意见不同对人际关系的破坏更大，不同的观点并不会伤害他们的自我。[23]

韩国心理学家金义哲（Uichol Kim）相信西方实用心理学的方法并不适合东亚：

> 心理学……深陷于欧美的文化价值观之中，这些价值观拥护理性、自由和个人主义的理念……这种信念影响了会议如何组织，合作如何开展，研究如何获得资助，以及成果如何获得承认。在东亚，占据核心位置的是人际关系，其特征可以被描述为"基于美德"而非"基于权利"。个人处在一个相互关联的网络之中，并通过社会关系网络来交流观点。[24]

在西方工业革命期间，对真理的探求引导人们发现了许多自然规律，它们可以被用来推动人类进步。中国尽管拥有高度发达的文明，但从未有学者发现牛顿定律，他们根本不寻求定律。中国文字本身就揭露了人们对归纳概括缺乏兴趣，汉语中有3 000个以上不同的汉字，每个字都有一个发音。而西方语言只需要30

个左右的字母进行不同排列就可以表达不同的意义。西方的分析式思维聚焦元素，东方的整体性思维关注整体。日本的一名诺贝尔物理学奖得主曾经说过："日本人的思维方式不适合抽象思考。"[25]

到20世纪中叶，西方人对真理的关注逐渐不再是一种财富，反而变成了负担。科学可以从分析思维中受益，但管理是基于综合的艺术。通过自由获得西方人运用分析的方法所获得的科技成果，东方文化可以通过运用自己超众的综合能力将这些科技成果运用到实践之中。什么是真实的或谁是正确的并不那么重要，重要的是什么是有效的，以及如何才能够使拥有不同思维的个体协调一致，以实现某个共同目标。日本的管理，特别是日本员工，以这种综合的实用主义而闻名。

表7.3总结了基于华人价值观调查数据和前两节讨论过的短期导向社会和长期导向社会在商业和思维方式方面的主要差异。

表7.3　基于华人价值观调查的短期导向社会和长期导向社会的主要差异：商业和思维方式

短期导向社会	长期导向社会
主要的工作价值观包括自由、权利、成就和为自己考虑	主要的工作价值观包括好学、诚实、适应性、责任感和自律
闲暇时间很重要	闲暇时间不重要
重点关注盈亏状况	重点关注市场地位
当年的利润很重要	未来10年的利润很重要
管理者和工人在心理上属于两个阵营	管理者和工人共享相同的渴望
个人的忠诚度随着企业需求的改变而改变	投资于终身的人际关系网络
强调拥有真理	强调尊重美德
对于什么是善恶存在普遍的指导方针	善恶之分取决于具体情况
如果A是正确的，与之相反的B必然是错误的	如果A是正确的，与之相反的B也可能是正确的
抽象和理性优先	常识优先
要求认知一致性	不同意见并不会带来伤害
分析式思维	综合性思维

基于世界价值观调查的长期导向得分

2007年，明科夫发表了关于世界价值观调查的分析，他介绍了三个新维度。第一个维度：排他主义—普遍主义，与我们的集体主义有关，我们已经在第4章中讨论过了。第二个维度:放纵—克制，这将是本书第 8 章的主题。第三个维度：碑铭主义—柔韧谦卑 [26]，它与华人价值观调查中的长期导向指数显著负相关。[27] 碑铭主义可以预测 42% 的国家（地区）长期导向（华人价值观调查）得分差异，这表明这两者拥有共同的基本价值观 [28]。

明科夫的碑铭主义—柔韧谦卑这一维度是受到了加拿大心理学家斯蒂芬 • 海涅(Steve Heine)的启发。海涅发现了自我提升(倾向于寻求关于自己的正面信息）与自我稳定或自我一致性（倾向于相信一个人应该拥有不变的价值观、信仰和行为，不因环境变化而改变）之间的联系。[29] 海涅虽然指的是个人，但明科夫推测他的理论可能也适用于国家（地区）文化层面，世界价值观的调查结果证明他是正确的。

世界价值观调查的自豪感（自我提升的感觉）和宗教信仰（往往意味着不可改变的价值观）在国家（地区）层面上是相关的。当一个国家（地区）有更多的人以作为本国（地区）公民而自豪时，或者说这些人的人生的目标之一就是让父母感到自豪时，这个国家（地区）的人们信仰宗教的比例也更高。自豪感和宗教信仰共同形成了一个强大的文化维度。这个维度让以下两种社会形成了鲜明的对比：自豪和稳定的社会与谦卑、灵活、不断适应环境的社会。

在华人价值观调查中，爱面子可以看作自我提升的一种形式，个人的稳定性与自我一致性是一样的。两者的目标都出现在长期导向维度的短期极点上。这解释了长期导向和碑铭主义呈负相关。东亚国家（地区）在柔韧谦卑这一极上形成了一个紧凑的集群。非洲和伊斯兰国家更接近对立极(碑铭主义),美国也是如此。

这表明了从概念上和统计上都相似的维度可以从完全不同的数据库和理论角度出发，如中国人或北美人。因为碑铭主义不预测节俭或持久性，而长期导向不是关于宗教的，所以华人价值观调查中的长期导向和碑铭主义只有部分重叠。这两个指数之间的相关性促使人们寻找世界价值观调查中的问题以此来复制华人价值观调查中的长期导向。

明科夫搜索到了截至 2008 年的世界价值观调查数据库中满足以下条件的问题项目：

（1）它们在概念上与华人价值观调查中的长期导向相似。

（2）它们与华人价值观调查中的长期导向显著相关。

最能满足这些条件的世界价值观调查问题如下。[30]

（1）节俭作为儿童的理想品质："这里列出一些孩子在家被鼓励学习的品质。如果有，你认为哪些特别重要？请最多选择 5 种。"该清单包含 11 种品质。[31] 该项目用来衡量选择节俭的百分比。

（2）民族自豪感："你对你的国籍有多自豪？非常自豪、挺自豪的、不是很自豪、完全不自豪。"统计选择"非常自豪"的百分比。[32] 该项目用于衡量自我提升方面的程度。

（3）为他人服务的重要性："对于以下每一项（家庭、朋友、闲暇时间、政治、工作、宗教、为他人服务），请指出它在你生活中的重要性：非常重要、相当重要、不是很重要、完全不重要。"统计选择为他人服务"非常重要"的百分比。

"为他人服务"类似于华人价值观调查中长期导向的价值观——礼尚往来。认为"为他人服务"是非常重要的，可以被看作另一种自我提升的形式(如自豪感)：关心保持积极的自我形象。这三个问题是相互关联的，它们都与华人价值观调查中的长期导向显著相关。[33] 从这三个问题中，我们可以计算出新的基于世界价值观调查的长期导向的 84 个国家（地区）的得分。[34] 后来新增的数据让我们把这个数字扩大到了 93 个国家（地区）。[35]

在两项研究所体现的国家（地区）中，这些分数与最初的华人价值观调查中的长期导向得分有 52% 的差异。[36] 从概念上来说，新的长期导向得分也遵循了旧的分数标准，即衡量"传统"的重要性，以及"毅力"作为儿童的理想特质的重要性。[37]93 个国家（地区）的新的长期导向得分展示在表 7.4 中。

表 7.4　基于世界价值观调查中的三个问题的 93 个国家（地区）的长期导向指数

排名	美洲（中 / 南部）	欧洲（南 / 东南部）	欧洲（北 / 西北部）/ 盎格鲁世界	欧洲（中 / 东部）/ 苏联	伊斯兰国家 / 中东 / 非洲	亚洲（东南部）	得分
1						韩国	100
2						中国台湾	93
3						日本	88
4						中国大陆	87
5				乌克兰			86
6			德国				83
7~9				爱沙尼亚			82
7~9			比利时				82
7~9				立陶宛			82

续表

排名	美洲（中/南部）	欧洲（南/东南部）	欧洲（北/西北部）/盎格鲁世界	欧洲（中/东部）/苏联	伊斯兰国家/中东/非洲	亚洲（东南部）	得分
10~11				俄罗斯			81
10~11				白俄罗斯			81
12			东德				78
13				斯洛伐克			77
14				黑山			75
15			瑞士				74
16						新加坡	72
17				摩尔多瓦			71
18~19				捷克			70
18~19				波斯尼亚			70
20~21				保加利亚			69
20~21				拉脱维亚			69
22			荷兰				67
23				吉尔吉斯斯坦			66
24			卢森堡				64
25		法国					63
26~27						印度尼西亚	62
26~27				马其顿			62
28~32				阿尔巴尼亚			61
28~32		意大利					61
28~32				亚美尼亚			61
28~32						中国香港 *	61
28~32				阿塞拜疆			61
33			奥地利				60
34~35				克罗地亚			58
34~35				匈牙利			58
36						越南	57
37			瑞典				53
38~39				塞尔维亚			52
38~39				罗马尼亚			52

续表

排名	美洲（中/南部）	欧洲（南/东南部）	欧洲（北/西北部）/盎格鲁世界	欧洲（中/东部）/苏联	伊斯兰国家/中东/非洲	亚洲（东南部）	得分
40~41			英国				51
40~41						印度	51
42						巴基斯坦	50
43				斯洛文尼亚			49
44		西班牙					48
45~46						孟加拉国	47
45~46		马耳他					47
47		土耳其					46
48		希腊					45
49	巴西						44
50						马来西亚 *	41
51~54			芬兰				38
51~54				格鲁吉亚			38
51~54				波兰			38
51~54					以色列		38
55~56			加拿大				36
55~56					沙特阿拉伯		36
57~58			丹麦				35
57~58			挪威				35
59~60					坦桑尼亚		34
59~60					南非		34
61			新西兰				33
62						泰国 *	32
63	智利						31
64					赞比亚 *		30
65~66		葡萄牙					28
65~66			冰岛				28
67~68					布基纳法索 *		27
67~68						菲律宾	27
69~71	乌拉圭						26
69~71					阿尔及利亚		26

续表

排名	美洲（中/南部）	欧洲（南/东南部）	欧洲（北/西北部）/盎格鲁世界	欧洲（中/东部）/苏联	伊斯兰国家/中东/非洲	亚洲（东南部）	得分
69~71			美国				26
72~73	秘鲁						25
72~73					伊拉克		25
74~76			爱尔兰				24
74~76	墨西哥						24
74~76					乌干达		24
77			澳大利亚				21
78~80	阿根廷						20
78~80					马里 *		20
78~80	萨尔瓦多						20
81					卢旺达 *		18
82~83					约旦		16
82~83	委内瑞拉						16
84					津巴布韦		15
85~86					摩洛哥		14
85~86					伊朗		14
87~90	哥伦比亚						13
87~90	多米尼加						13
87~90					尼日利亚		13
87~90	特立尼达岛 *						13
91					埃及		7
92					加纳 *		4
93	波多黎各						0

注：大部分数据来自 1995—2004 年；标注 * 的 9 个国家（地区）来自新加入的 2005—2008 年的数据。

我们特意为新的指数保留了长期导向这一名称。我们将称它为长期导向—世界价值观调查。因为它与长期导向—华人价值观调查相似，但不等同。新指数的出现是受了旧指数的启发，但它基于完全不同的问卷、不同的受访者和不同的时间段。在调查中复制概念的经验表明，在这种情况下，50% 的公共方差是最好的。

华人价值观调查与世界价值观调查中的长期导向指数的差异在于，前者是由中国学者设计出来的，并且中国大陆地区得分最高。我们在本章前面解释了长期导向维度与中国的渊源。但它的得分只涉及 23 个国家（地区），用相同问题扩展到其他国家（地区）产生了令人失望的结果。

世界价值观调查中的长期导向维度试图从一个始于欧洲、在美国领导下扩展到世界范围的大规模、永久性更新的调查数据库去复制长期导向的本质——这是西方思维的产物。早期的研究缺乏中国韵味。但是，它能够使我们将华人价值观调查的基本特征扩大到更多的国家（地区）。

由于世界价值观中的长期导向维度部分基于国家（地区）自豪感，它与明科夫的碑铭主义显著相关[38]，同时在统计上完全独立于 IBM 的四个维度。[39] 不像华人价值观中的长期导向维度与国家（地区）财富无关，世界价值观中的长期导向维度与国家（地区）财富之间呈现弱相关。[40] 与经济增长的关系取决于时段和国家（地区），本章后面我们将会再回到这一点上。

从 23 个国家（地区）的长期导向—华人价值观调查量表上来看，6 个国家（地区）的位置在长期导向—世界价值观调查量表上明显发生了变化：巴基斯坦、德国和英国发生了向上移动，澳大利亚、巴西和中国香港发生了向下移动。巴基斯坦加入印度和孟加拉国片区，德国和英国加入西欧群。澳大利亚朝美国靠近，巴西归入了其他拉美国家，中国香港超过了新加坡。在剩下的国家（地区）中，华人价值观调查和世界价值观调查的排名之间变化很小[41]。

表 7.4 中得分最高的 4 个国家（地区）仍然来自东亚。除了 3 个例外（马来西亚、泰国和菲律宾），所有其他南亚和东南亚国家（地区）都位于表格的上半部分。上半部分还包括东欧的所有国家，此外它还包括了除希腊、芬兰、丹麦、挪威、葡萄牙和冰岛之外的其他大多数欧洲国家。

下半部分包括 4 个有盎格鲁侨民的国家：加拿大、新西兰、美国和澳大利亚。它还包含所有来自中东和非洲的国家，以及来自中南美洲的所有国家。

长期导向、短期导向、家庭关系与学校

在第 4 章和第 5 章中，我们提到了 2005 年对来自世界 10 个国家（地区）的 15~17 岁女孩关于美丽和形象的市场调查研究。同一项研究还通过电话采访了更大的样本——同样 10 个国家（地区）的 18~64 岁的女性。短期导向文化中的女性更多地提及她们的母亲积极地影响了她们对自己和美的感受，以及她们的母亲

持有的美的观念塑造了她们自己对于美的观念。[42] 在短期导向文化中，我们认识到了母亲为女儿的自我提升所做的贡献，这是家庭自豪感的来源。

国际数学和科学评测趋势（Trends in International Mathematics and Science Study，TIMSS）是每 4 年举办一次的由全球 50 多个国家（地区）参与的数学和科学国际竞赛。参赛者是 10 岁左右的四年级学生和（或）14 岁左右的八年级学生。东亚学生（如新加坡、韩国、中国香港和日本）的表现始终优于其他所有学生，特别是数学。而非洲、中东和拉美国家的学生得分最低。

通过使用自 1999 年以来的 TIMSS 数据，霍夫斯泰德发现数学科目的得分与华人价值观调查中的长期导向存在显著相关。[43] 科学科目的得分则与长期导向无关，虽然数学和科学科目的得分彼此存在显著的相关关系。明科夫从他的碑铭主义维度和海涅的理论中解释了数学和科学科目的得分差异。鼓励自我提升的文化会降低儿童对自我改善活动（如教育）的兴趣。[44] 较早的研究表明，在美国的亚洲学生比西方学生更倾向于把成功归结于努力，把失败归结为缺乏努力。这与明科夫的解释是一致的。[45]

我们分析了 2007 年的 TIMSS 得分，将它们与华人和世界价值观调查中的长期导向和国家（地区）财富相联系，再一次说明了华人价值观调查中的长期导向只与数学科目的得分相关，与科学科目的得分毫不相关，尽管两者得分存在显著的相关关系。[46] 世界价值观调查中的长期导向与数学和科学科目的得分显著相关，尽管数学科目的得分的相关性总是略强一些。[47]

这些结果表明 2007 年霍夫斯泰德和明科夫的解释仍然适用。世界价值观调查中的长期导向指数得分越高，数学和科学的成绩得分就越高。当消除国家（地区）财富的影响时，至少对于八年级的学生来说，这种效应仍然存在。对于四年级的学生来说，更好的学校成绩完全归功于国家（地区）财富。[48]

同时，华人价值观调查中的长期导向只与数学成绩相关，而与科学成绩无关。有相当多的东亚国家（地区）证明了这一点。而与世界价值观调查中的长期导向相关的东亚国家（地区）只占很小的份额。这些相关性对于数学和科学的得分都是重要的，但对于数学的得分来说总是更多一些。我们得出了这样的结论：东亚学生具有双重优势——他们不仅努力学习，而且有理解数学的文化天赋。这个优势已经存在于四年级（10 岁）的学生身上，而努力学习的效果只会影响八年级（14 岁）的学生。

传统的假设认为东亚学生注重死记硬背而不是理解，但来自长期导向程度高的文化中的学生们在基础数学方面的卓越表现驳斥了这一点。事实上，西方人认为的死记硬背可能是达到理解的一种方式。教书与学习都具有文化背景，类似的行为在不同的文化中可能蕴含完全不同的深刻含义。[49]

基础数学解决的是明确定义目标的确切问题。这些问题是“正式的”而不是“开放的”。[50] 来自长期导向程度高的文化中的学生们证明了他们能够很好地解决这类问题。曾在香港大学工作多年的戈登·雷丁（Gordon Redding）教授写道：

> 中国人在某些学科，尤其是应用科学领域出类拔萃。这些领域中具体的目标至关重要。而对于哲学和社会学等抽象学科，中国人则显得不那么游刃有余。对于这两种倾向或许存在某种合理的解释。
>
> 一个普遍问题是，积极进行科学探索的中国传统为何没有如同西方国家那样获得发展。最引人入胜的解释聚焦于两国基础认知结构之间的差异。[51]

凡事倾向于具体的解决方案意味着解决实际问题的天赋。在长期导向程度高的国家（地区）中，什么起作用比为什么起作用更重要。

长期导向、短期导向与经济增长

第二次世界大战（1939—1945 年）后，战胜国利用普遍人权宣布了由联合国领导的新的世界秩序。在 20 世纪五六十年代，世界议程中的第一个问题就是政治独立。在 1970 年前后，议题重点转向了经济发展。1944 年成立的三大国际组织致力于消除贫困，它们是世界银行、国际货币基金组织和世界贸易组织。

> 然而，贫困并未消失。从 1970 年到 2000 年，的确有一些国家（地区）成功地脱贫致富。其中的最大赢家是“亚洲五小龙”：中国台湾、韩国、新加坡、中国香港和日本，尽管 1997 年该地区出现了严重的经济危机。以当年的美元计价，中国台湾在 2000 年的人均国民生产总值是 1970 年前后的 36 倍，日本的人均名义国民生产总值也增长了 18 倍。而在撒哈拉以南的非洲国家和拉美国家，人均国民生产总值的增长速度微不足道，有的甚至没有增长。

在“亚洲五小龙”的经济奇迹变得毋庸置疑后，经济学家们却无法对其进行解释。按照经济学的标准，哥伦比亚的表现应该超过韩国，而事实恰恰相反。[52]美国未来学家赫尔曼•卡恩（Herman Kahn，1922—1983 年）提出了“新儒学假说”。[53] 他认为，东亚国家（地区）的经济成功可归功于儒家价值观——可以追溯到很久以前的共同的文化根源。

卡恩的假设一直未能获得证明，直到华人价值观调查的出现。20 世纪最后 30 年的经济增长与长期导向存在显著的相关关系，这就是为什么霍夫斯泰德增加了长期导向作为第五个维度。

1985 年华人价值观调查覆盖了全球 23 个国家（地区），由此得出的长期导向指数不但与这些国家（地区）前 20 年（1965—1985 年）的经济增长相关，更能预测它们未来 10 年（1985—1995 年）的经济增长。[54]

到这一刻为止，已经过去了 50 多年。我们的长期导向—华人价值观调查已经成功扩大到了一个新的规模：世界价值观调查中的长期导向将我们的数据库从 23 个国家（地区）扩展到了 93 个国家（地区）。我们新的长期导向维度是否仍能解释不断变化的世界上众多国家（地区）的经济增长呢?

在 1970—1995 年，华人和世界价值观调查中的长期导向仍然与人均国民生产总值的增长有关。[55]1995—2005 年已不再是这种情况。在所有我们有数据的国家（地区）中，从 1995—2005 年，来自世界价值观调查中的长期导向和人均国民生产总值的增长之间的相关系数大约为零。[56]

但是，1995 年以后的数据既不涉及同一组国家（地区），也不涉及同一个世界经济。我们的新名单包括 1970 年尚未作为独立经济体存在的 19 个名字，如南斯拉夫、捷克斯洛伐克和苏联。东德与西德合并，波兰、匈牙利、罗马尼亚和保加利亚加入欧盟。1995 年后，所有这些新经济体都提供了或多或少的可靠人均国民生产总值数据，到了 2005 年，我们可以比较它们过去 10 年的增长率。

我们试着去理解为什么在 1995—2005 年一些经济体的表现比别的经济体好得多。我们注意到，特别是 1995 年以来贫穷国家（地区）已经从高长期导向的价值观中受益。长期导向解释了为什么一些社会比其他社会更成功地从贫穷变成了富裕社会，但不是从富裕变得更富裕。例如，成功的“亚洲五小龙”在 1997 年遭受了一场区域经济危机的冲击，这场危机突然削弱了经济的上升。中国经济虽然起步很差，持续增长却令人印象深刻。

这些思考启发了我们再次审视从1995—2005年长期导向与人均国民生产总值增长之间的关系。基于按1995年人均国民生产总值划分的54个贫穷和30个富裕国家（地区），我们把共同拥有长期导向和人均国民生产总值增长数据的国家（地区）分为84个。[57]

在图7.1中，我们可以获得的长期导向指数［84个国家（地区）］与该国（地区）1995—2005年的人均国民生产总值增长率息息相关。对于54个贫穷国家（地区）来说，呈显著正相关；对于30个富裕国家（地区）来说，呈显著负相关。[58]

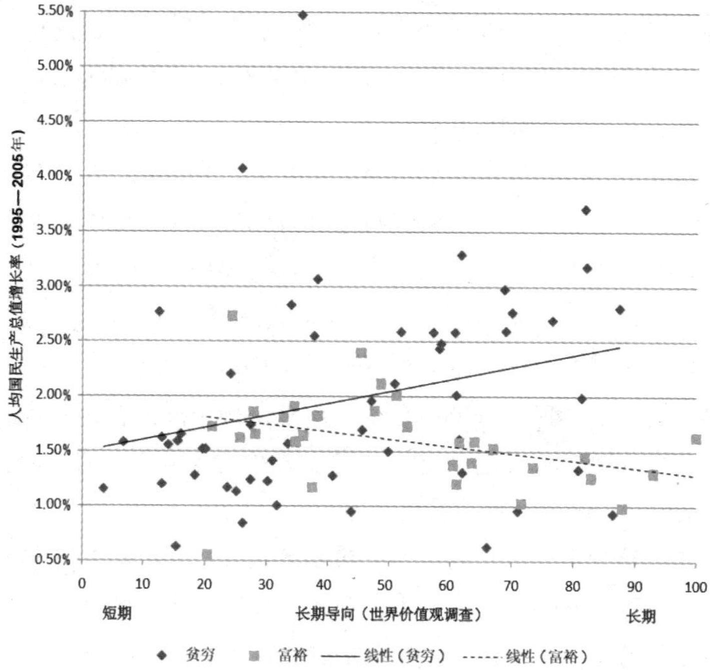

图7.1　富国（地区）与穷国（地区）的长期导向与人均国民生产总值增长率的关系（1995—2005年）

即使在1995年以后，长期导向与贫穷国家（地区）经济增长的关系也不仅证实了赫尔曼·卡恩的新儒家价值观假说，还指出了儒家价值观中的哪些价值观与经济增长相关，其中节俭为主要原因。在另一项研究中，明科夫和布拉戈耶夫（Blagoev）将休闲列入了非重要的因素。他们引用了20世纪美国著名发展经济学家的发现：东亚经济的表现看不出什么神奇的东西，其原因可以归结为过时的勤劳、节俭，以及更好的教育。[59]当然，问题在于为什么东亚国家（地区）走了这条路，而其他国家（地区）则没有。

有意思的是，来自东亚的调查工具“华人价值观调查”用独立的一个维度证明了文化在东亚发展中的作用，并为“亚洲五小龙”的经济成功提供了解释。与此同时，我们又向前迈进了一步：我们发现从世界价值观隐藏的数据中（基本上是西方的工具）可以得出类似的结论。“亚洲五小龙”的发展逻辑现在延伸至1995—2005年的几个东欧经济体的增长。

拉塞尔•里德（Russell Read）是一位美国政治科学家，他证明了长期导向与储蓄的关系。关系较显著的因素有边际储蓄倾向（Marginal Propensity to Save，MPS）、1970—1990年实际人均储蓄变化，以及私人消费和储蓄的总体变化的百分比。而边际储蓄倾向的范围从美国的3%（最低）到新加坡的64%（最高）不等。[60]

在对消费者行为的分析中，德•穆伊发现来自长期导向程度高的国家（地区）的人在房地产行业投资更多，这是一种长期的契约；而在长期导向程度低的国家（地区）中，人们把更多的资金投入共同基金。[61]

2008年，一场新的金融危机席卷全球，金融市场的相互依赖从美国蔓延开来。缺乏节俭精神、短期导向为主导的超支，似乎是这场新灾难的核心。

罗克奇价值观调查中缺少“节俭”（以及“坚持”）的价值观，这个调查基于1970年的完整清单。自20世纪后半叶以来，支出而不是节俭似乎至少是美国的价值观，无论是在个人层面还是在政府层面。当被问及为什么美国人没有更多的储蓄时，美国总经济顾问委员会前主席赫伯特•斯坦（Herbert Stein）说：

> 经济学家一直无法回答这个问题。我们的储蓄额……一直比其他地方低……这很可能是美国人生活方式的反应，尽管这不是解释。[62]

经济增长与政治

除了上节讨论的经济条件之外，增长还取决于政治背景。“亚洲五小龙”的发展始于1955年，当时是历史上第一次真正意义上的全球市场开始发展的时候。对于支持性的政治环境，这5个国家（地区）都获得了满足，只不过方式各不相同，政府的作用从积极支持到自由放任不一而论。这5个国家（地区）的工会力量都很薄弱，并以公司为本，收入分配相对平均，这意味着社会变革的支持力量很弱。儒家的中庸思想也影响了政治生活，尽管偶尔会爆发动乱和暴力事件。

在儒家思想的发源地中国大陆，政治环境的影响是显而易见的。海外华人为中国香港、新加坡和中国台湾的经济奇迹发挥了核心作用，并为印度尼西亚、马来西亚、泰国和菲律宾等新兴经济体做出了贡献。

1975—2007 年，由于没有有效的人口控制，印度的人口增长了 81%，从 6.2 亿人增长到 11.2 亿人，年均增长 1.9%；尼日利亚的人口同期增长 169%，从 0.55 亿人增长到 1.48 亿人，年均增长 2.9%。[63]

20 世纪 80 年代相反的例子是苏联及其政治影响力领域，它们扼杀了地方的主动权。长期导向分数表明，这些地方的政府具备发展的心理软件。苏联时代结束以来，一些东欧国家的经济快速增长已经证明了这一点。

东亚的发展受到向别人学习的强烈指导，自 17 世纪以来，日本积极地学习欧洲（尤其是荷兰）的科学和技术，西方的潮流和时尚在东亚很流行，即使政府不喜欢它们。

这种向他人学习的渴望不一定存在于长期导向程度低的国家（地区）中。民族自豪感是短期导向的一个组成部分，过多的民族自豪感是经济灾难的一个原因。民族自豪感让一些国家（地区）对其他文化缺乏兴趣和了解，并在 2008 年的金融危机中产生了重大的影响。[64] 我们将在第 9 章再次回到这个主题上来。

作为短期导向的宗教激进主义

正如本章前面所论述的，犹太教、基督教和伊斯兰教是西方的三大宗教，同属一个思想体系。从历史的角度来说，它们有着相同的根源。这三种宗教都认为美德源于真理。它们有关注当今的现代化的派别，也有聚焦于古老智慧的宗教激进主义的派别。宗教激进主义代表了长期导向—短期导向维度的短期极端。它们的决策不是基于什么是对当今是有效的，而是基于对古老圣经的解读。宗教激进主义无法应对当今世界的问题。英国哲学家伯兰特•罗素写道：

> ……所有的狂热信条都会造成伤害。当它们必须与其他宗教激进主义抗衡时，这种伤害更加显而易见，它们会宣扬仇恨和引发冲突，即使只有一种狂热的信条，伤害也同样会发生。它不允许自由探索，这可能会动摇它的信条，它反对知识进步。如果（这种情况经常发生）涉及神

职人员，那么它会向其中某个团体授予巨大的权力，该团体会煞费苦心地维持知识发展的停滞不前和宣扬无中生有的确定性。而实情却是，根本就没有所谓的确定性。[65]

政治影响下的宗教激进主义是对世界和平与繁荣的一种威胁，它存在于这三大宗教之中，伊斯兰教的反对派别是最弱的。历史上曾经有段时期，大约在 9—14 世纪，伊斯兰国家在军事、科学方面都相当发达，均领先于当时处于基督教影响下的欧洲。但是通过文艺复兴和宗教改革运动，欧洲的基督教国家步入了现代化发展的道路，而伊斯兰国家则退出了舞台，回归到传统。

研究伊斯兰教的美国学者伯纳德 • 李维斯（Bernard Lewis）将 14 世纪后伊斯兰学者的态度描述为："永恒的感受，没有什么能真正地改变。"他们对世界其他地方发生的事情缺乏兴趣。知识被视为"一套可以被掌控、积累、传递、解释和应用，但是不可以被改变或转换的永恒真理"。创新被认为是糟糕的行为，与异端类似。在欧洲，1450 年左右就发明了印刷术；在土耳其，直到 1729 年才安装了第一台印刷机，1742 年由保守派伊斯兰人再次关闭。李维斯写道：

> 伊斯兰国家和日本对来自西方的挑战的截然不同的反应有时会形成鲜明的对比。它们的情况非常不同……伊斯兰国家对欧洲的看法受到宗教的影响（实际上是主导），而宗教对日本几乎没有什么影响。像认识世界其他地区一样，伊斯兰国家对欧洲的看法也首先（而且最主要）是从宗教方面出发的。例如，不是把他们当作西方人或欧洲人或白人，而是当作基督教徒。与远东不同，在中东，基督教被人熟知却不受重视。[66]

当今的现代科技已渗透到了伊斯兰世界，有传统和现代形式的伊斯兰教，但第一种仍然强大和激进。面对落后和贫穷，一些群体呼吁重新启动伊斯兰教教义，即源于先知穆罕默德时代的戒律。与那些仍然贫穷的国家（地区）相比，暂时从石油资源中聚敛巨额财富的伊斯兰国家在适应现代世界发展的步伐上稍快一些。

20 世纪后半叶，许多伊斯兰教民众移民到了西方国家。在欧洲，到 20 世纪初，约有 1 300 万伊斯兰教公民。他们中的许多人已经融入了工人和中产阶层，在西方社会中站稳了脚跟。也有一些人无法融入社会，仍然处于下层，蜗居在贫民区。

在一些短期导向的伊斯兰教文化中，民族自豪感而不是宗教信仰表现在移民对于改变国籍的犹豫上，这导致了双重国籍的产生。像摩洛哥这样的国家，政府积极鼓励这一点，它们不理解它们伟大国家的孩子会永远放弃其公民身份。

非洲的短期导向

1970 年前后，霍夫斯泰德曾担任 IBM 欧洲、非洲和中东地区的人事经理。他的职责之一是开发员工选拔测试。有一天，他接到一位非洲区域经理的电话，经理是一位美国人。所有讲英语的非洲国家（南非除外）的情况都要向他汇报。这位区域经理报告了 IBM 的编程测试的困境。该测试用于挑选能够学习计算机编程的人员，经理说在非洲没有人可以通过这项测试，所以他们没有办法为 IBM 和客户挑选候选人。

原版编程能力测试的美国设计师沃特•麦克纳马拉（Walter McNamara）博士刚刚退休，霍夫斯泰德发现他愿意去非洲国家进行为期 3 个月的学习考察，以此来解决这个问题。麦克纳马拉回来后报告说，没有人通过这项测试这种说法与事实不符。一些非洲候选人可以通过，但是通过率低于其他地区。主要原因在于美国测试存在两种版本，一种是给大学毕业生使用的，而另一种是给高中毕业生使用的，但是 IBM 非洲办公室只提供了给大学毕业生使用的版本。而大部分候选人刚从高中毕业，因此应该对另一种版本进行测试。另外，不熟悉美国英语以及测试时间太短都有一定的影响。麦克纳马拉在赞比亚的一些高中毕业生中进行了改进版的测试，结果与美国几乎相同。霍夫斯泰德感谢麦克纳马拉的出色工作，他的新版本叫作“英语作为第二语言的编程能力测试”。霍夫斯泰德自豪地在 IBM 非洲地区的经理人会议上展示了这个结果。

出乎意料的是，这项展示并未得到霍夫斯泰德所预期的热情回应。在接下来的会议休息时间，IBM 的加纳经理，第一批通过这个测试的非洲人，在男士洗手间站在霍夫斯泰德身旁，用低沉的声音告诉他：“我想用美国测试考验我的人民。”

这个真实的故事告诉我们：在 IBM 非洲子公司挑选人员的真正问题并不在于他们缺乏技能，只要给予他们和其他国家（地区）员工一样的关怀，足够多有能力的候选人就能被选上。然而对非洲国家的经理来说，这件事不关乎问题是否得到解决，而在于他的民族自尊心是否得到了满足。他觉得被伤害了，他的同胞不会和美国人一样得到同等的测试。[67]

非洲，尤其是撒哈拉以南的地区，是一个让发展经济学家头痛的地区。2009 年的报告显示，世界上 40 个最贫穷的国家中有 32 个是非洲国家。[68] 非洲国家受到人口大爆炸的困扰。非洲人口以每年 3% 的速度增长，这导致 25 年之内非洲人口将会翻番。同时他们在其他地方也饱受折磨：艾滋病和其他一些传染病（这可能是大自然对人口爆炸的回应）、血腥的战争和屠杀（人类的回应），以及受到民众仇视的腐败无能的政府。在 50 个非洲国家中，许多国家的政府基本职能，如医疗保健，已经恶化或消失。极端的例子是索马里。[69]21 世纪第一个 10 年，索马里人以高度熟练的海盗劫持商船逼迫其缴纳赎金而闻名全世界，没有政府能为此承担责任。

很明显，西方的逻辑往往不适用于非洲。彭麦克的华人价值观调查启发了霍夫斯泰德，他为非洲提供了一份类似的调查：请非洲人设计一份价值观问卷，发放到非洲及非洲之外的国家（地区），看看是否出现了新的维度，以解释为什么在西方行之有效的方法在非洲却行不通。

这项研究在霍夫斯泰德以前工作过的地方——跨文化合作研究所[70]进行，负责人是霍夫斯泰德的继任者尼尔斯•诺德哈文（Niels Noorderhaven）和来自塞内加尔的巴斯洛•提贾尼（Bassirou Tidjani）。他们邀请非洲本土的科学家和在海外留学的非洲学生就价值观调查的构成项目提供建议。他们采用德尔菲法，即将第一次收集到的结果以匿名的方式反馈给提建议的人，而后再次征求意见，再反馈，直至得到一致的意见。该调查问卷，以英语或法语版本，对不同国家（地区）的男女学生样本进行了发放。其中，非洲国家包括喀麦隆、加纳、塞内加尔、南非、坦桑尼亚和津巴布韦，非洲以外的国家（地区）包括比利时、德国、英国、圭亚那、中国香港、马来西亚、荷兰和美国，总共有来自 14 个国家（地区）的 1 100 名被试者参与了问卷调查。[71]

与华人价值观调查不同，非洲价值观调查没有揭示一种新的非洲风格的价值维度。它产生了六个因素。其中四个分别与 IBM 研究中的某个维度显著相关；有一个因素的效果很弱，主要是由这两种语言版本的差异导致的。[72]剩下的那个因素（诺德哈文和提贾尼的分析中第二个重要的因素）是传统智慧，它与长期导向—华人价值观调查显著相关，并且使得非洲国家（以及一些欧洲国家）处于和该研究中亚洲国家（地区）相反的位置。[73]这个维度的特点是“智慧比知识更重要”以及“智慧来自经验和时间，而不是来自教育”。这些陈述与儒家价值观大相径庭。

非洲价值观调查的结果就像本节开头所讲的故事一样，证实了非洲国家在长期导向（华人价值观调查和世界价值观调查）中均获得低分。在表 7.4 中，3 个北美和 10 个中南非国家全都处在短期导向一端。这些国家的人将自尊心看得比实际结果更重要，认为没有知识也可以产生智慧，教育不鼓励为了明天的利益而在今天工作和学习。

价值观得分并不意味着所有的非洲人都拥有短期导向思维，而所有的东亚人都拥有长期导向思维。但它们的确意味着这些思维方式足以普遍到影响共同的行为模式以及国家机构的结构及功能。通过这种方式，思维方式影响到了经济发展。

几乎所有的非洲国家都依赖外援和国际货币基金组织的贷款。根据世界银行前首席经济学家、2001 年诺贝尔经济学奖得主约瑟夫 • 斯蒂格利茨（Joseph Stiglitz）的说法，国际货币基金组织规定的贷款条件使得非洲的经济问题雪上加霜。比世界银行更甚，国际货币基金组织是由短期导向的市场宗教激进主义主导的。它们强调预算控制，以牺牲教育、健康和基础设施为代价。迫使非洲实施进口自由，却让西方市场对非洲出口关上大门，从而破坏了刚刚起步的非洲本土企业。[74] 如表 7.4 所示，美国思维所主导的国际货币基金组织的顾问们，和他们的非洲客户一样，都是短期导向的思维模式。

如第 4 章所提，在澳大利亚的土著居民中也发现了短期导向的价值观。这同样是一个经济发展落后的群体。[75] 他们的情况也一样，由短期导向主导的白人政客们所施加的各种条件往往会加重他们的问题。

表 7.5 总结了基于世界价值观调查的短期导向社会和长期导向社会的主要差异。

表 7.5　基于世界价值观调查的短期导向社会和长期导向社会的主要差异

短期导向社会	长期导向社会
为他人服务是一个重要目标	儿童应该学会节俭和节约资源
为祖国感到自豪	应该向其他国家（地区）学习
尊重传统	儿童应该学会坚持
碑铭主义（明科夫）	柔韧谦卑（明科夫）
家庭自豪感	家庭实用主义
学生将成功与失败归于运气	学生将成功归于努力，失败归于缺乏努力
不够努力导致 14 岁儿童的数学和科学成绩较差	学习努力导致 14 岁儿童的数学和科学成绩更好
没有特别的数学技能	在东亚，数学成绩更好

续表

短期导向社会	长期导向社会
对理论的、抽象的学科有天赋	对实用的、具体的学科有天赋
贫穷国家（地区）经济增长缓慢或根本没有	贫穷国家（地区）经济增长迅速
小额储蓄，投资资金少	大额储蓄，基金可用于投资
投资共同基金	投资房地产
宗教激进主义有吸引力	实用主义有吸引力
民间智慧有吸引力	知识和教育有吸引力

长期导向与短期导向的未来

（齐景公）他日又复问政于孔子，孔子曰：“政在节财。”[76]

显而易见的是，未来是一个长期的问题。我们的子孙后代们不得不承受由我们当今行动所带来的长期后果。

大约2500年以前齐景公向孔子提出的那个问题如今仍是热点：什么样的政府才是好的政府呢？在1999—2000年的一项联合调查中，来自东亚（中国、日本和韩国）及北欧（丹麦、芬兰和瑞典）的社会学家选取了其国家人口中的代表性样本，对该问题进行了调查。结果显示，对于官民之间应该是什么样的关系，反映了各国在权力距离和不确定性规避维度上的差异。关于政府的角色，这项调查显示了显著的共识。在这6个国家中，大多数人支持“一个强有力的政府来处理当今复杂的经济问题”，它们并不相信“自由市场可以在没有政府参与的情况下处理这些问题”。政府除了在经济中的作用之外，最重要的任务是解决环境污染问题和保持和谐的社会关系。[77]

这份亚洲—北欧调查的研究报告还讨论了如火如荼的全球化进程。全球化被亚洲人认为是“西方化”，而北欧人认为是“美国化”。这标志着6个国家价值观之间的差异，以及调查问卷的设计者们对全球化背后存在的价值观的不同看法。[78]

我们的解释是，这些亚洲人和北欧人主要反对的是全球化的短期导向。如表7.4所示，参与这个研究项目的国家（地区）在长期导向上的得分高于美国。这些国家（地区）的受访者认为好的政府是以未来为导向的，而在美国和国际货币基金组织领导下的全球化则强调即刻见效。

在我们对未来负责任地思考后，不可避免地会得出这样的结论：在一个资源有限的世界里，任何增长都有局限。人口不能永远增长，一个国家（地区）的经济也不能永远增长，除非它的增长以牺牲别国（地区）为代价。几乎没有政治家已经准备好面对这样的现实，在环境问题上尤为明显。由于全球变暖、水资源短缺和放射性废物等原因导致的气候变化，是无节制增长所付出的环境代价。有远见的政府应该考虑这个问题。

宗教的、政治的和经济的激进主义是长期导向思维方式的激进敌人。它们着眼于过去，常常逃避对未来的责任，将一切交给上帝或市场。例如，在世界的许多地方，由于人口过剩而使得和平、健康和正义受到了威胁。有效的解决办法是计划生育，但宗教和经济的激进主义结成了广泛联盟，它们竭力抵制计划生育的普遍实施。

在 21 世纪，东亚经济的重要性可能会继续增长。而智慧的东方人给世界带来的一件珍贵礼物，就是有关全球化的长期导向的思维方式。

注释

[1] Cao, 1980[1760], Vol.3, p.69.

[2] *Chinese Culture Connection,* 1987.

[3] 在这 23 个国家（地区）中，新的维度与 1965—1985 年的经济增长相关，*r*= 0.64 **；也与 1985—1995 年的经济增长相关，*r*=0.70 ***。Hofstede 与 Bond, 1988 and *Culture's Consequences*, 2001:367.

[4] Michael Bond 此前曾将一端描述为“儒家工作动力”。1988 年 Hofstede 与 Bond 将这个维度称为“儒家动力”。由于国家（地区）得分由各大洲的数据得出，而大部分受访者从未听过孔子，因此 Hofstede 在随后出版的书中选择了一个能说明这个价值观本质的名字，而不是根据调查问卷的来源而命名。

[5] 20 世纪 80 年代，中国大陆地区的大学与西方研究人员之间的交流仍然很费力，中国大陆地区的数据在其他国家（地区）得分已经按照 0~100 分计算之后才出现，这解释了中国大陆地区的得分是 118 的原因。

[6] Elias, 1969, pp.336-341.

[7] Levine, Sato, Hashimoto & Verma, 1995; *Culture's Consequences*, 2001, p.360.

[8] Best & Williams, 1996; *Culture's Consequences*, 2001, p.361.

[9] *Culture's Consequences*, 2001, p.359; Hill & Romm, 1996. 他们的研究还包括来自以色列的母亲，她们的答案介于两个澳大利亚群体之间。

[10] Bond & Wang, 1983, p.60.

[11] Chew-Lim Fee Yee, Doctoral dissertation, 1997, p.98.

[12] Yeung & Tung, 1996.

[13] 儒家思想："君子之于天下也，无适也，无莫也，义之于比。""君子对天下的事情，没有固定不变地要求要怎样做，也没有固定不变地认为不应该怎么做，而是怎样适合情理，就怎么去做。"出自《论语》，孔子弟子著作集。

[14] 在可获得的 2002 年 19 个国家（地区）的数据中，CIEC 和长期导向指数的相关系数为 –0.67**［长期导向程度高的国家（地区）更经常收受贿赂］。

[15] Wirthlin Worldwide, 1996. 在连续几轮的世界价值观调查中，与家庭、工作、朋友、宗教和政治相比，一个人休闲时间的相对重要性与长期导向指数（华人价值观调查）始终呈负相关。*Culture's Consequences*, 2001, p.356.

[16] Mamman & Saffu, 1998.

[17] 参考第 9 章和 Hofstede 2009 年的研究。12 个重叠国家（地区）的多重相关系数为 0.62 *。

[18] Herman Vuijsje, "Twee koffie, twee koekjes", in NRC Handelsblad, April 16, 1988.

[19] *Culture's Consequences*, 2001, p.363.

[20] 2002 年，监禁的比例各不相同，每 10 万居民中美国的监禁人口有 690 人，英国为 140 人，德国为 85 人，瑞典为 65 人，日本为 45 人（*NRC Handelsblad*，2003 年 1 月 18 日，根据伦敦国际监狱研究中心提供的信息）。在世界范围内，监禁率主要与国家（地区）贫困率有关，但同等富裕程度的国家（地区）之间仍存在巨大差异。这取决于不同国家（地区）认为惩罚的目的不同。短期解决方案是通过监禁罪犯来保护社会。长期解决方案是改变罪犯并将其转变为有贡献的公民。

[21] Worm, 1997, p.52. 引自 1936 年中国作家林语堂的《我们的国家和人民》一书。

[22] Carr, Munro & Bishop, 1996.

[23] Gao, Ting-Toomey & Gudykunst, 1996, p.293.

[24] Kim, 1995, p.663.

[25] Yukawa Hideki, in Moore, 1967, p.290.

[26] Minkov（2007）使用了拼写“flexumility”。我们添加了字母“h”以便能够使用形容词“flexhumble”。

[27] 相关系数为 –0.65 **，来自 23 个华人价值观调查国家（地区）中的 22 个（除泰国外，因其中没有必要的世界价值观调查数据）。

[28] 在 2008 年版的价值观调查模块（VSM08）中，我们包括了碑铭主义和长期导向，期望它们能合并为一个维度。

[29] Heine, 2003; Minkov, 2007:164 ff.

[30] “为他人服务”只出现在 2005 年之前的世界价值观调查中。为了保持一致性，Minkov 排除了 2005—2008 年的三个项目。从 1995—2004 年，他使用了每个项目的最新数据。

[31] 独立、努力工作、有责任感、有想象力、宽容、尊重他人、节俭（攒钱和物品）、决心（毅力）、宗教信仰、无私和服从。Minkov & Hofstede, 2012.

[32] 我们遵循了 Minkov 的方法，他从 Inglehart 那里借鉴而来：使用在项目范围内选择特定职位的人的百分比，而不是全国平均数。按照这种方法，我们使用了正极，即选择“非常重要”“非常自豪”或“非常喜欢我”等选项的人的百分比。采用这种方法的原因是，当它与具有代表性的样本一起使用时，它可能会产生对许多外部变量具有最高预测能力的结果。

[33] 这些项目与长期导向—华人价值观调查之间的相关性如下：节俭，r=0.53（p=0.013，n=21）；民族自豪感，r=0.64（p=0.002，n=21）；为他人服务，r=–0.70（p=0.008，n=13）。

[34] 通过因子分析，这三个问题产生了一个特征值为 2.10 的单因子，它解释了 70% 的方差。项目“问题”负荷如下：“为他人服务”为 0.94；“民族自豪感”为 0.86；“节俭”为 –0.70。因为对“为他人服务”有相当多的缺失的价值观数据，我们对其他两个变量使用线性回归来预测缺失因子的得分。这两个项目都是逐步回归的重要预测因子，具有高可靠性，R^2=0.97。在将预测得分添加到从因子分析获得的得分之后，我们将得分转换为 0~100 的分值，并逆转符号。

[35] 对于增加的 9 个国家（地区），1994—2004 年的一个或多个分数缺失，但

2005—2008 年的数据可以使用，所以我们选择了后者。在表 7.4 中，这些国家（地区）标有星号（*）。

[36] 在 21 个常见案例中，r=0.72 ***（不包括中国香港和泰国，其中 1995—2004 年期间的缺失数据已被 2005—2008 年的数据所取代）。

[37] “传统”的重要性在 2005—2008 年的世界价值观问卷中得到了衡量，项目为 v89，与同一部分中的其他项目一样，都是基于 Shalom Shwarz 的工作。项目 v89 的措辞如下：“看着这张卡片，请你指出这个人是非常像你、像你、有点像你、不像你，还是一点都不像你？（从各种描述中选一个答案）传统对这个人很重要，它是遵循一个人的宗教信仰或家庭生活方式而传下来的习俗。”我们对长期导向的新衡量标准与选择“非常像你”的受访者的百分比相关，r=–0.56***（n=37）。在世界价值观量表中，“毅力”是儿童的理想特征，就像我们新的长期导向得分中的“节俭”一样。该项目在 2005 年之前编码为 A039，之后编码为 v18。与长期导向—世界价值观调查的相关性为：r=0.49 ***，（A039，n=83）；r=0.49 **，（v18，n=41）。

[38] 在 Minkov（2007）提供碑铭主义得分的 57 个国家（地区）中，这些与长期导向指数—世界价值观调查相关，r =–0.85 ***。

[39] 在 63 个常见国家（地区）中，长期导向—世界价值观调查与 IBM 维度之间的相关性为：与权力距离的相关系数为 0.05，个人主义为 0.08，阳刚气质为 0.03，不确定性规避为 –0.04。

[40] 在 88 个普通国家（地区）中，长期导向—世界价值观调查与 2005 年按购买力平价计算的人均国民生产总值的相关性为：r=0.28 **（p=0.009）。

[41] Spearman 等级相关性：rho=0.85***（n=17）。

[42] 基于 Etcoff、Orbach、Scott 与 Agostino 2006 年的研究。长期导向—世界价值观调查与“我的母亲对我对自己和美的感受产生了积极影响”的相关性为：r = –0.80 **；与“我的母亲持有的美的观念塑造了我自己对于美的观念”的相关性为 r =–0.57 *（n = 10）。该信息由 Marieke de Mooij 提供。

[43] *Culture's Consequences*, 2001, p.365.

[44] Minkov, 2007, 2008.

[45] Yan & Gaier, 1994; Stevenson & Lee, 1996, p.136.

[46] 与长期导向—华人价值观调查的相关性为：四年级数学得分，r=0.82 **（n=11，

p=0.002）；四年级数学得分，r=0.57（n=11，p = 0.065）；八年级数学得分，r=0.65 *（n = 10，p = 0.043）；八年级科学得分，r=0.42（n=10，p=0.230）。控制 2005 年的购买力平价基础上的人均国民生产总值可以使对比度更强。而这两个年龄组的数学和科学得分之间的相关系数为 0.93 *** ！

[47] 与长期导向—世界价值观调查的相关性为：四年级数学得分，r=0.70 ***（n= 30）；四年级数学得分，r=0.66 ***（n=30）；八年级数学得分，r= 0.73 ***（n = 36）；八年级数学得分，r=0.68 ***（n=36）。

[48] 在控制购买力平价下的 2005 年人均国民生产总值后，长期导向—世界价值观调查与四年级学生的数学和科学成绩表现之间的相关性变得微不足道。只有八年级学生的成绩的相关性仍然很显著，且对数学的影响仍然强于科学。

[49] Hofstede, 1986; Biggs, 1996.

[50] Gert Jan Hofstede, 1995.

[51] Redding, 1980, p.196-197.

[52] 1970 年哥伦比亚的人均国民生产总值为 340 美元，2000 年为 2 080 美元。在韩国，1970 年为 250 美元，2000 年为 8 910 美元。*World Bank Atlas*, 1972; *World Development Report*, 2002.

[53] Kahn, 1979.

[54] 见注释 3。在所有 23 个进行华人价值观调查的国家（地区）中，新的维度与 1965—1985 年的人均国民生产总值的增长相关，r=0.64 **；随着 1985—1995 年的增长，r=0.70 ***。

[55] 在可获得数据的 70 个国家（地区）中，长期导向—世界价值观调查与 1970—1995 年的人均国民生产总值的增长相关，r=0.52 ***。降低极端分数影响的等级相关系数为 0.34 **。我们将 1970 年苏联的数据与 1995 年俄罗斯的数据、1970 年南斯拉夫的数据和 1995 年塞尔维亚和黑山的数据、1979 年捷克斯洛伐克的数据和 1995 年捷克的数据结合了起来。

[56] 在 84 个国家（地区）中，长期导向—世界价值观调查与 1995—2000 年的人均国民生产总值的增长相关，相关系数为 0.10，等级相关系数为 0.12。

[57] 按 1995 年人均国民生产总值排名，84 个国家（地区）显示中间存在一定的差距。54 个贫穷国家（地区）形成了较大的差距，从坦桑尼亚的 120 美元

到乌拉圭的 5 170 美元；30 个富裕国家（地区）形成了较大的差距，从阿根廷的 8 030 美元到卢森堡的 41 210 美元不等。

[58] 富裕国家（地区）包括阿根廷、奥地利、澳大利亚、比利时、加拿大、丹麦、芬兰、法国、德国、英国、希腊、中国香港、冰岛、爱尔兰、意大利、以色列、日本、韩国、卢森堡、荷兰、新西兰、挪威、葡萄牙、斯洛文尼亚、新加坡、西班牙、瑞典、瑞士、中国台湾和美国。图 7.1 包含这 30 个富裕国家（地区）和 54 个贫穷国家（地区）的单独回归线，这些国家（地区）证明了相关性的逆转。如果我们使用 Spearman 等级相关系数来减少人均国民生产总值增长率极端情况的影响，相关系数的差异则最显著。在富裕国家（地区），rho=–0.46 *（p= 0.011）。在贫穷国家（地区），rho=0.32 *（p= 0.018）。

[59] Minkov & Blagoev, 2009.

[60] Read, 1993. 长期导向指数与 23 个华人价值观调查国家（地区）的边际储蓄倾向的相关系数为 0.58 **。

[61] De Mooij, 2004. 15 个国家（地区）的房地产投资与长期导向指数的等级相关系数为 0.43（近似显著，0.054 水平），共同基金与长期导向指数的等级相关系数为 –0.66 **。

[62] Ben Knapen in NRC Handelsblad, February 9, 1989.

[63] 1977 年和 2009 年的 *World Development Reports*。

[64] McDonald & Robinson, 2009.

[65] Russell, 1976[1952], p.101.

[66] Lewis, 1982, pp.297, 229, 224, 168 and 302.

[67] Hofstede, 1994b.

[68] http://aneki.com/countries.

[69] Van der Veen, 2002, pp.171-175.

[70] 活跃于 1980 年到 2004 年，最近搬到蒂尔堡。

[71] Noorderhaven & Tidjani, 2001.

[72] Noorderhaven 和 Tidjani 的文章提到了八个因素，但他们将第一个也是最强的因素再次分为三个子因素。我们对因子 3~6 的解释与 N. & T 略有不同，但它们基于相同的数据。

[73] *Culture's Consequences*, 2001, pp.369-370. 10 个国家（地区）的长期导向—华

人价值观调查得分与其的相关系数为 –0.95 ***。

[74] Stiglitz, 2002.

[75] Research by Ray Simonsen. See *Culture's Consequences*, 2001, p.501.

[76] Kelen, 1983[1971], p.44.

[77] Helgesen & Kim, 2002, pp.28-29.

[78] Helgesen & Kim, 2002, pp.8-9.

第8章

光明与黑暗

每逢圣诞节期间，信仰传统基督教的人们总是被认为是快乐和幸福的，英国著名杂志《经济学人》（*The Economist*）曾在它的圣诞专版上报道过下面这个故事：[1]

每逢周日，香港就会变成一座不一样的城市，数以千计的菲律宾妇女都会赶到中心商业区，在皇后像广场上野餐、舞蹈、歌唱、闲聊、笑谈……他们拥抱彼此、闲话家常、谈笑风生，似乎不会有比这更快乐的事了。这和一周中的其他六天截然不同。随后那里就开始被因古怪粗鲁而出名的中国人和永远生活在压力之下的外籍商人所占据。在那些日子里，菲律宾妇女将会在遍布香港的154 000个家庭的狭小天地里做“家政服务人员”或广东话中的“保姆”。她们不仅因为离家而感到孤独，还要过着被雇主“奴役”的日子。因此在香港一直有一个谜：从种种迹象上来看，香港最悲惨的人们也是最快乐的。

幸福——学术界更喜欢称为主观幸福感——是一个普遍的理想。一些哲学流派，如经典佛教，谴责追求幸福之举，并认为这是虚掷光阴，非智者所为。然而这种精英主义并不能轻易被大众接受。在当今这个世界上，和佛教权威人士所不同的是，无论信奉什么宗教，大多数人都会想要获得幸福，不会因其短暂而打消念头。

遗憾的是，整体来说，有些国家（地区）在追寻幸福方面做得比其他国家（地区）好。更令落后者不安的是，关于主观幸福感跨文化差异的研究证实，各国（地区）的排名有着极高的稳定性。当然会有一定的波动，但是，自数十年前基于大规模幸福感测度的第一次国家（地区）排名公布以来，至今并没有发生大的变动。此外，一些研究显示，20个国家（地区）的主观幸福感排名，与一组祖先来自这些国家（地区）的美国人的主观幸福感排名，有着极大的相似性。这意味着不同族裔的人们即使生活在相同环境中，也不会感到同等幸福，某些旧有的差异会保留一段时间。[2]

主观幸福感的本质

主观幸福感的相关学术文献汗牛充栋。通常，主观幸福感会被分为两个主要方面：对人生的认知评估和对情感的描述。[3] 生活满意度和心情未必是一回事。有些人可能会觉得他们的生活过得很好，但是不快乐，反之亦然。

世界价值观调查对主观幸福感的两个方面都有所强调，既询问人们对他们生活的满意程度，也了解他们的幸福感程度。在第一个问题中得分很高的国家（地区）通常也会在第二题中得高分，但是它们之间的相关性并不强。生活满意度反映出国别（地区）差异可以从国家（地区）间的财富差异得到令人信服的解释，但是在世界价值观调查中这个变量和幸福感关联很小，感到幸福的受访者所占比例最高的国家（地区），一般是贫穷的或并不是特别富裕的。他们多位于西非（如尼日利亚、加纳）和拉丁美洲北部（如墨西哥、萨尔瓦多、哥伦比亚、委内瑞拉）。我们应该怎样解释这种情况呢？

对这样的调查结果难以置信，这样的反应并非罕见。不仅仅是外行人，甚至一些学者都对这种测量幸福感的行为表示怀疑。他们认为幸福感太难捉摸、太模糊，并且变化多端，无法测度。然而这样的观点在主流社会科学研究中只占少数。该领域的主要研究专家——如美国心理学家艾德·迪纳（Ed Diener）和荷兰社会学家鲁特·范荷文——已经不容置疑地表明，测度幸福感的做法是有意义的。[4] 同样，迈克尔·明科夫也指出，那些声称他们很幸福的受访者所占比例较高的国家（地区），心血管疾病死亡率较低。[5] 即使将人均国民生产总值（以及人们所接受的卫生保健的质量）差异这一主要因素考虑进去，这两者之间仍然存在很强的相关性。人们对于他们的个人幸福感的报告并不是脱离现实的空话。

对观察到的国家（地区）幸福感差异做出解释的理论所在多有。[6] 很多是基于相对小的国家（地区）样本，因此无法成为可靠的总体解释。不可否认的是，幸福感的决定因素有很多，而且在一个特定的社会中，其中的某些因素在一个社会中可能比在另一个社会中更为显著。尽管如此，这并不意味着无法找出普遍趋势。

主观幸福感与世界价值观调查

在第 4 章和第 5 章我们引用了英格尔哈特对于世界价值观调查的全面分析中的主观幸福—基本生存维度。这一维度与高个人主义和强阳刚气质的结合相关联。尽管调查幸福感的文化决定性因素并不是英格尔哈特研究兴趣的重点，但他提出的维度在基本生存一端包含了对不幸福感的测度。[7] 界定这一维度的其他因素涉及优先考虑经济和人身安全而不是生活质量，在政治上被动，反对同性恋，以及对于信任他人表现谨慎。此外，这一维度与男性更善于担任政治领袖而女性只有生儿育女才算圆满的信念、对技术的重视、对群体外成员（如外国人）的拒斥、在生活中身不由己的感受及很多其他方面明显相关。

英格尔哈特的主观幸福—基本生存维度从统计学意义上来看是正确的。而且，尽管界定此维度的项目多得令人眼花缭乱，但它终究在概念上是站得住脚的，因为与它有关的一切，都根源于国家（地区）间的贫富差距。在解释富国（地区）和穷国（地区）之间的差异，以及指出一个特定国家（地区）在实现经济发展后预计可能发生的文化和社会的转变上，它作为一个包罗万象的维度，可以发挥作用。然而，这种长远视角无法解释许多明显的细节内容。特别地，它对于一些穷国（地区）何以会存在如此高比例的幸福人群这一重要问题未给出任何解释。[8]

作为一个社会维度的放纵与克制

英格尔哈特对世界价值观调查的分析，促使明科夫进行了自己的分析。他发现英格尔哈特的主观幸福—基本生存维度可以从概念和数据上分为两部分。与群体之间或个体与群体之间的关系有关的项目（例如，认同男性更善于担任政治领袖而女性只有生儿育女才算圆满），形成了明科夫所谓的排他主义—普遍主义维度，这在第 4 章中被我们作为个人主义—集体主义的一种变化形式讨论过。主要与幸福感有关的项目，形成单独一组和一个不同的维度。[9] 在 90 多个国家（地区）中，两个世界价值观调查项目比迄今所有任何其他调查中的变量都能更好地预测幸福感。

明科夫认为这些是新维度的核心。它们——与幸福感相关的项目——在世界价值观调查中就是这样形成的。

（1）幸福感：“把所有的事情考虑在内，你会说你非常幸福、很幸福、不是很幸福，还是根本不幸福？”该项目测度的是选择“很幸福”的人所占的百分比。

（2）对于生活的掌控：“一些人觉得他们完全能够掌控自己的生活，而其他人觉得他们的所作所为对发生在他们身上的事没有实际性影响。标尺上用 1 表示‘根本不’能掌控，10 表示‘完全能够掌控’，请利用这个标尺表示你对于生活的选择自由度和控制程度。”该项目测度的是世界价值观调查报告中国民的平均分数。[10]

（3）休闲的重要性：“对于以下各项（家人、朋友、休闲、政治、工作、宗教、对他人的服务），说明它们在你生活中的重要程度：非常重要，相当重要，不是很重要，根本不重要。”该项目测度的是选择休闲“非常重要”的人所占的比例。[11]

因此，在国家（地区）层面上与幸福感相关的项目和预测因素，首先是对于生活的控制感，这种感觉是，能够或多或少地自由选择自己喜欢的生活方式，选择的自由不受社会限制条件的制约；其次是在个人价值观中休闲的重要性。幸福感、对于生活的掌控和休闲的重要性彼此相关，且这些相关性在随后的调查中保持稳定。因此它们定义了一个稳定的通用维度。

除了这三个关键的项目，这个维度还与交朋友的重要性呈正相关，与认为节俭是子女珍贵品质的观点呈负相关。

根据以上内容，这个维度的两极中的一极，以一个人感觉可以随心所欲地行事、消费、与朋友在一起或独自任意休闲和娱乐为特点。所有这些都显示了相对高的幸福感。在相反的一极，我们发现这样的感受：人的行为受到各种社会规范和禁令的限制，而享受休闲活动、消费和类似的放纵行为在一定程度上是错误的。因为该维度具有这些特征，所以明科夫把它称为放纵—克制。[12]

表 8.1 列出了各国（地区）该维度的分数。[13]

表 8.1　基于世界价值观调查报告的三项因子得分的 93 个国家（地区）的放纵—克制指数

排名	美洲（中/南部）	欧洲（南/东南部）	欧洲（北/西北部）/盎格鲁世界	欧洲（中/东部）/苏联	伊斯兰国家/中东/非洲	亚洲（东南部）	得分
1	委内瑞拉						100
2	墨西哥						97
3	波多黎各						90
4	萨尔瓦多						89
5					尼日利亚		84

续表

排名	美洲（中/南部）	欧洲（南/东南部）	欧洲（北/西北部）/盎格鲁世界	欧洲（中/东部）/苏联	伊斯兰国家/中东/非洲	亚洲（东南部）	得分
6	哥伦比亚						83
7	特立尼达岛						80
8			瑞典				78
9			新西兰				75
10					加纳		72
11			澳大利亚				71
12~13		塞浦路斯					70
12~13			丹麦				70
14			英国				69
15~17			加拿大				68
15~17			荷兰				68
15~17			美国				68
18			冰岛				67
19~20			瑞士				66
19~20		马耳他					66
21~22		安道尔					65
21~22			爱尔兰				65
23~24					南非		63
23~24			奥地利				63
25							62
26	巴西						59
27~29			芬兰			马来西亚	57
27~29							57
27~29			比利时				57
30			卢森堡				56
31			挪威				55
32	多米尼加						54
33	乌拉圭						53
34~35					乌干达		52
34~35					沙特阿拉伯		52
36		希腊					50
37~38							49

续表

排名	美洲（中 / 南部）	欧洲（南 / 东南部）	欧洲（北 / 西北部）/ 盎格鲁世界	欧洲（中 / 东部）/ 苏联	伊斯兰国家 / 中东 / 非洲	亚洲（东南部）	得分
37~38		土耳其				中国台湾	49
39~40		法国					48
39~40				斯洛文尼亚			48
41~43	秘鲁						46
41~43					埃塞俄比亚		46
41~43						新加坡	46
44						泰国	45
45~46				波斯尼亚			44
45~46		西班牙					44
47~48					约旦		43
47~48						马里	43
49~51					赞比亚		42
49~51						菲律宾	42
49~51						日本	42
52~53			德国				40
52~53					伊朗		40
54				吉尔吉斯斯坦			39
55~56					坦桑尼亚		38
55~56							38
57					卢旺达		37
58~59				马其顿		越南	35
58~59							35
60			东德				34
61~62		葡萄牙					33
61~62				克罗地亚			33
63~64					阿尔及利亚		32
63~64				格鲁吉亚			32
65				匈牙利			31
66		意大利					30
67~69							29
67~69				捷克		韩国	29
67~69				波兰			29
70~72				斯洛伐克			28

续表

排名	美洲（中/南部）	欧洲（南/东南部）	欧洲（北/西北部）/盎格鲁世界	欧洲（中/东部）/苏联	伊斯兰国家/中东/非洲	亚洲（东南部）	得分
70~72				塞尔维亚			28
70~72					津巴布韦		28
73						印度	26
74					摩洛哥		25
75						中国大陆	24
76				阿塞拜疆			22
77~80				俄罗斯			20
77~80				黑山			20
77~80				罗马尼亚			20
77~80						孟加拉国	20
81				摩尔多瓦			19
82					布基纳法索		18
83~84						中国香港	17
83~84					伊拉克		17
85~87				爱沙尼亚			16
85~87				保加利亚			16
85~87				立陶宛			16
88~89				白俄罗斯			15
88~89				阿尔巴尼亚			15
90				乌克兰			14
91				拉脱维亚			13
92					埃及		4
93					巴基斯坦		0

对于这个维度我们提出的定义如下：放纵代表允许相对自由地满足与享受生活和娱乐有关的人类基本和自然欲望的倾向。在相反的一极，克制所反映的信念是：应以严格的社会规范限制和调节这些满足欲望之举。作为一种文化维度，放纵—克制立足于测度特定现象的有明确定义的研究项目。值得注意的是，在放纵一端，欲望的满足是指享受生活和娱乐，不是满足所有人类欲望。

这是学术文献迄今尚未提及的一个真正全新的维度，值得深入研究。在某种程度上，它与美国人类学研究中松紧社会的区别相类似。在宽松社会中，日常规范可通过很多的可选择的渠道进行表达，异常行为也容易被容忍；紧密的社会保持了更强的群体组织、形式、永久性、持久性和团结的价值观念。[14] 在吉尔特•霍夫斯泰德早期的出版物中，这种差别在概念上与不确定性规避相关，但他并没有找到客观的度量方法。[15]

放纵—克制维度很好地解释了穷苦的菲律宾女佣为何比富裕的中国香港地区的居民更加幸福这一矛盾的现象。表 8.1 中可以看到，菲律宾在放纵方面比中国香港排名更高，但仍低于拉丁美洲北部或一些西非国家。

本书如此描述放纵—克制维度和 IBM 维度之间的相关性：放纵—克制维度显示出与权力距离维度的微弱负相关，这也意味着在等级制度更森严的社会略微倾向于更不放纵。此维度和 IBM 调查的其他维度及华人价值观调查中的长期导向测度没有关联。[16]

放纵—克制维度与世界价值观调查中长期导向的关系如图 8.1 所示，涵盖两项调查均涉及的 90 个国家（地区）的两个维度。总体相关性是显著的负相关。[17] 这是可以预料的，因为在放纵的社会中节俭并不被视为孩子的美德。然而，世界价值观调查中长期导向和放纵—克制维度的公共方差只有 0.2，这远远低于其他两个既有维度，即权力距离和个人主义指数 0.35 的公共方差。

图 8.1 的各个象限展示了清晰的区域模式。放纵和长期导向结合的情况相对较少，只有 9 个欧盟国家及瑞士、中国台湾地区和新加坡。最常见的模式即放纵和短期导向的结合，包括 12 个拉丁美洲国家、4 个非洲国家、4 个英联邦国家、5 个北欧国家、4 个南欧国家、2 个东南亚国家（地区）。第二常见的模式即克制与长期导向的结合，包括 9 个东南亚国家（地区）、19 个东欧国家及其他一些国家（地区）。与之相比较少见的是克制和短期导向相结合的模式，它存在于 5 个伊斯兰国家、6 个撒哈拉沙漠以南的非洲国家及其他一些国家（地区）。

从统计角度来看，放纵和人均国民生产总值之间呈正相关，这种相关关系显著，但是还不太稳固。[18] 人均国民生产总值解释了国家（地区）在放纵—克制方面差异的 10%。克制更可能在贫困背景下发生，这是讲得通的。

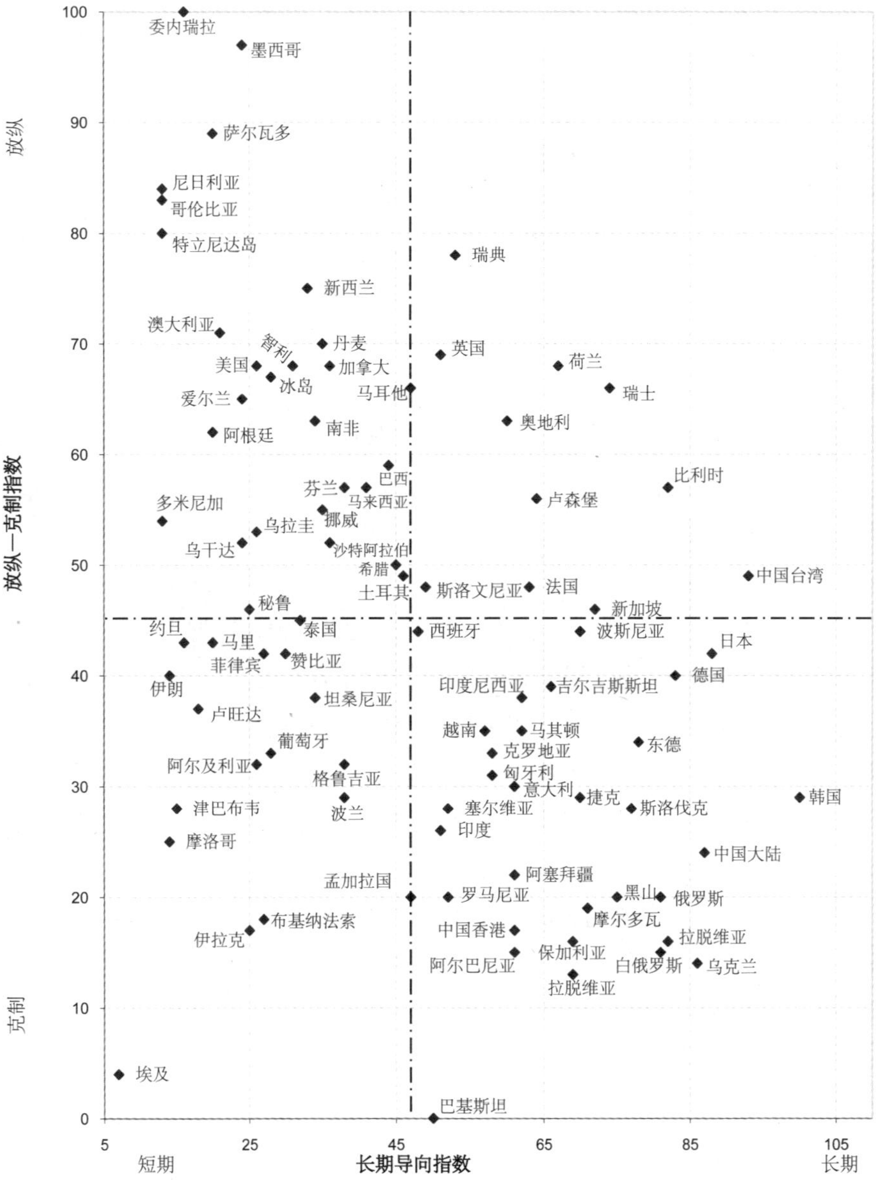

图 8.1 放纵—克制与长期导向的关系

其他跨文化研究中的放纵、克制与主观幸福感

彼得•库彭斯（Peter Kuppens）曾带领一个比利时研究小组，研究他们所称

的情感经历回想频率（或者说人们对于积极和消极感受的记忆有多深）。[19] 他们的样本包含来自 48 个国家（地区）的 9 300 个个体。该研究中出现两个国家（地区）层面的维度，被称为成分一（积极影响）和成分二（消极影响）。成分一得分较高的社会，其参与者更容易回想起积极情感，而成分二得分较高的人对消极情感的记忆更深刻。这两个成分是不相关的。

衡量回想积极情感频率的成分一与放纵—克制指数密切相关。[20] 来自更加放纵的社会的人们，更有可能去记住一些积极的情感。

美国研究者乌利奇 • 施玛克（Ulrich Schimmack）、Shigeiro Oishi 和艾德 • 迪纳曾完成一个类似的大规模研究。他们调查了来自 40 个国家（地区）的 6 780 名大学生，询问他们在上个月有多少次愉快或不愉快的情感经历。所报告的愉快经历的平均频率和放纵呈正相关。[21] 在更为放纵的社会中，学生会更经常感受积极情感。

放纵—克制指数和华人价值观调查中的长期导向没有关联，但是彭麦克的华人价值观调查显示了另一个维度，被称为道德纪律。在第 3 章我们发现它和权力距离相关联，它的两极是“道德约束”与“缺乏强烈道德立场”。[22] 这一维度积极一极的决定因素包括“适度”“保持自己的无私和纯洁”和“寡欲”。由于这些因素能够很容易地与克制相关联，可以预料，它们与放纵呈负相关。确实，这样的关联是存在的，[23] 在放纵上得分更高的群体往往在道德纪律上得分更低，其成员也不太可能推崇适度和清心寡欲。

随后彭麦克与另一组同事研究了来自 41 个不同社会的 7 672 个学生的普遍信念中的所谓社会公理的概念。[24] 研究者获得了两个文化维度，他们把其中一个称为社会犬儒主义，它意味着同意“关注社会事务只会给你带来麻烦”“仁慈的人往往蒙受损失”“老人通常顽固并有偏见”“在人们获得舒适的生活时便会停止工作”等。这也反映了掌权者对于不掌权者来说是自大的剥削者这一观点。根据可用数据，社会犬儒主义在东欧、东亚（韩国、中国台湾地区）、巴基斯坦和泰国最为盛行，在挪威、美国、加拿大最弱。社会犬儒主义和放纵—克制指数呈显著的负相关关系。[25] 这表明了放纵少而克制多的社会成员往往持更犬儒主义的观点。社会限制不仅仅使人们获得的快乐更少，更是让他们形成了各种形式的消极态度。犬儒主义只是其中之一，其他形式将会在随后的章节讨论。

放纵还和我们在第 2 章曾经描述并在其他章节中提及的大五人格特质模型

中两个人格维度的国家（地区）基准相关：与外向性正相关和与焦虑负相关。[26] 由于外向性和积极影响有关联，而焦虑反映经历消极情绪的趋向，这个研究结果和放纵—克制维度的性质一致。在放纵型社会中，外向型个人可能较多，而焦虑的人较少。

放纵与克制、主观健康、乐观主义及出生率

在放纵—克制指数得分高的社会,在世界价值观调查中自称个人健康状况“非常好”的调查对象占比较高，这种相关性在富裕国家（地区）中尤为显著。[27]

美国的一个民意调查机构——皮尤研究中心，利用大多具有国家（地区）代表性的样本，收集了大约 50 个国家（地区）的数据。在它的跨国调查中，其中一个问题是调查对象对于未来有多乐观，表示“非常乐观”的调查对象所占的百分比，和放纵—克制指数的得分明显相关。[28] 较为放纵的社会有更多的乐观主义者，反之亦然。

幸福感、主观健康和对未来的乐观态度，都影响社会中的儿童出生数量。

受教育程度也会产生一定影响：受教育水平较低的人倾向于生育更多子女。在 28 个富裕国家（地区）（1999 年人均国民生产总值超过一万美元），放纵—克制维度作为预测出生率的重要因子，比受教育程度和人均国民生产总值更具说服力。[29] 那些感到不快乐和不健康的人不热衷于抚养孩子，这在当他们的受教育程度在经济发达国家（地区）中比较典型时尤为明显。

我们已经提到过，即使在对照国家（地区）财富差异之后，也会发现较高的放纵程度与较低的心血管疾病死亡率存在关联，[30] 这种关联证明较高放纵程度所代表的主观幸福感实际上并不那么主观。文化上更克制的社会所产生的具体的健康问题并不是人们的主观想象，尽管心血管疾病在个体层面上是一种由很多原因引发的复杂现象，但幸福感低看来有可能是其中一个原因。

低生育率国家（地区）的政府及行政部门通常会考虑提高出生率，但它们又几乎没有方法去达成这一目标，除了降低受教育程度（几乎不会选择这样做），它们唯一的选择就是提高国家（地区）整体幸福感，从而增强主观健康水平和乐观程度。遗憾的是，几乎没有什么已知的方法能够在一个既定国家（地区）内大幅提高幸福人群的比例。看上去似乎经济发展能够产生这种影响，然而这个过程需要太长时间。1998—2008 年，苏联的欧洲部分的几乎所有国家及保加利亚和

罗马尼亚，人均国民生产总值都翻了一番。然而，在这一时期开始时笼罩着他们的低迷情绪和低幸福感，在 10 年之后几乎没有改变，并且灾难性的人口危机一如既往。

表 8.2 总结了我们目前讨论过的放纵型社会与克制型社会在一般规范、个人感受和健康方面的主要差异。

表 8.2　放纵型社会与克制型社会之间的主要差异：一般规范、个人感受和健康

放纵型社会	克制型社会
非常幸福的人比例较高	非常幸福的人比例较低
感觉个人生活由自己掌握	无奈感：身不由己
休闲较为重要	休闲较为不重要
交友较为重要	交友较为不重要
节俭较为不重要	节俭较为重要
松散的社会	紧密的社会
更可能记住积极情绪	不太可能记住积极情绪
较少道德规训	较多道德规训
积极态度	犬儒主义
性格更外向	性格更焦虑
感到健康的人比例更高	感到健康的人比例更低
更加乐观	更加悲观
人口受过良好教育的国家（地区）的出生率较高	人口受过良好教育的国家（地区）的出生率较低
心血管疾病死亡率低	心血管疾病死亡率高

放纵、克制与消费态度

皮尤研究中心在 2002—2003 年的调查中向调查对象询问外国电影和音乐是否是一种好的东西。选择“非常好”的调查对象所占的百分比，与放纵程度呈正相关。更放纵的社会有更高比例的人完全赞同外来娱乐文化的输入，如音乐和电影,这些比例从尼日利亚的 68%（最高赞同率）到巴基斯坦的 11%（最低赞同率）不等。由于它们与世界价值观调查对宗教和爱国主义的测量值完全不相关，所以对外国音乐、电影接受程度的可见差异不能从这些方面来解释。

荷兰营销学专家马瑞克 • 德 • 穆伊把放纵—克制指数的得分与最近的欧洲晴雨表调查数据和其他消费者相关数据联系起来。在欧洲晴雨表所覆盖的 27 个欧盟成员国中，放纵—克制指数将大多数西欧成员国（较放纵）和大多数东欧成员

国（较克制）一分为二。马瑞克•德•穆伊发现了一系列显著的相关性。在更放纵的社会中，人们表示对家庭生活更满意；他们更多地认为伴侣间不平等的家务分配是一个问题。[31] 他们更加频繁地（至少每周一次）积极参与体育活动。[32] 他们更经常与家人、朋友和同事互发电子邮件，并使用电子邮件或在线与外国人交流。[33] 他们更少吃鱼，但喝更多的软饮料和啤酒。[34]

世界卫生组织提供了世界上多数国家（地区）的男女肥胖数据。有些国家（地区）的人民可能处于营养不良状态，比较这些国家（地区）之间的肥胖率数据没有意义，所以将这些国家（地区）排除在此项分析之外。在 26 个能够提供数据的富裕国家（地区）中，对照以购买力平价计算的人均国民生产总值，放纵程度与肥胖率呈正相关。[35] 尽管很多因素都会产生影响，但似乎当购买力不成问题时，更放纵的社会更倾向于不受克制地消费所谓的垃圾食品，从而导致肥胖。

放纵、克制与性关系

美国心理学家大卫•施密特（David Schmitt）创立了国际性学说明项目，并在此范围内协调了一系列有趣的跨文化研究。其中一项研究重点是他所谓的“社会群体内性关系”。据施密特所说，这是关于人类婚配的唯一一个战略性维度[36]：

> 那些在这个维度中处于相对低位的人被称为具有克制型的社会群体内性关系导向——他们倾向于一夫一妻制，长久的求爱时期，以及对长期关系的大量感情投资。而那些处于相对高位的人，被认为在婚配导向上更不克制，倾向于发生混乱短暂的性关系，并且对浪漫关系的体验层次更低。

施密特及他的团队的结论表明，自我报告的女性社会群体内性关系与个人主义和普遍主义有着显著的正相关关系（而与集体主义和排他主义有着显著的负相关关系）。这意味着在西方国家的女性在两性关系上更自由，但是一种与之并行不悖的解释是，在集体主义国家（地区）的女性在讨论性的问题时受到更多压制。有趣的是，报告显示男性的社会群体内性关系与个人主义和排他主义并没有显著的相关性。全世界的男性也许都更踊跃地谈论性，相反，在很多文化中，男性更倾向于吹嘘他们的战绩——无论是真实的还是想象的。

这意味着我们应该谨慎对待基于自我报告的社会群体内性关系的国家（地区）

差异的结论。但是，在性并不太可能成为禁忌话题的富裕国家（地区），调查对象有望在某种程度上更为真诚，至少是在匿名调查中。因此书面调查的结果可能更为可靠。总之，个人主义方面的差异（和由此产生的调查对象倾向于直言不讳的程度差异）和阳刚气质的差异及禁忌，都可能促成自我报告的社会群体内性关系的差异的产生。尽管如此，在 21 个富裕国家（地区）中，男女在国家（地区）社会群体内性关系上的得分，都和放纵程度呈正相关。[37] 这种相关性表明了关于放纵—克制维度的另一面：放纵型社会的成员，尤其是富裕社会，更有可能表现出较强的社会群体内性关系。可以推测这个报告反映的是真实行为，尽管这一点值得深入研究。

世界价值观调查中的一个项目问及调查对象（仅限于欧洲样本），他们怎样看待随意性交。一个国家（地区）中选择“完全接受”的人在该国（地区）所占的百分比，与这个社会的放纵程度呈正相关。[38] 在这个案例中，这个问题是以行为规范形式提出的，调查对象不必谈及自己，而只谈论他们希望规定别人遵循的行为。因此，这个结果更可靠。更放纵的社会中有更高比例的人不反对涉及随意性交的宽松规范。

工作场所中的放纵与克制

谢尔盖 • 米索多夫（Sergey Myasoedov）是俄罗斯的管理学教授与跨文化方面的专家，因其精彩叙述了美国外籍管理人员与当地职员及消费者之间的文化冲突而在东欧各个商学院享有盛名。他发现美国前台接待人员被要求对消费者微笑，这个现象在普遍放纵和快乐文化中比较常见，如美国。但是当一个公司——在本案例中是麦当劳——尝试在一个高度克制的社会中套用它在美国的做法，可能会产生意料不到的后果。

> 当他们进入俄罗斯时，他们带来了非常强烈的企业文化。他们决定去培训俄罗斯的销售人员。他们想让这些销售人员面带麦当劳式的微笑，露出满口三十二颗牙。然而一段时间过后，麦当劳的专家发现俄罗斯消费者被他们灿烂的笑容吓到了，他们非常惊讶地盯着这些销售人员：“为什么你们对我咧着嘴笑？”他们调查发现，在俄罗斯对一个陌生人灿烂微笑是没有用的。俄罗斯人遇到陌生人时从不会笑成这种样子，当一个人对俄罗斯人这么做的时候，俄罗斯人的反应是：“这个人怎么了？”[39]

这些差异也可以转化为政治领导人公众形象的不同规范。在美国，一名政治候选人或政要保持“扑克脸”，无异于被判死刑。美国公众人物被期望浑身洋溢着快乐和乐观精神，即使他们私底下非常担心他们的政治生涯走向。在俄罗斯，一张严厉的脸表明严肃认真，它似乎只会提高弗拉基米尔·普京（Vladimir Putin）一直享有的非常高的评价。

霍夫斯泰德推断放纵也解释了照相时微笑（说“茄子”）的行为规范。他的东欧朋友们没有这种习惯。[40]

放纵、克制与国家（地区）

1995—2004年的几轮世界价值观调查中，有一个项目要求调查对象在4个国家目标中选择最重要的一个：维持国家秩序，给人民更多发言权，抵制物价上升，以及保护言论自由。[41] 选择“维持国家秩序”的调查对象所占的比例，与放纵程度呈负相关。[42] 因此，它们与作为一种文化特质的克制程度呈正相关。在更为克制的社会，人们更有可能把“维持国家秩序”（无论他们对此怎么理解）视为一个令其他目标相形见绌的重要国家目标。

在世界价值观调查中，放纵与选择“保护言论自由”作为重要国家目标之间甚至存在更强的相关性。[43] 这对于西方政治家和记者来说是一个关键发现，他们中的很多人不能理解，颇有一些国家（地区）的人民不像美国人和荷兰人那样，把“保护言论自由”作为国家的优先目标。“保护言论自由”可能在放纵的西方社会是一个突出的目标，但在一个克制的社会，特别是如果人们必须做出更迫切的选择时，它的重要性可能会下降。选择“保护言论自由”作为首要目标的调查对象所占的比例，从荷兰的36.6%到俄罗斯的1.5%（世界最低）不等。俄罗斯人和其他一些东欧人，降低了一些人权的优先级，而一些富有的西方国家公民认为，这些人权非常重要。这也解释了为什么很多居住在国外而且熟悉西方生活的俄罗斯公民，对他们所见证的自由无动于衷。在评论克里姆林宫的强硬策略时，他们坚持认为有一个强大的政府是一件好事，否则将会出现混乱，这是这个国家最不想要发生的事。

2008年的欧洲晴雨表调查数据得出了同样的结论。在26个欧洲国家中，选择“保护言论自由”作为未来追求目标的调查对象所占的比例，与放纵程度有着显著的相关性，将“给人民更多发言权”作为最重要选项的人所占的比例与他们对幸福的理解之间，也有同样的相关性。[44]

之前的章节显示，一个国家（地区）存在言论自由和民主政府的可能性，与人民在权力距离、个人主义、不确定性规避等领域的价值观念有关联。这种和放纵—克制的相关性，显示出另一种影响——它影响一国（地区）人民对相关政治理想的观感。

放纵—克制指数不仅能预测书面调查中人们对国家（地区）治理方式的态度，它实际上也与可获得数据的 41 个国家（地区）每 10 万人中的警察数量呈负相关。[45] 更为克制的社会会更认真地看待他们的克制性——他们的人均警力更多。

表 8.3 完善了本章对于放纵型社会与克制型社会在私人生活、消费行为、性及政治方面的主要差异的探讨。

表 8.3　放纵型社会和克制型社会的主要差异：私人生活、消费行为、性及政治

放纵型社会	克制型社会
更赞同引进外国音乐和电影	较不赞同引进外国音乐和电影
对家庭生活更满意	对家庭生活较不满意
家务应由伴侣分担	不平等分担家务不是问题
积极参加体育运动	很少参加体育运动
电子邮件和互联网被用于私人联系	电子邮件和互联网很少被用于私人联系
与外国人的电子邮件和互联网联系较多	与外国人的电子邮件和互联网联系较少
鱼的消费量较少	鱼的消费量较多
软饮和啤酒的消费量较多	软饮和啤酒的消费量较少
在富裕国家（地区），肥胖比例较高	在富裕国家（地区），肥胖比例较低
性别角色规定松散	性别角色规定严格
在富裕国家（地区），两性规范较宽松	在富裕国家（地区），两性规范较严格
笑容是常态	笑容遭疑忌
言论自由相对重要	言论自由不是主要关切事项
维持国内秩序不是重要优先项	维持国内秩序被视为重要优先项
每 10 万人中的警察数量较少	每 10 万人中的警察数量较多

放纵与克制的社会性差异的根源

正如其他文化维度一样，我们很难确切解释是怎样的历史进程导致了我们今天看到的在放纵—克制维度上的区别。明科夫在为塞奇出版公司出版的人类学智者杂志《跨文化研究》（*Cross-Cultural Research*）撰写的一篇文章及他以前的出版物中，提出了一种可能的解释。[46] 他辩称放纵型社会一般不具有延续至今已

有上千年历史的欧亚大陆密集型农业。

在传统上，密集型农业从未出现在撒哈拉以南的非洲地区。这种农业形式在美洲一些地区存在过，但和非洲一样，那里没有役畜可供驱使，因此严重阻碍了它的发展。至于斯堪的纳维亚和以英语为母语的国家，早已超越了传统密集型农业的文化传统。欧亚大陆高度密集型农业文化为践行者带来了数不尽的灾难：繁重的劳动、交替的丰收期和饥荒、国家（地区）的压迫和剥削、毁灭性的流行疾病和无休止的领土争夺战。所以，在这些密集型农业社会产生如佛教之类的哲学，不无道理。佛教宣称众生皆苦，而追求幸福是浪费时间。还有中东的三大宗教：犹太教、基督教和伊斯兰教，它们宣称真正的幸福只有在死后才能获得。

采集狩猎及园艺种植者所构成的社会，不受密集型农业种种劳苦之累，这也许是他们有更强的自由感和幸福感的一个原因。正如美国主观幸福感专家艾德•迪纳和威廉•托夫（William Tov）对因纽特人和马赛人的调查显示，这些人和最富有的美国人差不多一样幸福。[47] 另外，密集型农业劳作需要克制型规训、为未来而规划和节约、漠视休闲和严密的社会管理，采集狩猎及园艺种植者的社会既不需要也不可能出现同等程度的此类情况。

基于服务型经济的高度现代化社会，似乎正在回归密集型农业滥觞之前的更加放纵的远古文化。

注释

[1] *The Economist*, December 22, 2001.

[2] Rice and Steele, 2004.

[3] Diener and Diener, 1995. 主观幸福感的两个方面通常被称为“认知”和“享乐”。

[4] Veenhoven, 1993.

[5] Minkov, 2009.

[6] 有一个相当详尽的列表。Minkov, 2009.

[7] Inglehart and Baker, 2000. 更详细地说，Inglehart 使用了声称自己不太幸福的受访者的百分比。Inglehart 接下来的出版物使用了“自我表达”而不是“幸福感”。

[8] 极端的回应方式——当一些国家（地区）的人面对许多选择（如“非常幸福、很幸福、不是很幸福、根本不幸福”）时，他们不管问题的内容如何而会有系统地偏好极端积极立场的倾向——似乎并没有在例子中发挥作用。

Minkov（2009）表明，幸福感项目在世界价值观调查中的极端位置与许多外部变量之间产生了最高的相关性。因此它是最有意义的，而不是最不重要的。

[9] Minkov, 2009. 因子分析的结果总是取决于包含的特定变量。因为没有一个正确的方式来选择分析的项目，所以过程不可避免地涉及一些主观性。

[10] 据统计，平均得分与选择 6 或更高的百分比在统计上相同。

[11] 在 1995—2004 年的世界价值观调查研究中，这些项目被编码为：幸福感 A008，对于生活的掌控 A173，休闲的重要性 A003。在 2005—2008 年的研究中，幸福感为 V10，对于生活的掌控为 V46，休闲的重要性为 V6。

[12] Minkov, 2007.

[13] 最终得分是通过把每个国家（地区）在 1995—2004 年和 2005—2008 年的得分取平均值后运算出来的。对于只研究过一次的国家（地区），每个项目使用单次得分。然后，对三个项目的平均国家（地区）得分进行因子分析。它们产生了如下单一的因素：非常幸福：0.87；对于生活的掌握：0.84；休闲的重要性：0.84。最后，因子得分被转化为 0~100 的分数。

[14] Pelto, 1968; Earley, 1997, p.53; Triandis, 2002.

[15] *Culture's Consequences*, 2001, pp.176 and 207.

[16] 在 62 个重叠国家（地区）中，放纵—克制指数与权力距离指数的相关系数为 –0.30*，与其他三个 Hofstede 维度的相关性不显著：个人主义指数为 0.16，阳刚气质指数为 0.07，不确定性规避指数为 –0.06。在华人价值观调查中的 23 个国家（地区）里，放纵—克制指数和长期导向指数—华人价值观调查的相关系数为 –0.30（p=0.17）。

[17] 在所有的 91 个重叠国家（地区）以及不包括推断值的 82 个国家（地区）中，放纵—克制指数与长期导向指数—世界价值观调查的相关系数为 –0.45***。

[18] 在 87 个国家（地区）中，放纵—克制指数与 2005 年按照购买力平价计算的人均国民生产总值的相关系数为 0.32**（p=0.002）。

[19] Kuppens, Ceulemans, Timmerman, Diener & Kim-Prieto, 2006.

[20] 在所有的 45 个重叠国家（地区）中，r=0.65***。

[21] Schimmack, Oishi & Diener, 2002, Table1, p.709. 数据源自该文献。在 36 个重叠国家（地区）中，相关系数为 0.49*。

[22] *Chinese Culture Connection*, 1987, p.151.

[23] 由于有更多的重叠国家（地区），道德纪律与放纵—克制指数的相关性比权力距离指数和个人主义指数之间的更强：r=–0.54***。

[24] Bond et al., 2004.

[25] 在 39 个重叠国家（地区）中，r=–0.49**。

[26] 在 34 个国家（地区）中放纵—克制指数的得分与外向性相关（McCrae, 2002），r=0.42*，与神经质的相关系数为 –0.46**。

[27] 在 79 个国家（地区）中，放纵与自称个人健康状况“非常好”的调查对象百分比的相关系数为 0.67***。在 22 个富裕国家（地区）中，相关系数为 0.78***。

[28] 数据来自皮尤研究中心（2007,q4）。相关性横跨 39 个国家（地区），r=0.54***。

[29] 在 28 个富裕国家（地区）中，2005—2010 年放纵—克制与总生育率间的零阶相关系数为 0.63***（数据来源于联合国统计部门，2009）。在逐步回归中，放纵可以解释 42% 的生育率差异，受教育程度可以解释 21%（联合国开发计划署教育指数，2006），而人均国民生产总值不能解释任何差异。

[30] 2002 年，每 10 万人口中放纵与心血管疾病的年龄标准化死亡率（数据来自世界卫生组织，2008）的相关系数为 –0.60***（n=88）。1999 年对人均国民生产总值进行控制之后，仍然存在显著的相关性，相关系数为 –0.41。

[31] *Flash Eurobarometer 247 (family life)*, 2008. 在 25 个欧盟国家（除塞浦路斯和卢森堡）中，对家庭生活表示非常满意的人的比例与放纵—克制指数的相关系数为 0.91***。在每日生活面临困难的情况下，认为伴侣间不平等的家务分配是一个问题的人的比例与放纵—克制指数的相关系数为 0.45*。

[32] *Flash Eurobarometer 241 (information society)*, 2008. 在 25 个欧盟国家中，每天都运动与每周至少运动一次的人的比例与放纵—克制指数的相关系数为 0.82***。

[33] *Eurobarometer 278 (European cultural values)*, 2007. 在 25 个欧盟国家中，与家人、朋友和同事互相发送电子邮件的人的比例与放纵—克制指数的相关系数为 0.53**，使用电子邮件或者在线与外国人交流的人的比例与放纵—克制指数的相关系数为 0.69***。

[34] *Euromonitor 1997, Consumption of various food and drink products in 1996, 14*

European countries + 24 other countries worldwide. 放纵—克制指数与鱼类消费呈负相关（r=–0.48***），与碳酸饮料的消费呈正相关（r=0.62***）。它出现在啤酒的消费量（低权力距离）和所有的软饮料的消费量（人均国民生产总值和阳刚气质）的逐步回归中。

[35] 在这 26 个富裕国家（地区）中，放纵与肥胖的零阶相关系数为 0.39*［世界卫生组织基于男女数据计算的平均国家（地区）比例，2005］。1999 年对按照购买力平价计算的人均国民生产总值的控制将这种相关性提升到了 0.48*。

[36] Schmitt, 2005, p.247.

[37] 数据由 Schmitt 在 2005 年的研究中获得。男性的平均国家（地区）得分的相关系数是 0.45*，女性得分的相关系数是 0.54**。

[38] 项目 F131，相关性横跨 34 个国家（地区），r=0.52**。

[39] Myasoedov, 2003.

[40] 微笑规范起源于业余摄影时代。在此之前，由于曝光时间太长，微笑看起来很不自然。

[41] 项目 E003。

[42] 横跨 83 个国家（地区），r=–0.46***。

[43] 横跨 83 个国家（地区），r=–0.62***。言论自由也与权力距离和个人主义呈正相关。然而，在逐步线性回归分析中，选择“保护言论自由”作为国家首要目标的人的比例的显著预测因子是权力距离和放纵。

[44] 经由 Marieke de Mooij 提供。*Standard Eurobarometer 69, 2008: European values, 25 EU Member States Plus Turkey*. 放纵—克制指数与选择“保护言论自由”作为国家首要目标的人的比例的相关系数为 0.75***。与选择“给人民更多发言权”作为国家首要目标的人的比例的相关系数为 0.59***。

[45] 来自 2004 年联合国毒品与犯罪问题办公室的数据。放纵—克制指数与平均每 10 万名居民中警察数量的相关系数为 –0.42***。本书中所讨论的维度里没有比这个变量拥有更显著的相关性的维度了。

[46] Minkov, 2007, 2009.

[47] Diener and Tov, 2007.

PART 03

第3部分

组织文化

第9章

金字塔、机器、市场与家庭：跨越国家（地区）的组织

西欧的某家中等规模的纺织印染公司正在为其生存苦苦挣扎。这家公司通常从亚洲进口布料，然后根据客户的喜好将布料印上五彩斑斓的图案，为本地市场生产时装。公司由一名总经理负责管理，三名职能经理向他报告：一名负责设计和销售、一名负责生产、一名负责财务和人事。全公司约250名员工。

这家公司的工作氛围比较紧张，设计和销售部与生产部的经理常常产生冲突。生产部经理希望生产按部就班，并最大限度地减少产品的调换。他更倾向于将客户订单组合起来，然后进行大批量生产。更换颜色或设备意味着需要清洗机器，这浪费了生产时间，也浪费了昂贵的染料。最糟糕的事情莫过于从深色变为浅色工艺的印染安排，因为只要机器存留一点深色染料，就会留在布料上影响产品质量。因此，生产计划员总是试图从最浅的布料开始印染，逐渐走向深色布料，尽可能延长对机器进行清洗的必要。

设计和销售部经理试图在激烈的市场竞争中满足他们的客户。这些客户——时装公司——因经常改变计划而臭名昭著。作为供应商，印染公司常常收到紧急订单。即使这些订单很小，而且几乎无利可图，设计和销售经理也通常不会说不。因为客户可能继而转向他们的竞争对手，印染公司接下来可能会错过更大的订单。然而，紧急订单通常会扰乱生产部经理的日程安排，并迫使他们在干净的机器上去印染深色图案，生产操作员不得不从头到尾再次清洗机器。

两位经理经常为了讨论是否应该把某个紧急订单投入生产而发生争执。冲突已不仅限于部门负责人：制造部员工公开质疑销售人员的能力，反之亦然。在公司的自助餐厅里，制造部与设计和销售部的员工不会坐在一起，尽管他们已经相识多年了。

隐含的组织模式

这个故事描述了一个在组织中经常遇到的普遍问题。与大多数组织问题一样，它包含了组织结构和组织人力两个方面。人们根据自己的心理软件做出反应，这个心理软件的一部分包含了人们关于组织应该是什么样的想法。

从第 3~8 章描述的国家（地区）文化维度来看，权力距离和不确定性规避尤其影响着我们对组织的思考。组织活动总是需要回答两个问题：① 谁有权决定什么？② 为达到预期目的，应遵循哪些规则或程序？ 第一个问题的答案受到权力距离的文化规范的影响；第二个问题的答案是关于如何避免不确定性的文化规范。其余的两个维度——个人主义和阳刚气质，影响着我们怎样看待组织中的人，而不是组织本身。

图 9.1 是根据权力距离和不确定性规避两个维度的指数得分做出的散点图。如果上述分析是正确的，那么这个图中国家（地区）的位置应该告诉我们一些关于这个国家（地区）解决组织问题的方法。

实证研究的数据表明，一个国家（地区）在权力距离—不确定性规避矩阵中的位置与该国（地区）百姓头脑中的组织模式有关，这些组织模式影响了他们解决问题的方式。20 世纪 70 年代，法国枫丹白露 INSEAD 商学院的美国教授欧文•詹姆斯•史蒂文斯（Owen James Stevens）在其“组织行为学”考试中让学生进行案例分析，他提供的案例与本章开始的部分非常相似。这个案例也处理了公司内两个部门负责人之间的冲突。INSEAD 商学院的 MBA 学生主要来自 3 个最大的欧洲国家：法国、德国和英国。在图 9.1 中，我们发现这 3 个国家分别位于图中的右下限、左下限和左上限。

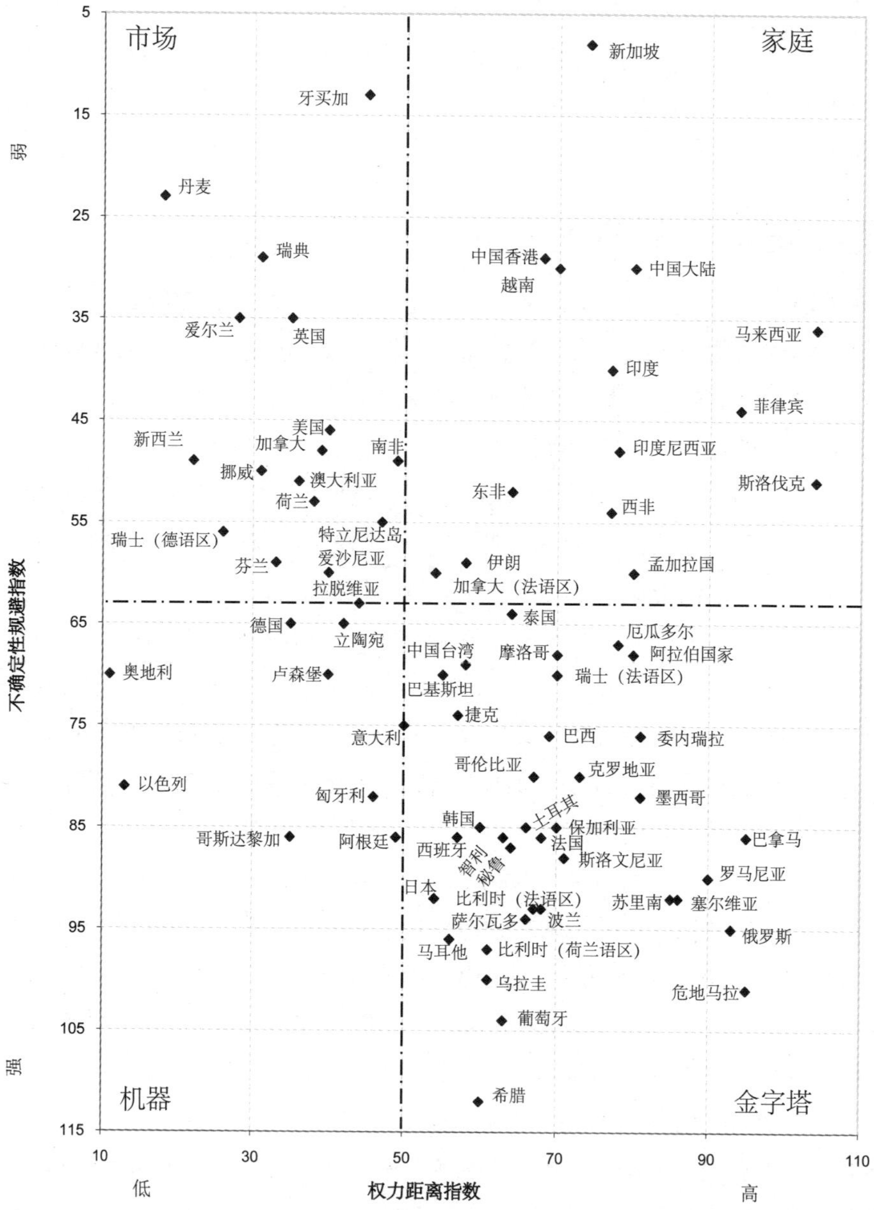

图 9.1　权力距离与不确定性规避的关系

史蒂文斯很早就注意到，学生的国籍似乎影响了他们处理案例的方式。他收集了大约 200 名学生的考试答案，其中关于这个案例，他让学生写下两方面的内容：① 对问题的诊断；②建议的解决办法。史蒂文斯按照学生的国籍对这些答案进行了整理，他把所有的法国人、德国人和英国人的答案分别列了出来。结果令人惊讶不已。大部分法国人认为这个案例是由于老板的工作疏忽所致。法国人偏爱的解决办法是让两名经理将存在的冲突拿到他们的老板那里，让老板对这种两难困境做出决策。史蒂文斯将法国人的这种隐含的组织模式称为“金字塔”：总经理处于金字塔顶端，他的下属处在金字塔以下的恰当位置。

大多数德国人把这个案例诊断为缺乏组织结构。这两个部门负责人的管理权限从一开始就未明确界定。德国人首选的解决办法是建立程序。至于具体做法，可以聘请一些管理顾问，设立一个特别工作组，或者直接请示上一层级的老板。史蒂文斯认为，德国人认为理想的组织是一台“高效运转的机器”，规则应该解决所有的日常问题，管理仅限于例外情况。

大多数英国人把这个案例诊断为人际关系方面的问题。这两个部门的负责人都是糟糕的谈判人员，他们在这方面的技能应该得到提高。应该把他们送到一个管理技能培训班，最好是两个人一起去。史蒂文斯认为，英国人心目中隐含的组织模式是一个“乡村集市”（市场），既没有等级结构也不含规则制度，当时的情境决定了人们应该做什么。

史蒂文斯的想法与我们的发现不谋而合。在IBM研究中，权力距离与不确定性规避是两个国家（地区）文化维度。这两个维度与一个几年前进行的而现在广为人知的阿斯顿研究（Aston Studies）中使用的维度相同。1961—1973年，英国伯明翰的阿斯顿大学成立了一个工业管理研究中心，这里集聚了一批学者，其中有德里克•皮尤（Derek Pugh）、戴维•希克森（David Hickson）[1]与约翰•蔡尔德（John Child）。阿斯顿研究代表了一种尝试，通过大规模定量评估来衡量不同组织结构的关键方面。这项研究起始于英国，后来其他一些国家（地区）也加入了进来并进行重复研究。阿斯顿研究的主要结论是，在组织结构方面有两个主要维度存在差异：一是权威的集中化程度；二是活动的结构化程度。把第一个与权力距离联系起来并不需要太大的想象，第二个与不确定性规避有关联。

阿斯顿的研究人员试图测量组织结构中的“硬性”方面——那些可以客观评估的特征。权力距离和不确定性规避衡量一个国家（地区）的“软性”方面——百姓心中那些主观性的特征。两者之间的联系意味着组织的结构化是为了满足其成员的主观文化需求。实际上史蒂文森的隐含组织模式就是一个明证：法国学生把组织看作“金字塔”，他们来自高权力距离和强不确定性规避的文化，主张权力集中化和组织结构化。德国组织像一台“高效运转的机器”，它代表低权力距离和强不确定性规避的文化。所以，德国人希望活动尽量结构化，但权威不需要集中化。英国学生视组织为“乡村集市”，他们的文化特征是低权力距离和弱不确定性规避。英国人既不提倡权力集中，也不愿意把组织活动加以结构化。这些学生试图解决的是同一个案例问题。具有国际经营管理经验的人们也不断证实了这个结论：法国组织更注重集权，德国组织需要结构，英国组织更善于处理突发问题。

史蒂文斯提出的三种隐含组织模式分别对应图 9.1 中的三个象限，但还有一个象限空着。这个右上限没有欧洲国家，只有亚洲和非洲国家（地区）。INSEAD 商学院中来自这些国家（地区）的学生很少，所以缺乏足够的资料。我们特地与印度、印度尼西亚等一些国家（地区）的同事就史蒂文斯的组织模式进行了讨论，大家认为在这些国家（地区）中,可以与组织的隐含模式相匹配的概念是“(扩展）家庭”，组织中的所有者和管理者通常被当作全能的长辈（父亲）。它对应的是高权力距离和弱不确定性规避。当问题发生时，人们永远把老板当作参照框架，凡事请老板出面解决矛盾。这是一种权力集中却不注重结构化的风格。两位印籍美国学者内根德希（Negandhi）和普拉萨德（Prasad）引用了印度一位高级管理人员的话，这名高管于美国知名大学取得了博士学位。

> 对我和我的部门来说，最重要的不是我为公司做了什么，或者取得了什么样的成就，而是我是否能得到老板的青睐……老板对我吩咐的一切，我都照做……违反他的指示就意味着另找饭碗……我将我的自由思想留在了波士顿。[2]

最近，荷兰心理学家扬•彼得•范•奥登霍芬（Jan Pieter van Oudenhoven）收集了不少对于当地组织的描述，并对这 700 多个故事描述进行了内容分析。他的被调查者是来自 10 个国家的 700 多名商业管理专业的学生。[3] 这些学生被要求从一个形容词表中挑选词汇来描述他所熟悉的一家公司。形容词以相反的形式配对呈现，如其中一对是“官僚管理与非官僚管理”，“官僚管理”的使用频率与国家的权力距离及不确定性规避有关。另一对是“团队工作与个人工作”，“个人工作”的使用频率与个人主义有关。第三对是“友善的工作氛围与敌对的工作氛围”，“敌对的工作氛围”的使用频率与阳刚气质有关。[4] 因此，这些学生对自己国家中组织的描述方式反映了他们的国家文化。

管理学教授也是人

不仅组织受到文化的制约，关于组织的理论也同样受到文化的制约。那些撰写组织理论的教授都是从小在他们所处的文化中长大的。他们在家庭中成长，然后进入学校接受教育，再到组织中工作，他们的经验构成了他们思考和写作时所依据的素材。学者和常人一样不可避免地带有文化上的偏见。

对于图 9.1 中四个象限中的每一个象限，我们各选择了一名作者的经典论述来描述其组织模式：金字塔、机器、市场与家庭。这四名学者大都来自近代，都出生于 19 世纪中叶。

亨利•法约尔（Henri Fayol，1841—1925 年）是一名法国工程师，从进入企业后就参与管理工作，最后成为一家大矿业公司的总经理。他退休之后于 1916 年正式出版了《工业管理与一般管理》（*Administration Industrielle et Jenerale*）这本开创性著作。在谈到如何行使领导权时，他写道：

> 我们应能区分经理的两种权力：一种是他在办公室中行使的职位权力；另一种是他的个人权力，包括他的智慧、学识、经验、道德、领导才能、工作业绩等。对于一名好的经理来说，个人权力是职位权力不可或缺的补充。[5]

在法约尔的观念中，权力是双重的：一方面归人所有，另一方面归规则制度所有（地位、职责等）。我们认识到，组织模式是一个既有个人权力又有正式规则的金字塔，二者相互协调。

马克斯•韦伯（Max Weber，1864—1920 年）是一名德国学者。他受过法律学的高等教育并拥有多年的公务员经验。后来，他成为经济学教授，同时也是德国社会学的奠基人。韦伯曾引述了 17 世纪清教徒教科书中的一段话：“非人格化的权力体制助长了一种对权威的近乎罪恶的盲从。”[6] 韦伯在他的组织设计中使用了“官僚制”一词。这个词的本义很有意思：一个典型的希腊词根嫁接到了现代法语的词干上。在当代，这个词汇常常带有一些负面含义，但韦伯用它来代表大型组织的理想类型。韦伯这样来论述官僚机构的权威：

> 权威发布命令，详细规定每个职位的职责范围，清楚界定必要的强制手段，行政人员无一例外地按规章办事。[7]

在韦伯的概念中，真正的权威来自规章制度。“行政官员”的权力完全是由规章制度赋予的。我们可以认出这个组织的模式是一台遵守规则的“高效运转的机器”。

弗雷德里克·温斯洛·泰勒（Frederick Winslow Taylor，1857—1915 年）是一位美国工程师，与法约尔不同的是，他的职业生涯始于工厂工人。他通过夜校自学成才。他担任了一家钢铁公司的总工程师，之后从事管理咨询工作。泰勒根本不关心权威问题，他的关注点是效率。他建议把一线主管的任务分成 8 项子任务，每项子任务由不同的人来管理。因此，每位工人将有 8 名主管，每名主管都具有不同的专业能力。泰勒的这些设想从未付诸实践，但是现代的矩阵组织设计中有他的最初设想。在矩阵组织中，每个员工可能会接受 2~3 人的领导，一位管生产，另一位管技术，等等。

泰勒的《工厂管理》(*Shop Management*, 1903 年）一书于 1913 年翻译成法文。法约尔对此进行了潜心研究，并在他 1915 年的著作中用 6 页篇幅引用了泰勒的主要论点。法约尔对泰勒的观点印象深刻，但同时又感到吃惊。他认为，泰勒否定统一指挥的原则是难以理解的，怎么能设想一个工人由 8 名领导者指挥呢？法约尔写道：“我不相信一个部门可以公然违背统一指挥原则。然而，泰勒一直是大型组织的成功管理者。我们又如何解释这种矛盾现象呢？”[8] 法约尔的这个疑问可由 250 年前他的同胞布莱斯·帕斯卡（Blaise Pascal，1623—1662 年）的一句名言来回答：“在此国为真理，至彼国则为谬误。”

法约尔的另一位同胞，安德烈·劳伦特在 1981 年发表的一篇文章中表明，在他的研究中，法国经理强烈反对一个组织成员由两个人来管理，而瑞典或美国的经理则认为这种现象尚可容忍。[9] 矩阵组织在法国从来没有像在美国那样受欢迎。反复体会劳伦特的著作，我们可以发现法国人的组织观是什么。他认为，要想让法国人接受矩阵式组织形式，就得让矩阵组织体现出等级特点：指定一位真正负责的领导者，配上几名专家作为助手。劳伦特的解决方案与法约尔 1916 年在对泰勒体系的讨论中提出的解决方案如出一辙。实际上，当时的法约尔就写道，泰勒提出的设想只能在泰勒公司中实行，不能嫁接到别处。

尽管泰勒只是间接地提出了组织机构的权力行使问题，而另一位美国组织理论的先驱者玛丽·帕克·福莱特（Mary Parker Follett，1868—1933 年）却开门见山地提出了这个问题。她写道：

我们如何避免这两个极端：多人领导，结果在实践中就是无人领导……我的解决方法是使行政命令去个人化，团结所有相关人士分析事物，发现事物的规律并服从……一个人不应该给另一个人下命令，两人都应该同意对情境达成共识，然后分头去做工作。

在泰勒与福莱特的观念中，权威既不归个人所有，也不由规章制度确定，而是像福莱特所说的那样，依情境而定。我们认为这个组织模式就像一个市场，市场决定将会发生什么。[10]

如上所述，不同文化的组织模式与组织理论的创始人（大多数是“理论之父”，当然也包括“理论之母”）有关联。不同的模式也可以在更为近代的理论中被识别出来。

在20世纪七八十年代的美国，从交易成本的角度来看待组织是一种流行。经济学家奥利弗•威廉姆森（Oliver Williamson）提出了等级制和市场的对立。[11]原因在于人们的社会生活是由人与人之间的经济交易构成的。等级制度的组织只有当经济交易的成本（如获取信息、找到信任的人等）低于市场自由交易的成本时才会发生。从文化的角度来看，这个理论有趣的地方在于“市场”是出发点和基础，组织是当市场失败时才产生的。产生这种理论的文化更可能偏好内部类似于市场的组织模式，而不是等级更为森严的组织模式，如金字塔。“市场”哲学中组织实施控制的理想原则是人与人之间的竞争。

威廉姆森的同事威廉•大内（William Ouchi）是日裔美国人，他提出了除市场外的两种组织形态：“官僚制”和“氏族”，他们分别与本章前面提到的“机器”与“家庭”模式相对应。[12]如果我们将威廉姆森和大内的想法结合在一起，我们会发现他们提到了前面描述过的四种组织模式。然而，他们都把“市场”作为理论的出发点且放到了特殊的位置，这可以通过作者的国籍来解释。

在德国和法国组织理论家的著作中，我们可以发现，市场在他们的观念中占据着不太重要的地位。德国的著作倾向于关注正式体制这个机器的运行状况。[13]组织中控制系统的理想原则是建立一个人人都可以信赖的正式规则体系。法国的著作通常强调权力的使用，有时还会关注个人的防御能力——防止被金字塔压垮。[14]他们认为，组织中的控制原则在于确定等级权威。法国组织也有一套规章制度，但与德国的情况相反，上级的个人权利凌驾于规则之上。

人们心目中的组织模式在各国(地区)内部也不尽相同。无论在哪个国家(地区),银行的运作都会更像金字塔,邮局更像机器,广告公司更像市场,管弦乐队(由独裁领导)更像家庭。我们能够预期这些差异。但当我们跨越国界时，我们会碰到一些出乎意料的组织模式上的差异。更多的内容将会在第11章中介绍。

计划、控制与财会

组织中的计划与控制过程均受到文化的强烈影响。计划与控制形影相伴：计划试图降低不确定性，控制则是权威的一种形式。因此，一个国家（地区）的计划和控制过程，有可能因为其主流的不确定性规避和权力距离的规范而不同。计划和控制常常被认为是理性的工具，但实际上它们在一定程度上是仪式的内容。想要了解计划和控制是否真正有效是一件极为困难的事。仪式的成分使得客观评估几乎不可能完成，因为有的人相信计划和控制有效，有的人根本不信。

国家（地区）的权利距离和不确定性规避维度会影响组织中的计划与控制过程：[15]

- 高权利距离的文化支持政治型而非战略型的思考。
- 高权力距离的文化支持个人的计划与控制，而不是非个人化的体制。层级越高，计划与控制的正规化程度越低。
- 在低权利距离的控制机制中，下属被给予更多的信任；在高权利距离的文化中，这种信任较为欠缺。
- 在强不确定性规避的文化中，实施战略计划活动的可能性较低，因为存在诸多的不确定性。
- 强不确定性规避的文化支持了对计划的细节性需要,以及短期反馈的需要。
- 强不确定性规避的文化意味着把计划留给专家去做。
- 强不确定性规避的文化意味着更多地限定相关信息的内容。

当公司走向国际化时，它的计划与控制体系继续受到本国文化的强烈影响。荷兰学者安妮－威尔•哈尔津（Anne-Wil Harzing）和阿恩特•佐尔格收集了一些跨国公司如何控制子公司业绩的信息。跨国公司的母国起到了决定性的影响，而不是子公司。这解释了跨国公司在使用系统性非人格化控制和外派人员人格化控制类型的不同。[16]

国家（地区）文化还反映在组织中财会人员的角色中。不仅是经理和管理学教授，财会人员也是人。他们对于一个社会的文化有着独特的影响。[17]

第1章我们讨论过文化的表现形式，这些形式包括符号、英雄、仪式和价值观。我们可以把财会活动看作商业语言，也就是说，如果商业活动可以用符号来表达，财会工作就是处理这一类符号的活动。货币是一种符号，会计是处理符号，只有在业务启动时才有意义。会计师不太可能成为组织中的英雄，但是在推荐英雄人物时，财会人员会起到重要作用。因为他们通过评估问责制来确定谁是“好人”谁是“坏人”，即确定谁应对哪些结果负责。

从文化角度来看，组织中的会计制度可以被理解为减少不确定性的仪式。它可以满足组织在一个混乱世界中寻求确定性、简单性和真实性的文化需要，而不论这种状况是否基于客观事实。这解释了为什么不同国家（地区）对于什么是恰当的财务方法并无共识。在美国，财会人员都把《通用会计准则指南》（*GAAP Guide*）一书奉为行业圣经。在一定的人群中被普遍接受正是让其成为仪式。如果会计系统是不确定性规避的仪式，我们可以预期一个社会不确定性规避指数的得分将强烈影响其会计实践：不确定性规避越强的社会对如何处理不同情况的规定会更为精确；在不确定性规避越弱的社会，将把这些决定权留给组织甚至会计师。

在财会系统的符号、英雄和仪式的背后，是价值观。一项活动的技术性要求越少，就越受到价值观及文化差异的影响。财会是一个对技术要求不高的领域。基于传统的、约定俗成的工作程序比探求自然规律更为重要。因此，财会系统会随着国家（地区）文化的不同而变化是符合逻辑的。

会计师也是决定组织资产价值的人，对资产进行估值的方式反映了潜在的、往往是非理性的价值观。例如，机器被认为是资产而人不是。组织中的有形资产比无形资产更具不确定性。

公司治理与经营目标

从传统上说，公司的治理模式、公司的所有权和控制权在各国（地区）之间差异很大。1997年发表的一项针对12个欧洲国家的研究[18]表明，尽管在英国上百家大型企业中有61家拥有分散型所有权（每个人拥有的所有权不超过20%），但在奥地利和意大利却没有一家大型公司采纳这种所有权制。分散型所有权的比例与个人主义指数显著相关。[19]

从历史上看，资本主义与个人主义联系在一起。英国人继承了亚当•斯密有关“市场如同一只看不见的手”的思想。在个人主义价值观模式中，个人与组织的关系如同所有者和雇员一样都是计算出来的结果，它以对自我利益的开明见解为基础。在更集体主义的社会,个人与组织之间的联系是传统的道德(见第 4 章)。不仅雇佣和解雇关系，买卖关系也会被认为不道德或不恰当。有时候解雇员工甚至被法律所禁止。即使没有这些禁令，出售公司和解雇多余员工的成本仍然很高——失去公众形象和领导信誉。

各国（地区）权力距离之间的差异也影响了公司治理。在 12 个欧洲国家中，上百家大型企业的所有权（个人、家族或公司拥有 20%~50% 的股份）与权力距离呈正相关。[20] 在高权力距离的法国银行业，根据重商原则，从传统上来说大型企业和对外贸易的发展严格受到国家的指导和控制。其他的大型企业仍然属家族所有。

在北欧国家丹麦、芬兰、挪威和瑞典，以及奥地利，百家大型企业中有 10 家以上是合作制；在英国和意大利，几乎没有这种形式。[21] 合作制公司所占的比例与阳刚气质存在负相关。合作是阴柔气质社会的需求。

俄罗斯经济学家拉迪斯拉夫•塞米诺夫（Radislav Semenov）比较了 2000 年西方 17 个国家的公司治理体系，并指出文化评分比文献中提到的任何经济变量都能更好地解释它们之间的差异。[22] 通过权力距离、不确定性规避和阳刚气质的组合，他能根据以下条件来划分国家（地区）类别：市场、银行或其他控制体系、所有权集中、政治家、经理、员工和投资者思维模式、经济政策的建立和实施、产业关系。在另一项分析中，他研究了全球 44 个国家（地区）的公司所有权并发现它们仅与不确定性规避这一因素显著相关。他的研究表明，当一个国家（地区）的解决方案应用于另一个国家（地区）时，正如 20 世纪 90 年代以来在东欧的不断尝试那样，文化上的考虑是十分关键的。

公司治理也与公司的财务目标有关。假设这些目标可以脱离文化是天真的想法。荷兰研究员杰伦•韦默（Jeroen Weimer）对荷兰、德国和美国的高管进行了访谈。这些高管除了谈到利润问题之外，荷兰高管还谈到了资产问题，德国高管谈到了从银行争取独立性，美国高管谈到了股东价值。[23] 这反映了各国之间的制度差异（在德国，银行发挥着强大的作用），也反映了普遍的意识形态（在美国，股东被视为英雄）。

公司高管的个人目标不仅仅表现在经济方面，还表现在其他方面。可如何知道什么才是他们的真正的目标呢？如果直接去问这些高管，你得到的是政治上正确的能够被预测到的表面答案。霍夫斯泰德通过询问初级经理和专业人员解决了这一难题。他在兼职的 MBA 课程上让这些人对他们国家（地区）成功的商业领袖们所关注的目标进行评估。拥有工作经验的 MBA 学生可能是最全面了解情况的评委了。在一名同事的帮助下，霍夫斯泰德和三位合作者在 15 个（后来扩展到 17 个）国家（地区）的 21 所当地大学中，调查了 1 800 多名 MBA 学生（兼职或有工作经验的 MBA 学生）的 15 个潜在目标。[24] 表 9.1 列出了 17 个国家（地区）的目标排序。

表 9.1　成功商业领袖的 15 大重要目标

前五
1. 企业的成长
2. 企业的持续发展
3. 当年的利润
4. 个人财富
5. 权力
中五
6. 荣誉、面子、信誉
7. 创新
8. 未来 10 年的利润
9. 维持在法律范围内
10. 对员工负责
后五
11. 尊重道德规范
12. 对社会负责
13. 冒险精神
14. 爱国主义、民族自豪感
15. 家庭利益（如亲属的工作）

前 5 个目标的重点是公司的切身利益：成长、持续性和短期利润，以及领导的自我（个人财富和权力）。中间 5 项涉及利益相关者的关系和未来：信誉、创造力、长期利润、合法性和员工利益。排名最后的 5 项涉及的是精神和特殊利益：个人或社会的伦理、冒险精神、国家（地区）和家庭。

然而，各个国家（地区）的排名与这个平均值有很大的差异。我们以表 9.1 为基准，计算出各国（地区）的概况，显示出各国（地区）中哪个具体目标离这个基准最远。

表 9.2 显示了 5 个重要经济体的概况：美国、印度、巴西、中国大陆和德国。美国的分数来自全国 5 所大学的 MBA 学生，他们的得分几乎相同。他们的共识排名与表 9.1 中的 17 个国家（地区）的平均水平非常相似，而其他 16 个国家（地区）中没有一个与之相似。比起他们的同行，对于美国商业领袖而言，前 5 个目标中的 4 个（企业的成长、个人财富、当年的利润和权力）显得更为重要。在过去的半个世纪，美国的商业已经成长为全球商业模范，MBA 课程也是美国的发明。

表 9.2　与 17 个国家（地区）的平均水平相比，5 个国家（地区）的优先经营目标感知

	重要	不重要
美国	企业的成长 尊重道德规范 个人财富 当年的利润 权力	未来 10 年的利润 对员工负责 家庭利益 创新 企业的持续发展
印度	企业的持续发展 爱国主义、民族自豪感 权力 企业的成长 未来 10 年的利润	家庭利益 维持在法律范围内 冒险精神 当年的利润 尊重道德规范
巴西	冒险精神 权力 当年的利润 企业的持续发展 家庭利益	爱国主义、民族自豪感 创新 对社会负责 未来 10 年的利润 对员工负责
中国大陆	尊重道德规范 爱国主义、民族自豪感 权力 荣誉、面子、信誉 对社会负责	家庭利益 冒险精神 当年的利润 个人财富 维持在法律范围内
德国	对社会负责 对员工负责 创新 未来 10 年的利润 尊重道德规范	权力 爱国主义、民族自豪感 个人财富 企业的成长 当年的利润

美国排名和整体排名之间的显著差异在企业的持续发展和尊重道德规范这两点上。与其他国家（地区）的同事相比，美国的 MBA 学生认为企业的持续发展

不那么重要。在而国际上排名倒数的 5 项目标之一——尊重道德规范——在美国却被认为相当重要。正如我们在前面的章节所讲的那样，不同国家（地区）的道德观念可能会有所不同。在 17 个国家（地区）中，尊重道德规范往往与维持在法律范围内及荣誉、面子、信誉有关。

如表 9.2 所示，与国际平均水平最接近的国家是印度和巴西。在印度，企业的持续发展这一项排名第一。印度与国际平均水平相比，明显的差异在于爱国主义、民族自豪感。这一点在国际上的排名几乎倒数，但在印度却重要得多。另外，未来 10 年的利润的重要性取代了当年的利润的重要性。

与国际平均水平相比，巴西人最为看重冒险精神，以及家庭利益（如为亲戚找工作）。巴西人最不看重创新、未来 10 年的利润、对员工和社会负责、爱国主义与民族自豪感。我们在有关经营目标项目的第一篇文章中将巴西商业领袖描述成家族企业家：比起其他大多数的同事来说，他们更关注自己的内部小圈子，而对其他利益相关者、更长远的未来、社会和国家（地区）不太关心。

表 9.2 的其他国家(地区)中，中国大陆和德国与国际平均水平最为不同。不过，中国大陆在很多方面与印度相似。中国大陆和印度的爱国主义和民族自豪感、权力的排名都高于平均水平，当年的利润及维持在法律范围内都低于平均水平。中国大陆和印度的显著差异在于，中国大陆尊重道德规范的排名甚至高于美国，而印度将其置于最底端。与平均水平相比，中国人更看重社会责任感及面子（荣誉及名声），面子的重要性超过了个人财富。

德国的情况几乎与表 9.1 中的国际排名相反。5 项在国际上认为最重要的目标中的 4 项在德国被认为不那么重要，而对社会负责这一项甚至超过了中国大陆。德国与印度和中国大陆一样，认为未来 10 年的利润比当年的利润更为重要。

15 个目标当然不完全相互独立。统计上[25]，它们可以分为 5 组，且可以看作相互对立：①持续发展、权力与荣誉、法律和道德相对；②财富、家庭与对员工负责相对；③冒险精神、创新与爱国主义相对；④短期利润与长期利润相对；⑤成长与对社会负责相对。第 4 组毫不奇怪，认为未来 10 年利润的重要性比当年利润重要反映了一个国家（地区）的长期导向得分。[26]

成长与对社会负责是第 5 组中的一对相反目标。表 9.1 显示，在平均排名中，成长占主导。事实上，该国(地区)是否偏离平均水平的主要原因在于该国(地区)的企业对社会的责任在多大程度上与企业的成长相平衡。[27] 第 5 组的得分显示，美国、澳大利亚和中国香港最强调成长；荷兰、德国和英国最强调企业对社会的责任。

2000 年左右，很多人认为全球化及企业的跨国并购会消除表 9.2 中的差异，所有的商业领袖将会更像美国的经营者。实际上，2008 年的金融危机反映了这些原型都是国家（地区）文化的产物，它们具有几个世纪的根基，因而这种假设恐怕很难成立。来自不同国家（地区）的领导者之间的目标冲突以及外派领导和本地员工之间的目标冲突，都是可以预见的。

2008 年的经济衰退始于美国的金融危机，不顾后果的做法使得美国银行陷入灾难，而全球经济的相互依存性则将这场灾难蔓延至全球。

我们自 1998 年以来的各国（地区）的比较研究表明了美国的商业领袖更着迷于腐败、短期导向和权力争夺。与他们的外国同事相反，美国领导对长期利润不感兴趣、对员工缺少责任、进行更少的创新，以及对业务的持续发展更不在意。

本书各章中所描述的美国文化在各方面都强化了这种模式，尤其是强烈的个人主义、阳刚气质和短期导向。直到 1980 年，美国立法在 1929 年危机之后引入的制衡与监督机制阻止了商业行为的滥用。继任总统释放了控制权，降低了营业税，并打开了从前关闭的大门。这些都使得竞争越来越激烈，它们导致了美国巨额的国家预算赤字，以及企业领导人天文数字般的账单。再加上一些公开的丑闻，这些都波及了其他国家。

事后看来，2008 年的金融危机可以从我们 1998 年的商业经营目标研究中预测出来。危机发生后，各国政府纷纷参与，以极大的代价修复损失：重新平衡社会利益，包括打工仔和客户与股东之间的关系。在目前的财务重组中，来自欧盟、中国、印度、巴西等世界各国的高层领导者将扮演越来越重要的角色。谁拥有资源谁就能设定目标，全球的商业经营目标很可能会向这些资源拥有者的价值观的方向转变。

这预示着经济学家摆脱了无可争议的经济增长的矛盾。在商业领袖的目标中，成长与社会责任相矛盾。没有什么能够永远增长——管理是平衡的艺术。

不同国家（地区）在经营目标上的差异限制了“代理理论”的输出能力。代理指的是委托人授权代理人自主决定的权利。自 20 世纪 80 年代以来，这一用语尤其适用于企业所有者对管理者的授权。代理理论基于对社会秩序、契约关系和动机的隐含假设。这种假设受到国界的制约。

激励理论与实践

激励是一种来自个体内部的力量，它诱导个体做出一种选择而不是另一种。因此，作为集体心理软件的文化在激励过程中起着重要的作用。文化不仅影响也解释了我们的行为。因此，当一个人付出额外的努力来完成工作时，美国人的解释是可以赚更多的钱，法国人的解释是受到荣誉的驱使，中国人的解释是相互义务使然，丹麦人的解释是合伙制的驱动。

关于激励的不同假设产生了不同的理论。激励理论的奠基之父是奥地利人西格蒙德•弗洛伊德，具有讽刺意味的是，他的理论很少在管理学中被人引用。[28]管理学领域中经典的激励理论家都来自美国。我们在第 4 章和第 6 章中提到了亚伯拉罕•马斯洛的人类需求层次结构、在第 6 章中提到了大卫•麦克利兰的成就动机理论，弗雷德里克•赫茨伯格（Frederick Herzberg）的激励—保健理论是第三个著名流行理论，它依然体现了其美国血统。

赫茨伯格和两位同事在 1959 年发表了一项现今仍公认为很经典的研究报告[29]，该研究表明：工作情境包含积极潜能（真正的激励因素）和消极潜能（保健因素）。激励因素指的是工作本身、成就感、认可、责任和进步。这些被称为工作的内在因素。保健因素指的是公司的政策、人力资源和工作条件等，这些都是工作的外在因素。它的作用是防止人们产生不满意感，其本身不能产生激励作用。赫茨伯格认为这种理论反映了人类动机的普遍规律。他提出，使人们行动起来的是工作内容，而不是工作环境。

赫茨伯格的结论类似于本章前面的引述，来自他的同胞玛丽•帕克•福莱特。福莱特强调人们应该寻找情境的规律：“根据环境分出轻重缓急。”二者的理论都适用于权力距离较小、不确定性规避较弱的文化：既不依赖更强大的上级，也不需要依靠有效的规章制度去调动员工的积极性。该理论适合图 9.1 左上限的文化。

图 9.1 左下限的国家（地区），与赫茨伯格的理论相反，这些组织的规章制度（如赫茨伯格所说的“公司政策和管理”）不能被单纯地视为保健因素。受到超我的驱动（参见第 6 章，或通俗地说，某种责任感），在这些国家（地区）里，人们确实把履行规章制度当作真正的激励。

同样地，在图 9.1 右半部分的国家（地区）中，“监督”不应被视为保健因素。当权力距离很大时，依靠更强大的人是一个基本的需要，这可以成为一个真正的激励因素。在右下象限，包括多数的拉丁国家，“被称作老板”是一种激励因素，因为被正式任命让人有一种优越感。在枫丹白露的 INSEAD 商学院（本章前面提到的斯蒂文斯工作过的地方），众所周知，由法国人组成的无领导讨论小组往往会不惜牺牲效率而在内部争夺领导权。德国和英国学生团体则不会出现这种情况，由国际学生组成的团体也不会出现这种现象。

在右上象限部分我们发现，在亚洲和非洲，激励者应该被称作大师。他与老板的区别在于他的权力不是基于正式的职位而是基于传统和个人魅力。

总之，赫茨伯格的理论和前面几章中所讨论的其他美国激励理论一样，只在它所成长的文化环境中才有效。它在文化上受到限制，反映了美国环境的一部分，因为作者在美国成长并研究管理问题。

另一个经典的美国激励理论是道格拉斯 • 麦克里戈（Douglas McGregor）的 X 理论和 Y 理论。麦克里戈的作品带有强烈的人本主义传教式的风格，该观念盛行于 20 世纪 50 年代，他的理论正是在那个时代形成的。X 理论的主旨是人们天生就不喜欢工作，如果可以的话，会尽量避免，因此必须实行强制、惩罚和控制，使他们为组织目标做出贡献。Y 理论的主旨是，为了工作付出体力和精神上的努力与娱乐和休息一样自然，在适当的条件下，人们不仅会接受甚至会为了实现组织目标而承担责任和努力工作。麦克里戈显然支持 Y 理论。[30]

20 世纪 80 年代，霍夫斯泰德受邀在印度尼西亚雅加达的人力资源开发研讨会上发表演讲。有人建议，他应该研究这样一个问题：如何培训印度尼西亚的管理者，使他们从 X 理论的信奉者转为 Y 理论的接受者。这个问题使霍夫斯泰德反思了 X 理论和 Y 理论都存在的基本的、不言而喻的文化假设。他列出了以下清单：

（1）工作对人们是有益的。“人们应该工作”，这是上帝的旨意。

（2）人们的潜能应该最大限度地得到利用。“人们应当最大限度地发挥他们的潜能”，这是上帝的旨意。

（3）“工作目标”是客观独立的，可以脱离人而存在。

（4）组织中的人们作为独立的个体而行动。

这些假设反映了个人主义和阳刚气质社会的价值观，就像麦克里戈所在的美国一样，但没有一条适用于印度尼西亚或其他东南亚国家的文化。东南亚国家的假设是这样的：

（1）工作是必需的，但它本身不是目的。

（2）人们应该找到他们的正确位置，与他们的环境和谐共处。

（3）只有神会有绝对的目标。在这个世界上，权威的职位代表神，所以他们的目标应该被遵循。

（4）人们作为家庭和 / 或团体的成员行事。那些不这么做的人会受到社会的排斥。

由于这些不同文化所决定的假设，麦克里戈的 X 理论和 Y 理论并不适用于东南亚。与东南亚文化相吻合的分类应该不是相互对立的，这样的分类破坏了其和谐规范。理想的模型是各方面相互补充，并和谐地融合在一起。我们可以称它为 T 理论和 T+ 理论，其中 T 代表“传统”。

T 理论包括以下内容。

（1）世界上存在不平等的秩序，每个人都有自己的位置。无论地位高低都受到这种秩序的保护，这是神的旨意。

（2）孩子们应该学会在他与生俱来的地位上履行自己的职责。他们可以通过以下几种方式来改变自己的地位：在一位优秀老师的帮助下学习，与一个好的赞助人一起工作，和一位好的伴侣结婚。

（3）传统是智慧之源。因此，一般来说人们不喜欢变化，如果可以的话，会恰当回避。

T+ 理论与 T 理论并不矛盾，只不过更强调以下内容：

（1）尽管有传统的智慧，但人生中的变化也是自然的，与工作、游戏或休息一样自然。

（2）对变化的承诺受到领导才干的影响，是领导带领了变化。变化与奖励有关，不变化则会带来负面结果。

（3）引导人们走向新环境的领袖能力在人群中广泛而不是狭隘分布。

（4）就现代化水平来说，普通家庭的学习能力绰绰有余。

因此，适用于东南亚人力资源开发的内容可能以类似 T 理论和 T+ 理论的内容为基础，而不是 X 理论和 Y 理论。

激励模式的国家（地区）差异也反映在不同的报酬上。在同一国家（地区）的劳动力市场中，工资和其他条件是由与他人的对比决定的。对 24 个国家(地区)进行的一项研究发现，薪酬与我们的文化指数之间存在显著的相关性，关系如下。[31]

- 低权力距离国家（地区）的雇主更经常为管理者、专业人士、技术人员提供工作场所的儿童照管，而给非管理者提供优先认股权。
- 个人主义国家（地区）的雇主更经常地支付个人绩效工资，并向管理人员提供优先认股权。
- 阳刚气质国家(地区)的员工更经常向非管理者支付佣金；阴柔气质国家(地区)的人们更经常给予文职和体力劳动者灵活的福利、工作场所的儿童照管以及产假。
- 来自强不确定性规避国家（地区）的员工更经常地将工资与资历和技能挂钩而不是绩效。

领导、决策与授权

尼科洛·马基雅维利当数世界文坛最古老的领导力理论家之一。[32] 他以前是政治家。他在自己的书中描述了最有效的操纵和执政手段，包括欺骗、贿赂和谋杀。这本书使他在去世后的几个世纪一直臭名昭著。实际上，马基雅维利描述的只不过是他所观察到的现象——在今天，我们称这样的人为社会学家。在当时，马基雅维利描述的意大利显然是一个高权力距离、阳刚气质的社会。意大利在 IBM 研究中的权力距离指数得分处于中等偏上，因此没有理由认为 16 世纪的意大利会与现在有所不同。至于阳刚气质指数，意大利在 IBM 研究中的得分仍然居高。

正如我们在第 3 章中所讨论过的那样，一个国家（地区）的领导和下属密不可分。组织中的垂直关系基于上下级共同的价值观。关于领导的信念反映了一个国家（地区）的主流文化，要求人们描述一个好领导的品质相当于要求他们描述自己的文化。领导是文化中的英雄人物，是人们为人处世的榜样（见图 1.2）。

来自个人主义国家（地区）的作者们倾向于将领导力视为一个人可以独立获得的特征，它不受环境的影响。在澳大利亚、英国、美国等个人主义和阳刚气质的文化中，管理学文献往往对男性领导人进行理想化的描述，他们按照读者喜欢的或相信的人物进行描写。然而真实的状况是，领导力取决于领导者、下属和当时的情境。

阴柔气质的文化相信谦卑的领导者。荷兰的一家领头企业曾经邀请一家著名的美国咨询公司分析他们的决策状况。咨询公司在他们的报告中批评荷兰公司的决策风格是“直觉式的”和“基于共识的”。[33] 迪里巴尔纳对美国、荷兰和法国的组织进行深入比较研究（见第 3 章）后发现，共识原则恰恰是荷兰工厂成功的关键。荷兰“波德”模式(polder model)的共识制度被认为是该国经济的重要基石，在这种情况下引进外国领导力模型（相信是普适的）是对文化资本的破坏。

两位美国研究员艾伦•杰克夫斯基(Ellen Jackofsky)和约翰•斯洛克姆(John Slocum) 分析了 5 个国家（地区）的管理层中首席执行官的看法。法国的首席执行官被描述为采取专制（高权力距离）；德国的首席执行官强调他们对管理者和工人的培训和责任（低权力距离、强不确定性规避）；日本的首席执行官表现出耐心，允许组织自行运作，瞄准长期的市场份额（高长期导向）；瑞典的首席执行官鼓励创业冒险，同时也关心人们的工作和生活质量（低不确定性规避、低阳刚气质）；样本中唯一的一位中国台湾地区的首席执行官强调了努力工作和家庭（长期导向、集体主义）。[34]

来自瑞典的英格丽德•托尔耶德特－安德森（Ingrid Tollgerdt-Andersson）比较了来自 8 个欧洲国家的高管的 1 400 多份招聘广告。她主要关注的是广告中是否提到个人和社交能力，如合作能力。瑞典、丹麦和挪威 80% 以上的广告提到了这种能力，但在意大利和西班牙只有 50% 左右。较弱的不确定性规避可以解释大部分差异。在弱不确定性规避的国家（地区），合作能力是一项被认为更加有效的软指标。阴柔气质解释了剩下的几乎所有的差异：与阳刚气质的社会相比，合作在阴柔气质的文化中更为重要。[35]

不同类型领导者对下属的满意度和有关生产效率的研究表明：国家（地区）文化起到了作用。当法国的 IBM 技术人员看到自己的老板是说服型或家长型的时候，他们感到最为满意。而英国和德国的同事则更倾向顾问型和民主型的老板。不同于美国的同行，秘鲁工人更喜欢严格监督。当印度员工的老板像兄长一样对待他们的时候，他们的满意度和绩效最高。在一种环境中表现出的恰当领导行为，在另一群不同的下属中就可能并不恰当。[36]

申诉渠道——下级组织成员向上投诉的渠道——的存在和运作，显然受到了很大的文化影响。高权力距离的社会很难建立申述渠道：一方面下属会担心遭到报复（有充分的理由）；另一方面也会出现很多不切实际和夸大其词的投诉。这些渠道可能被用于个人对上级泄私愤，因为他没有其他途径接触上级。在这里，不确定性规避也扮演了一个角色：允许投诉意味着允许不可预测性的出现。

20 世纪 80 年代，授权这个术语变得十分流行。它可以指任何形式的正式和非正式的领导和下属之间的决策权和影响力的共享。早期描述这一过程的术语包括参与式管理、共同协商、参与、工业民主、工人代表、工人自我管理、车间咨询和共同决策。这一过程的可行性取决于组织成员的价值体系：下属至少和领导一样重要。与之相关的第一个文化维度还是权力距离。与高权利距离社会的人相比，来自低权利距离的人们更有可能把共享权力分配看作理所当然。[37] 思想观念方面可能正好相反。IBM 问卷中有这样一项陈述："工厂的工人应该更多地参与管理层的决策。"高权力距离国家（地区）的人比低权力距离国家（地区）的人更强烈地支持这一点，因为思想观念可以弥补现实。

绩效考核与目标管理

任何文化中的任何组织都依赖于人的表现。对下属的工作绩效进行监督是大多数管理发展项目的主题，它涉及从最低到最高的所有管理层级。组织通常有一个正式的考核计划，要求上级定期进行书面和 / 或口头评估。此类方案输入新的国家（地区）需要一个重新适应的过程。在集体主义国家（地区），社会和谐是组织运行的重要组成部分，它甚至比正式的工作绩效更为重要，而危害和谐最终会损害绩效。[38] 对个人的批评可能需要以间接的方式，或者通过一个值得信赖的中间人，如长辈来传达。霍夫斯泰德还记得巴基斯坦的一个案例：一家跨国公司的人事部门为了使其国际总部接受根据国际规定设计的考核系统，准备了所有的书面文件——但是当地的管理人员小心地回避了总部所期望的评估访谈。

美国的管理学宗师彼得•德鲁克（Peter Drucker，1909—2005 年）在绩效考核的基础上进一步发展出了目标管理。[39] 目标管理可能是 20 世纪最受欢迎的管理技术了。它基于控制论中通过反馈进行控制的哲学理念，旨在在组织中传播结果导向的活动。如果结果可客观测量而不基于主观解释，那么目标管理会被认为更成功。它反映了美国的价值观，并以以下内容作为前提：

- 下属充分独立，可以与老板进行有意义的对话（不是太高的权力距离）。
- 上下级都对一些含混不清的信息有所准备（弱不确定性规避）。
- 高绩效被双方视为十分重要的目标（高阳刚气质）。

让我们以德国为例，这也是一个低于权力距离平均值的国家，所以目标管理的对话部分应该不存在问题。可是，德国在不确定性规避上的得分出奇得高，因此接受信息模糊的可能性自然很低。德国的目标管理非常正规，并把它转化成"通过设定共同目标而进行的管理”。[40]

20 世纪 60 年代初，目标管理首次引入法国。1968 年的学生暴动震惊了西方世界，之后的目标管理变得极其流行。人们期望这一新的技术将带来一场早该实行的组织民主化。目标管理的法国名字叫 DPO（Direction Par Objectifs），并进一步演化成为目标参与管理（Direction Participative Par Objectifs，DPPO）。然而，一位法国的管理学家几年后写道：“我认为，目标参与管理的生涯终止了，我不是说它不应该开始，而是说只要我们法国人还保持着一种要把理想主义融入现实环境中的倾向，那它从来就没有开始过。”该期刊编辑补充道：“法国的蓝领和白领工人、基层和高层管理者及顾客都属于同一文化体系，层层维系着依附关系。只有离经叛道者才会非常不喜欢这个制度。等级结构防止焦虑。然而，目标管理会引起焦虑。”[41]

管理培训与组织发展

从本书的许有地方，尤其是本章可以明显地看出，没有一种方案适用于培养能在所有文化中都成功的管理者。在不同的文化中，成功不仅有不同的定义，而且学校教育和在职培训体系也差异巨大。

因此，跨越文化障碍培养管理人员可能被视为一项不可能完成的任务。但幸运的是，不应仅仅根据其主题来评判该任务，它也有其他重要的功能。它把来自不同文化和亚文化的人聚集在一起，从而拓宽了他们的视野。在很多组织中，国际管理发展计划已经成为重要的“仪式”，它给参与者及他们所处的环境提供了一个信号——从现在起他处于管理层级中。它为管理的亚文化提供了一种社会化过程，无论是该公司的社会化还是更具普遍性的社会化。它还打破了一个工作惯例，促进员工深入思考和重新定位。

组织发展是一种趋势，它指的是管理者和其他人试图在同一时间学习和解决共同的实际问题。它有时也包括了大量的人际过程分析。

在拉丁美洲，培训师本身就是拉丁美洲人。他们对组织发展项目中的文化不匹配性指出了颇多原因：

- 我们拉丁美洲人（高权力距离）缺乏此类项目所需的平等精神。
- 我们拉丁美洲人不相信自我发展。
- 我们拉丁美洲人倾向于把人际反馈解释为相互竞争，除非它来自上级。

- 组织发展过程造成了拉丁美洲人的不安全感，拉丁美洲人不能容忍。
- 我们的拉丁语言和讨论风格更适合抽象讨论，而不是解决实际问题。
- 我们的拉丁组织不会因组织发展而改变，但是会因危机和革命而改变。[42]

结论：国籍定义了组织理性

1980 年，霍夫斯泰德发表了一篇刊登在美国《组织动力学》杂志上名为《动机、领导力和组织：美国理论可以适用于海外吗？》（*Motivation, Leadership and Organization: Do American Theories Apply Abroad?*）的文章。它的发表过程颇具周折。在约稿编辑不幸逝世之后，起初这篇稿件被继任的编辑拒绝，后来又犹犹豫豫地接受了该稿件。该文发表后，这位编辑请美国和澳大利亚的同事在下一期中对该文发表了一些缓和局势的评论，而霍夫斯泰德又做出了回答。[43] 这篇文章所带来的影响远远超出了霍夫斯泰德的预期。许多人要求获得重印本，尤其是来自加拿大的学者。

一个理论的有效性受到国籍的约束，这一点在欧洲更为明显。管理人类行为的法律具有文化的相对性，它早在 16 世纪就已被米歇尔・德・蒙田（Michel de Montaigne，1533—1992 年）的怀疑主义所揭示。本章前面布莱斯・帕斯卡的话“在此国为真理，至彼国则为谬误”，实际上是受到了蒙田的启发。[44] 自蒙田和帕斯卡以来，国家（地区）与思维方式之间的联系有时被人们提起，但更多的时候被人们所遗忘。

前面的章节已经描述了国家（地区）文化的六方面差异，这些都影响着组织和管理过程。理论、模型和实践本质上都是文化的具体表现。它们也许可以应用在不同国家（地区），但常常应该事先验证。未能意识到国家（地区）的限制，会导致在输出管理思想与理论时忽略了它们发展和形成的价值观背景。

美国在第二次世界大战前后几十年的经济成就使得世界其他地区的一些人相信，美国的管理理念必定更加优越，因此应该被模仿。他们忘记了去询问发展和应用这些想法的社会是什么样的——这些理论是否真的如书和文章中所声称的那样得到了应用。美国管理学者马克・皮特森（Mark Peterson）和杰瑞・亨特（Jerry Hunt）写道：“问题在于许多美国的规范理论是否在美国得到了运用。”[45]

正如有些国家（地区）在某些体育项目上表现出色，有些国家（地区）则擅长某些特定的学科。心理学（包括社会心理学在内）在美国十分盛行：美国人是一群个人主义者，而且大多数具有阳刚气质。社会学在欧洲十分盛行[46]，但即使欧洲的社会学家也很少认为他们的国籍会影响他们的思考。伟大的法国社会学家皮埃尔•布尔迪厄（Pierre Bourdieu）言辞激烈地否认了他的思想来自法国这一观点。[47] 这与布尔迪厄的理论是否有效无关。在我们看来，认识到他们的法国血统使得我们更容易理解他的思想——就像我们如果意识到美国的模型出自美国时，它对我们会变得更有用一样。

在组织理论中，作者的国籍会反映出他的隐含假设，即组织从哪里来，正在实现什么。这些国家（地区）“范式”都开始于“人之初”。上帝创造人之后，人创造了这些组织。但是人们在创造这些组织的时候在想些什么呢？以下是霍夫斯泰德所观察到的范式，人之初的目标是：

美国	市场
法国	权力
德国	秩序
波兰和俄罗斯	效率
荷兰	共识
斯堪的纳维亚	平等
英国	系统
中国	家庭
日本	日本

缺乏管理和组织问题的普遍解决办法并不意味着各国不能相互学习。相反，跨越边界是获得管理、组织或政治新思想的最有效途径之一。但对它们进行输出时应当采取谨慎的态度并小心判断，因为理性会受国籍的约束。

注释

[1] Pugh & Hickson, 1976.

[2] Negandhi & Prasad, 1971, p.128.

[3] Van Oudenhoven, 2001. 国家是比利时、加拿大、丹麦、法国、德国、希腊、荷兰、西班牙、英国和美国。

[4] *Culture's Consequences*, 2001, p.378. 相关性为：官僚管理与权利距离指数的相关系数为 0.66 *，官僚管理与不确定性规避指数的相关系数为 0.63 *；个

人工作与个人主义指数的相关系数为 0.47；敌对的工作氛围与阳刚气质指数的相关系数为 0.49，二者 $p<0.10$。

[5] Fayol, 1970[1916], p.21.

[6] Weber, 1976[1930], p.224.

[7] Weber, 1970[1948], p.196. *Wirtschaft und Gesellschaft*, 1921, Part III, Ch.6, p.650.

[8] Fayol, 1970[1916], p.85.

[9] Laurent, 1981, pp.101-114.

[10] From a paper presented in 1925, in Metcalf & Urwick, 1940, pp.58-59.

[11] Williamson, 1975.

[12] Ouchi, 1980, pp.129-141.

[13] Kieser & Kubicek, 1983.

[14] Crozier & Friedberg, 1977; Pagès, Bonetti, de Gaulejac & Descendre, 1979.

[15] *Culture's Consequences*, 2001, p.382.

[16] Harzing & Sorge, 2003. 基于对来自 22 个国家（地区）的近 300 家海外子公司，以及来自 9 个国家（地区）的 8 个行业中的 100 多家跨国公司的研究。他们的文章没有描述家庭文化以何种方式影响控制过程，但一个明显的假设是，本国（地区）的不确定性规避会影响系统性非人格化控制，而本国（地区）的权力距离会影响外派人员人格化控制。

[17] Hypotheses for research on the subject have been formulated by Gray, 1988, pp.1-15.

[18] Pedersen & Thomsen, 1997. 国家是奥地利、比利时、丹麦、芬兰、法国、德国、意大利、荷兰、挪威、西班牙、瑞典和英国。

[19] 相关系数为 0.65*。

[20] 相关系数为 0.52*。*Culture's Consequences*, 2001, p.384.

[21] 除了奥地利，相关系数均为 0.77**。

[22] Semenov, 2000. 这些国家再加上澳大利亚、加拿大、爱尔兰和美国，与 Pedersen & Thomsen 的研究中的相同。

[23] Weimer, 1995, p.336; *Culture's Consequences*, 2001, p.385.

[24] Hofstede, Van Deusen, Mueller, Charles & the Business Goals Network, 2002. 中国大陆的数据是由有工作经验的中国人提供的，但他们在澳大利亚和美国学

习；丹麦的数据（Aarhus，$n = 62$）于 2002 年增加（见 Hofstede，2007b）。

[25] Hofstede, 2009. 在 15 个目标 ×17 个国家（地区）的矩阵的因子分析中，5 个几乎同样强的因子解释了 78% 的方差。

[26] 长期导向—华人价值观调查，$r = -0.59$*, $n = 13$。

[27] 第 5 组中的国家（地区）因子得分与它们和平均排名的顺序的相似性相关，$r = 0.73$ ***。

[28] 一个特例是荷兰学者 Manfred Kets de Vries，他用 Freudian 的术语分析了管理者的行为（如 Kets de Vries，2001）。

[29] Herzberg, Mausner & Snyderman, 1959.

[30] McGregor, 1960.Hofstede, 1988 and *Culture's Consequences*, 2001, p.387.

[31] Schuler & Rogovsky, 1998; *Culture's Consequences*, 2001, pp.387-388.

[32] *The Ruler, Machiavelli*, 1955[1517].

[33] *Culture's Consequences*, 2001, p.388.

[34] Jackofsky & Slocum, 1988; *Culture's Consequences*, 2001, p.388.

[35] Tollgerdt-Andersson, 1996. 国家是丹麦、法国、德国、意大利、挪威、西班牙、瑞典和英国。百分比与不确定性规避指数的相关系数为 0.86**，与阳刚气质指数的相关系数为 –0.95***。

[36] *Culture's Consequences*, 2001, pp.388-389.

[37] Klidas, 2001.

[38] *Culture's Consequences*, 2001, p.391.

[39] Drucker, 1955, Chapter 11.

[40] *Führung durch Zielvereinbarung*; Ferguson, 1973, p.15.

[41] Franck, 1973.

[42] 灵感来源于 Magalhaes（1984）以及与 Anne-Marie Bouvy 和 Giorgio Inzerilli 的讨论。

[43] Hofstede, 1980b; comments by Goodstein, 1981 and by Hunt, 1981, and a reply by Hofstede, 1981. 一个有趣的细节是，文章的最终版本根据编辑的要求进行了一些更改，但是由于某些行政失误，原始的未更改的版本得以发布。

[44] Pascal, Pensées, 60, 294: *Vérité en-deça des Pyrenées, erreur au-delà.* Montaigne, *Essais II, XII, 34: Quelle vérité que ces montagnes bornent, qui est mensonge au*

monde qui se tient au delà?（在此国为真理，至彼国则为谬误。）

[45] Peterson & Hunt, 1997, p.214.

[46] 在社会科学引文索引中，被引用最多的心理学家都是美国人；尽管 SSCI 主要基于美国期刊，但引用最多的社会学家几乎都是欧洲人。

[47] Bourdieu & Wacquant, 1992, pp.45 + 115.

第10章

象与鹳：组织文化

荷兰天堂之门有限责任公司（Heaven's Gate BV，HGBV）是一家拥有 60 年历史的化工企业。它的许多员工都是老前辈，关于过去的故事比比皆是。人们总会述说过去工作有多么繁重，装卸货物全靠人工。他们还会讲述厂房的高温和对身体的潜在危害。过去，HGBV 被视为一个富有的雇主。几十年来，其产品供不应求，公司不需要销售产品，将它们分销出去即可。为了得到该公司的产品，客户必须表现得十分友好且彬彬有礼，企业赚钱十分容易。

HGBV 的管理一直是大家长的作风。年迈的总经理每天早晨都会到工厂转一圈，与他遇到的每个人握手。人们说这是 HGBV 的传统，仍然保留至今。他们称为"HGBV 式握手"：当人们早上到达工厂后，会与同事们一一握手。这个问候仪式在法国十分常见，但在荷兰却非同寻常。长期以来，HGBV 这位富裕的大家长一直以来都被员工和当地的社区视为恩人，只要他们有需要，HGBV 都会义不容辞地帮忙，其中一些人因此而渡过了难关。人们一直将 HGBV 视作理想的企业，这里具有良好的薪酬、福利和工作保障。HGBV 的工作也被看作终身职业，员工们甚至希望自己的孩子将来也能在该公司工作。在外人眼里，HGBV 是当地体育和慈善组织的固定赞助商。"还没有什么事是 HGBV 白费力气而不成功的。"

公司的工作氛围很友好，员工享有极大的自由度。这家公司被人们描绘成一个俱乐部、村庄和家庭。公司 25 周年和 40 周年的纪念引起了众多关注，圣诞派对也赫赫有名。这些庆典代表了公司悠久的历史，人们至今仍然珍视这些仪式。在 HGBV 的文化中，又或者在人们口中描述的"HGBV 之道"中，有关社会行为不成文的规则非常重要。一个人不是为了工作而生活，而是为了生活而工作。一个人怎样去做比这个人做了什么更加重要。人们必须融入非正式的网络，这适用于所有层级。"适应"意味着：避免冲突和直接对抗；包容他人的错误；忠诚、亲切、谦虚；友善地与他人合作。无论是积极的还是消极的，任何人都不应过于引人注目。

HGBV 的员工偶尔也会抱怨，但绝不会针对其他的 HGBV 员工。同时，人们只在自己的小圈子内才会流露不满：这些不满可以针对上级或外人，但绝不会破坏自己的小圈子。这种对和谐和团结互助的关注很好地融入了 HGBV 所在地的地域文化。新员工只要能够适应环境，很快就会被大家所接受。与融入环境相比，工作质量反而没那么重要。谁破坏和谐都会遭到排斥而无论他是否是一名优秀的员工。不良的关系可能需要数年才能愈合。"我们宁愿让工作问题再延续一个月，也不愿以不友善的方式解决问题，即使它花费了高额的费用。"公司的规则不是绝对的。"最重要的规则，"一位受访者表示，"是灵活的。"如果你是善意的，就完全可能打破规则。打破规则本身并没有什么风险，而把这件事小题大做反倒是个风险。

HGBV 的管理者们为了使领导力行之有效，就让自己的行为与社会的行为模式保持一致。他们平易近人、不偏不倚、善于倾听。现任的总经理就是这样的领导者。他从不摆架子，各级人员都能与他轻松相处，员工们感到总经理就是他们中的一员。个人在 HGBV 的职业发展主要基于他的社交技能：一个人不应表现得太过引人注目；他不需要出色，但需要拥有良好的社交网络；他应该了解，在非正式网络中的恰当做法是等待邀请而不是毛遂自荐。他也应该加入网球俱乐部。总而言之，人们应该尊重这样的严格规定：成为一个好人。

然而，这幅浪漫的图景最近受到了外界的干扰。首先，市场状况发生了变化，HGBV 发现自己处于与其他欧洲供应商竞争的陌生环境中。成本必须削减，人力必须减少。在 HGBV 的传统中，对于这个问题的解决办法是让老员工提前退休而不是进行集体裁员。然而，那些不得不提前离职的老员工们对公司不再需要他们感到异常震惊。

更为严重的是，HGBV 受到了环保人士的攻击，理由是它造成了污染。这一观点在政界得到了越来越多的支持。HGBV 的经营许可证有一天将被撤销并不是危言耸听。HGBV 的管理层试图通过积极游说权威人士、媒体宣传、组织公众参观工厂等方法来解决这个问题，但其效果仍然无法预料。在 HGBV 内部，这种威胁并没有受到重视，人们无法想象 HGBV 不复存在的这一天。"我们的管理层一直在寻找解决方案，它马上就出来了。"与此同时，HGBV 通过改进质量和产品多样化等方式，努力提高自身的竞争力。这也意味着公司将从外部引进新人，然而，这些新趋势与 HGBV 的传统文化起了正面的冲突。[1]

组织文化热潮

上面这个简短的案例描述了一个组织的文化。HGBV 的员工有一种特殊的行为和互动方式将他们与其他组织的员工区分开来，即使这些组织与 HGBV 位于同一地区。本书前几章主要把文化与国籍联系在了一起。20 世纪 60 年代，英语文献中首次出现了有关组织文化特点的描述：组织文化成了组织气氛的代名词。1982 年，艾伦 • 肯尼迪（Allan Kennedy）和特伦斯 • 迪尔（Terrence Deal）合著的《企业文化》（*Corporate Culture*）使得组织文化这一由 20 世纪 70 年代创造的概念开始流行。同年，来自麦肯锡—哈佛商学院同一团队的托马斯 • 彼得斯（Thomas Peters）和罗伯特 • 沃特曼（Robert Waterman）合著了《追求卓越》（*In Search of Excellence*）一书。这本书同样取得了巨大的成功，组织文化因此得以普及。[2] 之后，使用不同语言描述这一主题的大量文献相继发表。

彼得斯和沃特曼写道：

> 毫无例外，文化的主导性和一致性是优秀公司的必备素质。而且，文化越强大，越以市场为导向，对政策方针、组织结构或规章制度的需求就越少。在这些公司中，人们知道在大多数情况下应该做些什么，因为核心价值观清晰且明确。[3]

如今，谈论公司或组织的文化成了管理者、企业顾问、学者（他们关注的内容有些不同）之间的一种时尚。时尚会过去，组织文化也是，只不过会留下一些痕迹。组织（企业）文化已经成为像组织结构、组织战略和组织控制一样时髦的话题。组织文化这个概念没有标准的定义，但大多数人可能会同意它的以下特点。

- 整体性：整体大于部分之和。
- 历史决定性：反映组织的历史。
- 与人类学家研究的内容有关：如仪式和符号。
- 社会建构性：由共同建立组织的一群人创造和维持。
- 柔软性：尽管彼得斯和沃特曼向读者保证“软就是硬”。
- 难以改变：尽管作者们对有“多困难”持不同的意见。

在第 1 章中，我们将文化定义为“将一个群体或类别的成员与另一个群体或类别的成员区分开来的集体心理程序”。因此，组织文化可以被定义为“将一个组织成员与另一个组织成员区分开来的集体心理程序”。然而，一个组织的文化不仅维系在其成员的心中，也保持在“利益相关者”的心中，每个与组织互动的人（如客户、供应商、工会、邻居、政府当局和新闻媒体）都拥有相同的程序。

从彼得斯和沃特曼的描述看来，具有强文化的组织在一些人中唤起了积极的情绪，在另一些人中唤起了消极的情绪。从组织的角度来看，对于强文化的普遍渴望常常遭到质疑，因为它可能是导致组织僵化的致命根源。[4] 对强文化的态度部分受到国家(地区)文化的影响。IBM 是彼得斯和沃特曼眼中最优秀的企业之一。然而，法国首席社会心理学家马克斯 • 帕吉斯（Max Pagès）在 1997 年对法国的 IBM 进了调研，他把 IBM 的企业文化描绘成可怕的文化，并称它为“新教堂”。[5] 与美国社会相比，法国百姓对等级制度和规则的依赖程度更高（见第 3、6、9 章）。法国的学者也是法国社会的产物，因此比美国学者更可能强调智力规则，即组织中的理性成分。与此同时，根据第 4 章的描述，法国属于个人主义国家，因此它存在个人对抗理性体系的需要。[6]

组织文化与国家（地区）文化的区别：IRIC项目

仅仅因为国家（地区）文化和组织文化同时使用了文化这个词，就说这两种文化是相同的现象，这是不正确的看法：国家（地区）不同于组织，这两种类型的文化有着本质的差别。

如图 10.1 所示（基于图 1.3 做出），国家（地区）文化和组织文化的差异在于不同的价值观和实践活动。国家（地区）文化是我们心理软件的一部分，它在我们生命的前 10 年获得，我们从家庭、生活的环境和学校中习得而来。它包含了许多基本价值观。组织文化是当我们以一个年轻或不太年轻的成年人身份进入组织工作后获得的，那时我们的价值观已经很稳固了。组织文化由组织的实践构成，它们是更为表层的内容。[7]

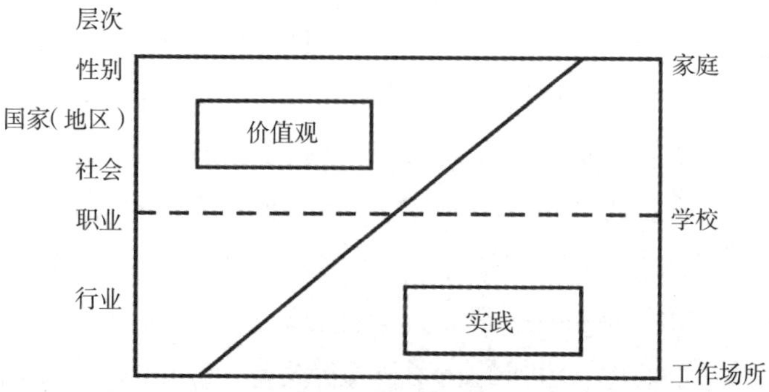

图 10.1　不同层次的文化中价值观与实践的平衡

在图 10.1 中，我们还找到了文化的其他层次：性别层次，它比国籍更为基础；社会阶层，有一些上升或下降的可能；职业层次，与所选择学校的教育类型有关；行业层次，它介于职业和组织之间。一个行业会根据逻辑或传统的原因，包含特定的职业，以及维系特定的组织实践活动。

对不同国家（地区）相似的人群进行比较后，IBM 的研究发现，人们在价值观上存在巨大差异。如第 1 章所描述的，人们对于诸如什么是善什么是恶有着不止一种感觉。尽管 IBM 的员工在实践中有着很多相似之处，但他们却来自不同的外国分公司。

1985—1987 年，霍夫斯泰德主持了跨文化合作研究所（Institute for Research on Intercultural Cooperation，IRIC）的一项研究，本章大部分内容是基于这项研究的结果。他使用了 IBM 的跨国调查作为研究模板。自相矛盾的是，IBM 的调查并没有直接提供有关 IBM 企业文化的信息。原因在于所有的研究部门都来自同一家公司，所以缺乏外部的参照。为了对 IBM 的跨国研究进行补充，IRIC 展开了跨组织研究：与一家公司在多国开展业务不同的是，这项研究仅仅涵盖了两个国家，即丹麦和荷兰的不同组织。

IRIC 的研究发现，组织层面的价值观与实践的角色正好与国家（地区）层面上的角色相反。在比较完不同组织中的相似人员后，我们发现他们在实践中表现出相当大的差异，但在价值观方面的差异则小得多。

继彼得斯和沃特曼之后，当时关于企业文化的流行文献都坚持认为共享价值观是企业文化的核心。IRIC 项目则显示，对日常实践的共同认识应该被视为组织文化的核心。员工的价值观差异更多地来自他们的性别、年龄和受教育程度（当然还有国籍），而不是他们的组织成员身份。

IRIC 的调查结果与彼得斯和沃特曼及其追随者言论之间的差异，可以用美国管理学文献倾向于描述企业英雄（创始人和主要领导人）的价值观这一事实来解释。而 IRIC 询问的是承载着企业文化的普通成员。IRIC 评估的是领导者的信息在多大程度上能被成员所接受。创始人和主要领导人的价值观无疑影响着组织文化，但这些文化影响普通成员的方式是通过共同的实践。创始人和领导者的价值观变成了组织成员的实践活动。

有效的共享实践活动是跨国公司有效运作的根本原因。被雇用的员工拥有不同的国籍，我们不能假设他们拥有共同的价值观。他们受到自己国家（如美国、日本、德国、荷兰等）的启发，来协调和控制其全球运营，而其他国家的员工又学习到了这些实践活动。[8]

如果组织成员的价值观主要取决于组织标准而不是其成员身份，那么这些价值观就是通过招聘过程进入组织的：公司雇用具有特定国籍、性别、年龄和教育程度的员工。他们随后在组织中的社会化过程就是关于实践活动的学习，即符号、英雄和仪式。

IRIC项目中的定性与定量策略

有关企业文化的 IRIC 研究项目在 10 个不同组织的 20 个部门中实施：5 个丹麦组织和 5 个荷兰组织。在 IBM 的国家（地区）文化维度上，这两个国家得分相当类似：都同属北欧—荷兰类。这 20 个部门涉及私人制造企业（电子、化学品和消费品）、私人服务企业（银行、运输和贸易）和公共机构（电信局和警察局）。我们的研究单元要么是整个组织，要么是组织中的不同部门（特别是总部、市场部或研发实验室），关键在于它们的管理在文化上是否被认为有合理的同质性（研究结果将会检验这种假设）。

部门规模从 60~2 500 人不等，由于部门数量足够小，我们可以从定性的角度深入研究每个案例。同时，总人数又足够多，因此我们可以用统计分析的方法对定量数据进行比较。

首先，研究的定性阶段包含了 2~3 小时的一对一深入访谈，每个部门访谈 9 名信息提供者（因此共计 180 次访谈）。通过这些访谈，我们既要对本部门的文化有一个整体的感受，也要收集编制量表所需要的信息。我们与企业的联系人共同探讨了对信息提供者的挑选，条件是：他们能提供大量关于企业文化的有趣故事。在所有的案例中，信息提供者包括了高级经理和他的（从来不是“她的”）秘书、各个层级不同职位的新老员工（包括女性和男性）。有时门卫也是一名出色的信息提供者。另外，员工代表（相当于工会代表）也总是被包含在内。

采访团队由 18 名成员（丹麦或荷兰人）组成，其中大多数成员接受过社会科学的培训，但对所研究部门的活动类型比较陌生。由于采访员的性别可能会影响观察结果，因此每个部门由两名采访员负责，一名女性和一名男性。所有采访员都事先接受过相同的培训，使用相同的开放式问题清单。

访谈清单如下。

- 关于组织符号：只有内部人员才能理解的特殊术语是什么？
- 关于组织英雄：什么样的人最有可能在他们的职业生涯中迅速升迁？你认为谁是这个组织中最重要的人？
- 关于组织仪式：你参加过哪些定期会议？人们在这些会议中有什么样的行为举止？这个组织有哪些庆祝活动？
- 关于组织价值观：人们最希望看到这里发生什么？人们可以犯的最大错误是什么？什么样的工作问题可以令你夜不能寐？

如果采访员觉得有必要的话，可以自由地探索更多的信息。访谈过程会被录音，采访员按照规定的程序撰写报告，并尽可能引用信息提供者的真实话语。

其次，项目的定量研究阶段包括预先编码的纸笔问卷。与第一阶段相反，这一阶段严格按照程序随机抽取样本。该样本由约 25 名（或与部门数量一致）管理人员、25 名非管理岗位的专业人员和 25 名非管理岗位的非专业人员组成。问卷中的问题包括 IBM 跨国研究中使用的问题，以及后来新增的一些问题。大多数新增的问题都是在第一阶段访谈的基础上发展起来的。新加入的问题可以区分各部门之间的差异。这些问题包括人们对日常实践活动的认识，这在跨国研究中是缺失的。

有关访谈和问卷的结果我们都与部门的管理层讨论过，如果他们同意，我们有时也会将这些研究结果反馈给更大范围的员工群体。

深度访谈结果：SAS 案例

我们对这所有的 20 个部门都进行了个案访谈，采访员对每个部门的文化都进行了富有洞察力的描述，并使用问卷调查来验证他们所做的解释。本章开头的 HGBV 案例就来自这次调查。我们现在再描述一个案例：斯堪的纳维亚航空公司（Scandinavian Airlines System，SAS）哥本哈根航站楼。

SAS 在 20 世纪 80 年代初经历了一次大规模的转型。在新总裁杨•卡尔森（Jan Carlzon）的带领下，该公司从产品和技术导向转变为市场和服务导向。之前，公司开展计划和销售的基础是使用最先进的设备以实现最大飞行小时数。飞行员、技术人员和纪律管理人员是公司的英雄。不断恶化的财务数据迫使企业进行重组。

卡尔森深信，在竞争激烈的航空运输市场上，成功取决于最大限度地满足现有和潜在客户的需求，而每天面对面与客户接触的员工最清楚客户的需求。在过去，组织从来没有问过这些员工的意见：他们是一群身穿制服、训练有素的“士兵”，非常遵守规则。现在，他们身处“前线”，重组后的组织是支持他们而不是命令他们。于是上司变成了顾问，在处理现场客户的问题时，前线拥有相当大的自主权。他们只需要在事后向上级汇报他们的决定——这意味着在风险存在的情况下，组织接受和肯定员工的判断。[9]

哥本哈根机场的 SAS 航站楼是参与 IRIC 项目的部门之一，采访是在企业重组 3 年后进行的。员工和管理人员身穿制服，有条有理，正规守时。他们似乎是享受在纪律严明的环境中工作的一群人。工作负荷交替变化，有时压力很大，有时又相对轻松。员工们表现出对新角色相当强的适应性。在谈到公司历史时，他们倾向于从转型后谈起，只有某些管理人员提到了前几年。

受访对象们都对公司感到十分自豪：他们的个人身份似乎也在很大程度上来源于此。在工作以外的社交活动中，SAS 员工之间来往密切。人们经常把卡尔森视作公司的英雄。尽管公司纪律严明，但同事之间看起来十分友好，他们总是互相帮助。如果同事在个人生活中遭遇了危机，公司和其他同事也会支持他。各级管理者都是平易近人的，虽然管理者显然比非管理者在接受新角色时遇到了更大的困难。新员工都是通过正式的入职介绍和培训项目之后进入公司的，这个项目模拟了当遭遇问题客户时，可能会发生的情况。这也是一种筛查手段，可以看出新人是否具备这一职业所需的价值观和技能。那些成功完成培训的人很快就会在部门中感受到“家”的感觉。对于客户来说，员工表现出了解决问题的态度：他们对客户的问题表现出极大的热情，某些规则甚至可以做出调整以便达到理想的结果。晋升来自队伍中被认为最有能力和最支持他人的员工。

由于这个部门在成功转型过程中发挥了关键作用，因此它很可能从某种“霍桑效应”[10] 中受益。我们访谈的时期正是这家公司成功转型后的巅峰期。公司内部的观察人士评论说，人们的价值观并没有真正改变，但是转变已经由服从上级变为服务客户。

调查结果：组织文化的六个维度

IBM 的研究确认了国家（地区）文化的四个维度（权力距离、个人主义—集体主义、阳刚气质—阴柔气质和不确定性规避）。这些都是价值观的维度，因为 IBM 各国（地区）分公司主要在员工的文化价值观上存在差异。然而在 IRIC

的跨组织研究中，这 20 个部门的成员在其文化价值观上差异很小，在实践中却差异很大。

书面调查用来测量人们对其工作部门实践活动的认识。问题以“我工作的地方……”这种方式呈现，示例如下。

我工作的地方：

• 开会时间非常准时	1—2—3—4—5	开会时间只是估计
• 数量优于质量	1—2—3—4—5	质量优于数量

因此，每个问题都有两个相反的陈述：这些陈述放在左边还是右边是随机决定的，因此它们的位置不能代表回答者的偏好。

所有 61 个“我工作的地方……”的问题都是根据公开访谈收集的信息而设计的，我们使用了与 IBM 研究中类似的统计分析。这些结果产生了六个全新的维度：这些维度都与实践有关而与价值观无关。我们对 20 个部门的 61 个问题矩阵进行了因素分析，计算出了每个部门的被试者在各问题上的平均得分。这些被试者中有 1/3 是经理、1/3 是专业人员、1/3 是非专业人员。分析的结果产生了六个明确的因素，它们可以将这 20 个部门的实践活动区分开来。这六个维度相互独立，也就是说，它们之间可以进行任意组合。

为实证研究发现的维度选择名称是一个主观过程：它代表了从数据到理论的步骤。我们所选的名称已更改了多次。目前的维度名称是与企业部门人员多次详细讨论的结果。我们的名称尽可能避免表示一个维度的“好”和“坏”。一个部门在某个维度上的得分被解释为好或坏，完全取决于管理者的意愿。最终我们共同达成的维度名称如下：

（1）过程导向—结果导向。

（2）员工导向—任务导向。

（3）本位主义—专业素质。

（4）开放体系—封闭体系。

（5）宽松管理—严格控制。

（6）规范导向—务实导向。

上述六个跨组织维度的顺序反映了它们在分析中出现的顺序，但并没有任何理论意义——第一个并不比第六个更重要。顺序靠后仅代表问卷中包含更多的问题涉及了维度一而不是维度二，以此类推。不过这倒很好地反映出问卷设计者的兴趣。

对于每个维度，我们都选择了三个主要的“我工作的地方……”的问题来计算各部门在各维度上的得分，这与 IBM 研究中各国（地区）在各维度上的计算方法类似。这些部门在所选择的三个问题上的得分显著相关。[11] 正如研究者看到的，这些问题已经反映了维度的核心内容。

维度一的一端关注方法（过程导向），另一端关注目标（结果导向）。三个主要问题都表明，在过程导向的文化中，人们逃避风险，只花费有限的精力工作，每天的工作内容几乎一模一样。在结果导向的文化中，人们在不熟悉的环境中感到游刃有余，尽最大的努力工作，每天都面临新的挑战。在 0~100 分的量表上，在 20 家部门中，0 分代表过程导向程度最高，100 分代表结果导向程度最高。前面提到的化工企业 HGBV 的得分为 2（非常关注过程，几乎不考虑结果），而 SAS 航站楼得分 100，这是所有企业中最具结果导向的公司。对于这个维度，很难不把“好”的标签贴在结果导向这一端，而把“坏”的标签贴在另一端。尽管如此，对于一些业务来说，拥有坚定的过程导向至关重要。最以过程为导向的企业（得分为 0）是制药企业的制造部门。药品生产是回避风险、基于例行程序的典型案例。在这样的环境下，我们很怀疑人们是否还希望自己的公司偏向结果导向。类似的案例也存在于许多其他的企业中。因此，即使结果导向的文化也并不总意味着“好”的文化，反之也并不总意味着“坏”的文化。

彼得斯和沃特曼在《追求卓越》这本书中的主要观点之一，就是“强”文化比“弱”文化更有效率。对这一观点的检验存在这样一个问题，那就是我们很难在企业的文献中找到有关文化强度的实际或可操作化的测量工具。可这是个关键问题，IRIC 项目因此开发了一套专门测量文化强度的工具。我们将强文化解释为同质文化，即所有调查对象在关键问题上都给出了相同的答案，无论其内容如何。弱文化是异质文化，即同一企业中调查对象的答案大相径庭。调查数据显示，在所研究的 20 家企业中，文化强度（同质性）与结果导向显著相关。[12] 如果用结果导向程度代表效率，彼得斯和沃特曼有关强文化的有效性就因此而得到了证实。

维度二的一端关注人（员工导向），另一端关注工作的完成（任务导向）。所选择的关键问题表明，在以员工为导向的文化中，组织关心员工的个人问题，发放员工福利，重要的决定由集体或委员会共同做出。在任务为导向的企业中，人们会感受到必须完成工作的强大压力；组织只对员工的工作感兴趣，而对员工个人和家庭福利漠不关心；重要的决定都由员工个人做出。在 0~100 分的量表上，HGBV 的得分为 100，SAS 航站楼的得分为 95—— 两者都异常重视员工。这个维度的得分反映了企业或创始人的理念，也可能反映了过去事件留下的痕迹：近期陷入经济困境的企业（特别是进行集体裁员的企业），它们倾向于以工作为导向。可即使根据受访者的说法，过去也并非一定如此。企业领导人对是否以员工为导向有着不同的观点。在反馈意见的会议上，一些高层管理者希望他们的企业变得更以员工为中心，而另一些人则希望往相反的方向上发展。

罗伯特•布莱克（Robert Blake）和简•莫顿（Jane Mouton）的管理方格是美国经典的领导力模型。[13] 它的两级与员工导向—任务导向维度对应。布莱克和莫顿基于他们的模型开发了广泛的领导力培训体系。在培训中，员工导向和任务导向被视为两个独立的维度：一个人既可以在两个维度上得分都高，也可以在一个维度上得分高，或者两个维度得分都低。然而，布莱克和莫顿的方格论适用于个体，而 IRIC 的研究比较了组织。IRIC 研究表明，虽然个体可能同时在员工导向和任务导向两个方面有所表现，但组织文化倾向于支持其中的一种。

维度三的一端认为员工的身份标识应该更多地来自组织（本位主义），另一端认为员工应该根据工作类型建立身份标识（专业素质）。关键问题表明，本位主义导向文化的成员认为组织的行为规范涵盖了他们在家里和工作的方方面面。他们认为，招聘员工时，公司会将他们的社会和家庭背景同他们的工作能力放在一起考虑，而他们对未来并没有长远的看法（他们可能认为组织会为他们做这件事）。此外，专业素质导向文化的成员认为个人生活是他们自己的事情，组织聘用他们是以工作能力为基础的，他们对未来有着规划。美国社会学家罗伯特•默顿（Robert Merton）将这种区分称为本土性—世界性，即内部与外部参考框架的对比。[14] 本位主义的文化通常与日本公司有关。从 IRIC 的调查可以预测，这个维度的企业得分与成员的教育水平有关：本位主义文化的企业员工通常受到的正规教育较少。例如，SAS 航站楼的员工得分为 24，偏向本位主义导向；HGBV 的员工得分为 48，处于中等。

维度四代表开放和封闭体系。关键问题反映出，在开放的企业中，无论是组织还是个人，对新员工和外来者都持开放态度。任何人都可以融入组织，新员工只需要几天就有“回家”的感觉。在封闭的企业中，组织和员工都是封闭和私密的，即使内部人员也会产生这种感觉。只有特殊人才能适应组织，新员工需要一年以上才有"回家"的感觉（在最封闭的部门里，管理层的一名成员承认，他在22年后仍然感到自己是局外人）。在这个维度上，HGBV的得分（51分）仍然中等，SAS则非常开放（9分）。这个维度描述的是沟通氛围，它是六个实践活动维度中唯一一个与国籍相关的维度：似乎丹麦组织的沟通氛围比荷兰更为开放。不过在我们研究的企业中，其中一个丹麦组织却非常封闭。

维度五指的是组织内部结构化的程度。关键问题反映出，在宽松管理的企业里，没有人会考虑工作成本，开会时间只是个大概，员工经常拿公司和自己的工作开玩笑。在严格控制的企业里，员工具有成本意识，开会时间通常很准时，几乎没有人拿公司和工作开玩笑。从数据中可以看出，严格的控制体系至少在统计上面，与严格但不成文的着装规定有关。在0分代表宽松、100分代表严格的量表上，身穿制服的SAS员工在严格控制方面得分相当高（96分），HGBV的得分仍然中等（52分）。不过与其他制造企业相比，得分中等对于制造企业来说算相当松散了。

维度六指的是客户导向这个流行概念。务实导向的企业由市场所驱动；规范导向的企业的工作任务是执行不可侵犯的规则。关键问题表明，规范导向的企业主要强调正确遵守组织程序，这比结果更重要。在商业道德和诚信方面，该企业的标准很高。在务实导向的企业中，关键是满足客户的需求，结果比正确的程序更为重要。在商业道德方面，务实的态度优于教条式的态度。SAS航站楼是务实导向得分最高的企业（100分）。这表明卡尔森的想法得到了落实。HGBV得分为68，也属于务实导向。正如HGBV的案例所述，该企业过去可能更多地根据规范来对待客户，不过现在似乎已经适应了新的竞争环境。

从文化视角看竞争优势

我们对这20个部门在六个维度上的得分情况进行了查看，结果显示维度一（过程导向—结果导向）、维度三（本位主义—专业素质）、维度五（宽松管理—严格控制）和维度六（规范导向—务实导向）与组织所从事的工作类型及所属的市场类型有关。如图10.1所示，这四个维度部分反映了行业或商业文化。对于维度一，大多数制造企业和大型行政单位都以过程为导向，研发和服务部门以结果为导向。对于维度三，传统的技术部门以本位主义为导向，高科技部门以专业素质为导向。对于维度五，提供精确或有风险的产品或服务的部门（如制药和金融）以严格控制为导向，而从事创新或不可预测活动的部门偏好宽松管理。出乎研究者意料的是，所研究的两个城市的警察队属于宽松管理的组织（得分为 16 和 41）。然而警察的工作是难以预测的，警察人员也因此在执行任务时有相当大的决策权。对于维度六，服务部门和竞争激烈的部门在务实导向方面得分更高，而参与法律执行的部门和垄断部门在规范导向方面得分更高。

虽然工作任务和市场环境影响了维度得分，但我们在 IRIC 的研究中也有一些让人惊奇的发现：在生产部门甚至车间，或者像 HGBV 这样由任务决定的宽松管理导向的企业中，也可能产生意想不到的强结果导向文化。这些令人惊讶的成果代表了一个企业文化中的独特要素（与类似企业相比）。对一种特定的组织文化来说，这可能会是竞争优势也可能会是劣势。

另外两个维度——维度二（员工导向—任务导向）和维度四（开放体系—封闭体系），似乎较少受到任务和市场的约束。这两个维度更多地基于诸如创始人的哲学和近期的危机这类历史因素。国家（地区）文化也影响了维度四（开放体系—封闭体系）。

尽管组织文化主要由实践构成，但也含有少量价值观的成分，如图 8.1 所示。跨组织 IRIC 调查包含了 IBM 跨国研究中有关价值观的问题。这些组织在三类价值观上有所不同。第一个类似于跨国调查中的不确定性规避维度。值得说明的是，这些差异不是通过计算国家（地区）不确定性规避的那几个问题表现出来的，而是通过其他调查问题。跨组织的不确定性规避与维度四（开放体系—封闭体系）相关，开放的沟通氛围明显会带来弱的不确定性规避。这种关系在丹麦企业中得到强化（比荷兰企业更为开放，一家丹麦企业除外）。尽管丹麦和荷兰在大多数国家（地区）文化维度上的得分相似，但在不确定性规避方面差异最大，丹麦的得分低得多。

第二类跨组织的价值观与权力距离有些相似。它与维度一（过程导向—结果导向）相关：较高的权力距离与过程导向相关，较低的权力距离与结果导向相关。

在 IRIC 研究中没有发现与个人主义和阳刚气质相关的跨组织价值观。这可能是由于该研究仅限于商业组织和公共机构。如果将诸如健康和福利的组织包含在内，那么这项研究就有可能表现出更广泛的价值观（如帮助他人），这将会产生阳刚气质—阴柔气质维度。

在跨国研究中构成个人主义和阳刚气质维度的问题，以一种不同的形式出现在了跨组织研究中。它被称为工作中心性（强或弱），即工作在人一生当中的重要性。它与维度三（本位主义—专业素质）相关。显然，在专业素质导向的组织文化中，工作的中心性更强。在本位主义导向的文化中，人们不把自己的工作问题带回家。

在这六个组织文化维度中，维度一、维度三和维度四也因此在一定程度上与价值观有关。而其他三个维度则与价值观无关。这些维度仅仅描述了人们在没有涉及基本价值观的情况下进行的社会化实践活动。

组织文化与其他组织特征

在 IBM 的研究中，我们通过将国家（地区）得分与各种外部数据相关联的方法，来证明国家（地区）文化的前因和后果变量。这些外部数据包括人均国民生产总值等经济指标、媒体自由指数等政治指标和人口增长率等人口统计数据。我们也比较了同一国家（地区）的其他调查结果，这些调查使用了不同的问题，访问了不同的调查对象。IRIC 跨组织研究也包含了类似的效度检验，即用外部数据对各维度进行验证。当然，这次使用的数据包括了以其他方式和来源获得的组织部门的信息。

除了访谈和问卷调查外，IRIC 研究还收集了一些能表明组织整体情况的定量数据。这类数据被称为结构化数据，它们包括员工总数、预算构成、经济效益、主要经理年龄等。所有的结构化数据都由霍夫斯泰德本人亲自收集。找出有意义的结构化数据是一个启发探索式的过程，但这个过程太复杂了，无法让其他研究人员也参与进来。结构化数据的信息提供者是高层管理人员、人力资源主管和财务预算主管。他们首先填写问卷，随后进行个人访谈。

在大量表示组织特征的量化数据中，大约有 40 个有用的数据。对于这 40 个数据，这 20 个部门中每个部门的得分都与六个实践维度的得分相关。[15] 对于这六个实践维度中的每一个维度，我们都找到了对它来说最重要的联系，下面进行描述。

维度一（过程导向—结果导向）和运营预算——日常运作所需的资金中的劳动力与材料成本的平衡——之间存在强相关性。一项工作的特点是劳动密集型、资源密集型还是资本密集型，取决于三类成本中哪一类成本在管理预算中占了最大的份额。劳动密集型部门（员工数量不变）在结果导向上得分更高，而资源密集型部门（员工数量也保持不变）在过程导向上得分更高。如果一项工作属于劳动密集型，那么根据定义，人的努力就对结果起着重要作用。这似乎更有可能培育注重结果的文化。资源密集型和资本密集型部门的产量往往取决于技术进程，这一事实似乎激发了以过程为导向的文化。因此，我们在结果导向文化中发现研发和服务部门并不意外；而制造和行政部门更多地依赖自动化，也因此更常表现为过程导向。

结果导向与低缺勤率之间的相关程度排名第二。这一事实得到了很好的证实，因为其中一个关键问题涉及了“人们会付出最大的努力”。此外，结果导向与组织结构之间存在三种显著关系。越扁平的组织（高层的管理跨度越大），越偏向结果导向的文化。这一点证实了彼得斯和沃特曼的格言之一：“简单的结构，精干的员工。”基于阿斯顿关于组织结构的研究（参见第 9 章）[16]，我们使用了三个简化量表来衡量组织的集中化、专业化和正规化的程度。专业化和正规化都与结果导向负相关：更专业和更正规的部门倾向于以过程为导向。集中化与这个维度没有关联。结果导向也与拥有较低教育水平的管理团队有关，他们根据等级晋升。最后，在以结果为导向的部门中，员工中工会成员的比例往往较低。

维度二（员工导向—任务导向）与上级组织对下属部门的控制方式有着最强的相关性。如果该部门的高层指出，他的上级会根据他的利润和财务绩效指标对他进行评估，那么其成员会将该部门评为任务导向文化。如果该部门管理者认为他的上级根据他的绩效与预算对他进行评估的话，那么情况则正好相反：其成员会将该部门评为员工导向文化。看起来，以外部标准（市场利润）经营的组织比以内部标准（预算）经营的组织要更为严格。如果高层表示允许员工在期刊上发表有争议的观点，成员会认为该部门更以员工为导向，这也证明了管理层的可靠性。

接着，与员工导向相关的是员工的平均资历（在公司的年限）和年龄（越资深的员工越将本部门打分为任务导向）。员工导向还与高层管理团队的教育水平（教育程度较低的团队更偏好任务导向型文化）和总投资额（令人惊讶的是，不是人均投资额）有关。有着诸多投资的大型机构往往属于员工导向文化而不是任务导向文化。

关于维度三（本位主义—专业素质），采用传统技术的企业倾向于本位主义导向文化，而高科技企业则倾向于专业素质导向文化。组织规模的几个测量指标与这个维度的相关性最强。毫不诧异的是，规模较大的组织孕育了专业素质更强的文化。同样常见的是，该文化中的工会成员人数较少。它们的管理者的平均受教育水平和年龄较高，组织结构也更加专业化。一个有趣的现象是，高层管理者的时间预算（他们消耗时间的方式）与该维度相关。在专业素质导向文化的企业中，高层们声称他们在会议和一对一的讨论中花费了大量时间。最后，私营企业在专业素质导向上的得分比公共机构更高。

维度四（开放体系—封闭体系）是唯一与外部数据高度相关的维度，即员工中女性的比例与开放性的沟通环境之间的关系。[17] 管理层中女性的比例及最高管理层中至少有一名女性的比例也与开放性相关。然而，这种相关性受到两国研究人群样本的影响。在发达的欧洲国家中，在我们研究的时期，丹麦是女性参与工作比例最高的国家之一，而荷兰是最低的。此外如前所述，丹麦从整体上（有一个例外）比荷兰企业更开放。这并不能排除女性参与工作与开放的沟通环境之间存在因果关系：这很可能很好地解释了为什么丹麦企业如此开放。

与开放体系—封闭体系维度相关的还有一些其他现象。例如，比较封闭的文化往往也比较正规化（两种测量方法交叉验证）；而开放的文化（显然）则允许员工在公司内部的期刊中发表有争议性的话题。文化越开放，员工的平均服务年限越长。

与维度五（宽松管理—严格控制）最相关的是高层领导者在自我报告中有关时间的分配。在管理更加严格的企业里，高层领导声称他们花了相当多的时间阅读组织内部的报告和备忘录，这倒合情合理。我们还发现，资源密集型的企业有着更为严格的控制文化。由于这些企业从原材料上获得的收益很小，所以这也是合乎情理的。

按此顺序，严格控制也与女性管理者和女性员工的比例相关。这可能是由以下原因造成的：在我们所研究的组织中，越是简单的、重复性的和文职人员的工作，越倾向于雇用女性。我们发现，在受教育程度较低的企业里，有着严格的控制文化。这让我们想起了第 3 章中的结论：文化程度较低的员工保持了较高的权力距离。在近期员工人数有所增加的企业，管理更为宽松；在员工人数减少的情况下，管理则更加严格。企业裁员显然与财政紧缩有关。最后，在控制不太严格的情况下，员工的缺勤率较低。缺勤显然是摆脱严格控制压力的一种方式。

我们发现了唯一一个外部数据与维度六（规范导向—务实导向）存在有意义的关联。样本中，私营企业更加务实，而公共机构（如警察局）则更加规范。

与文化相关的外部数据清单中缺少的是组织绩效的衡量标准。这并不意味着文化与绩效无关，只是我们的研究还没有找到恰当的衡量标准来比较不同的组织。

本节中描述的关系表明，组织的客观条件都伴随着其特殊的文化形态。这表明人们为了改变组织文化必须进行一些变革：例如，改变组织结构的某些方面，或者改变最高管理者的优先事项。我们将在本章最后回到这一点的讨论上。

IRIC研究的结论：维度与整体

IRIC 的研究得出了组织文化的六维模型，我们把它定位为对实践活动的共同认识，即符号、英雄和仪式。研究数据来自两个西北欧国家的 20 个部门，因此一个人不应该理所当然地认为同一模型适用于任何地方的任何组织。某些重要的组织类型，如与健康、福利、政府、军队有关的组织，不应该包含在内。[18] 我们不知道是否还可以在其他国家（地区）找到新的实践维度。然而我们相信，可以用一些实践维度来对组织文化进行有意义的描述，这一事实大概是普遍真理。此外，这些新维度可能往往与本章所述的六个维度类似，并且与其部分重叠。[19]

六维模型的地理和行业局限性意味着我们的问卷不适合进行重复性研究。对于结果的解释是一个比较的问题。我们用来计算维度分数的公式是为了比较 IRIC 研究中的 20 个部门，但在其他环境和时间里，这些公式就毫无意义了。新的研究应该选择自己的企业，制定自己的比较标准。研究人员应该再次开展跨组织访谈，在对组织有了整体性的认识后，撰写自己的问卷，以涵盖这些组织的实践活动中的重要差异。[20]

我们的维度描述了一个组织的文化，但它们不是硬性规定的：没有一个维度在本质上是好的或是坏的。在彼得斯和沃特曼的《追求卓越》一书中，他们列出了卓越企业的八项条件，并把它们视作标准。他们的书中指出只有一条最佳途径通向卓越，IRIC 的研究结果驳斥了这一点。在每一个案例中，什么是好的、什么是坏的取决于组织的发展方向，对某一目标来说是优势文化但也可能成为另一目标的劣势文化。在各维度量表中的位置或多或少是一个战略性的选择，因组织而异。对于从事服务业和生产私人定制的企业来说，客户导向（在维度六上偏向务实）非常重要。但是对于生产标准产品以便在激烈的价格竞争中存活的企业来说，客户导向就不那么必要甚至是有害的。

学生们对一个组织是包含文化还是组织本身就是文化进行了讨论。在 IRIC

研究课题的基础上，我们提出了“组织包含实践”。由于实践在组织文化中的重要作用，它在某种程度上被认为是可以管理的。我们看到，改变成年人的共享价值观极其困难，虽然也不是不可能。然而，集体的实践活动受到组织的结构和系统等组织特征方面的影响，它或多或少可以通过改变组织特征的方式来改变集体实践活动。尽管如此，正如案例所述，组织文化把组织整合在了一起，而整体性可以被认为就是组织本身。我们有时把组织与动物进行比较；HGBV 可以被描绘成一头大象（缓慢、体积庞大、自信），SAS 航站楼则像一只鹳（可靠、关怀、变动）。用动物来做比喻指出了整体变化的局限性——人们无法把大象训练成赛马，更不用说变成鹳了。

实践活动的变化代表了能够对整体产生影响的自由空间，正如动物可以学习某些活动而不失去其本质。由于文化的整体性，因而需要一名鼓舞人心的领导进行整合，以使这些结构和系统的变化对相关人员产生意义。如 SAS 案例所示，结果应该产生一个全新的具有凝聚力的文化范式。

管理组织文化

回到 20 世纪 80 年代，当霍夫斯泰德试图将组织文化研究项目出售给组织的高层时，他声称“组织文化代表了该组织的精神财富，它可以预测该组织 5 年内的物质财富”。我们现在看来，关键因素不是组织文化本身，而是（最高）管理层用组织文化来做什么。我们必须平衡以下四个方面（见图 10.2）。[21]

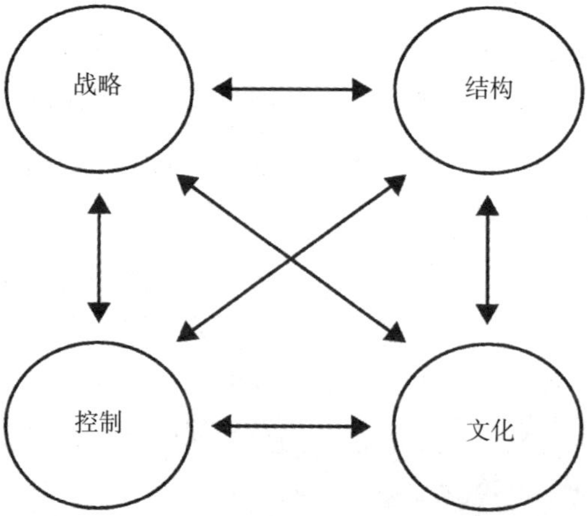

图 10.2　战略、结构、控制和文化的关系

一个组织的绩效应该根据其目标来衡量，而高层管理者的角色是将目标转化为战略—— 即使默认情况下这一切都是自由放任的。人们通过现有的结构和控制系统来贯彻和执行战略，其结果受到了组织文化的调节。这四个因素互相影响。

IRIC 的研究表明，只要对组织文化的定量研究不是作为孤立的技巧使用，而是将其整合进另一种广泛的方法论中，它们就是可行和有用的。在硬件和利润的世界里，分数使得组织文化差异清晰可见。由于差异变得可见，组织文化正在上升到管理层的优先事项清单中。

这种研究对于管理者、组织成员和商业顾问的实际用途如下。

（1）识别自己组织中的亚文化。如图 10.3 所示，组织可能根据不同层级进行文化上的划分：高层管理者、中 / 低层管理者、专业技术人员、办公室人员、车间人员。其他潜在的能带来内部文化划分的主体包括职能部门（如销售、生产与研究部门）、产品 / 市场部门、运营所在国、经历并购的组织（包括前并购伙伴）。我们遇到了合并后 20 年不同部门的文化差异仍然存在的情况（参见第 1 章）。并非所有这些潜在的划分都同等重要，但对于一个复杂组织的管理者和成员来说，了解其文化地图非常关键。但正如我们发现的那样，实际情况很少如此。

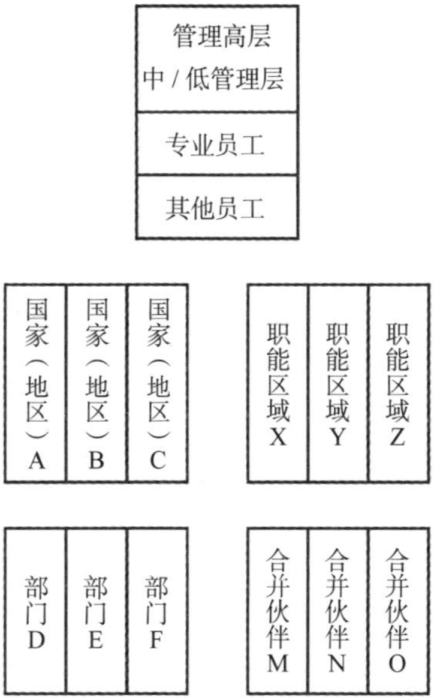

图 10.3 组织文化的潜在细分

（2）检验文化是否符合组织的未来战略。文化的限制决定了对于一个组织来说，哪些策略是可行的，哪些不可行。例如，如果一种文化非常规范，那么针对客户服务的竞争战略就没有太大的机会取得成功。

（3）在企业兼并和收购时，对合作伙伴之间潜在的文化冲突领域进行鉴定。它可以作为是否进行并购的决策依据，如果决策已经做出，它有助于使冲突最小化并保护其独特的文化财产。

（4）随着时间的推移衡量组织文化的发展，一年或多年后进行重复调查。这可以看出文化变革是否已经实现，以及上次调查之后发生的外部变化对文化的影响。

在实践中，一个人能够为组织文化做些什么？首先，这是组织高层的一项任务，或者至少要求高层全力支持。虽然文化是一个“软性”特征，但改变它需要“硬性”措施。结构变革可能意味着关闭某些部门，开设其他部门，合并或分割一些活动，地理上调动个人或 / 和小组。通常的惯例是，当人们作为个人被调动时，他们将适应新环境的文化；当人们作为团体的形式被调动时，他们会带来自己的团队文化。作为文化的一部分，群体中的人们已经发展出了相当稳定的互动方式，难以改变。改变意味着所有的人际关系都必须重新调整。但是，如果新任务或新环境迫使他们改变，则旧体制中不能适应的部分很可能因此而被清除。

流程变革意味着建立新的程序，消除或建立新的控制，实施或中断一些自动化行动，简化沟通或引入新的沟通渠道。一家大型化学制品企业希望进入更有利可图的特殊化学制品市场。只有在放弃了原有的细节性流程数据，并代之以检查交货时间和客户满意度，它才会取得成功。流程可以根据产出或投入进行控制。如果可能的话，前者更有效。特别是在公共部门的活动中，鉴于传统的预算方式，只要控制了投入，一般就能明确地界定出产出活动。

人员变革指的是新的雇佣和晋升政策。我们应该承认人力资源部门的守门人角色。人力资源经理无意识地维护了组织中的英雄模型，这些模型在新文化中可能需要改变。英雄可以是女英雄吗？戴耳环的人能得到提升吗？管理人员想要变革文化时首要考虑的往往是培训，但培训只有在结构、流程和人员变革（如 SAS 案例）确立之后，有了再培训的需要时才能发挥作用。没有硬性变革支持的培训项目通常只是口头承诺，只会浪费金钱。总体来说，我们应该始终对培训他人的建议保持怀疑的态度。培训只有在受训者希望接受培训时才有效。

在人们尝试进行文化变革时，新的符号往往受到大量关注。它们很容易被人们看到——新名字、标志、制服、标语和挂在墙上的肖像——这些都属于企业身份的流行范围。但符号只是文化的最表层。新的符号如果没有来自更深层次的基本变革的支持（英雄、仪式和主要领导者的价值观），就仅仅意味着哗众取宠，其影响也会很快消失。

自 20 世纪 90 年代以来，制定企业价值观成了许多国际公司风靡一时的做法。然而价值观一词的含义与我们在第 1 章中的定义完全不同。企业价值观是企业行为的理想原则的书面声明。它们属于意识形态，并不基于人们的感受或偏好。我们认为，大多数的企业价值观不过是虔诚的一厢情愿的想法，代表一位或多位高管的爱好。人们并不会因为高管所描述的或写下的企业文化所感动，重要的是他们是谁和他们做了什么。2001 年破产的美国安然公司臭名昭著，安然的企业价值观是专业水准和正直诚实。除非他们承认自己的行为，并且对那些不尊重企业价值观的人实施制裁，否则企业价值观就是一纸空谈。虚伪比沉默更糟糕。[22]

组织中的文化变革要求坚持不懈，并且得到高层的持续关注。如果这个过程是基于文化的视角开始诊断，那么经过一段时间，当预期的变革出现时再重复这个诊断是非常有效的。这种方式可以作为监控的开始：对实际发生的变化和预期的变化进行比较，并进一步修正。如果组织文化在某种程度上是可以管理的，那么这就是改变的方法。

我们将文化管理的主要步骤概括成了实用清单供读者使用。

- 是管理高层无法委派的任务。
- 对权力和专业知识有要求。
- 应该以组织的文化地图作为开始。
- 战略选择的要求：
  - — 现今的文化是否与组织战略相匹配？
  - — 如果不是，战略能否适应？
  - — 如果不能适应，需要文化的哪些方面做出改变？
  - — 这种改变是否可行——我们是否有人手？
  - — 从管理层关注和资金的角度来说，做这件事的成本有多高？
  - — 预期的收益是否超过成本？
  - — 变革实际上需要多长时间？

— 如果存在疑问，最好改变战略。

— 不同的亚文化可能需要不同的方法论。

- 创造组织内部变革推动者的网络：

— 包括所有层级上的关键人物。

— 如果关键人物开始做了，其他人会跟随。

— 能否绕过那些抵制变革者？

- 设计必要的结构变革：

— 开放或关闭一些部门。

— 整合或分割一些部门或任务。

— 是否调动个体或群体？

— 任务是否与才干相匹配？

- 设计必要的流程变革：

— 消除或建立一些控制。

— 建立自动化或消除自动化。

— 建立或切断一些沟通联系。

— 能否通过产出来取代投入控制？

- 修改人员政策：

— 重新考虑雇佣标准。

— 重新考虑晋升标准。

— 人力资源部门是否适应新的任务？

— 设计及时的工作轮换制度。

— 对培训他人的计划表示怀疑。

— 是否需要接受培训取决于受训者本人。

- 持续监督组织文化的发展：

— 坚持，持续关注。

— 定期重复文化诊断。

注释

[1] Hofstede, Neuijen, Ohayv & Sanders, 1990. 除案例外，本章的其余部分也在很大程度上依赖于本文。

[2] Deal & Kennedy, 1982; Peters & Waterman, 1982.

[3] Peters & Waterman, 1982, pp.75-76.

[4] 批评见如下文献。 Wilkins & Ouchi, 1983, p.477, Schein, 1985, p.315, Weick, 1985, p.385 and Saffold, 1988.

[5] Pagès, Bonetti, de Gaulejac & Descendre, 1979.

[6] 这在法国的组织中也很明显，如 Crozier（1964）和 Crozier 与 Friedberg（1977）的研究。

[7] 我们称作实践的词语也可以被称为惯例、风俗、习惯、习俗、传统、用法。它们被英国先驱人类学家 Edward Tylor 认为是文化的一部分："文化是一个复杂的整体，包括知识、信仰、艺术、道德、法律、风俗以及人类作为社会成员所获得的任何其他能力和习惯。"

[8] Harzing & Sorge, 2003.

[9] Carlzon, 1987.

[10] 霍桑效应意味着被选中进行实验的员工受到被选中的鼓舞，仅此一项就可以保证实验的成功。它以美国西部电气公司的 Hawthorne 工厂命名，Elton Mayo 教授在 20 世纪 20 年代和 30 年代在工作组织中进行了一系列经典实验。

[11] 对 20 个部门的 18（6×3）个问题的因子分析表明，它们解释部门之间平均得分方差的 86%。

[12] 文化强度在统计上可操作为平均标准偏差，在一个部门内的个体中，18 个关键实践问题的分数（每个维度三个）表明：低标准偏差意味着强大的文化。实际平均标准偏差在 0.87~1.08 之间变化，并且这些平均标准偏差与结果方向上的 20 个部门分数之间的等级相关系数为 –0.71 ***。

[13] Blake & Mouton, 1964.

[14] Merton, 1968[1949].

[15] 通过 40 个特征与六个维度的交叉，可以意外地发现 2 个或 3 个特征在 0.01 水平上显著相关，12 个在 0.05 水平上显著相关。事实上，在 0.01 水平及以上有 15 个有相关关系，在 0.05 水平有 28 个有相关关系。因此，只能解释所发现的一小部分关系。

[16] Pugh & Hickson, 1976.

[17] 相关系数为 0.78***。

[18] Sanders & van der Veen, 1998. 该文献记录了在 12 个国家（地区）的医院重症监护病房重新使用 IRIC 问卷进行的调查。企业文化沿着四个方面变化：IRIC 研究中的维度一、二和四加上安全性（高与低）的维度。根据企业内部的访谈，定制设计的调查问卷可能会产生额外的新的维度。

[19] 瑞士管理顾问 Cuno Pümpin 描述了一个七维模型，其中五个与 IRIC 项目中的模型类似（结果导向、员工导向、公司导向、成本导向和客户导向）。他的出版物没有解释这些维度是怎样发现的（Pümpin, 1984; Pümpin, Kobi and Wüthrich, 1985）。1985 年，Pradip Khandwalla 教授在印度的一项针对 75 个组织的管理人员的研究中，使用了与我们的“我工作的地方……”类似的五个调查问题，找到了与我们的过程导向—结果导向非常相似的第一个维度。

[20] Hofstede, Neuijen, Ohayv & Sanders, 1990. 该文章列出了用于计算 IRIC 研究中指数问题的内容。

[21] 这与麦肯锡咨询公司的 7-S 构架类似：结构、战略、系统、共享价值观、技能、风格和员工。Peters & Waterman, 1982, p.10.

[22] Van Nimwegen（2002）博士的研究分析了 19 个国家（地区）子公司中国际银行公司有关企业价值观的解释和影响的差异。他的文章是第 2 章引用的 IBM 研究的主要重复性研究之一。

PART

第 4 部分

04

启示

第11章

文化间的碰撞

英国大使在我们抵达前几天到达了德黑兰，国王对他进行了盛大且隆重的招待……王子和贵族们奉命赠送大使礼物。总原则是，大使及随从都是国王的客人。尽管皇室对此极其愤怒，但也只能对他们和颜悦色。

你们可能会认为，所有这些款待都足以使英国大使满意。但恰恰相反，当谈到宫廷礼仪这一主题时，烦恼接踵而来。这位大使顽固不化，相当棘手。首先，关于就座问题。在拜访国王的那天，他不愿坐在地上，而是坚持要了一把椅子，还把椅子放到了离王位远得不能再远的地方。其次，有关鞋子的问题。他坚持要穿鞋子，不愿赤脚走在路上。他甚至不穿我们的红布长袜。再次，关于帽子的问题。他坚持要脱帽向国王鞠躬，尽管我们向他保证说，头上不戴帽子是一种非常不合适的行为。最后，在服装款式上，我们又发生了一场最激烈的争执。起初，我们暗示他，会给他和随从们送一套合适的礼服（现在穿的这种衣服过于暴露）。他们穿上礼服会见国王会很合礼节，但这个建议遭到了他的嘲笑和拒绝。他说，他会以在自己君主面前的形象出现在波斯国王面前。

——詹姆斯·莫里尔（James Morier）《哈吉巴巴历险记》（*The Adventures of Hajji Baba of Ispahan*），1824 年，第 77 章

詹姆斯·莫里尔（1780—1849 年）是欧洲人，他写的《哈吉巴巴历险记》虽是一部小说，但莫里尔对里面的情节却相当了解。他在奥斯曼帝国出生并长大，是英国驻君士坦丁堡领事的儿子。后来，他担任了 7 年英国驻波斯（现在的伊朗）的外交官。当《哈吉巴巴历险记》被翻译成波斯语时，读者们都不相信这本书是

由一个外国人写的。“莫里尔的气质是一个理想的旅行者，对陌生的土地和人民有着惊人的兴趣并陶醉其中。他具有的幽默和同情心方面的天赋，使他能够理解与自己完全不同的人。”这段话引自1923年版的《哈吉巴巴历险记》。[1] 莫里尔显然会说土耳其语和波斯语。从实践的角度来看，他变成了多元文化者。

有意识与无意识的跨文化冲突

人类历史由文化群体之间的战争组成。约瑟夫•坎贝尔（Joseph Campbell，1904—1987年）是美国比较神话学方面的作家，他发现在无文字时代，人类的古老神话无一例外地不在肯定和美化战争。

领土扩张并不是发动战争的唯一理由。人类群体还找到了许多其他借口来集体攻击他人。抵抗外部敌人的威胁一直是维持内部凝聚力的最有效方式之一。第6章描述了许多文化的基本信仰是：“不同的东西是危险的。”种族主义假设一个群体天生比另一个群体更优越，并以此作为理由为维护这种优越性使用的暴力辩解。像种族隔离这样的极权主义意识形态强迫人们接受某些群体更好、某些更低劣的观念，而这些观念又可能变来变去。文化悲观论者甚至怀疑，人类在没有敌人的情况下是否还能存在。

一方面，除了在南斯拉夫的部分地区，欧洲似乎已经进入了一个发展阶段。在这个阶段，人类记忆中仍然相互斗争的国家现在自愿结成了一个建立在国家之上的联盟。另一方面，非洲却成了大规模斗争和种族屠杀的战场，有些战乱甚至能与由昔日殖民者发动的世界大战相比。[2] 一个建立在各国之上的行之有效的非洲联盟似乎还很遥远。

尽管文化和战争与和平的问题有很大关系，但战争与和平将不会成为本章的主题。它们代表了人类群体之间的“有意识的冲突”，但这个问题对于本书来说，太大了。本章的目的是考察跨文化交往中经常出现的无意识冲突，虽然没有人愿意发生这种冲突，但都深受其扰。这些冲突曾多次导致战争的爆发。然而，假设所有的战争都可以通过发展跨文化的交流技巧来避免，这未免过于天真了。

由于现代旅游和通信技术的发展，现代世界的跨文化交流以惊人的速度成倍增长。莫里尔所描述的发生在英国大使和伊朗朝臣之间的尴尬事件，如今就发生在普通游客和当地人之间、学校教师和移民学生的父母之间，以及试图建立跨国企业的商务人士之间。与莫里尔的描述相比，有一些误解更为微妙，实际上它们具有类似的根源。这些误解在现代外交官和 / 或政治领导人之间的谈判中仍然影响颇深。跨文化交流能力有助于谈判取得成功，进而影响一些重大的全球性问题的解决方案。避免无意识文化冲突是本章的主题。

文化震荡与文化适应

文化间的碰撞往往伴随着类似的心理和社会过程。其最简单的形式是外国人和新的文化环境之间的碰撞。

外国人通常会遇到某种形式的文化冲击。正如前面章节一遍又一遍阐述的，我们的心理软件包含基本的价值观。这些价值观在我们生命的早期获得，然后逐渐演变成一种自然而然的无意识行为。基于这些价值观之上的是我们的意识和文化的表面层次：仪式、英雄和符号（见图 1.2）。没有经验的外国人可以努力学习新环境的一些符号和仪式（日常用语、如何打招呼、什么时候带礼物等），但他们不可能认识到，更不用说感受到，位于更深层次的价值观。在某种程度上，外来的拜访者回到了婴儿的心理状态，在这种阶段下，他们必须再次学习最简单的事物。而这往往会带来痛苦、无助感和对新环境的敌意。个人的生理机能也常常受到影响。外派人士和移民在移居国外的短时间内，比之前或之后都更需要医疗帮助。[3]

居住在异国文化中的人们报告称，随着时间的推移，自己的情绪变化或多或少地类似于图 11.1 中所示的文化适应曲线。情绪（积极或消极）散落在纵轴上，时间点散落在横轴上。第一阶段是短暂的幸福期，也称蜜月期，此时人们充满了对旅行和新地方的兴奋感。第二阶段是文化震荡期，此时人们在新环境中开始了真正的生活，如上所述。第三阶段是文化适应期，来访者慢慢地在新的环境中开展工作，他们适应了某些当地的价值观，自信心开始增强并逐步融入新的社交网络。与家乡比较，一个人可能始终处在负面的状态中（4a）。例如，来访者持续感到格格不入和遭受歧视。这个人也可能和在家乡时一样好(4b),在这种情况下，这个人可以被认为是双重文化的适应者。最后，甚至可能出现比在家乡更好的情况（4c）。此时，来访者已经完全“本土化”了——他比罗马人更像罗马人。

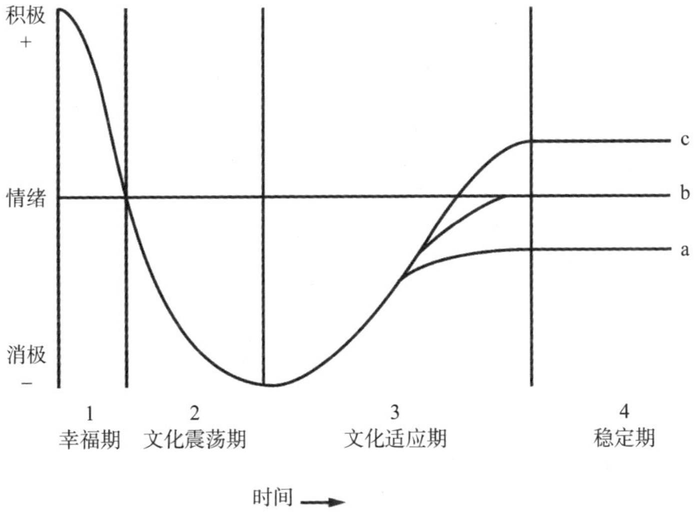

图 11.1　文化适应曲线

图 11.1 中的时间长度是可变的，它取决于外派时间的长短。参与过 3 个月短期任务的人们报告说他们经历了幸福期、文化震荡期和文化适应期这三个阶段，这可能是因为他们盼望着快点回家。对于需要在外工作若干年的长期任务，人们报告了在文化适应期到来之前，他们经历了一年甚至更长时间的文化震荡期。

伴随文化震荡而来的身体症状可能非常严重，以至于外派人员不得不提前终止任务。大多数跨国企业的外派人员有过此类经历。甚至还有一些外派人员自杀的案件发生。随行配偶的文化震荡问题，往往比外派人员本身的震荡问题更为常见，这似乎是他们提前回国的原因。毕竟，外派人员的工作环境使他们与祖国保持着文化上的联系。有一个美国妻子的故事，她的丈夫被分配到法国的尼斯——一个游客的天堂，她却把自己锁在公寓里，从不敢出门。

管理学文献中经常引用外派人员很高的提前返还率的数据。荷兰—澳大利亚研究人员安妮 - 威尔 • 哈尔津批判性地回顾了 30 多篇有关这一主题的文章，她提出了这样的观点 :“在相当长时间内的实证研究表明，外派工作失败是一个重要且持续存在的问题，在发达国家这一比率在 25%~40%，而发展中国家这一比例高达 70%。”我们试图查询这些数字的来源，但没有发现什么证据。加拿大的罗莎莉 • 唐（Rosalie Tung）教授进行了唯一可靠的跨国跨民族研究。她指出，在 20 世纪 70 年代后期，在跨文化培训变得非常普遍之前，日本和欧洲公司外派人员的提前返还率为 10%；美国公司的平均返还率在 13%~19%，个别公司报告的返还率在 20%~40%。如果我们假设人力资源管理人员正在努力解决这个问题，那么这种情况在随后的几年内可能会有所改善。外派人员返还率居高不下这个消息对跨文化顾问来说是件好事。他们可以因此出售外派培训，并以此使自己和他人确信其工作的重要性。不过这是个神话罢了。[4] 培训师的卖点是“返还率会因此降低”，但这不是外派人员的真正问题，真正的问题是：由于不能胜任或不敏感的外派人员逗留时间过长而造成的大量损失。

在难民和移民中，有一些人出现了严重的生理或精神疾病，还有的人自杀，或者因为严重想家而不得不提前返回。这些情况尤其在第一年经常发生。

成功完成文化适应后返回家乡的外派人员和移民，在原来的文化环境中会再次遇到文化震荡。有时回国的移民会发现他们不再适合原有的环境而再次移民，这次他们会永久地安顿下来。搬到另一个新的国外环境的外派人员会发现，文化震荡过程重新开始。显然，文化震荡归环境专属。每个新的文化环境都会带来新的震荡。

民族中心主义与崇洋媚外心理

在接待外国游客的本土环境中也有不同的标准反应类型。本土文化中的人们在接受外国游客时，通常会经历另一个心理反应周期。第一个阶段是好奇——有点像来访者的幸福期。如果游客留了下来并试图在东道国开展工作，那么就进入了第二阶段——民族中心主义。当地人将根据他们的文化标准对客人进行评估，这种评估往往对这些客人不利。如英国大使一样，他们也会被认为举止不雅、粗鲁无礼、天真又愚蠢。对于一个民族来说，民族中心主义就像个人的自我中心主义：把自己的小世界看作宇宙的中心。如果外国来访者很少，当地人可能会坚持他们的民族中心主义。如果经常接触外国来访者，当地人可能会进入第三阶段——多中心主义，他们承认不同类型的人应该用不同的标准衡量。有些人会根据这些外国人自己的标准来理解外国人，这是双文化或多文化的开始。[5]

正如我们在第 6 章中看到的那样，避免不确定性的文化将比接受不确定性的文化更抵制多中心主义。然而，文化中的个体在平均水平上存在差异。因此人们在不宽容的文化中，也可能会遇到宽容的主人，反之亦然。对不同类型的个体采用不同标准的倾向也可能变成崇洋媚外，即相信一切外国文化都更好，某些外国人很乐意证实这一观念。外派人员倾向于将家乡的回忆理想化。显然，民族中心主义和崇洋媚外心理都不是跨文化合作的健康基础。

群体间的碰撞：自我与异己刻板印象

群体间的文化碰撞比单个外国访客更能引发群体情绪。与大众的观点相反，群体间的文化碰撞不会自动产生相互理解。它通常只会加强人们对本群体标识的认同。另一群体的成员不被视作个体而是一种刻板印象，如所有中国人看起来都很像，所有的苏格兰人都很吝啬。与其他群体成员的异己刻板印象相比，自我刻板印象培养的是自己群体的成员。这种刻板印象甚至会影响我们对真实事件的看法：如果所在群体的成员攻击了另一个群体的成员，你可能会相信恰恰相反的事实而且会觉得这是你“亲眼所见”。

正如我们在第4章中谈到的那样，世界上大多数人都生活在集体主义社会中。他们一直紧密团结在自己的内群体当中，群体对他们提供保护。作为交换，他们对群体保持忠诚。在这样的社会里，具有不同文化背景的群体比来自同样文化背景的群体更被视为异己。跨越文化界线对集体主义社会进行整合的难度甚至比个人主义社会还要高。

建立不同文化群体成员之间的真正融合需要一种使这些人能够平等交流的环境。体育俱乐部、大学、工作组织和军队可以承担这一角色。一些族群文化可以培养具有特定技能的人，如水手或商人，而这些技能为他们融入更广的社会奠定了基础。

语言与幽默

在大多数跨文化交流中，双方都讲自己的母语。回顾历史，这个问题早已得到了解决。人们使用马来语、斯瓦希里语或越来越多的英语的派生词作为贸易语言沟通。贸易语言是原始语言的混合形式。现代世界的贸易语言可以被认为是商务混合英语的一种形式。语言导致文化上的误解。在IBM的一个国际培训项目中，培训师评估了学员们未来的职业潜力。随后长达8年对实际职业的后续研究表明，培训师一致高估了母语为英语的学员（课程语言），低估了母语是法语或意大利语的学员，对德语为母语的学员评价适中。[6]

使用贸易语言或混合语言进行沟通有时会受到限制，人们只能使用简化的语言来描绘事物。为了建立更加基本的跨文化理解，外国合作伙伴必须学会当地语言。用另一种语言表达自己意味着学习采用别人的参照框架。如果一个人不会说两种外语，我们怀疑他是否能成为双元文化者。[7] 尽管构成语言的词汇只是洋葱图上的符号（见图 1.2），这意味着它们属于文化的表层，但它们也是文化交流的沟通工具。此外，词汇是沟通的载体：我们的思想还受到语言中词汇分类的影响。[8] 许多词汇已从它们原有的语言移植到了其他语言中，因为它们代表了某些独特的含义，如代数（algebra）、管理（management）、计算机（computer）、种族隔离（apartheid）、男子气概（machismo）、（苏联经济与政治体制的）改革（perestroika）、艺妓（geisha）、桑拿（sauna）、世界观（Weltanschauung）、悲观厌世（Weltschmerz）、卡拉 OK（karaoke）、黑手党（mafia）、举止得体（savoir-vivre）。

可以用一门以上外语来表达自己的能力在各国间分布不均。像瑞士、比利时、新加坡、荷兰等较小、较富裕的国家的人们既得益于与外国人接触频繁，又受益于本国良好的教育体系，因此他们通晓多国语言。来自这些国家的组织在跨文化交流中具有战略优势，因为它们总能找到可以讲几国语言的人，而且会讲一门外语的人更容易学会其他语言。

矛盾的是，在与其他文化进行真正的沟通方面，一个人拥有世界贸易语言英语作为他的母语，是一种债务或责任，而不是资产。可惜，母语为英语的人们并不经常意识到这一点。他们就像那位来自美国堪萨斯州的众所周知的农民所说过的："如果耶稣基督都觉得使用英语足够好，对我来说也就足够了。"[9]

语言和文化并没有那么紧密的联系，分享语言并不意味着分享文化，而语言上的差异也未必能反映出文化价值观上的差异。在比利时，荷兰语和法语是两种主要的官方语言（还有一个较小的德语区）。荷兰语和法语地区在 IBM 研究的四个维度上的分数非常相似，并且两个地区的得分与法国类似，而与荷兰不同。这反映了比利时的历史：中上阶层习惯于使用法语，不论其祖先使用何种语言，他们采纳法国文化；弗拉芒地区的下等阶层使用荷兰语，无论其祖先使用何种语言，一旦他们上升到上层社会，就会顺应中产阶级的文化。IBM 的研究还包括了瑞士德语区和法语区的类似比较。在这种情况下，结果就有所不同：德语区的得分类似于德国，法语区的得分类似于法国。瑞士的历史发展不同于比利时：在瑞士，语言分布遵循各州（独立省份），而不是社会阶层结构。这也有助于理解为什么语言在比利时是一个热门的政治问题，而在瑞士不是。[10]

在尚未通晓语言的情况下，人们会错过许多文化中的微妙之处，并被迫成为一个相对意义上的局外人。其中一个微妙之处是幽默。被认为有趣的事物具有高度的文化特定性。许多欧洲人认为德国人没有幽默感，但这仅意味着他们有着不同的幽默感。在跨文化交流中，经验丰富的旅行者知道，笑话和讽刺是禁忌，除非你确信在其他文化中什么代表着幽默。

通信技术的影响

大众媒体通常认为，电视、电邮、互联网、移动电话和社交软件等通信技术可以将世界各地的人们聚集在一起，在这个地球村里文化差异变得不再重要。不过，技术将主导文化这种想法是一种幻觉。机器的软件可以全球化，但使用它们的心理软件可不是。

电子通信极大地增加了我们的可获信息量，但并没有增加我们吸收这些信息的能力，也没有改变我们的价值体系。作为用户，我们根据自己的价值观选择信息。就像我们的父母一样，我们阅读报纸和观看电视节目，我们期待它们呈现我们喜欢的观点。面对几乎无限量的电子信息，我们会再次挑选能够强化我们原有想法的报道。使用互联网的经验表明，人们多半用它来做自己本来就要做的事情，只是可能做得更多和更快。

通信技术增加了我们对国家之间和国家内部存在差异的意识。贫穷的人们，通过看电视了解了世界其他地方的人们的生活，希望他们能分享这世界的财富。一些享有特权的人们，因此知道了其他地方的痛苦和冲突，希望关闭他们的边界。许多独裁政府试图阻止外国的信息来源。即使像谷歌这样的大企业，也只能根据当地的禁忌，关闭了对不同国家的不同网站的访问。

总之，通信技术本身并不会减少对跨文化理解的需求。特别是互联网，它使得极端主义团体建立自己的内群体变得相当容易。他们远离主流社会，并往往对它异常敌视。如果明智地使用，通信技术可能会成为跨文化学习的工具。

旅游中的文化碰撞

旅游是文化碰撞最表层的形式。大众游客可能会在摩洛哥、巴厘岛或坎昆度过两周，却根本不会发现任何关于当地文化的信息。为游客工作的当地员工倒是学到了更多有关游客国家的文化，但关于游客在本国生活的起居信息将被他们高度扭曲。人们从其他群体中学到的只是符号层面的内容（见图 1.2）：文字、时尚、音乐等。

大众旅游对当地经济的影响可能有利也可能有弊。当地传统的收入来源往往被摧毁，旅游收入流向政府和外国投资者，因此当地居民可能遭受的损失远远超过其收益。环境的影响可能是灾难性的。从许多角度来看，旅游业的发展喜忧参半。

然而，旅游可以成为文化碰撞的起点。它打破了文化群体之间的隔阂，并让当地人意识到还存在另一些人和另一种生活方式。这些种在头脑中的种子可能会在日后逐渐成熟。一些游客开始了解他们访问过或想要再回去的国家的语言和历史。为了招揽生意，当地人开始学习游客的语言。貌似不可能成为朋友的人，正在以最不可能的方式发展个人友谊，从文化碰撞的角度来看，旅游业也许利大于弊。

学校中的文化碰撞

一位在北京外国语学院任教的美国老师在课堂上大喊："你们这些可爱的女孩，我爱你们。"据一名中国的观察员说，她的学生吓了一跳。一位在美国教书的意大利教授苦恼地抱怨说，学生们被要求对他的课程进行正式的评估。他不认为学生应该评判教授的质量。一位在非洲大学任教的印度讲师看到，一个学生连续六周在他的课堂上迟到，他不得不容忍这种行为，因为这位学生和院长来自同一个村子。学校中不同文化间的碰撞会导致许多混乱和困惑。[11]

学校中的文化碰撞大多有两种类型：当地教师与外国移民或难民学生之间；外派教师、外国专家、传教士与当地的学生之间。这些问题的根源来自学生与教师之间的价值观差异。在第 3~7 章中，我们描述了权力距离、个人主义、阳刚气质，不确定性规避及长期导向这些价值观维度对学校的影响。这些差异常常影响着教师与学生、学生与学生、教师与家长的关系。

由于语言是教学的载体，前面提到的语言在文化碰撞中的角色完全适用于教学情境。如果教师要用学生的语言教学，而不是学生必须用教师的语言学习，那么文化适应成功的可能性会更大。因为在学习的环境中，教师比任何一名学生都拥有更高的权威。

课程语言影响了学习过程。在法国的INSEAD国际商学院，霍夫斯泰德用法语向一个团体讲授管理课程，用英语向另一个团队讲授同样的课程。这两个小组都由不同国籍的人组成。用法语讨论案例引发了积极热烈的知识讨论，但几乎没有实践的结论。当用英语讨论同一个案例时，很快就会有人问道："那又怎么样？"整个班级的学习就更趋向于务实。两组都使用了相同的阅读材料，一部分法国作品被翻译成了英文，另一部分则相反。这两个小组都喜欢用自己母语编写的阅读材料，并抱怨翻译的作品"过于冗长和不必要，信息量微不足道，一两页纸就可以表达完了"。因此，法语班对英文翻译的评论与英语班对法语翻译的评论是一致的。然而，在一种语言中被认为有效的信息在翻译过程中不一定能保留下来。信息不仅仅是词汇：它还必须符合文化框架。带有文化韵味的翻译是一种被低估的艺术。

除了语言上的差异，文化碰撞中的学生和教师还包括认知能力上的差异。"我们的非洲工程师不像工程师那样思考，他们倾向于解决'症状'，而不是把设备看作一个系统。"英国培训经理这样说道，但他没有意识到自己的民族优越感。发展心理学家的基础研究表明，我们所学到的东西取决于我们成长的环境要求。一个人善于处理对他而言很重要的事情，而且他有许多机会去做这些事。霍夫斯泰德属于便携计算器还未推出时的一代人，他习惯于心算，而他的孙子们更倾向于使用计算器。学习能力，包括记忆的发展，都植根于社会的总体模式。在中国，汉字（对于一个文化程度适中的人，至少要掌握3 000个复杂的汉字）[12] 培养了儿童在模式识别方面的能力，但同时也强化了死记硬背的学习要求。

文化间碰撞引发的问题也源于外籍教师使用了不相关的材料。一位在布鲁塞尔学习的刚果朋友回忆说，她在卢本巴希上小学时，她的老师是一位比利时修女，她在历史课上让学生们背诵："我们的祖先，高卢人。"在对中国的访问教学期间，一位英国讲师一成不变地把他在英国讲的组织行为课程又重复了一遍。来自贫穷国家的学生在富裕国家大学里学习的许多东西与他们的国情无关。对一位未来的印度经理来说，美国股票市场的数学建模对他有什么用呢？用于培养工业化国家人才的技术知识并不一定能够帮助当前贫困国家的发展。

最后，跨文化的问题也可能基于社会体制的差异，这种差异产生了对教育过程和师生双方角色的不同期望。学生和教师来自什么类型的家庭？教育体系是精英还是反精英教育？一位在拉美国家访问的美国教授可能会认为她为该国的经济发展做出了贡献，但实际上，她只对精英特权的延续做出了贡献。企业雇主在教育系统中扮演什么角色？在瑞士和德国，进入工业或商业企业实习是一个可以替代大学教育的备选方案，它受到同等尊重，人们同样可以晋升到最高职位。但在其他欧洲国家情况就并非如此。政府和宗教团体扮演了什么角色？在一些国家（如法国、俄罗斯），政府对课程进行了详细规定；而在其他国家，教师可以自由界定自己的课程。在既存在私立学校又存在公立学校的国家，私立学校可能适合精英（如美国）或辍学者（如荷兰、瑞士）。学校的经费从哪里来？教师的薪酬如何？他们的社会地位如何？在中国，教师传统上受到尊重。在英国，教师的地位一直很低，但在德国和日本却很高。

少数民族、移民与难民

一个国家中哪些人被视为少数民族？这个问题取决于你对它的界定。它依赖于诸如人口分布、群体经济状况及各群体相互密切程度等硬指标。它还取决于文化价值观，尤其是不确定性规避和集体主义这两个维度加强了对于局外人的标签化。对少数民族的界定还取决于文化上的实践活动，即语言、人们感知到的身份归属和对于历史的解释。这些因素影响了大多数人的意识形态，有时候也影响了少数民族的意识形态，以及彼此之间的偏见和歧视的程度。少数民族的问题始终是多数族群的首要问题。

世界各地的少数民族群体多种多样，他们所处的社会地位也从底层到企业家或学术精英各有不同：

- 曾被移民者驱逐的原住民（如美洲土著、澳大利亚土著）。
- 由于经济、政治或种族等原因而成为移民或难民的后代（现在已成为各国如美国和澳大利亚等的主要人口）。
- 输入劳动力的后代（如美国黑人、西北欧的土耳其和地中海国家移民）。
- 前殖民地中的当地人（如英国的印度人和巴基斯坦人、法国的北非人）。
- 国际游牧民族（辛提人和罗姆人——吉卜赛人——他们生活在欧洲大部分地区，甚至海外）。

在许多国家，由于移民的增加，少数民族的数量很难界定。20 世纪下半叶，离开祖国前往陌生环境的人数在人类历史上比以往任何时候都多。个人和整个家庭都空降到了新的文化环境中，这些文化环境与他们的心理软件大不相同，但他们对此往往毫无准备。他们必须学习一种新的语言，但更大的问题是，他们必须在新文化中展开工作。

关于多数—少数族群关系的政治意识形态差异很大。种族主义者和极端主义者想关闭边界并驱逐现在的少数群体，或者更糟。作为文明政府，其政策处在两极的某一处。一极是同化，这意味着少数民族居民应该像其他人一样，尽快地失去其独特性，消除差异。另一极是整合，这意味着少数民族在被接纳为东道国社会的正式成员的同时，也鼓励他们保留与其根源的联系和其群体身份的标识。矛盾的是，实施整合的政策比旨在同化的政策更能促进少数民族更好和更快地适应当地社会。

移民和难民往往被认为是暂居者，最后却都留了下来。几乎所有的情况都是，他们从一个更传统的集体主义社会向更个人主义的社会移居。为了适应当地生活，在移民国家寻求同胞社区的支持非常重要，尤其对于孤身一人的移民来说。但即使这些移民携家带口也是如此。不管怎样，这个群体与他们所习惯的母国群体相比要小得多。维持移民社区与前面所述的整合理念相匹配。遗憾的是，东道国的政治家从个人主义价值观的角度出发，经常担心移民聚居区的形成并试图分散他们。他们误以为这样做会加速移民的适应。

移民和难民通常也会经历权力距离上的差异。东道国社会往往比移民的祖国更加平等。对这一点，移民既有积极也有消极的体会——对长者缺乏尊重，但更容易接近权威和教师，尽管他们起初并不相信这些权威。移民和东道国在阳刚气质—阴柔气质、不确定性规避的差异可能会偏向任何一边，因此对适应性问题的解决方案也要与特定的文化相匹配。

第一代移民家庭经历了典型的两难困境。在工作、商店、公共办公室、学校，他们与当地人交流，学习了一些当地人的做法，接触了当地的价值观。在家中，他们试图保持祖国的实践活动、价值观和关系模式。他们是两个世界的边缘人，每天都交替穿梭于两者之间。

到了第二代移民，孩子们在新的国家出生或很小的时候就被带出国了。他们从家庭和当地学校及社区中获得了两种相互冲突的心理软件。他们的价值观部分反映了祖国的文化，部分反映了新国家的文化。这种情况在个体、群体和东道国之间差异颇大。[13] 男孩们更多地忍受着边缘化。有些人受益于良好的教育机会而奇迹般地成功了，他们进入到专业化的工作领域中。其他人从父母的权威中逃避出来，从学校辍学并在街头帮派中寻求来自集体的保护。他们很可能成为东道国社会的新底层。女孩们通常适应得更好，尽管父母更担心她们。在学校里，即便大家不知道她们来自什么样的社会也会平等地对待她们。有时候父母会催促女孩跟他们的同胞赶快结婚以获取安全感。

然而，上述的许多问题都是过渡性的。第三代移民大多被东道国所接纳，具有东道国的价值观。只有一些细小的区分，如拥有祖国的姓氏和特殊的宗教和家庭传统。三代的适应过程在过去几代中也同样奏效。现代社会的人口不断增加，部分来自外国移民。

移民是成功融合，还是适应失败从而转成永久性少数民族，不仅取决于移民自己，也取决于东道国中的大多数人。经常与少数民族、移民和难民打交道的政府和社会机构可以在促进双方融合方面大有所为。他们是警察、社会工作者、医生、护士、人事官员、政府机关的办事职员和教师。出于文化原因，来自高权力距离、集体主义文化的移民可能比当地人更不相信这些权威。但是，教师可以因为他们的地位获得移民学生父母的尊重。他们应该邀请那些父母（特别是父亲）进行讨论。移民家长眼中的社交距离比大多数教师习惯的要大得多。遗憾的是，在任何东道国社会中，都有一小部分人（当地人、政治家、警察、记者、教师、邻居）受到民族优越感和种族主义的影响，对移民采取不确定性规避，认为“不同的东西是危险的”。他们使移民适应社会的问题进一步恶化。

在处理移民和难民的问题上，急需心理健康方面的专家。在对待健康和残疾问题的方式上，集体主义和个人主义社会也差别迥异。由于移民在文化适应上的高度压力，他们处于心理障碍问题的风险之中。由于文化原因，为东道国患者开发的精神治疗方法可能并不适用于移民。像澳大利亚这样拥有大量移民的国家将跨文化精神病学和跨文化临床心理学视为一个特殊领域。对于遭受战争或酷刑后遗症困扰的政治难民，也有专门的精神病学家和心理学家负责治疗。

不仅某些东道国居民有着应受谴责的种族主义和民族优越感，移民者本身有时也会对其他移民和当地人做出带有民族优越感和种族主义的行为。生活在一个陌生且不时充满敌意的环境中，移民可以说有更好的借口。有些人求助于宗教激进主义，虽然他们在祖国几乎没有任何宗教信仰。宗教激进主义在社会边缘群体中更加普遍，这些信仰宗教激进主义的移民是新的边缘群体。

跨文化谈判

无论是政治谈判还是商业谈判，无论是国际谈判还是国内谈判，它们都有一些共同的特征：

- 双方或多方存在（部分）利益冲突。
- 对协议的共同需求——从协议中可以得到预期的利益。
- 谈判之初，结局未定。
- 各方以沟通为手段。
- 基于谈判者与其上级和支持者的联系的控制结构和决策结构。

谈判的艺术是培训课程的热门主题，市面出版了许多该题材的书籍，人们甚至在电脑上模拟谈判过程。然而，理论和电脑模型常常使用来自西方社会有关谈判价值观和目标的假设，尤其是美国的假设。在国际谈判中，不同的参与者可能拥有不同的价值观和目标。[14]

国家文化将通过以下几种方式影响谈判进程：

- 权力距离会影响控制的集中化程度、决策的结构和谈判者地位的重要性。
- 集体主义会影响谈判者对于稳定关系的需求。在集体主义文化中，换掉一个人意味着需要花时间建立一种新的关系。在新关系的构建过程中，调解员（中间人）起着重要的作用。
- 阳刚气质的文化会催生自我吹嘘的行为、对强势行为的支持，以及以武力解决冲突的倾向。阴柔气质的文化更可能通过妥协来解决冲突，并争取达成共识。
- 不确定性规避会影响谈判者对模糊信息的容忍程度、当对手表现出不熟悉的行为时的信任程度，以及在谈判过程中对结构和仪式的需求。
- 长期导向会影响为实现目标而坚持不懈的精神，即使以牺牲为代价。
- 放任会影响谈判的气氛和议定书的严格性。

无论在哪个国家，其经验丰富的外交官通常都有着机敏灵活的职业素养。这些素养令他们在那些有着自主决定权的问题上，能够成功地与其他外交官进行谈判。然而，真正重要的问题通常由手握权力的政治家决定，而非外交官的才干能够左右。政治家通常为了国内目的发表声明，外交官负责向国外谈判者解释。留给外交官的自由决定权本身就是一种文化特征，因社会和政治制度而异。现代通信的发展进一步限制了外交官的自主权。莫里尔笔下的英国大使之所以有那么大的自主权，原因很简单：在那个时期与英格兰通信至少需要 3 个月。

在重大决策问题上，如果谈判者的地位等级是相称的，那么毫无疑问，国际谈判中的文化碰撞有助于避免无意识的冲突。这就是峰会论坛如此重要的原因——参与者有谈判的权力。遗憾的是，他们能够上升到当前的位置往往是因为他们与本国的价值观保持强烈一致。出于同样的原因，他们很难认识到其他人在根据不同的心理软件行事。值得信赖的外交部部长或大使既能倾听最高领导人的指示，又具有外交家的敏感度，他们是一个国家的宝贵财富。

国际常设组织如联合国、欧盟和北大西洋公约组织等都发展出了各自的组织文化，从而影响到自己圈子内的国际谈判。与外交官的职业文化相比，这些组织文化属于比较肤浅的实践活动层，他们只是共享符号和仪式，而不共享价值观。"传教式的"国际非政府组织是一些例外，如国际红十字会组织。

由此可见，国际谈判者的行为受到国家、职业和组织三个文化层面的影响。

商业谈判与政治谈判的不同之处在于，其参与者往往更加业余。专家可以为谈判准备内容，但如果谈判的另一方来自高权利距离的文化，那么正式会议上就需要有对等权力和地位的人参与谈判。国际谈判已经成为商业教育中的一个专门主题，希望未来的商务人士能够为此做好准备。下面我们将讨论跨国企业对外交家的需求。

跨国企业组织

如果文化间的碰撞如同人类一样古老，那么跨国企业的历史就如国家一样悠久。商学院教授卡尔•摩尔（Karl Moore）和历史学家大卫•路易斯（David Lewis）描述了公元前 1900 年到公元前 100 年来自地中海地区的 4 家跨国企业，它们分别由亚述人、腓尼基人、希腊人和罗马人经营。历史不能证明资本主义这一特殊形态是必需的，也不能证明它永远优于其他类型 [15]。

跨国企业的运作取决于文化间的交流与合作。第 9 章和第 10 章将共享价值观与国家（地区）文化联系起来，将共享实践活动与组织（企业）文化联系起来。跨国企业在海外遇到了不同的价值模式，但共同的实践活动（象征、英雄和仪式）将组织团结在了一起。

世界贸易中一个日益明显的趋势是，关税和技术的优势正在消退。它自动转变为各国在经济条件和文化优劣势条件方面的竞争。在国家（地区）文化的六个维度上，一个国家（地区）所处的位置既具有潜在的竞争优势，也存在劣势，表 11.1 总结如下。

表 11.1　国际竞争中不同文化的竞争优势

低权力距离 承担责任	**高权利距离** 纪律
弱不确定性规避 基础创新	**强不确定性规避** 精确
集体主义 员工承诺	**个人主义** 员工流动
阴柔气质 个人服务 客户定制产品 农业 食品 生物化学	**阳刚气质** 规模生产 效率 重工业 化学 天体化学
短期导向 快速适应	**长期导向** 开发新市场

表 11.1 表明，没有一个国家（地区）能够擅长所有的事情，文化上有优势的同时也包含着劣势。第 10 章在有关组织文化方面我们也得出了类似的结论。这强有力地表明了，在国家、地区和组织层面上，我们要在战略规划和活动定位中考虑文化因素，拥有文化特点是开展竞争所必需的条件。

国际营销、广告宣传与消费者行为

文化存在于众多产品的设计和质量当中，也表现在许多服务中。例如，空中客车公司（欧洲，主要是法国或德国）和波音公司（美国）在民用飞机驾驶舱的设计上存在差异。空中客车公司的设计原理是最大限度地减少来自飞行员的干扰，让其自行飞行；而波音公司则希望飞行员有着更多的自主权和人机互动。[16] 空中客车公司是不确定性规避文化设计的产物；而波音公司则尊重飞行员要有所掌控的需要。

1983 年，哈佛大学教授西奥多•莱维特（Theodore Levitt）发表了一篇名为《市场全球化》(*The Globalization of Markets*）的文章，他预测技术和现代化的发展将导致消费者的需求和愿望趋向全球一致。这能使全球公司以通用的市场营销和广告方案发展标准化的品牌。20 世纪 90 年代，市场营销文献中出现了越来越多的声音对这种一致性表示怀疑，并引用了霍夫斯泰德的文化指数来解释文化差异的持久性。[17] 第 4~8 章提供了充分的证据，表明消费者行为数据与文化维度指数显著相关，这些内容主要基于马瑞克 • 德 • 穆伊的研究。通过长期对全国消费者行为数据进行分析，与莱维特的预测相反，德 • 穆伊的研究结果显示 20 世纪 80 年代和 90 年代富裕国家的购买和消费模式差异颇大，一致性和个性化各占一半。富裕意味着更多的产品和服务可供选择，消费者的选择反映了心理和社会的影响。德 • 穆伊写道：

> 消费决策可以由功能或社会性的需求所驱动。服装满足了功能性需求，时尚满足社会性需求。一些个人护理产品为功能性需求服务，其他产品则为社会性需求服务。房子提供功能性需求，家庭提供社会性需求。文化影响了人们居住房子的类型、人们与家庭的关系以及对待家庭的方式。汽车满足功能性需求，但汽车的类型则反映了大多数人的社会性需求。社会性需求受到文化上的约束。[18]

从文化指数来看，不确定性规避和阳刚气质最为抵制一致性的趋势：不确定性规避在很大程度上独立于财富，而阳刚气质彻底独立于财富，也就是说，不受其影响。不确定性规避代表人们对纯净度和专业知识需求的差异；阳刚与阴柔气质解释了人们对成功（作为地位的一部分）的需求的差异，它导致了不同国家对于产品（作为地位象征）的吸引力存在差异。它还解释了男性和女性在购物和家庭决策中的角色。[19] 这些差异往往被全球导向的市场营销人员所忽略，他们假设自己在这些维度上的文化选择是全球通用的。

20 世纪 90 年代有关广告学的文献越来越关注文化差异的必要性。德 • 穆伊在 11 个国家的 3 400 多个电视广告的基础上，区分了各国与其文化相关的特定广告风格。例如，单人画面很少出现在集体主义文化中（如果没有人跟这个人在一起，那么这个产品肯定很差）。母亲和女儿之间的谈话是电视节目中的一个主题，无论是在高权力距离的文化中还是在低权力距离的文化中都会出现这个画面，但是高权力距离的文化中是母亲给女儿建议，而低权力距离的文化中则是女儿劝导母亲。[20]

学习跨文化沟通

获得跨文化沟通能力要经历三个阶段：觉察、了解和掌握。觉察是一切的开端：鉴于我成长的方式，我承认自己携带着一种特定的心理软件。同样，其他人在不同的环境中成长，他们也有着不同的心理软件。

了解紧跟着觉察。如果我们必须与其他文化互动，我们必须了解这些文化。我们应该学习这些文化中的符号、英雄和仪式。虽然我们可能永远不会分享他们的价值观，但我们至少应该理解他们的价值观与我们的有所不同。

掌握基于觉察、知识和实践。我们必须辨别和应用其他文化中的符号，认出他们的英雄，实践他们的仪式活动。在新环境中体验与人打交道的满足感，能够循序渐进地解决生活中的难题等。

跨文化沟通是可以学习的。对这方面的学习，有些学生比其他学生更有天赋。至于那些过度自我膨胀的人、对不确定性容忍度低的人、情绪不稳定的人、种族主义者或在政治上有极左或极右倾向的人，对他们进行培训失败的风险很大。毕竟，跨文化培训假定人们有能力从坚定的信念中抽离出来。无论如何，这些人都不适合外派。如果一个家庭将被外派，确保配偶和子女的情绪稳定是明智的做法。

有两种类型的跨文化沟通课程。一类传统的培训课程注重学习其他文化中的具体知识，它又称作外派情况概述。另一类课程侧重于对文化差异的觉察及文化差异的一般性知识。觉察培训侧重于关注自己的心理软件与他人相比有何不同。所教的知识和技能并不具体针对某个外派国，而是适用于所有外国文化环境。它并不处理如何在其他国家生活的问题，而是解决如何工作，以及如何完成任务。除了即将进行外派的人员，其配偶也可以参加此课程，毕竟在文化震荡期间拥有一名善解人意的配偶是一笔宝贵的财富。[21]除此之外，外派人员的总部老板、与外派人员沟通的人事专家也必须参加培训。过去的经验告诉我们，外派人员的首要问题是得到总部的理解和支持，与他们保持联系的前线人员需要获得同样的文化敏感度。

借用美国咨询专家保罗•B. 佩德森的点子和霍夫斯泰德的五维模型，格特•扬•霍夫斯泰德开发了一套探索文化多样性的群体培训方法。这种方法不仅适用于不同的参与者，也适用于广泛的实际应用。它要求参与者从 10 种合成文化即五个文化维度处于两极的“纯粹”文化（放任—克制除外）中任选一种。然后参与者在问题解决的模拟情境中进行该文化的角色扮演。他们从各自的经验中学习，在“安全”的环境中发展出跨文化技能。[22]

培养跨文化的理解力：给父母的建议

如果人们可以从世界上所有的文化习俗中挑一个出来，如自己认为最好的，那么人们就会查看所有的习俗，最后选择自己偏爱的。人们确信自己的习俗远比其他民族的习俗优越。

——希罗多德（Herodotus），《历史》（*The Histories*），公元前 420 年[23]

……与世界上其他任何民族相比，英国人的特色就在于没有什么特色。

——大卫·休谟（David Hume），《哲学作品集》（*Essay XXI*），1742 年[24]

德国人生活在德国，罗马人生活在罗马，土耳其人生活在土耳其，而英国人生活在自己家里。

——格林（J.H.Goring），选自一首摇篮曲，1909 年[25]

借用以上引文，本书所传递的信息是：我们每个人都像休谟和格林笔下的英国人。每个人都透过自己家的窗户看世界，每个人都希望表现得与别国人有所不同（国家性格），但是自己国家的规范才是衡量的标准。遗憾的是，在文化问题上没有标准答案或立场。这个消息令人感到不适，就如 17 世纪伽利略宣称地球不是宇宙的中心一样令人不适。

在多元文化世界里生存的基本技能是，正如本书中论证过的：首先要理解自己的文化价值观，然后要理解合作方的文化价值观。作为家长，我们在为未来世界公民创造多元的文化理解方面比任何其他角色都更有影响力。价值观主要在儿童 10 岁前获得，他们通过观察和模仿成年人及年长的孩子进行学习，而不是通过灌输的方式。父母在自身文化中的生活方式为孩子提供了文化标识。父母对其他文化背景的人和团体说话和行为的方式，决定了孩子对跨文化理解的眼界是否开阔。

对孩子来说，能在双语文化的环境中成长是一笔财富。例如，拥有来自不同国籍的父母，在童年时期就定居国外，抑或在国外的学校上学。不过，这种双元文化是否真的是一笔资产还是一种负担，取决于父母自身应对双元文化时的能力。结交外国朋友，接触不同的语言，随父母一起旅行以激发孩子对外国的兴趣，这些都是明确的资产（绝对有利的条件或看得见的资产）。学习一门以上的外语是多元文化理解教育的一个独特成分。当然，这假设外语教学是有效的：因为学校里的很多语言课程都是在浪费时间。外语教育应该强调全方位地沉浸其中，人们为了切实的目的必须使用外语。对于少数民族或小国的孩子来说，成为真正的双语者或多种语言者是他们的优势之一。大国的孩子就更困难一些，除非这个国家本身就说多种语言，如印度。

全球性的挑战呼吁跨文化合作

今天的人类面临着一系列人为灾难的威胁：与祖先经常遇到的自然灾害不同的是，我们如今更多面对的是文化灾难。

这些灾害出现的共同原因是：人口数量的增长已经超出了地球所能承受的范围。虽然人类变得越来越聪明，技术的发展也日新月异，可我们对自己的了解却仍然十分天真。我们的心理软件已经无法适应自己在近几个世纪创造出的新环境。走向生存的唯一途径就是更好地了解作为社会产物的自我，这样我们就能对技术上的聪明才智加以控制，而不是破坏性地使用它们。在这种情况下，跨文化合作已成为人类生存的首要条件。

本书介绍了一些富有价值的世界性问题。这其中有经济问题，如国际经济的合作与竞争、国家之间和本国内部的财富分配；也有技术问题，如在过去，新技术一旦问世可以马上投入应用。现在不再是这种情况了，人们需要决定有能力制造的东西是否应该被制造出来。如果是的话，应该采取哪些预防措施。这些决定应当在世界范围内达成共识，如果某些国家、团体或个人不尊重这项决定或预防措施，就应该强制它们执行。世界人口增长、经济发展和技术发展这些因素综合起来对世界生态系统的影响，并不太为人所知。应对这些问题需要全球范围内的研究和政治决策，需要在国家利益和文化价值观相冲突的领域中进行研究和决策。是否应该为了下一代的利益而牺牲今天的利益，政治家们必须对此做出决策。而他们主要关注的却是明年是否能继续连任或明天是否能在权力斗争中获胜。此外，这种牺牲可能发生在世界的其他地方，而不在主要的受益者那里。

上面描述的这种趋势是对整个人类的威胁。它们代表着未来我们共同的敌人。共同的敌人是使不同价值观和有利益冲突的领袖及团体合作的最有效方式。也许当威胁迫在眉睫之时，它会迫使我们形成空前的全球跨文化合作。

注释

[1] Morier, 1923[1824]. 该文的引用来自第 434~435 页。

[2] Van der Veen, 2002.

[3] Ward, Bochner & Furnham, 2001. 请参阅其中有关文化震荡的评论。

[4] Harzing, 1995, 2001; Tung, 1982, pp.57-71.

[5] 美国教授 Howard V. Perlmutter 将跨国商业公司的发展过程分为了以种族为中心、多中心和以地理为中心三个阶段。就东道主而言，它们不太可能变成“以地理为中心”——废除所有国家（地区）特定的标准。

[6] Hofstede, 1994, Chapter 15.

[7] Peterson & Pike, 2002.

[8] 在文化人类学中，我们的思想受到我们的语言的影响的现象被称为 Sapir-Whorf 定理，它由 Edward Sapir 和 Benjamin Lee Whorf 提出。

[9] 归因于 Henry Louis Mencken（1880—1956 年），一位美国评论家和讽刺作家。

[10] *Culture's Consequences*, 2001, pp.63-65.

[11] Hofstede, 1986.

[12] 中国台湾地区、香港地区和澳门地区使用繁体字，其中一个字最多可达 23 个笔画。中国大陆地区和新加坡使用简体字，但这对非中国人来说仍然相当复杂。

[13] *Culture's Consequences,* 2001, pp.430-431 plus notes.

[14] Sebenius, 2002. 有关案例，请参考该文献。

[15] Moore & Lewis, 1999, p.278.

[16] Sherman, Helmreich & Merritt, 1997.

[17] E.g. Lord & Ranft, 2000; Lynch & Beck, 2001; for a review see *Culture's Consequences*, 2001, p.448 and notes.

[18] De Mooij, 1998, pp.58-59.

[19] De Mooij, 1998, p.57.

[20] De Mooij, 2010, Chapter 9.

[21] 来自加拿大的 Nancy Adler 教授专注于针对行政配偶的角色的研究，并制作了与配偶面谈的视频。Adler, 1991.

[22] Hofstede, Pedersen & Hofstede, 2002.

[23] Herodotus, *The Histories*, 1997 edition. Book 3 (Thalia), entry 38, p.243.

[24] Hume, 1882[1742], p.252.

[25] "*The Ballad of Lale Laloo and Other Rhymes*," quoted by Renier, 1931.

第12章

文化演进

千万不要忘记，虽然道德的高标准几乎不给予一个部落中的每个个体及其子女超出同一部落中其他人的优势，然而天资聪颖的人增多和道德标准的进步，定然给一个部落带来相对于其他部落群体的巨大优势。一个部落中有很多成员，因为具有高度爱国主义精神、高度忠诚、高度服从、英勇无畏并富有同情心，随时准备互施援手和为公益而自我牺牲，这样的部落将会战胜大多数其他部落，这就是自然选择。

——查尔斯•达尔文（Charles Darwin），《人类的由来》（*The Descent of Man*），1874 年

最近在印度尼西亚弗洛里斯群岛发现的弗洛里斯（又被称为“霍比特人”）化石引起了轰动。这些化石属于直立人的后裔，人们曾经相信，直立人已经在一百万年前灭绝了。但是这些化石仅有大约一万八千年的历史，并且弗洛瑞斯岛的居民至今仍在讲述关于“森林人”的传奇。其实，人类的史前史并不久远。我们当中的很多人可能并不想知道，但是我们的基因和行为方式中保留有猿猴和古人类的痕迹。[1] 我们是如何穿越这许多个世纪，集旧式哺乳动物特质和新的具有象征意义的特质于一身，成为我们现在这样的生命的？

尽管内群体和外群体的逻辑理论强烈促使我们相信有一种神性光辉使我们有别于那些猿猴，但是并不存在一个神奇的时间点，让我们自此成为我们自己。相反，是一个共同进化的渐进过程，改变了我们的本质和我们的文化。灵长类动物学家记录了下述事实：就使用工具和狩猎活动而言，不同的黑猩猩群体有不同的文化。我们的祖先也是如此。我们的文化心理是我们这个物种的历史形成的。在过去的几百万年里（是的，数百万年），我们经历了一个不断加速的文化演进过程，

这个过程与历史悠久的基因演进齐头并进，其重要性与日俱增。如今，文化能力已经成为生物学中一项至关重要的因素。在过去的数万年里，人类文化以类似自然界物种演变的方式实现了多样化，只是速度更快。文化已经成为人类文明建设的依托。现今，我们可以相当和平地在一些巨大的、一般化的群体中生活。这要将我们引向何方？作为最终的关切事项，第 12 章将展望现今和未来的文化演进。

简而言之，本章将会阐述一些通常归入哲学的问题：我们是谁？我们从哪里来，向何处去？讨论采取的视角涉及生物演进，我们认为，文化演进是生物演进不可分割的一部分。这是一种归一法：将那些通常“各自为营”的观点归并起来。[2] 这一角度，对生物学、哲学、历史学、社会科学及实践观点加以调和。其代价是，这一宏大视角，尚不能从本书大部分内容所依托的实证证据获得支撑。证据分散在不同时间和各个学科之中。本章的注释为感兴趣的读者提供指引，引导他们就本章涉及的一些主题进行延伸阅读。为了简洁起见，现在的版本忽略了关于进化的大部分史前和生物细节。有关这部分内容我们可以参考 2010 年出版的英文原版。

乘时光机穿越历史

下面我们借助时光机观照人类的演进。时光机从五百万年之前启程，当它接近现代的时候，将会减速，而变化则会加速。因此，观点在不断发生快速变化。在过去的百万年的时间里，部落或社会的适者生存比个体的适者生存更为重要。这是 19 世纪英国自然选择和进化论先驱达尔文，在本章的开篇引语中表达的观点。随着历史的发展，人类变得对彼此更加友好，也对更多的人更为友好。因而，美国进化论学者大卫 • 斯隆 • 威尔逊（David Sloan Wilson）提出：

> 当族群之间的进化选择压力支配了群内的选择时，就会进入重大进化过渡过程，而这个族群会逐渐成为一个新的、更高级的有机体，产生细致的分工和极其复杂的相互依存。[3]

这个过渡现在正发生在人类身上，推动了进化的异常加速，而我们则身处其中。黑猩猩、倭黑猩猩和大猩猩聪明得出人意料，经过耳濡目染，它们可以学会使用符号。但是它们不能自己组织一个庞大的一般化社会。人类从类人猿时代迄今，在进化方面最大的飞跃是社会的飞跃。

在乘时光机旅行的过程中，道德圈的历史将是一个关注点。直到不久之前，生存面临的主要威胁是自然造成的威胁、必须通过聪明、协调的行动，并常常通过迁徙，躲避严寒、酷暑和捕食者。缺衣少食是危及生存的另一个敌人，需要寻找饮食，与之对抗，这同样需要智慧与合作。太小的繁衍单位岌岌可危，因为它们会导致基因的近亲繁殖，并失去恢复力。这样的威胁无疑会强烈驱使人类扩大繁殖单位，因为那些与世隔绝的繁衍单位往往会灭绝。近来，地球上的人口越来越稠密，带来了另一种不同形式的危机：传染病、资源枯竭、经济和军事战争是人类造成的主要威胁。总之，人类群体面临的主要挑战，使良好的合作技巧具有了存亡攸关的价值。反过来，这驱动了作为建立和维护道德圈的一种机制的文化演进。

五百万年至一百万年以前：孤独星球

曾有百万年，我们的祖先以数十人结群而居的方式生活，狩猎、采集，或者身兼两职。大约在五百万年之前，我们的祖先这一支，与黑猩猩、倭黑猩猩及大猩猩分离，这些原始人类开始离开森林前往热带草原栖居。这个过渡使得用两条腿走路更为合适，因为这样更容易看到高草中的猎物和猛兽。一旦直立行走，我们的祖先就能够使用两只手搬运东西，这是他们在进化中迈出的很有用的一步，在二百六十万年之前冰河时代来临时，没有退化。这个时期早期的气候相对较为平稳，水量丰沛，气候温和，有利于他们逐渐褪去体毛并获得排汗能力。

在此期间，古人类的人口总数一直没有急剧增长，或许有数万，都生活在非洲，被猎杀他们或他们猎杀的动物包围着。是否有比一百八十万年前的直立人更古老的人类从事狩猎活动，尚无定论。但是如今的黑猩猩们能够群体狩猎，这一事实说明早期的古人类也可能做过这样的事。无论如何，所有的非洲动物，不是走向灭绝，就是和猎捕者共同进化，变得难以捕获。这些族群之间很可能相互交换年轻女性，就像现在的大猩猩、黑猩猩和倭黑猩猩的做法一样。[4] 事实上，在现今大多数社会中，妻子是被“给出去”的，搬到婆家居住并有了新的名字，而丈夫则不是。

大部分祖先群体可能还参与由男性群体挑起的领土边界冲突。体力、疾病后的恢复力及采取协调合作行动的能力，都是决定这些行动成败的因素。较大的族群会吞并小族群，有时候是通过杀死成年男性和儿童并抢夺女性来实现的。当有抱负的领袖带领群体内一部分成员离开原族群时，强大的族群就会分裂。[5]

我们的祖先之间的分分合合及交换女性，往往促进群体之间的基因相似性和文化差异，而不是动物界常见的基因分化和物种形成。到目前为止，这些证据表明：在几百万年之前，一些彼此隔绝的古人类族群生活在如今的非洲大陆。此后许多世系灭绝。

大约从一百八十万年之前开始，人类的脑容量开始快速的增长。这个发展很可能与交流技能和心理学家所谓的“心智理论”的完善有关联。心智理论是对他人的信仰、欲望和意图的理解水平。今天的人类可以理解五层心理深度的表达，例如，“我相信你认为他希望她对他的困境幸灾乐祸”。心智理论对于在当今复杂社会中维护的道德圈非常重要。

关于这一时期，人们仍有诸多猜测。例如，古人类多久之后离开非洲，以及先后离开的时间差。直立人的祖先在一百八十万年前可能已经离开非洲，并在几十万年后产生了海德堡人。海德堡人后来进化成欧洲的尼安德特人，但在亚洲，这类人仍被称作直立人。在这一时期的大部分时间里，撒哈拉地区环境恶劣，加上海洋阻隔，阻止了人类移居其他大陆。我们的祖先在最近才离开非洲。我们在下一节再谈论他们。

在五百万年前世界上所有猿类物种和亚种中，只有我们的祖先兴旺起来，其他种群存活下来的甚少。文化并非人类独有。荷兰裔美国灵长类动物学家弗兰斯·德·瓦尔（Frans de Waal）展示了不同种的猿类以不同行为方式维护它们的道德圈。[6] 群内的团结总是与群外的暴力相匹配，但是这种均衡在不同物种之间大相径庭：雄性黑猩猩会成群攻击临近的部落，而倭黑猩猩在部落间有类似遭遇时，最多不过是身体有些僵直，此外没有其他非和平之举。很可能是随着基因变化，形形色色的人类文化古已有之。

一百万年至四万年以前：冰与火

大约一百万年之前，冰川期盛行，最近的一次冰川期出现在十万年之前，现在的我们仍处于这个时期中间，享受着一个温暖的间隔期。即使在较短的以数百年计的时间段内，气候也有过很多起伏变化，并且仍在变化。非洲大陆曾经在何种程度上被冰雪覆盖，还不能够确定，但很显然，那里的气候也发生过起伏变化。我们移徙的祖先使用简单工具已有至少一百万年了，他们很可能已经掌握了用火的技巧，只是我们无法确定，因为寻找使用火的化石证据比寻找石器的证据要难得多。火必定能使他们不受猛兽袭扰，相对安全地花时间进行专业化活动和交流。烹饪食物能够让祖先获取更多的营养，这一裨益有助于更大的族群生存下来。当他们聚集在火的周围时，可能已经发明并且逐渐完善了纵声欢笑、载歌载舞的技能，以此增进群体的和谐气氛。在气候变化无常、严冬每隔一个世纪就笼罩大地的时候，掌握生火的技能非常有用。在严寒肆虐时，人们除了生火取暖，或许也开始使用动物的皮毛，作为最基本的御寒衣料。我们身上的虱子和头上的虱子相类似，但它们与阴虱不太一样。身上的虱子在有柔软细毛的反穿的动物皮毛中生长，而不是在粗糙的体毛中寄生。[7]

那时候的人们会将死去的人下葬，但是他们并没有引人注目的创造技能。简单的手斧和刮刀便是他们最先进的技术。尽管如此，他们仍设法在各种各样的环境中生存下来，有些甚至是在冰川期的恶劣环境下生存下来。所以，他们必定已经相当聪明，并且很善于协作。

古人类学家一致认为，在这一时期，我们的祖先生活在由数十人组成的基干小群体中，他们定期地集结成包含数百人的较大的二级群体，采集食物，或者在食物丰饶时，有数千人。[8] 二级群体是文化和繁衍的单位。基干群体很小，全年都能找到食物。二级群体有足够大的规模，能够保持基因的变化，并能够缓和男女出生率的波动。二级群体还能够与其他文化群体相抗衡，或者与他们进行基因、物质交换，而这可能通过自愿迁移、掠夺、偷盗女性和儿童，或者容忍外来单身年轻人来实现。和基因一样，发明创造也以此种方式传播。这种传播仍然非常缓慢，其中良好的基因突变非常罕见。因为它们的发生率与总人口成比例，而总人口大约有几十万人。

全世界的现代人类都是从大约七万年前开始并在大约四万年前加速走出非洲的移徙者的后裔，从那时以来，除了智人，所有的物种都灭绝了。今天，非洲大陆的人类基因最为多变，证明构成非洲大陆以外人口的早期人类群体规模很小。

四万年到一万年以前：创造性火花与灭绝

从八万年前的南非和三万两千年前的欧洲开始，我们的祖先开始显现出远比以前更为丰富的艺术才能和技术创新能力。这之后一个时期被称为奥瑞纳文化期，因为在当今的法国奥瑞纳，发现了描绘多种动物的艺术岩洞绘画遗址。最古老的风情万种的女性雕塑，如最近被发现的“维纶多尔夫的维纳斯”，都是来自那个时期。那时候的人们也开始捕猎较为危险的动物。但是他们是否也主动攻击自己的近亲还无法确定。无论如何，尼安德特人和直立人后裔在三万年之前都灭绝了，前者生活在如今的西班牙，后者生活在印度尼西亚的弗洛里斯岛。

根据遗传学家格雷戈里•柯克伦（Gregory Cochran）和亨利•哈本丁（Henry Harpending）的研究，[9]尼安德特人和智人很可能混合了基因。当智人追随着尼安德特人的脚步离开非洲后，两个族群就相遇了。尼安德特人专门捕猎大型动物，并可能具备合作技能，这让智人从中获益良多。智人在和尼安德特人的竞争中胜出，可能是因为有更先进的技术、更强的语言能力、与远方的他者有更多贸易，或者也许是因为抵御疾病的能力。贸易和疾病之间也可能存在关联。智人可以进行远距离贸易，而尼安德特人从未这样做过。[10]贸易首先导致传染病，进而导致抗病能力的扩散。

人类的数量大幅增加，迁移至各个大洲。人口迁徙潮与其他物种的灭绝之间也存在某种联系。欧亚长毛象在人类化石出现的地方灭绝。在美洲，迁入的人类很快就使得当地的大型哺乳动物灭绝，如性情温和的大树懒。智人开始将地球据为己有。

人口的增长意味着基因优化的机会成比例增加。随之，基因进化的速度也加快。同时我们的社会和智能已经发展到很高的水平，足以促使文化演进展翅腾飞：艺术、科技和狩猎技术开始以越来越快的速度发生变革。文化成了一个日益显要的进化机制。人们生活在小规模、平均主义族群中，这些族群彼此之间交换物品，但是局限在规模不大的世界人口范围内，他们没有见过高不可攀、令人敬畏的头领。有丰富的自然资源，有蛋白质丰富的优质食物，不时也有新的发现，这或许是令我们的祖先相当满意的一个时期。女性小雕像展现出了丰盈的乳房和生殖器官，表明了族群对大地母亲的崇拜。它们明确地表明了人们对人体持宽松开放的态度。

这些狩猎—采集者族群有什么样的文化呢？文化价值不会留下化石，不可避免地要依靠猜测。例如，一个由30名狩猎—采集者组成的族群必须不断迁徙，每个人都必须走路和帮助搬运东西。它还必须实行民主。这个群体不够大，不会出现一个拥有军队和秘密警察的独裁者。它几乎没有自己的财产——世界上大部分物品都是该群体几乎没有控制权的共有之物。为了获得食物，每个人都需要做出贡献。人类的消化系统需要各种各样的食物，采集活动在大部分时间里为大多数人口提供了大部分营养。采集果实、叶子、种子、根、幼虫或卵，需要人类记住地形。捕捉一些不危险的动物，如用网捕鱼，与采集活动相似，但是可能需要群体合作。聪明的捕猎技术，如把猎物驱赶坠崖或用火将其驱赶到埋伏区域，可以降低捕猎的危险性。捕捉大型危险动物充满风险，这类技术可能已经更多地被用作促进紧密关系的仪式，或者当作防御手段，而不是提供营养。捕猎大型猎物需要有周密的协作计划、相互支持和对突发状况的随机应变。

性别的角色可能灵活转换，这取决于生活中的危险。有时候一些族群因缺少足够数量的男性，因而需要女性协助进行狩猎活动，而后这种接纳形式有可能变成一种传统。特别是因为狩猎很费力，而且并不总是能够成功，因此这种成功可以提供一个参与社会的机会，并营造良好的感觉。成功的狩猎不仅会带来许多食物，还需要整个群体进一步付出艰辛，来准备肉食、加工皮毛。鉴于食物无法储存，显然需要共同分享。只有一些危险活动，如与其他族群的战斗或捕猎危险动物，才全部由男性完成，因为女性不能将其生命置于危险之中，这样可能危及族群的未来。设想一个族群，它的所有成员都在战斗中英勇牺牲，这个族群注定会灭亡。

在物质丰饶的情况下，一个族群会面临其他族群的竞争。在这种情况下，集体作战很重要。在资源稀缺和生计艰难的情况下，内部凝聚力和容忍变得至关重要，因为内讧会削弱群体抵御外敌的能力。侵略性较强的族群可能会将较为和平的族群驱赶到较为贫瘠的地区。

然而，从现在的狩猎—采集者的生活方式中我们可以发现，关于这个主题，将会有很多变化。进化会受到自己的历史制约，这种情况就是路径依赖。随机应变的能力永远必不可少。天气的不确定性、猎物的迁徙、猛兽的出现都是日常生活中的常态。如果气候发生变化——这是经常发生的，人类就得继续迁徙或适应这种变化。他们可能得根据情况选择住在户外、洞穴或自己建造的小屋中。这一时期发现了许多各式各样的武器和工具，这证明了人类的创造精神。人们制造了灵活方便的小船，可能也有了更加多样的日常饮食。他们还可能创造了种类繁多的语言、歌谣、故事和仪式。不同的族群之间还有贸易往来的迹象，我们可以相当确定地认为，贸易伴随着基因上的交流。这样一来，族群增加了基因多样性，而物种内的基因分化仍然很小。各个族群通过艺术和各种仪式将自己同其他群体区别开。

所以，我们可以推断出狩猎—采集者的社会往往是功绩为重、平均主义、机会主义、灵活和宽松的社会。就本书中所述的文化维度而言，他们的文化包含比较低的权力距离，具有相当强烈的个人主义倾向，容忍不确定性并且是放纵型的。

关于其他的文化维度：阳刚气质—阴柔气质、长期导向—短期导向又是怎样的情况呢？虽然这肯定不过是一种据理推测，但将古今的狩猎—采集者进行比较也许会有帮助。一个英国家庭中号称“万事通”的家庭成员米歇尔（Michael）、亨利（Henry）和凯瑟琳•达维斯（Kathryn Davies），花费了生命中最宝贵的时间来努力描绘一幅连贯的史前社会进化的图景。依据诸多人类学家的研究成果，他们展示了中非姆布提人部落的相关证据，这个部落的成员直到最近都以狩猎、采集为生。[11] 画面契合了先前讨论所提出的观点。例如，性别的角色在某种程度上被认为是可以互换、没有差异的。社会通过耻笑而非严惩来维持纪律。容忍基于群体间通婚，若有人出现性情不相投，人们可以转投其他群体。丈夫或妻子的不忠，都不会引起聚讼纷纭。所以，社会是放纵型的，但这种自由不包括对自吹自擂的容忍。社会希望最有能力的群体成员能够韬光养晦，避免招致嫉妒。总而言之，在姆布提人中，维护社会道德圈是群体每名成员的责任。概括地说，他们的描述似乎展现了本书所介绍的一种女性阴柔气质的、柔韧谦卑（长期导向）的文化。

达维斯将姆布提人作为“丰饶型”狩猎—采集者社会的一个例子。在这种社会中，极端气候和食物短缺并不是主要威胁。对于“稀缺型”的狩猎—采集者，如住在澳大利亚干旱地区的土著居民，情况则与此不同，并且更加复杂。食物稀缺导致人口密度低，这对基因的健康发展造成了巨大威胁。族群破裂和结伴迁离族群都是很危险的，因为它进一步降低了人口规模。因此，这几乎没有容许人际冲突的余地。在这些土著地区，传统社会有严格的土地权、狩猎权和婚姻惯例，这些都由年长的男性统治着，他们给成员分配婚姻伴侣。女性到了青春期就结婚，而男性通常在30岁左右成家。在长期经历男性主导的生活后，有些人非常困苦。社会地位靠个人功绩获得。仪式和所有支持精神生活的活动，被称作“梦幻时光”，我们现在可以称为宗教。强烈的、有益的梦幻时光可以缓和生活的痛苦；促进亲密关系的仪式，可以维护二级群体的团结。男性在“梦幻时光”上的表现至关重要。年长男性只向证明了其价值的年轻人透露梦幻时光的秘密。

婚外性行为会发生，其中有些发生在集体仪式中。如果两个人一往情深，想要避免自己的伴侣被分配给他人，就采用私奔的方式。女性在早期生活中被剥夺了权力，她们必须在青春期迁移到另一个族群并和一名比她年长的男性共同生活。但是，年长男性通常先死，他们的遗孀则可以和年轻人再婚，进而通过指导那些男性们更为年轻的妻子，来获得地位。然而她们仍然处于屈从地位，甚至会被殴打，直到服服帖帖。总之，这种社会在平等主义和个人主义的文化上与姆布提人类似，但社会角色的表现空间有限，惩罚非常严厉。道德圈长期受到威胁，这种威胁反映在一个严惩不端行为的价值体系中。就文化维度而言，这似乎表明了一个更加阳刚气质的、不确定性规避的、碑铭主义（短期导向）的约束性价值体系。[12]

以上仅仅是两个例子，毫无疑问，在狩猎—采集者中间存在多种类型的文化，即便在中非、澳大利亚也是如此，遑论世界其他地方。当丰饶程度因气候变化而改变时，文化可能随之而变，但由于受文化制约的习惯有自我维护的特征，文化的改变十分缓慢。越来越多的生活艰辛，催生出更为强烈的梦幻时光。强烈的梦幻时光又产生稳固的仪式，仪式有助于维护梦幻时光的长期存在，即便在它早应发生改变的时候。这种动力驱使人类随着时间推移，追求更多精神上的感受和仪式。

一万两千年到七千五百年以前：村庄和农业

两万年前的冰川期是最寒冷的一段时期，大约过了近八千年寒冷才渐渐消退，至少是暂时消退，直到一万两千年前，温暖的全新世界开始了。这是一个植物繁茂、动物成群的时期，能够让人类在一个地方较长时间居留。起初，他们和数百万年前一样，仍然是结小群而居的狩猎—采集者，但他们拥有了其祖先们所没有的资产：出色的创造性智慧和组织能力。他们对道德圈的理解变得更加灵活，并将驯养动物、种植植物纳入其中。历史学家史蒂芬•米森（Steven Mithen）描述了纳图夫人（Natufians）的日常生活。一万两千三百年到八千年前，他们生活在现今的勒旺地区，在这段时间里，他们逐渐发展成为园艺家。[13] 米森假设在这个时期开始的时候，他们用镰刀收割野生的谷物，而且这种收割方法必定选取长在较长穗上的谷粒。一些谷粒开始在村庄附近发芽，可能是纯属偶然，也可能是有意为之。很快，村庄附近生长出成片经过人工选择的谷穗不易散落的谷物。此外，考古发现，这些村庄都有独特类型的饰物。很明显，村民运用服饰作为发展象征性群体标识的手段，这和当今的社会和亚群体的做法很类似。

这个星球上的多个地区同时发明了农业。生物学家杰尔德·达尔蒙德（Jared Diamond）提出，不同的大陆上发明食物生产的次数有6~11次。[14] 动物也在各地被驯养，包括地中海地区的绵羊和山羊、欧洲的牛和中亚的马。

农业和技术都促进和便利了贸易。像马和骆驼这样的驯养动物，可以帮助人类长途远行。这时人类的数量增加至数百万。世界各地的人们可以更频繁地见面。因而，即使某些大陆仍然保持孤立，人类也可以保持充分混合的基因组。有更好的食物耐受性和疾病抵抗力或主动进行性选择的基因，会得到快速的传播。一个基因混合的例子是蓝眼基因的传播。世界上所有的蓝眼睛，被认为都是在距今一万年到六千年前现今立陶宛附近某地的单一基因的突变产生的。[15] 现在它们已经传播到撒哈拉和阿富汗这么远的地区。蓝眼睛的人在许多文化中肯定是理想的伴侣选择。[16]

农业使生活前景发生了巨变。人们开始第一次拥有了财产：他们可以创造以活牲畜和庄稼产出等形式的可储存食物。财产可以从一个人传给另一个人，传承方式催生了两项创新：继承和大规模偷盗。可继承的财产可以使贫富差距和社会地位的差异扩大，远甚于狩猎—采集者之间的差异。社会组织则做出反应。道德体系依托宗教禁令而演变。

美国人类学家莫妮可·博格霍夫·穆尔德（Monique Borgerhoff Mulder）和她的研究团队对21个历史上的和当代的小规模社会所做的最新研究，证实了这个假设。[17] 研究断定，事实上，狩猎—采集社会和园艺种植社会崇尚平均主义，一如最盛行平均主义的现代社会，然而农业（农业社会和畜牧业者）与社会中稳固的等级有关，这一点超过了最不平等的现代工业经济体。有偷窃就需要有守卫，这些守卫将盗贼拒之于外，以换取余粮维持生计。最富饶的地区可以支持农人的定居生活。一旦人们掌握了驯养动物的技术，人们就可以开发不太肥沃的土地，放牧牲畜并过游牧生活。牧民所承受的压力与定居农民所承受的压力不同。畜群非常容易被偷走。牲畜会被小偷偷走，到其居住地，并会被饲养以供日后使用。为了避免偷盗行为泛滥，牧民必须在自己的族群内做到彻底诚信——涉及对入侵者的严厉惩罚——对外来者比对猎人有更多的疑心。群体内的信任或不信任，在很大程度上是一个自我实现的预言。偷窃和报复的循环一旦开始，就很难被打破。孩子从小就会懂得谁值得信赖，谁的东西可以偷盗。所以，牧民中间可能存在阳刚气质和不确定性规避文化。部落之间的市场发生的偷窃行为，往往会伴随着对群体内不当行为的严厉禁止和武装警戒的文化。牧民守卫自己的财产，他们不像农民那样挥汗劳作。这种守护可能与骄傲的碑铭主义文化有关联。如今，在非洲游牧地区，部落间对牲畜的洗劫和暴力行为仍在当地盛行。[18]

农业也对遗传基因有影响。早期的牧民只是吃掉他们的牲畜。后来，他们知道了如何抽取动物的血液供自己食用而不会杀死它们，这样更有成效，因为这些动物还可以继续食草造血。大概在八千五百年前，人们开始喝牛奶，这种做法让他们能够从动物那里得到更多的能量。一开始，极少数成人能够耐受牛奶，因为几乎所有哺乳动物都进化出了乳糖不耐受性，这可能是以此种方式确保较为年长的子嗣不和新生儿争奶。基因突变使我们能分泌乳糖酶来消化动物奶，这种基因变异是自八千五百年前我们的祖先开始蓄养牲畜以来的选择结果。显然，能够耐受牛奶的人繁衍了更多的后代，因此传播了这一特质。今天大概百分之百的北欧人都可以耐受乳糖，由此可以证明人类喝牛奶的漫长历史。

植物耕作产生了不同的竞存压力。农民有理由担忧。对他们来说，事情随时可能出现差错：所有人都知道他们住在哪里，因而农田可能被劫掠，贮备的食物可能被偷盗。即使没有敌人，农民们也必须勤奋劳作。因为作物需要细心的照料，否则杂草可能比它们长得更快，动物可能吃掉它们，雷雨可能冲毁它们，又或者它们会因干旱而死掉。随着种植业的发展，引起瘟疫的动物和携带疾病的有机体随之进化。尼罗河流域人口集中的区域，为污染和疾病的快速演变提供了理想条件。农作物可能会遭受《圣经》记载的肆虐埃及帝国的十次大灾难的侵害：血灾、蛙灾、虱灾、蝇灾、畜疫灾、雹灾、疮灾、蝗灾、黑暗之灾和长子之灾。定然还发生过更多灾害，或者引起了《圣经》上记录的某些灾害：动物源性人类疾病、鼠灾、啮齿类动物灾害、地衣、病毒、细菌疾病或其他的情况。由于植物提供的营养较少，普通人的健康水平和平均寿命下降。当然，最初在人们调整基因以适应新的人口数量和饮食方式之前，农业是一个隐形的危害。

在文化方面，不确定性规避似乎是对农业生活各种威胁的一种很好的调适。此外，农民必须在单调、囿于季节的工作中协作，因而他们聚居的人数远多于狩猎—采集者和放牧者。这种情况要求有某种温顺谦恭的态度，或许与更大范围的集体主义和权力距离有关联。文化也可以与生产系统共同演进。东南亚劳动密集型的梯田耕作与长期导向的文化相适应，人们必须勤奋谦恭才能维系这个体系。在劫掠行为盛行的地区，就会随之出现从事农事的妇女和从事战事的男子之间的劳动分工，并相应地演化出一个更具阳刚气质的价值体系。

总而言之，在文化方面，相比狩猎和放牧的时代，各种形式农业的出现似乎带来了与人类群体相适应的种类更多的价值体系。财产所有权给农业社会带来了继承性的等级。畜牧生活方式在干旱环境中具有的强烈盗窃倾向，导致特别强烈的保护道德圈的需求。个人主义将会弱化，阳刚气质将会增强，不确定性规避和短期导向（碑铭主义）非常显著。

七千五百年以前至今：大规模的文明

大约在七千五百年前，农业导致社会人口众多，村庄缓慢而稳定地发展为小镇，进而成为城市，城市发展为小国乃至帝国。大约三千五百年前，最早的城市群出现在大河沿岸的肥沃地区，特别是底格里斯河与幼发拉底河的三角洲（今天的伊拉克美索不达米亚地区）、印度河和尼罗河流域。[19] 现存的最古老的国家是中国，它拥有绵延大约四千年的历史。其他的文明都已经分崩离析。在地中海东部和亚洲西南部，有些帝国发展、兴盛，而后衰落，被其他帝国取代。举其荦荦大者，如苏美尔、巴比伦、亚述、埃及、波斯、希腊、罗马和奥斯曼帝国。南亚次大陆和印度尼西亚群岛有它们自己的大帝国，包括孔雀王朝、笈多王朝及之后出现的印度莫卧儿王朝和爪哇岛麻喏巴歇王朝。在美洲中南部，阿兹特克、玛雅和印加帝国留下了它们丰富的历史遗址。在非洲，贝宁、埃塞俄比亚和马里是古代帝国的例证。

历史学家约翰 • 罗伯特 • 麦克尼尔（John Robert McNeill）和他的父亲威廉 •H. 麦克尼尔（Willian H.McNeill）阐述了城市文明如何促成了两大社会革新。[20] 苏美尔城邦最初是由宗教习俗和信仰维系起来的。人们认为，由七个男神女神（代表太阳、月亮、土地、天空、淡水、咸水和风暴）组成的万神殿统治着宇宙，受此启发，产生了印欧语系文明中的众多神祇。由于苏美尔人的财富吸引了来自草原的骑兵的掠夺，军队应运而生。除了要对抗骑兵，这支军队还要和宗教力量斗争。经过几个世纪，这个地区的人口规模变得更加庞大，军事保护对于社会存亡越来越重要，并且中央集权得到加强。神祇反映了这种转变，它的数量变少，变得更具阳刚气质。

尽管如此，战争对于存亡的价值通常不及贸易。跨国公司早在公元前 2000 年就出现了。亚述人、腓尼基人、希腊人和罗马人都形成了自己的全球贸易模式。[21]

农作物收成和牧群使人们能够在一个地方集中，这个进步也使偷盗行为的回报比盗窃村庄更丰厚。随着人类耕作技术的提高、人口规模的扩大，劳动分工的细化成为可能。地方可以保有武装力量，以保护存粮。军队一经建立，就会面临权力的诱惑。例如，军中派系会起而竞争皇帝驾崩后的继承权，或者争夺税款。暴力行为可能会升级，除非人们变得更加温顺，形同奴隶，或者接受仲裁、客观的审判，并对权力进行分割。一旦国家成立，行为方式和象征标志演化的复杂性飙升，同时仍然具有高度的路径依赖。结果便是文化的多样性增加。

人们也还在学习如何在大规模的、无个人特征的社会中生存。毕竟，这种社会在大约四百代人前才开始出现。为了进一步解释我们的祖先在这段时间开展的某些社会创新，在此援引美国社会学家塔尔科特•帕森斯（Talcott Parsons，1902—1979 年）的研究成果。帕森斯具有独创性的思想是：社会发明也是在不断进化的。一旦它们被偶然发现，这些新成果就不会消失。他将其与生物的视力进化做了类比：视力带来至关重要的优势，它的进化一经开始，进化选择就会保留它并完善它。只是在这个例子中，进化是发生在社会层面上的。社会进化对大型社会而言，既是可能的，也是必要的。

帕森斯列举了诸多此类重要的、不可逆转的创新。他将它们定义为“社会中的进化共相”。他在 1964 年的一篇文章中提到一个名词列表：社会分层、文化合法化、官僚机构、货币与市场、一般化的普遍性规范和民主组织。[22] 在下文中，这六项进化共相中的每一项都将成为一个小节的主题，排列与历史发生的先后顺序无关。这些创新是逐渐发生的，彼此相互依存，它们当中的一些元素在农业社会前就已出现。

社会分层

“Stratum”来源于拉丁语，意思是“层”。分层是在社会中创造不同等级的一个过程，通常最初先分两层。不断扩大的村庄越来越需要协调。城市需要根据领导者的角色进行授权，否则社会组织可能会走向崩溃。

从城邦生活之初，奴隶制就是两阶级社会的一个显而易见的形式。可以说，统治阶级像占有牛群和作物一样占有这些人。实际上生物学上也有证据佐证这样的设想，即少数统治者驯服了大众：在农业时代到来之后，人脑的平均容量在一直下降，就像被驯化的动物一样。[23] 所以，大型农业社会的生活不仅使我们的祖先能够从大地中汲取更多能量来满足他们的需求，同时也带来了巨大的文化变革。对高高在上、居于不同的生活领域并拥有巨大权力的领导人物的敬畏感，是人类进化的新内容。极高的权力距离，是为适应农业催生的大型的、无个性特征的社会中的生活所做的调整。温和气候区比寒冷地区更容易出现这种情况。温和气候区城市繁荣，而寒冷地区的气候条件难以支持农业的成功发展。人口数量在很多个世纪里保持在一个明显较低的水平。因此，共同对抗大自然之力，是人们关切的首要事项。所以，这些地区的社会保持平等主义。

文化合法化

为了对群体成员和他者进行区分，人类依靠对个体的识别。一个国家级的社会公民众多，以至于他们不可能都相互认识，这就需要一种将群体标识合法化的新机制。一种超越血缘关系的具有强烈象征性的标识，是一个国家延续存在的先决条件。印度河、尼罗河和两河流域的古国，都演化出了在领袖和神祇之间建立直接联系的合法化制度。他们还往往发展出以男权为中心的一神论宗教。唯一的神能够为一个敌人环伺、人口众多的民族的持久存在，发挥强大作用。当相继掌权的统治者宣誓与同一个神结盟，而宗教领袖又能积极介入君主死后的领导权移交，就不一定会出现可能导致内战的危险权力真空。

文化合法化现象出现在社会各界。17 世纪，当第一艘装运奴隶的船只停靠在荷兰弗利辛恩港口时，当地居民对于奴隶所遭受的非人待遇而震惊，他们着手解放这些奴隶。然而很快，牧师开始劝说荷兰人，使他们相信奴隶制最符合这些低等生物的利益。[24]

官僚机构

我们在第 3 章和第 5 章援引过希腊哲学家柏拉图的理念。他在《理想国》(*Politeia*）这篇论述中提出了国家的组织原则。[25] 这也是“政治”“政体”，以及社会主义世界中的最高政治机构“政治局”等词汇的词源。后一个名词将我们导向官僚制，我们曾在第 9 章将其作为马克斯 • 韦伯理想中的非个人化机构予以论述，这种机构结合了较低权力距离和强烈的不确定性规避。

官僚制被看作一个缓慢运转的巨大机器，没有感情，不顾及个人关切。然而这恰恰是它的强大之处。职员理应平等对待所有客户。当然，实际情况是，在大多数的社会里，某些客户比其他人高一等。权力距离的文化维度能够解释很多变化。虽然如此，官僚机构仍是将国家公平地组织起来的有力工具，尤其是在公共产品的供给方面。

货币与市场

物物交换作为主要交易机制，在大国或国家之间变得不可行了。将海贝壳作为通货使用，可能是在城邦出现之前的事，而所有的城邦都使用货币。货币易于流通，并且不容易腐坏。它能够用来评估全然不同的商品和服务的有用性。货币还可以用来买食物、奴隶或军事服务。但是它不会说话也不能协商，为此，古代世界定期举办集市，并出现了一般货物市场。

货币是在演进方面迈出的一大步，因为它使社会更具有适应性：货币可以随时待用，可以在最有利的时机用来购买最想要的资产。商人、农民和国家都可以从货币的灵活性中受益。然而，货币却没有记忆。是交易和簿记的需要，促使苏美尔人发明了最早的书写成的货币。[26] 虽然帕森斯没有提到这一点，有文字的货币无疑是一种进化共相。

一般化的普遍性规范

官僚制、货币与市场，以及书写成的货币，都指向普遍性、可比性。就官僚制而言，是各民族之间的可比性；就货币和市场而言，是所有物品的可比性；就书写成的货币而言，是指任何时间和地点的可比性。我们已经在第 4 章讨论过民族文化的普遍主义—排外主义的区别，它是明科夫的民族文化中一个基于世界价值观调查的文化维度。它与个人主义—集体主义息息相关。普遍性规范阙如，在某些客户来自外部群体的情况下会限制官僚制效能的发挥；在货币不能兑换为其他群体的货币时，会限制货币的用途。所有的人都具有可比性并且同属一个道德圈的理念，是一个比较新的理念。[27]《世界人权宣言》（也见第 4 章）就是一份普遍主义宣言。尽管如此，世界上的各个社会，都认为自己比其他群体更好，更有人性。这种情况有力地说明了，在过去诸多世纪里，排他主义具有关乎存亡的价值。那些不相信自己种族比别的族群更高一等的人，往往成为其他“更好的”群体的附庸，而不是开始相信世界上所有人都是平等的。

民主组织

帕森斯所谓的民主组织，是指领导人选举制和享有充分公民权的成员身份。他于 20 世纪 60 年代在美国著书立说，那时很多人认为这个模式将会迅速在全世界普及。而其他美国思想家也和他同声相应，例如，弗朗西斯•福山（Francis Fukuyama）于 1989 年柏林墙倒后宣称这是“历史的终结”。福山的意思是，自由民主政治制是唯一可接受的治理方式。当然，帕森斯和福山都描绘了一个具有文化色彩的图景。在第 11 章，我们已经详细地讨论了西方的政治原理的局限性。民主组织是否会成为进化共相，尚有待观察。

文化多样性与变革的根源

不同民族对不同生存方式的接触相差迥异。他们的气候、动植物种类、地理环境因素也相去甚远。群体层面的选择机制往往使价值观和某些实践在群体内保持稳定，并保留群体间的象征性界限。因此，当今世界显示出令人惊诧的文化多样性，在价值观和实践方面都是如此。大多数文化都有其古代渊源，尽管发生了沧桑巨变。自然力和人力的巨大冲击，已经带来并将继续带来文化变革。造成文化多样性的首要原因，是对新自然环境的适应。随着人类逐渐分布到全世界，生存需要形成不同的文化策略。在近几个世纪，人类在“生态位的构建”方面迅速变得更为擅长。通过生火、织衣、建房和各种技术，我们已经几乎将所有生物圈据为己用。然而正如荷兰社会心理学家埃弗特•范•德•韦利尔特（Evert van de Vliert）所展示的，气候仍是一个主要因素。[28] 范•德•韦利尔特观察了过去一万年（我们的文明发展期）气候带来的影响，并研究其对文化变革的影响。日平均气温会偏离 22 摄氏度（72 华氏度）的理想温度，在此意义上，他称气候为“需要应对的”。他对包括严冬和酷暑的国家级数据进行了元分析。“需要应对的”气候条件，导致了富裕社会和贫穷社会之间的分化。富裕社会拥有资源，可以积极应对气候条件；而贫穷社会只能忍受。前者的文化允许表现自我，后者的文化受到生存需求的制约。四季气候较为温和的国家，其文化没有显示出对富裕程度的这种依赖：即便生活贫穷，人们依旧可以展现自我。

在过去的一万年里，进化的压力也迅速发生变化。原先，自然力量是驱动文化变革的最重要驱动力；而今，他人的力量迅速变得日益重要。军事征服通过杀戮、迁移、人口混合和强加新统治者和新律法，使文化发生了急剧变化。热诚的传教使人们皈依新宗教，这种形式的表征演变也改变了文化。然而，如果我们追溯各国的宗教史，一个民族信仰何种宗教和教派，似乎是以前就存在的文化价值模式产生的结果，而非产生文化差异的原因。世界上的主要宗教，在其历史上的某些时期，都经历了影响深远的分裂：如基督教中的罗马天主教、东正教和各种新教派别的分裂；伊斯兰教中的什叶派和逊尼派的分裂；犹太教中的自由派和各种宗教激进主义团体之间的分裂；佛教中的小乘佛教和大乘佛教之间的分裂。信徒群体之间先期存在的文化差异，是导致这些分裂的突出因素。例如，16 世纪罗马天主教的改革运动，刚开始时，影响了整个欧洲。然而，一千年前就从属罗马帝国的国家，却通过一场反改革运动恢复了罗马教皇的权威。最终，这场改革仅仅在没有罗马传统的国家中获得成功。如今，虽然北欧大部分国家信仰新教，而南欧国家信仰罗马天主教，但是文化差异的根源并不是宗教分裂，而是对罗马帝国文化的传承。因此，宗教和文化之间并不像人们想象的那样有着密切的联系。[29]

如前文所述，科学发现和创新，不论是当地的还是外来的，对实践的影响往往比基本价值观的影响大。它们也往往会在全世界发挥作用。当共同诱因促成文化的共同变革时，文化差异常常会被原封不动地保留下来。正因如此，文化的共同渊源能够追溯很多个世纪。

历史的终结？不

时光机旅行显示，我们作为原始群居哺乳动物的时代、我们的早期人类时代和我们过上文明生活的世纪之间，并不存在某种神秘的断裂。也没有任何理由相信，进化已经戛然而止。相反，我们有充分的理由认为，人类的进化正在加速。历史远未终结，而是在加速。它最近在区区数百代人的时间里，见证了社会规模的令人瞠目结舌的增长。这个进程还没有结束。在大约七百代人之前，即公元前一万五千年，地球上存在六十万个政治组织，其中每个都包含几十人或几百人。而现今只留下二百多个国家组织，但每个所包含的人数都以百万计。我们在征服自然的进程中大步迈进，因此人类环境变得越发重要。威胁和机遇越来越多地来自其他民族。为此，我们走上了大规模合并和扩大道德圈的进程。与此同时，我们保留了祖先们对数百万年的小部落生活做出的很多调适。只有社会稳定地运作，实践和技术才能如此快速地变革，这是一种悖论。一个社会需要隐性价值层面的文化同质性，这样才有能力采取集体行动，这是群体适应其环境的前提条件。但文化同质性不容许价值观发生急剧变化，这是因为大部分价值观是在幼年阶段获得的，终生不会改变。值得注意的是，价值体系的变化很缓慢，但是与没有文化的情况下相比，变化已经很快了。在没有文化的情况下，基因变化是唯一的机制。

超越自私的进化：群体高于个人

本书所持的观点是，文化在群体层面运作。除了反社会者，所有的人都力图成为群体内的好成员。“好”是一个与文化相关的概念：什么被认为是好的，取决于群体的文化规范、环境条件和人的个性特点。希望成为一个好的、正派的群体成员，是一种普遍倾向，且与此倾向相关联的人类情感经常是非常强烈的，如骄傲、敬畏、羞耻和内疚。这些情感致使人们为群体奉献一生，甚至甘愿冒生命危险。此外，伴随着诸如羡慕和嫉妒等情感，争夺群内支配权或成员地位的竞争也着实激烈。这种个体之间的竞争和群体之间的争斗一样时时发生。

群体在竞争中胜出。30 个互不相识的人被困在一个丰饶的荒岛上，这 30 个经历海难、劫后余生的人，只有全部对彼此友好相待才有可能生存下来。除了不做反社会的人，他们彼此视为同属一个道德圈，还要避免个体之间的竞争，否则（为了好理解，假设最简单的情况）他们就开始争夺资源，殴斗，甚至互相残杀。假设有一个由相似的岛屿组成的群岛，每个岛上有一个随机组成的落难群体，现在会发生什么样的事情呢？很简单，只有岛上的人都设法构建一个共同的道德圈，他们才能够存活。在那些爆发争斗的岛屿上，人口数量将会减少，生存的机会也会减少。这个例子看起来微不足道，但实际上意义深远。群体之间的自然选择，对和平、宽容、善建道德圈的个体有利，因为存在内部斗争的群体不会兴旺。

虽然人类拥有的符号智能似乎是地球上其他的物种所无法匹敌的，但是人类拥有的社交技能，它们也有。所有社会性生物物种，如蚂蚁、蜜蜂、盲鼹鼠、海豚、寒鸦和狼，都有复杂的沟通模式和理解复杂信息的巧妙方法，这种特性也是任何社会性物种生存的先决条件。我们以蜜蜂为例子，它们的脑容量极小，却可以很精确地向彼此指明到何处采蜜。有些蚂蚁用自己的身体构建领地，有些则会像人类饲养牛群那样饲养虱子，包括饲养虱子幼虫。随着地质时期推移，群体在进化方面表现不错：现如今接近一半的昆虫都是由为数不多的几个完全社会性昆虫类群体（蚂蚁、蜜蜂、白蚁、黄蜂）发展而来。完全社会性指的是群体的高度聚合状态，群体内有数千或更多个体，具有超个体的运作能力，完成群体内任何成员无法独立完成的任务。

事实上，群体不可逆转的成功在地球生命进化过程中一直存在。就生物量而言，人类或许是除完全社会性的蚂蚁之外最成功的物种，而据 1990 年的估计，后者的生物量要大于人类。[30]

所有层次上的群体成功，甚至几乎没有大脑组织的社会性昆虫，都显示出大脑对于形成一个复杂并能够顺畅交流的社会来说并不是必需的。随着时间的推移，通过进化，已经出现了很多近似机制，借以实现向更高层次的社会性飞跃。这些机制共同的、真正进化出来的因素，是出现了进化意义上的“好”和“坏”。如德国哲学家伊曼努尔•康德（Immanuel Kant，1724—1804 年）所言：“你想让别人如何待你,你就如何待人。”“好”意味着按照这一绝对律令为其所在的群体服务，“坏”则意味着牺牲群体以获取谋求自身的利益。一旦到达社会性的下一个层级，这种进化都是不可逆转的，人类再也不会回到独居的生活方式。不断将更多人纳入共同道德圈中的进化趋势，会推动人类走向更大范围的合作。

生命长河中的个体与组织机构

如果一个群体非常重要，那么从哪个层面入手研究人类行为才合适呢？图 12.1 所展示的是两个主要层面：个体与社会。它也列示了个体层次和群体层次的分析研究是互相补充的，这是因为它们都有助于理解日常生活领域所发生的事。合适的社会角色与有意愿的个体在此结合，社会生活的洪流向前奔涌，仪式次第发生。这个过程赋予社会生活以实质上的延续性。仪式的实质内容往往能够长期延续，即便它们随着世代交替，承载了大量新的符号意义、更换了名字，或者以新的方式举行。

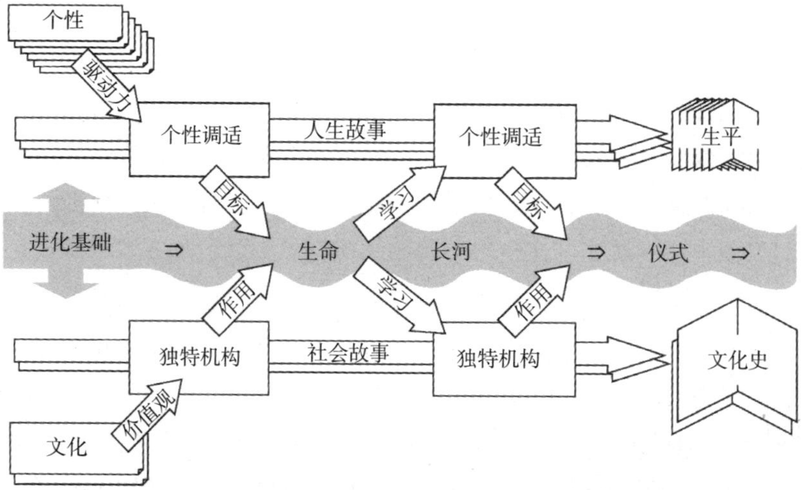

图 12.1　个体与社会层面的自我调节机制

这张图让我们注意到下述事实：个体带着自身独特的个性参与社会生活的仪式，并且通过社会中机构的特性找到可扮演的角色。图中没有列示其他层面的群体。实际上，社会自身的层级划分是非常复杂的，包含各种各样的亚群体。在个人主义的社会中，个体经常在互不相关的多个群体中活动；但在集体主义社会中，个体自由选择的空间较小，却有更强的群体凝聚力。随着时间的推移，机构组织和个人都会学习，选择的力量同时作用于二者。然而，在这两个层面上都有内稳的力量在起作用。虽然人们可以学习新的行为方式，但是他们终其一生本性难移，除非有灾难性事故或重大的疾病致其性格大变。社会群体也往往如此。它们可以学会新的行为方式，但是基本价值观的改变绝非易事。

今天的工作演变

那么，政治家、领导人、研究者和普通市民将人类事务纳入进化的框架内看待，有何好处呢？好处很多。有选择地简略巡视当代事务，就可以证实这一点。

商业

公司不断地被创造、购入和售出，甚至破产。新成立的公司未必比以前的更好，但它们是变异后的产物，有些可能更适应当前的进化压力。竞存机制基于诸多因素，包括高层人脉、遵纪守法、使用新的通信技术、打造可接受的社会形象、成本控制、质量把关和创新。这个时间尺度可能是几个月甚至几年。商业的整体演进受到国家和国际组织的规管，至少这些机构试图施加有益的选择压力，以促进良好做法，遏制对社会不利的行为。

增加或削减子公司（第 11 章）是组织改革和进化的一个子域。这个过程也是引起变化的有效方式。由新领导者或尝试新方法的领导者创立的新公司，有可能开创公司新类型。一个跨国公司在初创之时，就像 30 多个人流落在一个荒岛上，他们首先要做的就是制定日常的工作规则和创建组织文化。

组织理论和商业经济学都研究商业进化，但它们通常不使用刚才提及的名称。了解社会本能和文化进化动力的特性来源于部落，有助于我们更好地理解组织的成败。[31] 管理在本质上就是监测组织、股东和员工面临的进化压力。由此来看，市场营销研究的是如何为了有利于自己的产品而改变顾客行为施加的选择压力。

政府

政治就是道德圈层面的复制因子。政治家们不断协商改变我们当下最明显的道德圈——我们的国家——的规则。多种形式的政府共存，它们具有专制独裁、一党制、神权政体、军政府、多元民主、民粹主义民主等要素。既然市场和贸易流通，以及形形色色的问题及其解决方案具有明显的全球性，寻找更多共同点也就成为全球性的趋势。这个过程需要的时间可能是几年、几十年或几百年。在某些关键时刻，一个人的存在或一个新理念可以改变世界。但大多数情况下，我们顺应潮流。一旦一个民族的集体情感奔涌如潮，没有人可以逆潮流而动。

技术

技术是发明和改进。新的进化轨迹开始时，具有很大的灵活性，此后在一定程度上固化。不妨想一想道路运输。罗马人最早在帝国各地建设道路网络。他们最多使用两匹马并排拉车，而不是使用三匹马拉车，并据此来制定道路建设的标准。而后欧洲各地及其殖民地承袭了罗马人二马拉车的标准。出于实用性的考虑，后来的火车和汽车轮胎跨度采用了这个宽度。最早的汽车看起来就像马车，后来的汽车造型也逐渐由此发展起来。

语言

符号语言是在大约一百万年至四万年前从歌曲和较简单的发声中逐渐演化出来的。它的出现带来了巨大的变化，最近更是成了超速化符号变革的对象。讲故事是基于语言实现进化的所有人类文化的中心元素，也是我们人类进化中的重大成果。[32] 我们不仅天生就具有讲故事的能力，同时还具备创造语言的神奇能力。从大约公元前一万年开始，随着规模的扩大和关系网络的发展，政体和全民族使用的语言的数量都急剧减少。但是与此同时，新发明带来的新词汇、密码语言、计算机语言、行话和诗体语言层出不穷。尽管字典未发生太大变化，但语言却按照数月至数十年的时段进化。

网络和群体媒介

互联网和移动通信网络的出现是否会创造一个全球性的文化体系？人类是否会像凯文•凯利（Kevin Kelly）在 1994 年预言的那样，拥有所谓的集群心理？移动通信就像一颗彗星倏然出现，它带来了一种实质性改变。1997 年 3 月 23 日，荷兰阿贾克斯（Ajax）和费耶诺德（Feyenoord）的“死敌”足球俱乐部的足球流氓，在未受警察干预的情况下利用移动电话搜索到了对方，然后在贝弗维克城附近的一块草地上大打出手。在这场斗殴中，阿贾克斯的球迷卡洛·匹克尼（Carlo Picornie）无意中被人用棍子、刀子和锤子等凶器杀害。20年后，通过移动通信制订行动计划已经成了商人、孩子、罪犯常用的方式，警察也不例外。

从1997年开始，以计算机为依托的社交系统成为令人着迷的符号进化舞台。很多国家的孩子只要有时间就会登录社交网络，这种方式可以让他们在校外时间、从事体育锻炼时或临睡前，时时时刻刻都能和朋友保持联系。即便在这些时候，他们都会保持手机处于开机状态。从进化的视角来看，人们采用社交网络软件的速度是非常惊人的。如Facebook、Hyves、LinkedIn、Plaxo、Twitter、Xing等社交网络的传播速度远超流感病毒。而且，我们才刚刚起步。

2009年，荷兰一个面向少女的抗子宫癌病毒疫苗接种项目不得不重新实施一次，这是因为社交网络出现了关于疫苗具有危险性的谣言。在这种情况下，权威的信息被漠视，有15%的目标群体都听信了谣言，留在家里不去接种疫苗。尽管拒绝接种疫苗的事在荷兰长期存在，但以往都限于宗教群体，而不是互联网临时发挥作用的结果。

上述事例的新意，不过是表象。男性群体打架斗殴、女性群体传播流言，其人性动因古已有之，这些都是群体媒介的事例。任何一种能够强化这两种力量的新工具都会被快速接受和使用，因为它赋予使用群体新的选择优势。我们可以推测社交软件、有助于建立关系和维护声誉的软件，以及有助于维护道德圈的用具，将有日新月异的发展。在重视教育的文化中，新的技术将会被应用于教育领域；在重视社交的群体中，它们将被用于社交。[33] 总体来说，通信技术的这些进步，不会消除群体之间的界限，但它有助于提高现有群体的组织效率和拓展现有的文化。

文化的趋同与分化

关于文化价值观发展状况的研究反复表明：除了变得更为富裕的国家的个人主义倾向得到加强之外，几乎没有证据表明文化价值观随着时间推移而逐渐趋同。虽然有长期密切接触，但是著述者们几个世纪前就描述过的文化差异，至今犹在。未来的几百年，或许在千年之后，国家间将依然保持文化多样性。那么，更长远的将来将如何呢?

文化的未来

人们很少使用“文化演进”这个词组，以至于一种常用的文本处理器在第二个词下面画线,并建议替换为“文化革命”。这个任务层面的例子本身也是个讽刺，反映出人类亟须更透彻地理解，我们创造的激励物如何影响着我们正在经历的文化演进。

文化适应生态环境，而我们的生态环境正在迅速改变，在物质和社会意义上都是如此。本书所述的六个文化维度，扼要展示了我们过去数千年的历史，尤其是农业和大型社会的创建如何使社会发生变异。如果调查者能够回到两万年前，研究一个只有狩猎—采集者人口的世界，他们会发现不同的维度。例如，在一个由人人平等的群体构成的社会里，研究者们不太可能发现一个与权力距离相似的显著维度。

我们对文化演进的了解有限。塔尔科特·帕森斯几乎被遗忘。我们近来既有的知识来自生物学家，并且这些知识才开始影响社会科学与人文学科，遑论公共领域。来自不同学科的社会科学工作者刚开始发表利用个体和较小单位行为建模技术得出的、有关文化演进的研究成果，并开始研究更大的社会系统的行为。[34]如果人类想要卓有成效地研究目前高潮迭起的人类进化，就需要在这些领域做大量工作。

我们人类能够应付这些挑战吗?目前，人类作为群居动物的习惯是，集中我们的智力，为我们自己或我们的群体谋利益。我们更倾向于相信一切可以让我们的群体看起来更好的事物，如上帝的特殊眷顾，而不是公正。哲学和宗教仍然在很大程度上与物质、生物世界脱节，这种情况妨碍我们冷静地评估并共同为我们的世界承担责任。

最近在我们的进化过程中发生的事件，深深地影响了我们的社会。我们每一个人都可能参与具有打猎、采集、放牧和农业特点的活动：咨询顾问、销售人员及创意专业人员，从一次成功的合同或创意移至下一个；他们会体验到成功的兴奋，并激起他们完成下一个目标的欲望。还有些活动与放牧类似：投资者忙于公司资本积累，政客忙于争取选票，研究人员忙于发表著述，他们都不得不担心自己的成果被窃取或上当受骗。像购物、浏览信息这样的日常活动，与采集工作类似。工厂的工人、教师、职员像农民，在可预期的稳定生活中辛勤工作，在工作之余参与一些社会仪式，调剂生活。

如今人类族群，生活在分裂之中。在各个族群之间，存在着发明成果的关联，却有着不同的效忠对象。现在我们的联系如此紧密，地球上一旦有技术发明出现，我们就能采用它，从而促使人类作为一个整体取得进步。新通信技术所带来的便利，使我们生活的环境与鲸类动物（海豚和鲸鱼）生活的海洋相似。人们已经发现，一些大型物种使用声音与它的同类进行远距离交流。对于它们而言，海洋其实就像一个地球村。可以说，它们生活在同一个水池里。这是否对它们的进化起到了重要作用呢？海豚和鲸鱼非常温和，并且颇具社交头脑，它们是两亿年前回到海洋的陆地哺乳动物的后代。它们原有的脑容积和社会结构，与环境因素和在海洋中进行远距离沟通的潜能相结合，催生了增强它们和平共处的能力的进化压力。例如，抹香鲸是世界上最大的掠食动物，拥有所有动物中最大的大脑。它能发出所有动物中最洪亮的吸气声——它们需要这样的声音，例如，对它们在几千米深的海洋中猎捕的大王乌贼进行回声定位。研究表明，抹香鲸的群体至少拥有四个嵌套式的社会组织层级，包含上千公里海域中的多达数千个个体。[35] 它们的社会组织的覆盖范围甚至可能更广阔，但是由于显而易见的原因，难以进行评估。

人类文化会遵循抹香鲸的道路吗？对很多人来说，世界日益变得更小了，甚至比海洋之于鲸类还小。在这个世界上，消息与创新即使不能在数秒之内，也能在数天之内传遍世界。我们能够为地球另一边的灾害受害者感到难过并试图去帮助他们，但对集体的忠诚依然起主导作用。文化的演进促进群体之间的协作，而保持各个群体界线不变是开展协作的一个先决条件。文化分裂与融合的动力推动了文化演进。人们从道德方面理解这些动力："我们"是好的，"他们"是坏的。然而我们亟须摆脱疾病、贸易和军队的全球联系性与人民的局域性忠诚之间的裂隙。在最近几千年里，进化促使道德圈扩大，但是我们尚未做到这一点。我们别无选择，唯一的方向是将道德圈扩大到囊括全世界所有人。为此，我们需要管理从邻里到"地球村"的社会性各层面的选择压力。必须摒弃剥夺任何群体的道德权利或道德义务的行为。

这一章传达了一个令人鼓舞的信息：你，读者，是人类进化中不可分割的一部分，未来将由我们来创造，而你可以为之做出哪怕微不足道的贡献。相反，本书其他部分则提醒我们：尽管道德圈可以扩大，但文化会抗拒改变。因此，期盼地球上的所有人都变得类同，是不切实际的想法。即便他们能做到，也并不可取，也无此必要。每个人都各不相同，但他们必须学会与别人和平共处，而不要求将他人变得与自己一样。任何其他道路都是死胡同。

注释

[1] 人猿是分类学给予原始人类的新名称。人猿包括地猿属、南方古猿属、拟人属和人属。

[2] *Consilience: The Unity of Knowledge* 是生物学家 Edward O. Wilson（1998）的一本较有远见的书。他呼吁在研究中跨越学科边界。

[3] Wilson, Van Vugt & O’Gorman, 2008.

[4] 即使在今天，人们仍然本能地害怕外人的面孔，但是如果外人是女性，他们就能更快地克服这些恐惧。Navarrete et al,2009. 作者对美国的黑人和白人公民进行了研究，他希望能找到造成焦虑和排外心理的神经生理上的原因。

[5] 这种行为已经在现在的山地大猩猩身上得到了证明。BBC 的一部纪录片 *The Gorilla King* 展示了一只名叫 Titus 的猩猩是如何把它的团队带到寒冷贫瘠的山顶的。它是一个团体的掌权者，它的一个儿子渴望领导这个团体。Titus 在那里待了两天，直到年轻的雄性带领着一半的队伍离开。随后老领导带领着队伍的剩余部分走向了另一条道路。

[6] De Waal, 1982, 1997.

[7] Weiss, 2009.

[8] Davies, Davies & Davies, 1992.

[9] Cochran & Harpending, 2009.

[10] Cochran & Harpending, 2009.

[11] Davies, Davies & Davies, 1992.

[12] 这个建议获得了来自澳大利亚达尔文市维多利亚大学的 Ray Simonsen 教授收集的一些数据的验证，并于 1998 年口头传达给 Geert（见第 4 章）。对于土著居民，Simonsen 发现了他们的权力距离指数得分为 80 分，个人主义指数得分为 90 分，阳刚气质指数得分为 22 分，不确定性规避指数得分为 128 分（后期加入），长期导向指数得分为 10 分。

[13] Mithen, 2003.

[14] Diamond, 1997.

[15] Cochran & Harpending, 2009, p.150. 这些作者期望在未来的几年里发现更多眼睛的颜色及其进化优势。

[16] 人们可以推测为什么会这样。蓝眼睛，或者其他浅色虹膜，可能具有关系优势。他们展示了瞳孔的大小，而瞳孔大小与情绪状态有关。实验证实注视一张脸的人会根据自己注视的脸的大小来调整自己瞳孔的大小。这种反应有助于产生互相同情（Mithen，2003）。当然一个爱上蓝眼睛人的人可能不会注意到这种现象，但它可以促进坠入爱河。

[17] Borgerhoff Mulder et al., 2009.

[18] Kuznar & Sedlmeyer, 2005 with numerous references to anthropological articles.

[19] 近年来在秘鲁，沿着里约苏比的一组古城出乎意料地被人发现了。它们可以追溯到 5000 年前，比印加人古老很多。卡拉尔是最有名的城市。可参见 http://en.wikipedia.org/wiki/norte_chico_civilization。

[20] McNeill & McNeill, 2003.

[21] Moore & Lewis, 1999.

[22] Parsons, 1964.

[23] Cochran & Harpending, 2009.

[24] 英国历史学家 Simon Schama 在他 1987 年写的有关荷兰黄金时代的书 *The Embarrassment of Riches* 中提到了这个。

[25] “国家”，翻译为“共和国”。Plato, 1974[375 B.C.].

[26] McNeill & McNeill, 2003.

[27] Historian Felipe Fernández-Armesto, 2004.

[28] Van de Vliert, 2009. Van de Vliert 的分析基于世界价值观调查的数据。

[29] 这意味着我们不赞同 Huntington 的 *Clash of Civilizations*（1998）。

[30] Holldobler & Wilson, 1990.

[31] Richerson, Collins & Genet, 2006.

[32] 关于故事叙述的演变。Boyd, 2009.

[33] G.J. Hofstede, 2001. 在一项对世界银行数据的分析中，作者发现了新通信技术的传播和具体用途两者都取决于文化。

[34] 例如，经济学、博弈论学家 Robert Axtell 和 Joshua M. Epstein，博弈论学家 Robert Axelrod，社会学家 Nigel Gilbert，以及其他众人的研究。所谓的代理端模型是一种新兴模型技术，用于将个体行为作为输入来研究社会紧急行为。Gert Jan 使用了包括代理中的文化的代理端模型来促进这一系列的研究。

[35] Mann, Connor, Tyack & Whitehead (eds.), 2000. 也可见 Whitehead & Rendell 的一本名为 *The Cultural Lives of Whales and Dolphins*（2015）的书，他证明了文化存在于很多鲸类物种中。

附 录

术语表

代理（Agency）：个体得到授权代表组织行动并完成工作任务的方式。另见群体代理。

人类学（Anthropology）：一门研究人类在身体、社会和文化方面差异的学科。本书中提到的“人类学”主要是指社会人类学或文化人类学，它是对人类社会进行的一种整合研究，尤其关注（尽管并不仅仅如此）传统的或没有文字的社会。

焦虑（Anxiety）：对于可能发生的事情感到担心或不安的一种弥漫状态。

官僚机构（Bureaucracy）：一种组织形态，这种组织中有严格的规章制度，每种职位都要有能胜任的人员担任。

集体主义（Collectivism）：与个人主义相对应，它们共同构成了国家（地区）文化的一个维度。在集体主义社会中，人们自出生起就融入强大而有凝聚力的内群体当中。这个群体为人们提供终身的保护，以换取人们对于该群体的绝对忠诚。

儒家动力（Confucian Dynamism）：一个表示国家（地区）文化的维度，它是使用华人价值观调查通过对一组学生样本的研究而发现的。在本书中这个维度的两端分别称为长期导向和短期导向。

企业文化（Corporate Culture）：企业层面的组织文化。参见组织文化。

企业标识（Corporate Identity）：属于同一企业的所有子公司通用的符号（如徽标）。

企业价值观（Corporate Values）：对企业员工和经理的理想特征和行为所列出的一系列描述。

相关（Correlation）：数理统计学中的一个术语，表明两组数值之间共同变化的程度，并以相关系数表示这种程度，相关系数的数值变化从最大值 +1（表明两组数值变动方式完全一致）经 0（表明两组数值无关）到最小值 –1（表明两组数值变动方式完全相反）。

文化标识（Culture Identity）：见标识。标识是有意识的，不要与文化混淆，文化通常是无意识的。

文化合法性（Cultural Legitimation）：为实践找到象征性的理由，使它们在道德上被接受。它通常是由利益无意识驱动的，而且总是由文化价值观驱动。

文化（Culture）：①对心智的训练或提炼，如文明；②社会游戏的不成文规则，或者更正式地说是将某一社会群体或社会范畴中的成员与其他群体成员区分开来的集体的心理编程，这与人类学所使用的文化术语相对应，本书中使用这一“文化”含义。

文化同化训练（Culture Assimilator）：一种用于开发跨文化沟通技能的程序化学习工具。

文化冲击（Culture Shock）：人们由于处于一个不熟悉的文化环境中而引发的苦恼状态，还可能伴有身体不适症状。

维度（Dimension）：某种现象的一个侧面，这个侧面是可以独立进行测量的（可以用数据来表现它）。

维度模型（Dimensional Model）：通过一组维度结合起来描述某种现象的方式。

授权（Empowerment）：增加员工对工作环境影响的过程。

民族中心主义（Ethnocentrism）：应用自己所处的社会的标准来衡量其他社会的人。

排他主义（Exclusionism）：基于群体归属关系来对待人们，以及赞同人们认可的群体，同时排除外人的文化倾向。连同与其对应的一端——普遍主义，是明科夫基于世界价值观调查的国家（地区）文化维度之一。

扩展型家庭（Extended Family）：这种家庭中包括第二、第三级（甚至更多）的亲属关系，如祖父母、叔伯、姑婶、侄甥等。

面子（Face）：在集体主义社会中，人们表现出与其社会地位的要求相符的一种品质。“给面子”意味着对该地位表示应有的尊重。

面子效度（Face Validity）：指问卷中研究项目的一种属性，这种属性似乎准确地测量了项目的措辞，而不是隐藏的内容，这些隐藏的内容只有在对研究结果进行分析后才能显示。

因子分析（Factor Analysis）：一种数理统计方法，旨在帮助研究人员通过最少数量的潜在相同因子来解释观测现象中的变化规律。与因子相组合的现象将是显著相关的。

阴柔气质（Femininity）：与阳刚气质相对应，两者共同构成了国家（地区）文化的一个维度，阴柔气质的社会表现为情绪性的性别角色互相重叠，无论男性、女性都谦恭、温和，注重生活质量。

柔韧谦卑（Flexhumility，也拼写成 flexumility）：指在一个社会中，其文化促进谦卑，灵活地适应不断变化的环境。连同与其对应的一端——碑铭主义，是明科夫基于世界价值观调查的国家（地区）文化维度之一。

基要主义（Fundamentalism）：也称宗教激进主义，相信世上只有一种不变的真理，认为自己所属的群体拥有这种真理，通常会把这种真理界定得非常详细。

格式塔（Gestalt）：来自德语单词，意思是“形式”。认为应当从整体角度研究事物，若将事物分解为各个部分，就会失去本来的意义。

国民总收入（GNI）：衡量一个国家（地区）一年经济生产中的商品和服务总流量的指标，包括国内居民的外国投资收入，但不包括外国居民的国内投资收入。

群体代理（Group Agency）：群体协调集体行动的能力。

群体标识（Group Identity）：见标识。

英雄（Heroes）：指一些人物，无论他们是在世的还是故去的，无论他们是真实的还是虚构的，他们都具有某一文化高度赞扬的品格，因此被视为行为的典范。

自我调节机制（Homeostasis）：组织或社会系统通过修正外部变化从而维持内部稳定性的倾向。

人性（Human Nature）：当今人类共有的一系列特征。

标识（Identity）：指一个人作为一个团体或范畴中的成员的自我隶属关系。通常植根于国家（地区）、语言和/或宗教信仰。对有标识的人和不享有标识的环境来说，标识是有意识的和可见的。另见企业标识。

意识形态（Ideology）：指一系列连贯的思想，旨在赋予生命目标和树立道德标准。

个人主义（Individualism）：与集体主义相对应，两者共同构成国家（地区）文化的一个维度。在个人主义文化的社会中，个人之间的联系很松散，人们只照顾自己及其核心家庭。

个人主义指数（Individualism Index, IDV）：测量一个国家（地区）文化中个人主义程度的指标，最初基于 IBM 研究项目得出。

放纵（Indulgence）：与克制相对应，它们共同构成了国家（地区）文化的一个维度。放纵代表一个社会允许相对自由地满足与享受生活和娱乐有关的人类基本和自然欲望的倾向。

内群体（Ingroup）：指凝聚力很强的群体，这种群体为成员提供保护，成员对群体绝对忠诚。成员对群体有一种认同感。

制度（Institution）：或译成机构，指一些有组织的活动，由团体中的人赋予一种象征性的功能。制度可以是纯粹的象征（如婚姻），机构也可以是有形的形式（如学校）。

长期导向（Long Term Orientation）：与短期导向相对应，两者共同构成国家（地区）文化的一个维度。长期导向代表着培养务实以追求未来回报为导向的品德，特别是坚韧、节俭和适应不断变化的环境。

长期导向指数（Long Term Orientation Index, LTO）：测量一个国家（地区）文化中长期导向的程度的指标。LTO-CVS 分数基于华人价值观调查中的学生样本得出；LTO-WVS 分数基于世界价值观调查中的全国人口代表性样本得出。

阳刚气质（Masculinity）：与阴柔气质相对应，两者共同构成国家（地区）文化的一个维度。在阳刚气质的社会中，男女两性在情绪性的性别角色上有明显差异，男性被认为自信、坚强、注重物质成就；女性被认为谦恭、温和、注重生活质量。

阳刚气质指数（Masculinity Index, MAS）：测量一个国家（地区）文化中阳刚气质的程度的指标，最初基于 IBM 研究项目得出。

矩阵组织（Matrix Organization）：一种组织结构，在这种形式的组织中，每个成员向 2~3 位上级分别汇报自己不同方面的工作。例如，向一位上级汇报自己任务的完成情况和向另一位上级汇报专业方面的情况，或者向一位上级汇报商务方面的情况和向另一位上级汇报所在国方面的情况。

碑铭主义（Monumentalism）：也称自我炫示，指在一个社会中，人类自我就像一座骄傲而稳定的纪念碑一样。连同与其对应的一端——柔韧谦卑，是明科夫基于世界价值观调查的国家（地区）文化维度之一。

道德圈（Moral Circle）：通常是指所有被无意识地赋予道德权利和义务的人

群。道德圈需要一种文化。人们可以属于几个不同影响范围的道德圈，如国家、宗教、组织、家庭。

动机（Motivation）：一种内部力量，人们被这种力量所推动以选择这种行动而不是那种行动。

国家性格（National Character）：即本书中所谓的“国家文化”。“性格”一词的缺陷在于它强调个人水平，而非社会系统水平。

国家文化（National Culture）：通过在特定国家成长而获得的集体的心理编程。

核心家庭（Nuclear Family）：仅有父母和子女这种第一级亲属关系组成的家庭。

组织文化（Organizational Culture）：将这一组织中的成员与其他组织成员区分开来的集体的心理编程。

范式（Paradigm）：主导或统治某一科学领域的一套共同假设，它使得该领域中科学家的思考受到约束。

特殊主义（Particularism）：一种流行于集体主义社会的思维方式，指的是以依据个体所属的群体来对待个体的方式。

权力距离（Power Distance）：指在一个国家（地区）的组织和机构中，那些弱势成员对权力分配不平等的期望与接受程度。它是国家（地区）文化的一个维度（从低权力距离到高权力距离）。

权力距离指数（Power Distance Index，PDI）：测量一个国家（地区）文化在权力距离维度上的程度的指标，最初基于 IBM 研究项目得出。

实践（Practice）：人们所做的一切，包括他们对之做出反应的符号、崇拜的英雄，以及所参加的仪式，但不是他们的价值观。

购买力平价（Purchasing Power Parity，PPP）：考虑到当地货币购买力来比较国民总收入的一个基本方法。

相对主义（Relativism）：认为其他人的、其他群体的理论与价值观与自己的理论和价值观同样有其合理性。

克制（Restraint）：与放纵相对应，它们共同构成了国家（地区）文化的一个维度。克制是指一个社会抑制对自身需求的满足，并通过严格的社会规范来进行控制。

风险（Risk）：一项行动出现不可预料结果的可能性。

仪式（Ritual）：指一些集体活动，虽然从技术层面来看，这些行为对达到预期结果而言是多余的，但在一种文化当中，这些仪式被视为具有重要的社会意义。仪式的传承自有其道理。

短期导向（Short Term Orientation）：与长期导向相对应，两者共同构成国家（地区）文化的一个维度。短期导向所培养的品德与过去和现在的取向有关，如民族自豪感，特别是尊重传统、顾全面子、履行社会责任。

显著性（Significant）：参见统计显著性。

社会化（Socialization）：通过参与到一个文化当中，从而获得所属文化的价值观和实践活动。

社会分层（Social Stratification）：社会中存在两个或两个以上具有明显不同地位和特权的阶级。

统计显著性（Statistically Significant）：表示在排除了完全随机的可能性之后，两个被测量的量之间关系足够显著的术语。显著性水平通常有 0.05、0.01、0.001，指的是这个相关关系中仍然存在的不确定风险。

主观幸福感（Subjective-well Being）：指在生活满意度（认知评估）方面或情感（持续的情绪反应）方面一个人对他或她的生活的评价性反应。

刻板印象（Stereotyping）：指将其中个别类似特征归于整个集体（包括群体、范畴或文化）成员的一种推理形式。

符号（Symbol）：承载着某种特定含义并且仅仅能被这种文化的共享者们所理解的语言、图画、手势或物体。

类型学（Typology）：采用一组典型的类型来描述一种现象的方法。

不确定性规避（Uncertainty Avoidance）：指一种文化中的成员在面对不确定或未知的情况时感到威胁的程度。它是国家（地区）文化的一个维度（从弱到强）。

不确定性规避指数（Uncertainty Avoidance Index，UAI）：测量一个国家（地区）文化在不确定性规避维度上的程度的指标，最初基于 IBM 研究项目得出。

普遍主义（Universalism）：一种流行于个人主义社会中的思维方式，认为应当用统一的标准对待任何人。连同与其对应的一端——排他主义，这是明科夫基于世界价值观调查的国家（地区）文化维度之一。

检验（Validation）：采用不同的独立来源收集数据，从而对研究结论加以验证的过程。

价值观（Value）：主要是无意识地偏好事物的某种状态而非其他状态的一般倾向，它区别于实践。另见企业价值观，其中“价值”一词的意思完全不同。

崇洋媚外心理（Xenophilia）：一种认为凡是外国事物或外国人都优越的感觉。

排外倾向（Xenophobia）：一种认为凡是外国事物或外国人都是危险的感觉。

反侵权盗版声明

举报电话：（010）88254396；（010）88258888

传　　真：（010）88254397

E-mail：　dbqq@phei.com.cn

通信地址：北京市万寿路 173 信箱

　　　　　电子工业出版社总编办公室

邮　　编：100036